Alfred Fankhauser

HOROSKOPIE

Mit 40 Figuren

Orell Füssli

Vierte Auflage 1985

Gesamtherstellung: Wiener Verlag
Printed in Austria
ISBN 3 280 01569 3

INHALT

Seite

VORWORT ZUR NEUAUFLAGE

Dr. Alfred Fankhausers Horoskopie wurde vor dem Zweiten Weltkrieg geschrieben, nachdem er sich über 15 Jahre intensiv mit Astrologie auseinandergesetzt hatte. 1939 wurde dieses Buch erstmals veröffentlicht. Inzwischen hat sich in allen Bereichen der Forschung viel getan. Somit stellt sich die berechtigte Frage, ob es sinnvoll ist, über 40 Jahre danach sein Buch neu aufzulegen. Sehr viel spricht dafür:

— Fankhausers „Horoskopie" ist ein prägnant geschriebenes Lehrbuch, und die Grundlagen der Astrologie haben sich seither so wenig verändert wie beispielsweise die Grundlagen der Mathematik.
— Alfred Fankhauser war seiner Zeit voraus. Er warf Fragen auf, die bis heute unbeantwortet geblieben sind. Und die Antworten, die er gefunden hat, erweisen sich nicht nur für die heutige Astrologie schöpferisch anregend, sondern für jedes Fach, das den Menschen und seine Psyche zum Gegenstand hat.
— Ich behaupte, daß die Menschenkenntnis unter anderem deshalb in den Kinderschuhen stecken geblieben ist, weil sie den qualitativen Aspekt der Zeit nicht in ihre Überlegungen miteinbezieht. Was dies bedeutet, erkennt nur derjenige, der sich jahrelang mit Astrologie beschäftigt. Eine andere Theorie, die sich mit dem „Phänomen Zeit" unter Berücksichtigung ihrer Qualitäten auseinandersetzt, gibt es vorläufig nicht. Dr. Alfred Fankhausers Verdienst ist es, auf diese wohl wichtigste Grundlage der Astrologie hingewiesen zu haben.
— Sehr viele Lehrbücher der „modernen" Astrologie gebärden sich, als ob ihre Verfasser der Weisheit letzten Schluß gefunden hätten oder sie lassen die astrologischen Symbole in einer Flut von psychologischen Begriffen und Definitionen untergehen. Das Bemühen um Wissenschaftlichkeit auch in der Astrologie in Ehren, aber warum erkennen unsere psychologisierenden Astrologen nicht an, was vom wissenschaftstheoretischen Standpunkt aus längst klar ist? Ein astrologisches Symbol kann nicht begrifflich definiert, es kann nur bildhaft umschrieben werden!

Alfred Fankhauser erkannte dieses Problem. Bildhafte Worte wie z. B. „Übeltäter" und „Wohltäter" hat er bewußt aus der Überlieferung übernommen. Unser Intellekt kann sich drehen und winden, wie er will, für unsere Gefühle gibt es nun mal Übles und Wohliges.

Es erübrigt sich, weiter auf dieses kleine Beispiel einzugehen, belegt es doch zur Genüge, daß es Alfred Fankhauser nicht darum ging, die Astrologie in den Rang einer modernen Wissenschaft zu erheben, vielmehr darum, ein wertvolles Kulturgut, das nur zum Teil wissenschaftlich erfaßbar ist, *lebendig* weiterzugeben. Dies ist ihm gelungen. Mit erstaunlichem Spürsinn erfaßt er die inzwischen aufgebrochenen Grenzen des naturwissenschaftlichen Denkens, das am Lebendigen vorbeidenkt. Ebenso setzt er ausufernden astrologischen Spekulationen sein vernünftiges Maß entgegen.

Es wäre nicht im Sinne eines scharfen analytischen, aber offensichtlich redlichen Geistes, wie Alfred Fankhauser es war, wenn ich mich blind stellte für die Schwächen dieses Buches:

— Astrologie enthält neben vielem anderen auch philosophische Theorien, und Theorien sind mitunter Dynamit. Wie mit geistiger Sprengkraft umgegangen wird, entscheidet, ob Bewegung in erstarrte geistige Welten kommt oder ob Wertvolles verschüttet oder gar zerstört wird. Dies gilt im Besonderen für jede Lehre, die den Menschen und seine Seele zum Gegenstand hat. Harmlos ist keine Philosophie, keine Psychologie, keine Charakterkunde und gewiß keine der vielen astrologischen Theorien und Interpretationsregeln, die es gibt. Hierin bildet Alfred Fankhausers Astrologie keine Ausnahme. Auch er kann falsch verstanden und einseitig interpretiert werden. Die Sicherungen, die er dagegen eingebaut hat, genügten damals. Heute werden wir von „Heilstheorien" dermaßen überflutet, daß wir nicht mehr die Muße finden, gründlich über etwas nachzudenken, geschweige denn die Geduld, jede Aussage behutsam zu beachten und sie im Zusammenhang mit anderen zu verstehen.

— Die Kunst, mit Gefühlen umzugehen, wird heute viel weniger geübt als noch vor 50 Jahren. Im allgemeinen ziehen wir es vor, den Verstand einzusetzen, um Leid und Schmerz wegzurationalisieren. So müssen wir damit rechnen, daß Leser, welche unter Konstellationen und Aspekten geboren sind, die Alfred Fankhauser als schlecht bewertet, beunruhigt werden, und daß die „guten Zeichen" manchen Studierenden dazu verführen, auf seinen „astrologischen Lorbeeren" auszuruhen.

— Als Unvollständigkeit empfinden wir es heute, daß Alfred Fankhauser nur am Rande auf die Planeten Uranos, Neptun und Pluto eingeht. Dabei bleibt aber sein Argument vollauf berechtigt: daß nämlich bei aller Erfindungsgabe der Astrologen keine neuen Prinzipien entdeckt werden können. Sein Vorschlag, die „neuen Planeten" mit Hilfe der 7 altbekannten Prinzipien einzuordnen, war eine brauchbare Zwischenlösung. Er konnte nicht voraussehen, daß viele Astrologen nach ihm sein „Provisorium" zur „Institution" aufbauen. Uranos, Neptun und Pluto sind nicht Kombinationen dieser oder jener Prinzipien, vielmehr führen sie über alles Prinzipielle weit hinaus. Sie bringen eine neue Dimension, präziser ausgedrückt, eine „Amension“ in die Astrologie, die nur schwer zu durchschauen ist. Dies ist nicht nur meine persönliche Auffassung, sondern auch die eines jeden um theoretische Klarheit bemühten Astrologen.

Es würde den Rahmen dieses Vorwortes sprengen, wenn ich auf die vielen Fragen einginge, welche die Entdeckung der äußersten, von bloßem Auge gar nicht sichtbaren Trabanten der Sonne aufwirft. Vor gut 200 Jahren wurde Uranos entdeckt, vor gut 140 Neptun, und daß Pluto tatsächlich existiert, wissen wir seit 1930. Das ist ein kurzer Zeitraum in der gesamten Geistesgeschichte. Begreiflich, daß es uns noch nicht gelungen ist, diese „Neuen“ befriedigend ins harmonikale und ganzheitliche System zu integrieren. Dies festzustellen und darauf hinzuweisen, daß hier noch viel Arbeit zu leisten ist, muß genügen.

Jede Schwäche enthält den Keim einer Stärke. Diese Aussage gilt universal. Wir können sie auf alles beziehen, handle es sich nun um die zeitbedingten Schwächen dieses Buches, dieses Vorwortes oder um die menschlichen Schwächen, die die Welt bewegen. Entscheidend ist nur, daß sie als solche erkannt werden und daß wir uns ihnen liebend annehmen. Mancher mag dies als Ausgeburt eines unverbesserlichen Optimismus empfinden oder als Binsenwahrheit und darüber hinweglesen. Es ist aber das Leitbild jedes schöpferischen Menschen, der gerne echten Herausforderungen ins Auge sieht. In einer gigantomanischen Zeit, die aus dem Starken und Perfekten einen Kult macht, ist es notwendig, in Erinnerung zu rufen, daß alles Große, was wir vorfinden, klein begonnen hat. Auch in der Natur ist es nicht das große Starke, das überlebt, sondern das, was sein ihm eigenes Maß gefunden hat. Es ist auch nicht der am besten Angepaßte, der seine Erfüllung findet, sondern der, welcher sich von Umweltbedingungen lernend befreit, mögen es nun konkrete natürliche Bedürfnisse sein, gesellschaftliche Ansprüche oder astrologische Gesetzmäßigkeiten oder anderes, was von der Umwelt aufgezwungen erscheint. Stets geht es darum, sich damit auseinanderzusetzen.

Das Wort SICH enthält das Wort ICH. Ich habe mich mit Alfred Fankhausers Astrologie auseinander-gesetzt, und zwar gemäß dem Leitgedanken der Aufklärung, wie ihn Imanuel Kant formulierte und den ich für mich um ein Wort erweitert habe:
„Aufklärung ist der Ausgang des Menschen aus einer selbstverschuldeten Unmündigkeit. Unmündigkeit ist das Unvermögen, sich seines Verstandes ohne Leitung eines Mitmenschen zu bedienen. Selbstverschuldet ist diese Unmündigkeit, wenn ihre Ursache nicht am Mangel des Verstandes, sondern der Entschließung und des Mutes liegt, sich seiner ohne Leitung eines anderen *vernünftig* zu bedienen“.

Dieses eine Wort soll darauf aufmerksam machen, daß der Verstand und die Vernunft nicht das Gleiche sind. Der Verstand ist solange ein theoretisierender Gaukler, bis er seine Kenntnisse an der Realität des Lebens geprüft hat. Zu dieser Realität gehören auch die Gefühle, die sich nicht in die Gesetze des logischen Verstandes zwingen lassen. Gefühle folgen sozusagen ihrer eigenen „Logik". Viele Männer und desinformierte Frauen schieben diese als sogenannte „Frauenlogik" beiseite. Damit vernachlässigen sie die Auseinandersetzung mit einem großen Teil der erlebbaren Wirklichkeit des Menschenlebens. Dadurch geht ihnen ihr Maß verloren.

Andererseits entsteht überall, wo der Verstand sich mutig mit dem Gefühl auseinandersetzt, die VERNUNFT, die in jedem Fall in Maßen maßvoll bleibt. Und wer sich genügend Vernunft errungen hat, findet stets auch Mittel und Wege, ihr gemäß zu handeln. Vernünftige Menschen sind dafür bekannt, daß sie ihre Erkenntnisse in die Tat umsetzen. Verstandesmenschen theoretisieren und leiden unter ihren Theorien entsprechenden Sachzwängen. Der reine Verstand führt meistens in ausweglose Lagen, die reine Vernunft nie. Dies ist so, ob wir damit ein-verstand-en sind oder nicht.

In Anbetracht dieser Einsichten bleibt mir, Ihnen zuzusprechen: „Sapere Aude"! Haben Sie Mut, sich Ihres eigenen Verstandes vernünftig zu bedienen beim Studium von Dr. Alfred Fankhausers Astrologie.

Zürich, im Januar 1985 *Michael A. Vescoli*

BEGRIFF DES HOROSKOPS

DER MODERNE ZEITBEGRIFF

Wir *zählen* die Zeit und *werten* sie damit nur mengenmäßig. Wir leben unser Leben unter Umständen, die uns das Geizen mit den Momenten aufzwingen. Zeit ist Geld. Nütze den Tag! Suche so viel in die Stunde hineinzupressen, als irgendwie möglich! Münze sie um und sei geschickt im Ummünzen! Gewinne ihr ab, was du kannst! Soviel Genuß als du ihr ablisten, so viel materiellen Segen du ihr auspressen kannst, so viel hast du an ihr!

Darum läuft unsere Bewertung der Stunden und Minuten auf ein *Zählen* hinaus. Um 8 h 00 beginnt die Büroarbeit. Um 12 h 00 wird gegessen. Um 4 h 15 fährt der Zug. Um 17 h 20 fährt er dort und dort ein. Dann und dann ist Konferenzbeginn. Und die Konzerte beginnen um 20 h 15. Was man zwischen die Pflichtzeiten hineinschieben mag, ist Sondergewinn an Zeit[1]).

Und wir zählen auch die Jahre. Mit 16 soll der Junge die Schule verlassen haben, seine Lehre wird drei Jahre dauern, und mit 19 hofft man, daß er zu verdienen beginne. Der Akademiker schiebt den Moment des Verdienens hinaus und tröstet sich damit, daß er bessere Verdienstchancen haben werde als der Durchschnitt.

Grundsätzlich ist „*jede* Minute kostbar". Und jede *gleich* kostbar. Daß man nicht um 4 h 00 morgens auf die Börse laufen kann, schade! Und daß der Mond weniger hell scheint als die Sonne, wahrlich ein Elend. Überhaupt, daß man schlafen, ein volles Drittel seines Lebens durch den Schlaf ausgeschaltet werden muß, welch ein Verlust! Ein eminenter Verlust übrigens, daß man nicht in alle Ewigkeit dabei sein kann, daß die Zeit ein Ende nimmt, daß man sterben muß! Arme Menschheit, die ihre Zeit zählt!

Ließe sich wohl unter all den ergeizten Minuten eine Auswahl der besten treffen? Der moderne Mensch hat keine Zeit zu solchen Erwägungen. Ihm ist „Zeit" eine *neutrale* Größe, eine *passive* Masse, aus der sich formen läßt, was der menschliche Geist kraft seiner souveränen Stellung vermag. So viel weiß er von ihr. Und daß sie vorübergeht, nicht gestreckt werden kann.

---

[1]) Die Frage der „Zeitqualität" wurde von Prof. C. G. Jung anläßlich eines von mir in der Psychologischen Gesellschaft Zürich gehaltenen Vortrages aufgeworfen. Herr Prof. Jung machte mich auf Bergsons Gedankengänge über diesen Gegenstand aufmerksam.

Schaut einer tiefer als der Durchschnitt, dann weiß er, daß wir zwar „die Zeitmenge nicht vermehren", ihren Wert jedoch erhöhen können, indem wir „den Moment mit Inhalt füllen", sie qualitativ gestalten. Doch selbst diesen Bevorzugten ist das Bewußtsein entschwunden, *daß es „an sich bessere und schlechtere Zeiten"* gibt.

Wenn aber versucht würde, zu überlegen, ob wir unser Streben mit den Eigenschaften der Zeitmomente gleichzuschalten hätten, wäre der Bannkreis unseres modernen Denkens über die Zeit durchbrochen. Es handelt sich hier um grundsätzlich andere Dinge, als *wir* sie zu würdigen pflegen, wenn wir sagen, es sei nicht „der rechte Zeitmoment", dies oder jenes zu tun. Wir meinen ja gar nicht die Zeit, wenn wir sagen, es sei nicht „Zeit, zu gehen", „Zeit, aufzustehen", „Zeit, das Matterhorn zu besteigen", „Zeit, zu heiraten". Wir meinen immer *andere* Umstände. Oder nur die *„Menge* der verfügbaren Zeit". Eine halbe Stunde bis zum Bahnhof. Oder die *„ausreichende"* Zeit zum Toilettemachen und Frühstücken. Oder die klimatischen Umstände, die für oder gegen eine Bergbesteigung sprechen. Oder die bösen ökonomischen Aussichten, die von einer Heirat abraten lassen. Nie aber „die Zeit an sich", die *für* oder *gegen* eine Handlung und ihre Aussichten sprechen könnte.

Gibt es wirklich einen „Wert der Zeit" an sich? Könnte in einer *Minute,* einem Zeit*sektor* geringern oder größern Umfangs *selbst* etwas liegen, das in unsern Entscheidungen mitzusprechen hätte, mit zu berücksichtigen wäre? Wäre sie nicht so substanzlos, unsere „Zeit"? So inhaltlos? So ohne Eigenqualitäten guter und schlimmer, förderlicher oder schädlicher Art? So ohne Rückwirkung auf die Weiterentwicklung menschlicher Handlungen, die in dem oder jenem Moment begonnen werden?

Der Mensch sieht, was vor Augen ist, heißt es. Und die Zeit sieht er nicht. Nur, was in der Zeit geschieht, *das* sieht er. Und er überlegt nicht, daß Zeit und Raum primär sind, daß Zeit und Raum aller Dinge Grundeigenschaften sind.

ZEITQUANTUM UND ZEITQUALITÄT

„Als die Zeit erfüllet war, sandte Gott seinen Sohn." Ein besonderer Moment wird in dieser Aussage hervorgehoben. Nicht irgendwann soll ein bestimmtes Ereignis, und zwar ein weltentscheidendes Ereignis, sich erfüllen können, sondern nur nach Ablauf anderer, weniger bedeutsamer Zeiten. Also nur im „Erfüllungsmoment". Der Wert dieses Momentes ergibt sich nicht aus dem Moment selbst, sondern aus dem, was in ihm geschieht. Kein Moment kann seinen

Eigenwert anders erweisen als durch seinen Inhalt, durch das, was ihn „auszeichnet“, durch die Besonderheit der in ihm wirksamen Kräfte.

Auch der moderne Mensch weiß das, verzichtet, ob nun bewußt oder unbewußt, niemals auf die Bewertung der *Inhalte* zeitlichen Geschehens und nennt die inhaltvollen Zeitabschnitte „groß“ oder „schwer“ oder „glücklich“ oder „bedeutungsvoll“.

Er gibt auch zu, daß die Inhalte irgendwoher kommen. Daß es also Umstände gibt, die diese unterschiedlichen Inhalte schaffen. Als obersten Schöpfer vorzüglicher Zeitinhalte sucht er sich selbst zu halten. Er sucht also, indem er die „an sich neutrale Zeit“ nach *seinem* Willen formt, ihr *seinen* Sinn, *seine* Inhalte, *seine* Qualität zu geben. Aus schlechten Tagen gute, aus leeren Minuten volle zu machen. Er gibt also zu, daß Gott oder der Teufel, Bazillen oder Hypotheken, Wirtschaftskrisen oder auch die unvernünftige eigene Natur, die dem Willen widerstrebt, diese Zeiten mitformen oder vorher geformt haben, oder sie mit widrigen Inhalten füllen, gegen die es anzukämpfen gilt. Man weiß, daß man nicht der alleinige Gestalter der Zeitqualität sein kann. Leider nicht!

Aber man denkt nicht tiefer und überlegt nicht, daß in dieser daherströmenden Zeit die ganze Erbschaft der Schöpfung mitgeschwommen kommt, die ganze Natur- und Weltgeschichte mit ihren unendlichfach überschnittenen Kreiswellen von Ursachen und Wirkungen, daß also keine einzige Minute dem Menschen souverän beherrschbar wäre. An den Inhalten jeder kommenden und gehenden Minute hat der gesamte Kosmos gearbeitet, und was der Mensch an *Eigenem* hinzufügt, ist ein Letztes, vielleicht ein Kleinstes. Vielleicht ein Wichtiges, vielleicht ein Unwesentliches.

Der Mensch formt nur an *vorgeformten* Zeit-Inhalten. Gibt nur längst qualitativ gestempelten Zeiten einen kleinen Zuschuß neuer Qualität . . . für sich selbst . . . und wieder für den ganzen Kosmos!

Gerade die ewig sich summierenden Ursachen und Wirkungen, ihre Neu-Verbindungen und Neu-Belastungen oder Neu-Auszeichnungen bedingen bedeutsame und weniger bedeutsame „Knotenpunkte der Zeit“, wenn man so sagen will. Es summieren sich geistige Strömungen, erdgegebene Entwicklungen und Krisen, Altern und Neugeburt von Völkern und Kulturen, und eines Tages reift der Zeitmoment, in welchem ein „Sohn der Götter“ erscheinen kann: Die Zeit gewinnt ihren großen Inhalt als Frucht langer Vorbereitung.

Wer Augen hätte, zu sehen, und Ohren, zu hören, der vermöchte vielleicht die Fäden der vorangegangenen Zeitverläufe zu verfolgen, die Kreuzungen zu entdecken, die auf den inhaltschweren Moment hinweisen. Daß der moderne Mensch Augen und Ohren nicht besitzt, um mehr als die anscheinende *Zufälligkeit* „guter und schlechter" Zeiten zu entdecken, ändert nichts an unserer Überzeugung von der *Folgerichtigkeit* ihres Kommens. Und ebensowenig vermag das Wissen um unsere „Kurzsichtigkeit" die Gewißheit zu töten, daß unsere „guten und bösen Handlungen" sich im Laufe der Geschichte summieren und „bis in fernste Zeitfernen" weiterwirken. So daß also auch in unserer Gegenwart „gute und böse Gedanken und Taten" der Vorangegangenen die „Zeitmaterie" erfüllen, mit der wir souverän zu schalten wähnen. Wir sind Geschaffene *und* Schaffende, unsere Zeitmomente aber, einer nach dem andern, sind Geschaffene, die durch ihre Inhalte *mit* uns an der Weitergestaltung der Zeit-Eigenschaften schaffen.

Sind also aus der Zeit niemals ihre Inhalte, aus der Zeitquantität niemals ihre Qualitäten, die sie mitbringt, wegdenkbar, dann ist ein Verhalten, das die Zeit als „gleichgültige Größe" behandelt, falsch. Dann stehen wir mit unserer Vorstellung, es lasse sich aus jeder Minute jedes Beliebige formen (wenn wir nur stark genug wären), schief da. Dann liefe der Krafteinsatz in ungünstig belasteten Momenten auf Riffe, und ein „guter Wille" in Momenten, die das Treibholz katastrophaler Kräfte mitschleppen (unsichtbar, unkontrollierbar), würde vergeudet sein! Dann hätte ein zielbewußtes Handeln nur dann einen Sinn, wenn es nicht gleich zu Beginn mit einer Welle ablenkender und querer „Zeit-Eigenschaften" zusammenstieße. Dann ließe der „Erfolg" sich erreichen, wenn wir in einen *vorwärtstragenden* Zeitstrom springen und *mit* ihm schwimmen würden!

Es lebt ja keiner, der nicht den Willen hätte, dem Gesetze der „richtigen Zeit" zu folgen. Mit der notwendigen Beschränkung, daß er die „Zeitqualitäten" seiner Einsicht entsprechend bewertet und nicht mehr erkennen kann, als seinem Erkenntnisvermögen zusteht. Wir säen nicht im Winter, und wir ernten nicht im Vorfrühling, wir kaufen nicht zu „Unzeiten" Erdbeeren, wir schlafen sogar noch mehrheitlich bei Nacht ..., allein was wissen wir von den Abgründen der Zeitinhalte, die jeden unserer Willens- und Gefühlseinsätze begleiten und ihre summierten Energien mit den unsern vereinen?

Was wissen wir von den „Qualitäten" eines Augenblicks?

DAS HOROSKOP ALS URALTE „ZEITSCHAU"

„Stundenschau" ... so lautet die wörtliche Übersetzung des Wortes „Horo-skop". *Nichts anderes also wird mit der Aufstellung einer Stundenfigur erstrebt, als die Erkenntnis der Qualitäten eines Zeitmoments.* Was der moderne Mensch mit Hilfe des logischen Verstandes zu erreichen strebt (und zu erreichen glaubt), und was er gottseidank mit Hilfe restlicher Instinkte viel besser kann, das suchte die alte Sterndeuterei auf Grund einer Untersuchung von Faktoren zu erfassen, die uns heute „zu fern liegen". Buchstäblich zu fern. Was könnten die Gestirne an den Eigenschaften einer irdischen Stunde bewirken, denkt der Intellektuelle. Vollends, wenn diese irdische Stunde, dieser Moment „zwischen Aufgang und Niedergang" des Sonnengestirnes, als neutrales und an sich leeres Nichts aufgefaßt wird! Mit logischen Begriffen ist es vereinbar, Fische zu fangen, wenn die Mücken tief fliegen, nicht aber, wenn der Mond im letzten Viertel über den Horizont geht!

Wir haben uns jedoch zunächst mit der Frage zu befassen, was die „Stundenschau" unter Zeitqualitäten versteht. Zeit zum Fischefangen, zum Eintreten in eine Lehre, zum Heiraten, zum Spekulieren, das sind abgeleitete und sehr stark sozial bedingte, gar keine urtümlichen Begriffe. Wer ein Horoskop stellt, fragt zunächst ganz und gar nicht danach. Er will nur wissen, welche grundlegenden Energien in einer bestimmten Stunde die Führung gewonnen haben. Ob lähmende, förderliche, ausgleichende, beschleunigende Kräfte, ob grundsätzlich aufbauende oder abbauende. Wir werden sehen, in welcher Weise der Horoskopsteller versucht, diese „Stundenführung" durch die eine oder andere Kräfteform zu erkennen. Ob er nach Erkennung des Stundencharakters nun auch versuchen wird, dem Wesen der Stunde gemäß diese oder jene Hantierung zu unternehmen, das ist schon eine zweite und unter Umständen vielleicht eine sehr lächerliche Frage. Es steht nirgends geschrieben, daß man eine horoskopisch „gute Stunde" abwarten müsse, um fischen zu gehen oder seine Blumen zu begießen. Zuerst müßte entschieden werden, ob derartige Hantierungen selbst wesentlich seien oder nicht! *Man darf nicht einerseits von der Größe und Bedeutung einer Minute und ihrer geheimnisvoll mitschwimmenden Inhalte „aus dem ganzen Bereiche der Weltschöpfung her" überzeugt sein und gleichzeitig vergessen, daß unsere Taten ganz verschiedene Bedeutung haben, daß die einen nebensächlich in jeder Beziehung, andere aber wichtig, zukunftsweisend sein müssen!*

Erst wenn wir beides beachten: Die Qualität einer Stunde und die Qualität dessen, was wir *selbst* tun, kann die „kosmische Ausrichtung", die mit der horoskopischen Stundenbewertung versucht werden soll, einen Sinn haben. Unser Handeln ist sehr unterschiedlich zu bewerten im Hinblick auf ein Ganzes.

Die „Stundenschau" versucht eine Ausrichtung des *entscheidenden* menschlichen Handelns nach den letzten Grundlinien des Geschehens. Und diese *letzten* Grundlinien, so behauptet die Überlieferung, seien kosmisch. Nicht nur irdisch, nicht nur von dem *einen* Planeten bedingt, an dessen Außenseite wir kleben. Im Zusammenspiel der kreisenden Großkörper habe sich *alles* geformt, was auf unserer Erde entstand . . ., *sie* seien die Zeugen unseres Werdeganges seit dem Beginne geologischer Epochen und „vordem". Sie seien in wahrem Sinne unsere *Ahnen,* und was sich in uns gestaltet habe, sei das Ergebnis ihres gesamten Zusammenspiels. Die Grundzüge ihres Zusammenspiels aber, so lehrt die auf uns gekommene Astrologie, seien auch jetzt noch dieselben wie seit Urbeginn, und die Eigenschaften einer Stunde erhielten stets einen „Akzent", eine Betonung vom einen oder andern dieser unserer Groß-Ahnen. Denn das Kleine vollziehe sich in Abhängigkeit vom Großen, das Spätere vom Urtümlichen, das Zufällige vom Wesentlichen, das Nebensächliche vom Hauptsächlichen. Wenn uns einer Schopenhauer zitiert, seinen Satz von der Lächerlichkeit des Menschen, der sich einbilde, die Sterne wären da, um sich um ihn zu kümmern, dann fragen wir, ob sich der Elefant darum kümmert, wenn er eine Ameise zertritt! Das Hauptsächliche, um das unendlich viel Nebensächliches geschieht, ist nicht zu erkennen aus dem Chaos der tausend irdischen Zufälligkeiten, sondern aus dem ungeheuer Großen unseres Sonnensystems.

Es wäre blasphemisch, wenn der Mensch der Ansicht sein sollte, die „Gestirne" hätten sich verschworen, uns zu schaden, oder verbündet, um uns zu nützen. Und wenn die Horoskopsteller sich vorstellen wollten, die Planeten hätten es „auf uns abgesehen", dann bekäme Schopenhauer recht, der diese Vorstellung als den größten Beweis menschlicher Einfältigkeit und Erbärmlichkeit bezeichnete. Nicht darum geht es, daß die Gestirne sich um uns bekümmern. Wohl aber darum, das unser *kleines* Geschehen sich in letzter Abhängigkeit von dem großen Geschehen des Sonnensystems bewegt.

Den „Schritt des Großen" gilt es zu erkennen.

Die „sieben Rischis", die „Väter", die „Alten", die „Anfänger", die „Prinzipien", so lautet die Lehre der „Stundenschau", seien es, die sich in steter Wandlung anders gruppierten, von Stunde zu Stunde anders kombinierten, und hinter der Vielfalt ließen sich einfache Linien erkennen, grundlegende Linien, „primäre" Gesetze, welchen auch in seiner „Grundform" ein Menschenleben folge, da es dem „Einsatz" in *einer* oder *mehreren* „Minuten" gehorche. Wir haben indessen nicht vorzugreifen, sondern nur allgemein festzuhalten:

Die horoskopische Stundenbewertung geht aus vom Begriff eines primären, durch das ganze zeitliche Geschehen hindurch wirksamen Gesetzes. Dieses Gesetz wird unterschieden von allen abgeleiteten Gesetzen. Und das „primäre Geschehen" darf nicht verwechselt werden mit dem zufälligen, dem spätern, dem abgeleiteten Geschehen.

AUSSCHLIESSLICHE ZUKUNFTSBEDEUTUNG EINES HOROSKOPS

Man muß wissen, daß der „Himmel", den wir in irgendeinem Moment ausdeuten, niemals in die Vergangenheit, niemals auch auf die Gegenwart hinweist, sondern ausschließlich „Anfangspunkt eines Künftigen" sein soll. Das gehört zu den ersten Lehrsätzen, die der Horoskopieschüler sich zu merken hat.

Versuchen wir mit einem Bilde klarzumachen, wie diese Bewertung des „horoskopischen Moments" aufzufassen sei. Es werfe jemand einen Stein in einen Teich. Von der Einfallstelle breiten sich im Kreise die Wellen aus und kehren in mehrfacher Folge von den Ufern zur Ausgangsstelle zurück, um abermals auswärts zu fluten. Der Moment des Einfalls ins Wasser ... das ist der „horoskopische Augenblick" ... die wandernden Kreiswellen sind die Bewegungen, die der Stein im Wasser auslöst, also die Folgen, die aus jenem horoskopischen „Anfang" herstammen.

Hat nun einer seinen „schlechten Tag", dann liegen die Ursachen weit zurück, in jenen Momenten, die horoskopisch den „Anfang eines menschlichen Schicksalslaufes" bezeichnen; um eine Niedergeschlagenheit, eine Verlustarbeit, einen bösen Ärger, eine Migräne zu horoskopieren, irgendwelche Zusammenhänge zwischen diesen trüben Dingen und kosmischen Ursachen zu finden, müßte man also dort suchen, „wo der Stein ins Wasser fiel" und die wandernde Welle erzeugte. Genauer gesagt, in den Verläufen dieser Welle, also in den Entwicklungen, die der Horoskopmoment eines Menschenlebens, das „Geburtshoroskop", (vielleicht sogar ein früheres), in sich barg.

Es kann durchaus sein, daß auch zwischen diesen *lange* zurückliegenden Konstellationen und denen eines „schlechten Tages", die aber an sich gut sind, Zusammenhänge bestehen, ja, daß der böse Tag durch die „Gegenwartsgestirne" eine Milderung erfährt. Aber die wirkliche astrologische Erfahrung belehrt, daß diese „Tageswirkungen" äußerst gering sind und daß man fast restlos auf der Grundlage weit zurückliegender Zyklen „Momentzustände" dargestellt findet. Wir wiederholen also den Satz und ergänzen ihn:

Momentzustände im irdischen Plane haben ihre horoskopischen Ursachen in lange zurückliegenden Horoskopen, und Horoskope, die man in der unmittelbaren Gegenwart stellt, lösen ihre Folgen in naher oder ferner Zukunft aus.

Astrologiekundige, die diesen Satz nicht seiner ganzen Bedeutung nach unterschreiben wollen, mögen sich überlegen, wieviele Todeshoroskope mit den anscheinend günstigsten „Aspekten" sie schon gesehen; sie wissen nur zu gut, daß erst in Beziehung mit dem Geburtshoroskop eines Sterbenden auch gewisse Gestirne des Todestags negative Bedeutung haben. Oder sie sollen die Horoskope von totgeborenen Kindern stellen! Immer und immer wieder sehen diese Geburtsbilder harmlos aus; man begreift gar nicht, warum jemand unter so guten Sternsinnbildern tot zur Welt kommen konnte. Erst aus den Horoskopen von Mutter und Vater ergeben sich die unglücklichen Gestirnanblicke, und das Totgeburt-Horoskop kann höchstens als Ausgangshoroskop für die Wirkung des traurigen Erlebnisses im Leben der Mutter betrachtet werden.

Wie sollen wir uns die tatsächlich nur auf die Zukunft bezügliche „Konstellation", die „Zusammengestirnung" des Himmels in einem beliebigen Zeitpunkte verständlich machen? Zugestanden: Es ist nicht einfach. Und es gibt auch in unserm heutigen Denken keine entsprechenden Vorstellungen. Höchstens daß wir sagen, manchmal hätten „kleine Ursachen große Wirkungen", oder daß wir zu irgendwelchen überraschenden Geschehnissen weit zurückliegende Anfangsgründe finden.

Überlegen wir uns folgendes: Wenn *jeder* horoskopische Moment für *alle* Wesen des irdischen Planes gleichbedeutsam wäre, dann unterstünden fortdauernd alle den gleichen „himmlischen Wirkungen" und alle Geschicke liefen gleichlautend weiter . . .

Gerade der *spezielle* Moment, der das „*Antrittsgesetz einer Lebenskurve*" darstellt, unterscheidet die Geschicke. Es ist jener Moment des Übertritts aus „kosmischen" in „persönliche" Zustände. Der Stein, der den Wasserspiegel trifft, ruft eine Welle hervor . . ., der nächste einfallende Stein eine *andere* Welle . . .

Hier, an der Grenzscheide zwischen dem „Jenseits" und dem „Diesseits", zwischen dem „Unbewußten" und dem „Bewußtwerden", zwischen dem „Reich der Ahnen" und dem Reiche des „Irdischen", zwischen den ursprünglichen Gesetzen und dem vielfältig Zufälligen unserer Sinnenwelt, setzt die Stundenschau der Horoskopie ein. *Kein Wunder, daß die zuständlichen Momente des Menschen nicht mit den Tageskonstellationen übereinstimmen!*

WOFÜR WERDEN HOROSKOPE GESTELLT?

Erstaunt sind fast alle, die sich ein Horoskop stellen lassen, daß die Geburtsstunde verlangt wird, daß gewissenhafte Deuter den Geburtsschein sehen wollen, um sicher zu sein, daß sie auf der richtig eingetragenen amtlichen Angabe bauen. Noch erstaunter stehen sie da, wenn der Horoskopsteller behauptet, auch die amtliche Geburtszeit genüge nicht, sei bestimmt aufgerundet und ungenau angegeben und müsse an Hand einiger Daten aus dem bisherigen Leben, und wäre es nur die Krankheitschronik, nachkontrolliert und richtiggestellt werden. Fragt dann noch ein besonders peinlicher Astrologe, ob der Klient ein normales oder ein Siebenmonatskind gewesen, dann begreift die Kundschaft immerhin, daß es offenbar auf allerlei ankomme.

Die einfache Wahrheit lautet: *Der Einsatz des menschlichen Atems ist der horoskopische Moment für einen Schicksalsverlauf, den wir ein „Menschenleben" nennen.* Fürwahr ein ganz und gar *einziger* Moment. Der allen andern vorangehende.

Gefragt wird oft, warum nicht die Empfängnis horoskopiert werde. In der Tat, sie *wird* im Geburtshoroskop mit eingeschlossen, und eine komplizierte Regel behauptet einen sehr ausgesprochenen Zusammenhang zwischen Empfängnis *und* Geburt. Wir werden an gegebener Stelle diese Regel darstellen. Vorläufig nur dies: Eine gründliche „Geburtshoroskopie" dürfte die Schwangerschaftsepoche, d. h. die 273 Tage oder 10 „siderischen Mondumläufe" plus oder minus einen gewissen Zeitabschnitt nie außer acht lassen! Sie müßte sogar gewisse kritische Tage während jener 10 Mondkreise ebenfalls studieren.

Das Wichtigste für uns ist jedoch vorläufig, daß für den einzelnen Menschen horoskopisch weitaus an erster Stelle die „Beginne seines Werdens" stehen.

An zweiter Stelle stehen Horoskope, die von jenem ersten abgeleitet werden. Niemals aber wird man ein neues „Gestirnbild", das ohne Zusammenhang mit jenem ersten errichtet würde, für einen Menschen stellen können. Er wurde *„einmal geprägt"*, soweit jene himmlische Prägung in Frage kommt, und allen weitern Himmelssituationen gegenüber steht er da wie die schon hart gewordene Mauer, deren Material der Maurerkelle und dem Wasser nicht mehr nachgibt, sich nicht mehr auflöst. Oder wie der hartgewordene Siegellack, der sein Sigillum empfangen und erst wieder umgeschmolzen werden müßte, um neu prägungsfähig zu werden. Also sterben, wieder in den kosmischen Zustand zurückkehren. Und ... „wiederkommen".

Neben dieser Horoskopie der Geburtsmomente, der am meisten bekannten und geübten, untersuchen die ernsthaften und weniger ernsthaften Astrologieforscher vor allem die himmlischen Zustände im Augenblick von Staatsgründungen, von „Geburten juristischer Personen", von wichtigen parlamentarischen Beschlüssen, von Inkraftsetzung neuer Gesetze in einzelnen Staaten, von Kriegserklärungen, Friedensschlüssen, Vertragsunterzeichnungen aller Art, von Erfindungen (deren „Keimmoment" als bekannt vorausgesetzt wird), von Grundsteinlegungen, Baubeginn großer Schiffe, Stapelläufen, Einweihungen offizieller Gebäude.

Das Gemeinsame all dieser zu horoskopierenden Angelegenheiten und Gegenstände, die beliebig vermehrt werden könnten, ergibt sich, wenn wir als „Geburtsmoment“ die vollendete Tatsache einer neu existierenden geistigen Größe annehmen. Ein „Gesetz“ beginnt zu wirken . . ., seine Wirkung im gesellschaftlichen Verbande soll als sein „Leben“ gelten. Eine Republik, eine Diktatur, an sich aufzufassen als Fundamentalgesetz innerhalb einer Gemeinschaft, sollen ihre Schicksale haben, und wegleitend für den Ablauf dieses Staatsschicksals (womöglich bis zum Tode), müßten die Fadenknüpfungen jenes ersten Momentes sein, der als „Geburtsmoment des Staates“ betrachtet wird.

Daß von kritischen Astrologen gegenüber Grundsteinlegungen oder Stapelläufen großer Schiffe nur mit Zweifeln „Stundenwertungen“ vorgenommen werden, dürfte man verstehen. Ob man auch einen Moment „unter das Horoskop stellen“ darf, in welchem ein fremder Mensch erstmals unsere Schwelle überschreitet, oder den Moment einer allerersten Bekanntschaft mit jedem gleichgültigen Menschen, oder die genaue Minute eines Eheschlusses, d. h. der Unterschreibung eines Ehekontraktes? Sicher steht, daß die „neue geistige Größe“, als die man das Zusammenleben zweier Menschen auffaßt, keinesfalls ohne Bewertung ihrer Grundhoroskope beurteilt werden darf. Und eine neue gegründete Aktiengesellschaft „lebt“ niemals nur „kraft ihres horoskopischen Gründungsmomentes“, sondern immer im Zusammenhang mit den „Geburtsbildern“ sämtlicher Einzelaktionäre. Man sieht, es gibt hier Grenzen des Vorstellbaren!

EIN WENIG ASTRONOMIE

PLANETEN IN DER ASTRONOMIE

Die Sonne als zentrales Gestirn eines einzigen Systems, das unter unzählig vielen ähnlichen oder andersartigen Systemen der unendlichen Raumwelt seine Eigenbahn durchrast und irgend ein Ziel zu erreichen strebt, steht im Mittelpunkt der modernen Astronomie, soweit sie sich mit den Kleinverhältnissen dieses einzigen Systems abgibt. Dem modernen Himmelsphysiker, Himmelschemiker und Himmelsmathematiker, der sich Astronom nennt, erscheint sie als ein riesiger Feuerball, mit gasförmiger Hülle, in welcher unvorstellbare Flammenstürme toben, Riesenfackeln aus lange zugeschlossenen Unterschichten brechen, Flecken rätselhaften Ursprunges sich bilden und von einem Rand der Scheibe zum andern wandern . . ., fürwahr ein Bild, das zu erforschen seinen eigenen Sinn hat.

Dem Astrologen sagen all diese physikalischen, chemischen und mathematischen Erscheinungen für *sein* Fach nichts. Er hat lediglich zu wissen, daß die Sonne, von der Erde aus gesehen, sich innerhalb von 365,24219 Tagen durch eine Reihe von Sternbildern bewegt, und sich vorzustellen, daß diese Bewegung nur scheinbar sei, daß in Wahrheit die Erde in der entsprechenden Zeit durch die genau entgegengesetzten Sternbilder wandert, daß die sogenannte Sonnenbahn nur ein Abbild der Erdbahn um die Sonne sei usw. Astrologisch sagt ihm die Tatsache der Sonnengröße, die unsere Erde eine Million mal umfaßt, ebensowenig, wie die andern Angaben:

Masse der Sonne 800 mal die Masse sämtlicher Planeten.

Dichte 0,26, d. h. weniger als die Erde.

Mittlere Entfernung der Erde von der Sonne 149 480 000 km.

Größe 1 297 000 mal die Erde.

Durchmesser 3,6 mal die mittlere Mond-Erde-Distanz.

Oberflächentemperatur (in der sogenannten Photosphäre) 5900°.

Eigenbewegung in der Richtung des Sternbildes Herkules 20 Kilometer in der Sekunde, unter Mitnahme des ganzen Systems.

Größte Entfernung der Erde von der Sonne (Aphel) ca. 3. Juni.

Geringste Erddistanz (Perihel) ca. am 2. Januar.

Wie gesagt, all diese Angaben fallen für die astrologischen Deutungen außer Betracht. Aus dem ungeheuren Stoffgebiet der Astronomie, die als „exakte Wissenschaft" ihren naturwissenschaftlichen Weg geht, läßt sich überhaupt nichts für die „psychologische", also

„nichtexakte“ Astrologie verwenden als einige Stellungsberechnungen einfachster Art. Daß die beiden Gebiete vormals in den Händen der größten Astronomen, die zugleich auch die tüchtigsten Astrologen waren, eine Einheit bildeten, ist Tatsache. Heute stehen wir aber vor der ebenso wichtigen Wahrheit, daß kaum ein Astronom sich mehr auf den astrologischen Forschungswegen eines Kepler und Tycho bewegt.

Die astronomischen Einzelheiten, die den Astrologen im Blick auf die Planeten interessieren, lassen sich kurz folgenderweise zusammenfassen:

	Masse	Dichte	Durchmesser	Lauf um die Sonne	Mittlere Sonnen-Distanz[1])
Erde	1	1	12 756 km	365,24 Tage	1
Merkur	0,06	1,1[2])	4 700 „	88 „	0,38
Venus	0,82	0,9	12 300 „	225 „	0,72
Mars	0,11	0,69	6 900 „	687 „	1,52
Jupiter	318,00	0,25	142 000 „	11,9 Jahre	5,20
Saturn	95,00	0,13	120 000 „	29,4 „	9,55
Uranus	15,00	0,23	50 700 „	84 „	19,22
Neptun	17,00	0,22	54 400 „	165 „	30,11

Wir gewinnen aus dieser Tabelle gewisse Vorstellungen, die uns einen blassen Schimmer astronomischen Wissens vermitteln und gewisse Vergleichungen aufdrängen. So stellen wir fest, daß die Erde an Dichte alle andern Planeten außer dem Merkur übertrifft, daß sie an Masse dem Merkur, der Venus und dem Mars überlegen, den andern aber weit unterlegen ist, dem Riesen Jupiter sogar um das 318fache, ferner, daß die Geschwindigkeit der Erde in ihrer Wanderung um die Sonne nur von Merkur und Venus übertroffen, von allen andern aber lange nicht erreicht wird.

Es ergibt sich ferner, daß die Zunahme der Umlaufsdauer der zunehmenden Entfernung von der Sonne entspricht. Die Beobachtung der ungleichen Bahnschnelligkeit war wohl einer der frühesten astronomisch-astrologischen Forschungszweige, und der Name „chaldäische Reihe“ für die Aufzählung der Planeten weist auf diesen Umstand hin. Diese „chaldäische Reihe“ lautet: Saturn, Jupiter, Mars, Sonne, Venus, Merkur, Mond. Es ist die richtige Reihe, nur daß heute die Sonne mit der Erde ausgewechselt wird, daß Uranus, Neptun und Pluto fehlen, und daß unter den Planeten auch der Mond erscheint.

Venus und Merkur, die sich innerhalb der Erdbahn bewegen, scheinen als eine Art Monde sich nicht von der Sonne zu lösen. Merkur kann sich nie weiter als 28°, Venus nie weiter als 48° von der Sonne entfernen, ... ihr Abstand unter sich also höchstens 76° be-

---

[1]) Astronomisches Handbuch. Stuttgart, Franckhsche Verlagsbuchhandlung.

[2]) Henseling, Sternbüchlein 1939: 0,68. Vgl. auch andere Abweichungen.

tragen. Beide gehen bald *vor* der Sonne auf oder unter, d. h. sie sind bald als Morgensterne, bald als Abendsterne sichtbar. Stehen sie zugleich am Abend- oder Morgenhimmel, dann wird Merkur von der hellern Venus verdunkelt. Die Punkte der Vereinigung mit der Sonne, die Venus in gewissen Abständen erreicht, ergeben zusammen die Figur des Fünfsterns, des Pentagramms, ebenso ihre größten Entfernungspunkte von der Sonne, die sogenannten „Elongationen“[1]).

Gegenüber diesen zwei „innern Planeten“ können die „äußern“ sich alle bis auf 180° von der Sonne entfernen (d. h. von der Erde aus gesehen), ihr also genau gegenüberstehen, überhaupt jeden möglichen Einstrahlungswinkel zur Erde bilden.

Die *Mondelemente,* die uns interessieren, sind zur Hauptsache: Dichte 0,60 (Erde 1), Masse 0,01, Inhalt 0,02, Durchmesser 3476 km, mittlere tägliche Bewegung im Fixsternhimmel 13° 10′ 35″; siderischer Umlauf (von einem Punkt des Fixsternhimmels zurück zum selben Punkte 27,321 Tage; synodischer Umlauf (von Neumond zu Neumond) 29,531 Tage.

DIE EKLIPTIK

Die Sonne steht am 21. Dezember am weitesten südlich und beschreibt einen Tageskreis am Himmel, den wir den „Wendekreis des Steinbocks“ nennen. Nach diesem kürzesten Tage zieht sie ihre Kreise wieder nördlicher, einen Monat lang steigt sie nur langsam, dann, von Mitte Januar ab, rascher, bis sie bei Tag- und Nachtgleiche, am 21. März, jenen Kreis umschreibt, den wir den „Himmels-Äquator“ nennen. Zwei Monate wächst die Steigung mit gleicher Raschheit, im 3. Monat verlangsamt sie sich, um am 21. Juni, dem längsten Tag, den „Wendekreis des Krebses“ zu erreichen. In gleichem Tempo geht es nun wieder abwärts, bis zur Herbsttag- und Nachtgleiche am 23. September und wieder zum kürzesten Tage.

Vor und nach dem längsten und kürzesten Tage scheinen die Tageskreise kaum zu- oder abzunehmen. Die vier Monate, die zwischen den beiden Epochen liegen, zwischen 20. Januar und 20. Mai einerseits, anderseits zwischen 20. Juli und 20. November, sind die Zeiten des raschen Steigens, resp. des Wiedersinkens.

Von der Erde aus betrachtet, scheint also die Sonne eine von Süden nach Norden und wieder von Norden nach Süden gehende Bewegung zu vollführen. Dem Durchschnittseuropäer von heute brauchen wir kaum zu sagen, daß diese Bewegung eine Folge der Erdwanderung um die Sonne und der schiefstehenden Erdachse sei, daß die Erdachse zur Bahn im Winkel von 23° 27′ steht und der Sonne einmal

---

[1]) Pentagramma Veneris. Von M. Knapp. Verlag Helbing und Lichtenhahn, Basel, 1934.

mehr die nördliche, dann die südliche Kugelhälfte zuwendet, und daß für uns dadurch das Bild der steigenden und fallenden Sonne entsteht.

Neben dieser Nord–Süd-Bewegung beobachten wir eine zweite, und zwar in bezug auf die Fixsterne. Angenommen, wir sehen in der Äquatorgegend des Himmels bei Frühlings-Tag- und Nachtgleiche einen Fixstern, der um Mitternacht exakt den höchsten Stand seines nächtlichen Bogens erreicht habe. Suchen wir nach einem Vierteljahr um Mitternacht diesen Stern wieder, so steht er nicht mehr im Scheitelpunkt seiner Bahn, sondern gerade im Untergangspunkt. Und genau drei Vierteljahre nach unserer Beobachtung taucht er um Mitternacht am östlichen Horizont auf. Wir schließen daraus, daß die Sonne gegenüber diesem einen und allen andern Fixsternen zurückbleibe, jedes Vierteljahr um einen Viertelskreis des Himmels. Also im Jahr einen ganzen Kreis, worauf die Bewegung von vorne beginnt. Wir sprechen von einer jährlichen Sonnenbewegung in der Richtung West–Ost.

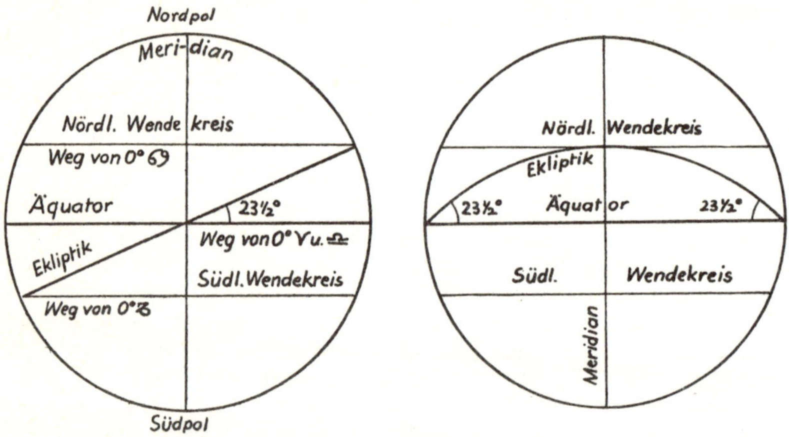

Fig. 1. Schema der Hauptlinien am Himmelsglobus.

Verbinden wir nun die Punkte der Nord–Süd-Bewegung und der West–Ost-Bewegung, so erhalten wir eine Linie, die wir die „jährliche Sonnenbahn" oder die „Ekliptik", die Linie der Finsternisse, getauft haben. Ihr nördlichster Punkt liegt im Wendekreis des Krebses, ihr südlichster bei einem Punkt des Fixsternhimmels in der Wendekreislinie des Steinbocks. Es sind die sogenannten Sonnwendpunkte, der Punkt „0 Grad Krebs" und „0 Grad Steinbock". Die Punkte des Fixsternhimmels, die bei den Tag- und Nachtgleichen erreicht werden, sind bekannt als „Widderpunkt" oder Frühlingspunkt und als „Waagepunkt" . . ., diese beiden „Äquinoktialpunkte" beschreiben, wie gesagt, beide den Kreis des Äquators am Himmel.

Der astronomische Laie halte fest, daß jeder Punkt dieser scheinbaren Jahresbahn unserer Sonne am Himmel seinen eigenen Tag- und Nachtkreis durchläuft, genauer, daß immer *zwei* Punkte durch ein und denselben Kreis wandern: 40 Tage *vor* und 40 Tage *nach* dem längsten Tage z. B. werden wir die Sonne in *gleicher* Himmelshöhe beobachten. Wir sprechen von „Breitenkreisen", und zwar von nördlichen zwischen dem 21. März und 23. September, und von südlichen Kreisen, die die Sonne in der *andern* Jahreshälfte durchzieht.

Die Nord–Süd–Nord-Wanderung geht also von Breitenkreis zu Breitenkreis . . ., die West–Ost-Wanderung setzt die Punkte, welche diese Breitenkreise ziehen, die „Sonnenstationen", täglich um rund einen Grad, einen 365stel des ganzen Jahreskreises „schräg" weiter.

Den senkrechten Abstand, den jeder einzelne Punkt vom Äquator des Himmels nimmt, nennen wir Deklination. Die beiden Sonnwendpunkte erreichen die *höchste* Deklination, nämlich rund 23° 27′. Das ist die „Schiefe der Ekliptik", der „Ekliptikwinkel" (E).

Man hat nun in Zeiten, die historisch nicht feststehen, die jährliche Sonnenbahn in 12 Teile geteilt und diesen Teilen die Namen der nächstliegenden Tierkreisbilder gegeben. Ob die Übertragung dieser Namen des „Zodiakus" mehr war als nur gerade eine Markierung, darüber streiten sich die Astrologen und verwirren sich in allerlei mystischen und teilweise müßigen Spekulationen. Tatsache ist nur, daß die Zwölfteilung der „solaren Jahresbahn" heute nicht mehr mit den Tierkreisbildern übereinstimmt; ebenfalls Tatsache ist jedoch, daß die Ekliptik und nicht der Tierkreis in Frage kommt, sobald wir „moderne Astrologie" treiben. Wir halten die Namen der Ekliptikzwölftel und ihrer Monatsbedeutungen fest:

„Winterzeichen":			
Steinbock	♑	Aufenthalt der Sonne zwischen	21. Dez. und 20. Jan.
Wassermann	♒	" " " "	20. Januar und 20. Febr.
Fische	♓	" " " "	20. Febr. und 21. März
„Frühlingszeichen":			
Widder	♈	Aufenthalt der Sonne zwischen	21. März und 21. April
Stier	♉	" " " "	21. April und 21. Mai
Zwillinge	♊	" " " "	21. Mai und 21. Juni
„Sommerzeichen":			
Krebs	♋	Aufenthalt der Sonne zwischen	21. Juni und 22. Juli
Löwe	♌	" " " "	22. Juli und 23. August
Jungfrau	♍	" " " "	23. August u. 23. Sept.
„Herbstzeichen":			
Waage	♎	Aufenthalt der Sonne zwischen	23. Sept. und 23. Okt.
Skorpion	♏	" " " "	23. Okt. und 22. Nov.
Schütze	♐	" " " "	22. Nov. und 21. Dez.

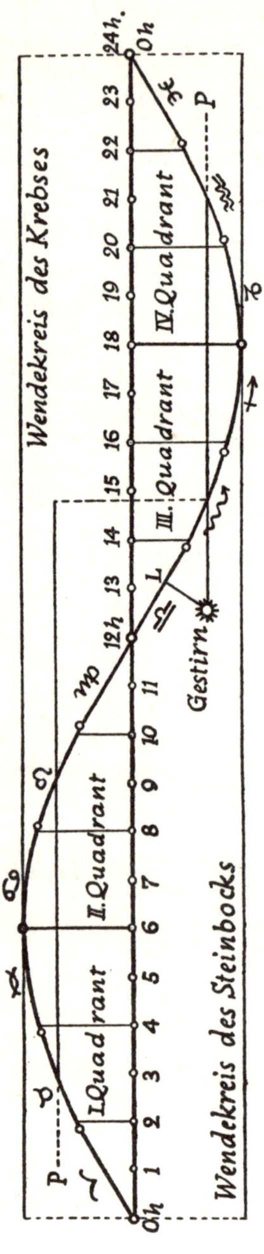

Fig. 2. Ekliptikgürtel als „Band" abgelöst. Darstellung der „Parallelen" eines Gestirns.

Jedes Zeichen zählt 30°, entsprechend den rund 30 Tagen des Monats. Jeder dieser Grade wäre irgendwo im Fixsternhimmel zu finden. Jedoch von Jahrhundert zu Jahrhundert um einen geringen Betrag verschoben.

Das führt uns zur Erwähnung einer weitern Bewegung der Erde oder — da wir die Bewegungen von der Erde aus sehen — der Sonne im Verhältnis zu den Fixsternen. Jedes Jahr stellen wir fest, daß sich die „Verspätung" der Sonne gegenüber den beobachteten „fixen" Lichtpunkten um rund 50 Bogensekunden verringert, so daß also jeder Punkt der Ekliptik sich um diesen Betrag „westlich" verschieben muß. In rund 72 Jahren erreicht diese Verschiebung einen ganzen Bogengrad. In 360mal 72 Jahren also 360° oder einen ganzen Kreis: In 25920 Jahren.

Diese Bewegung, „Präzession des Frühlingspunktes" genannt, war den Alten ebenso bekannt wie den Indern. Man spricht vom „platonischen Jahr", vom großen Jahr der Sonne, von der Wanderung der Ekliptikzwölftel durch die Tierkreisbilder usw. In dieser Präzession haben wir den Grund dafür zu suchen, daß die „Zeichen" oder Jahreszwölftel der Sonnenbahn mit den Tierkreisnamen nicht mehr übereinstimmen. Wir müßten bis ins Jahr 498 n. Chr. zurückgehen, damit der „Widderpunkt" wieder in den Anfang des Widder*bildes* fiele. Heute haben wir ihn bei dem 10. Grade des Fischebildes zu suchen. Festzuhalten haben wir nur, daß für uns nicht „Bilder", sondern „Zeichen", nicht „Tierkreis", sondern „Sonnenbahn", Ekliptik, gelten.

Es sei bei dieser Gelegenheit festgehalten, daß wir beim Rechnen ein System empfehlen, welches sich von den üblichen unterscheidet. Wir teilen die Ekliptik in „Quadranten“ oder „Viertel“ und brauchen diese Viertel als durchgängige Grundlage (siehe Fig. 2).

Es wird also folgendermaßen gezählt:

0° Widder	bis	90° Zwillinge	= 0	bis	90° erster	Quadrant
0° Krebs	„	30° Jungfrau	= 0	„	90° zweiter	„
0° Waage	„	30° Schütze	= 0	„	90° dritter	„
0° Steinbock	„	30° Fische	= 0	„	90° vierter	„

Wollen wir den Wert eines einzelnen Grades ausdrücken, dann wäre beispielsweise die sogenannte „ekliptische Länge“ von

20° Widder	= 20°	erster	Quadrant	
5° 20′ Zwillinge	= 65° 20′	„	„	
17° 45′ Jungfrau	= 77° 45′	zweiter	„	
16° 18′ Wassermann	= 46° 18′	vierter	„	usw.

Der Astrologieschüler hat sich als astronomisches Element die Zeichen Widder, Krebs, Waage und Steinbock als „Eckzeichen“ oder „kardinale“ Zeichen, die 0 Grade dieser Zeichen als „Kardinalpunkte“ zu merken; es sind die Sonnwend- und Tag- und Nachtgleichepunkte, die das Jahr vierteln. Wir werden den gleichen Ausdrücken später in astrologischen Zusammenhängen begegnen.

Kalenderreform astrologisch gesehen.

Bisher:	Neu:
21. März, Frühlingsanfang	= 1. März
21. März bis 20. April	= März oder Widdermonat
21. April bis 20. Mai	= April oder Stiermonat
21. Mai bis 21. Juni	= Mai oder Zwillingsmonat
21. Juni, Sommeranfang	= 1. Juni
22. Juni bis 22. Juli	= Juni oder Krebsmonat
23. Juli bis 23. August	= Juli oder Löwenmonat
24. August bis 22. September	= August oder Jungfraumonat
23. September, Herbstanfang	= 1. September
23. September bis 22. Oktober	= September oder Waagemonat
23. Oktober bis 21. November	= Oktober oder Skorpionmonat
22. November bis 20. Dezember	= November oder Schützemonat
21. Dezember, Winteranfang	= 1. Dezember
21. Dezember bis 20. Januar	= Dezember oder Steinbockmonat
21. Januar bis 20. Februar	= Januar oder Wassermannmonat
21. Februar bis 20. März	= Februar oder Fischemonat

September bis Dezember sind der 7. bis 10. in der Reihe. Das deutet auf das ursprünglich im Frühling angesetzte Neujahr und auf den „März“, den „Marsmonat“, als 1. Monat.

Stellen wir nochmals den Äquator fest, jene Linie, welche die Sonne bei Tag- und Nachtgleiche beschreibt. Sie wird für die Bewohner der irdischen Äquatorgegenden genau senkrecht vom Ostpunkt, dem Aufgangspunkt der Sonne an diesen Tagen, durch den Zenit, lotrecht über den Häuptern der Beobachter, zum Westpunkt

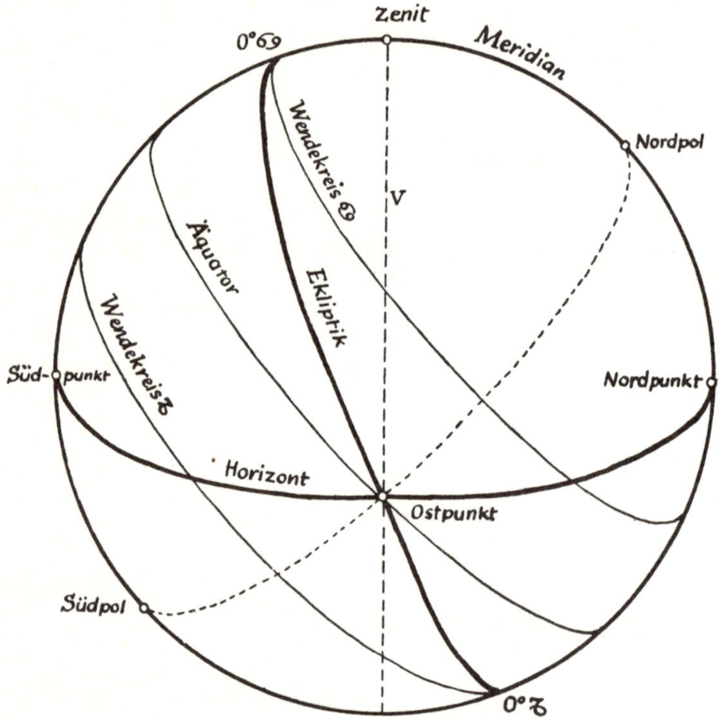

Fig. 3. Der Himmelsglobus, von Osten gesehen, mit Ekliptikstellung bei oberer Kulmination von 0 ° Krebs.

hinuntergehen. Die Nordpolbewohner dagegen, wenn es solche gäbe, desgleichen die des Südpols, würden die Sonne des 21. März genau am Horizont kreisen sehen, mit der halben Scheibe über der Erde. Dort also wäre der Äquator mit dem Horizont identisch.

Für alle Gegenden zwischen Pol und Äquator muß der Himmelsäquator irgendwo zwischen Zenit und Horizont durchgehen, aber immer den Ost- und Westpunkt schneiden.

Wir bringen in Fig. 3 die Situation dieser Linien für den 47. Grad nördlicher Breite, also für die Schweiz, Tirol, das mittlere Frankreich usw. Für alle Gegenden, die der Leser auf dem Atlas unter dieser Breite findet. Der Zenit steht vom Pol nur noch 43 ° ab. Der Äquator hat sich also, umgekehrt betrachtet, vom Zenit weggesenkt, und zwar um 47 °, nähert sich also dem Horizont auf 43 °, da ja zwischen Zenit und Horizont ein Viertelskreis oder 90° liegen.

Die Schräge des Äquators zum Horizont wäre also durch unser eigenes Wandern polwärts und damit durch das Wandern des Zenits über unserm Scheitel erklärt.

Ziehen wir aber dennoch die Linie, welche der Himmeläquator für die Erdäquatorleute beschreibt, durch den Zenit und verbinden den Ostpunkt (O) mit dem Zenit (Z). Dann haben wir die sogenannte „1. Vertikale". Am Ostpunkt erscheinen vier Winkel, zwei zu 47 und zwei zu 43 °. Wir benennen sie der Reihe nach

Polhöhe über dem Horizont	47 °	(= geographische Breite)
Pol–Zenit-Distanz	43 °	
Zenit–Äquator-Distanz	47 °	(= „ „)
Äquator–Horizont-Distanz	43 °	

In diese Halbkugel ist eingetragen eine unter vielen möglichen Stellungen der Ekliptik, nämlich jene, die den nördlichsten Grad, 0° ♋ in der Mittagsstellung („Kulmination") zeigt, während gerade 0° ♎ aufgeht. Wir sehen 0° ♎ genau im Ostpunkt. 0° ♋ erhebt sich 23° 27′ über den Äquator und steht 23° 33′ vom Zenit ab.

Von 0° ♋ weg verläuft eine Parallel-Linie zum Äquator, der Wendekreis des Krebses, nicht anderes als der Sonnentagbogen am Vormittag des 21. Juni. Man sieht, die Sonne geht nördlich des Ostpunktes, polwärts auf. Ihr Aufgangspunkt nähert sich dem Nordpunkt des Horizontes. Der „Aufgangspunkt" des Steinbockwendekreises dagegen würde sich dem Südpunkte des Horizontes nähern.

Nordpol, Zenit, der kulminierende Punkt der Ekliptik 0° ♋, der Scheitelpunkt des Äquators, sowie Nord- und Südpunkt des Horizontes liegen auf der Linie „M", die den „Meridian", die Mittagslinie, darstellt.

EINTEILUNG DES ERDRAUMS

Die sogenannten „Häuser" oder „Felder"

Gleich wie die Ekliptik, wird auch *der Raum um einen Geburtsort* (ja nicht die Erdkugel!) in vier Quadranten geteilt. Man verwechsle nicht den „ekliptischen" mit dem Erdraumquadranten. Fig. 4 zeigt einen dieser kurzerhand als „Raumquadrant" bezeichneten Himmelsviertel. Man beachte, daß die Erde als solche völlig außer Betracht

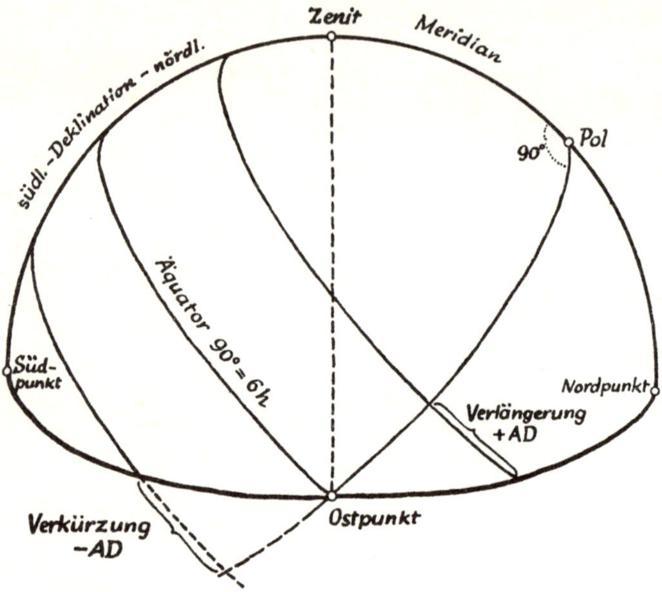

Fig. 4. Die Verlängerung des Tagbogens am längsten und die Verkürzung am kürzesten Tage (+ oder —AD).

fällt. Nur die waagrechte Ebene, die sich durch den Geburtsort zieht und bis an die unendlichen Sternweiten verlängert zu denken ist, kommt in Frage. Auf so ungeheure Distanzen fällt sie praktisch zusammen mit der Ebene, die unsern Erdmittelpunkt schneidet.

Vier Quadranten wären also zu beobachten, zwei östliche und zwei westliche, je zwei über dem Horizont, je zwei *unter* dem Horizont. Was wir vor uns sehen (in Fig. 4), ist soviel wie der „obere Ostquadrant", d. h. der nach dem Ostpunkt zu über dem Horizont liegende. Man ergänze die Bezeichnungen: Oberer und unterer Westquadrant, gewöhnlich Nachmittags- und Vormitternachtshimmel genannt, und „unterer Ostquadrant" (oder Nachmitternachtshimmel). Der obere Westquadrant läge *hinter* der in Fig. 4 dargestellten Viertelskugel. Die andern würden die Kugel unten ergänzen, und sichtbar wäre der „untere Ostquadrant". Auf den sichtbaren Sonnenweg bezogen: Wir hätten den Sonnenweg von Aufgang bis Mittag vor uns.

Die vier Quadranten sind klarerweise gleich groß.

Nun wird aber dieser „Erdraum", den wir uns bis in die riesigen Sternweiten ausgedehnt denken mögen oder auch nur mit 2 m Durchmesser vorstellen können, weiter eingeteilt. Und zwar existieren

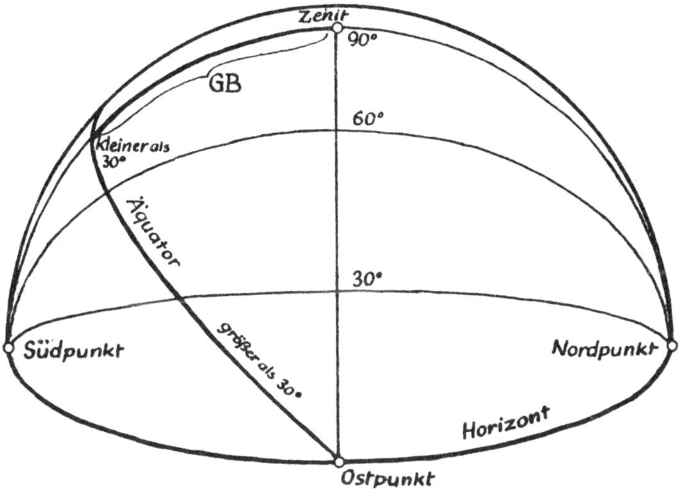

Fig. 5 a. Häusersystem des Campanus. Der gedrittelte „Erdraumquadrant".

mehrere Systeme. In Fig. 5 a bis 5 c sind die drei bekanntesten dargestellt. Allen drei gemeinsam ist die Zwölftelung der Kugel, und alle drei anerkennen den Horizont als Grundlage, ebenso den Meridian, also die vier Quadranten. Uneins sind sie, was die Drittelung des Quadranten betrifft.

Das älteste System, das des *Campanus* (gest. ca. 1297) faßt den „Erdraum" als regelmäßig zu teilende Sphäre auf; wenn die Kugel in Quadranten aufgeteilt wird, die alle gleich sind, dann muß der Quadrant ebenso regelmäßig gegliedert werden, und zwar gedrittelt. Es werden also auf der „1. Vertikalen" je 30° abgetragen, jeder Schnittpunkt wird durch einen „größten Kreis" mit dem Nord- und Südpunkt des Horizontes verbunden, und die „12teilige exakte Orange" ist da (Fig. 5 a).

Später brachte der Astronom *Regiomontanus* (1436—1476) eine Neuerung. Er drittelte den Äquator statt der Vertikalen. Mit zunehmender nördlicher oder südlicher Breite senkt sich jeder der mittleren Teilungskreise, weil er mit dem Äquator fest verbunden bleibt. Am Pol sinken also diese „Häuser" mit dem Äquator auf den Horizont, wie man aus Fig. 5 b leicht ableiten kann. Die Figur stellt die Situation etwa für den 45. Grad nördlicher Breite dar.

Eine letzte Neuerung endlich brachte *Placidus* (1590—1668). Er griff die Äquatordrittelung des Regiomontanus auf, blieb jedoch dabei nicht stehen, sondern drittelte auch den Wendekreis nördlich und südlich, überhaupt jeden Breitenkreis innerhalb 23 ½° nördlich und

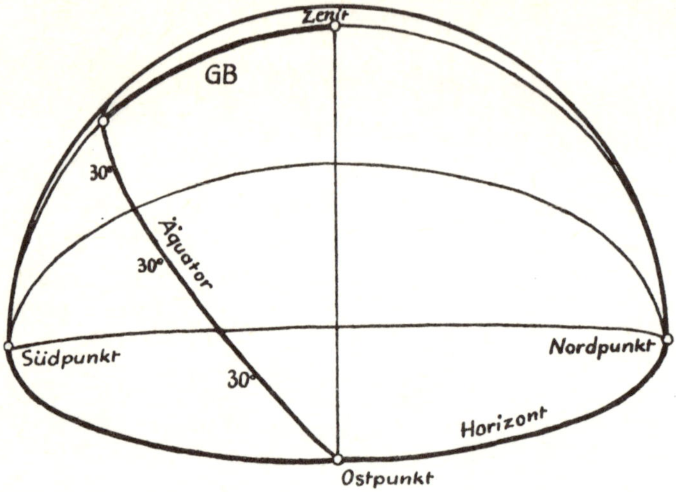

Fig. 5 b. Häuser bei Regiomontanus. Der gedrittelte Äquator.

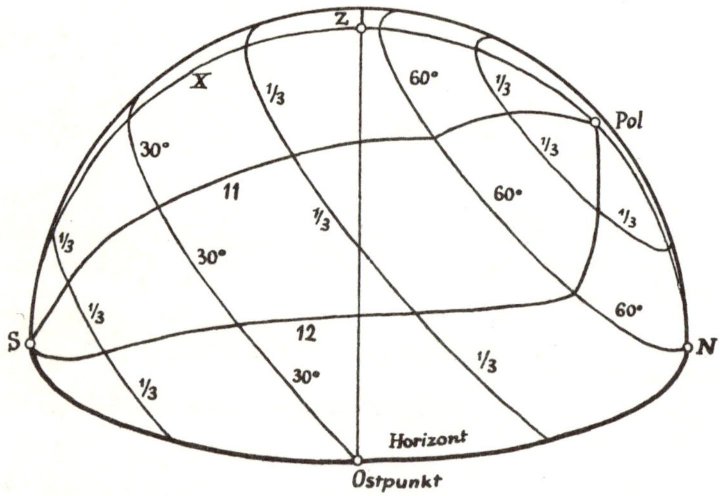

Fig. 5 c. Häuser bei Placidus. Die gedrittelten Halbbogen der einzelnen Breitengrade bis zum Nord- resp. Südpol.

südlich des Äquators. Das System ist neuerdings von O. Ludwig-Hamburg (Zenit 1932)[1]) konsequent zu Ende gedacht worden.

[1]) „Zenit" 1930, Heft 7 und 8. Die ausgezeichnete Zeitschrift, von Dr. jur. H. Korsch in Düsseldorf, durfte vor dem Kriege als die wissenschaftlich beste gelten.

Nach Ludwig muß, falls wir jeden Breitenkreis, statt des Quadranten, dritteln, auch das Stück innerhalb des „Zirkumpolarkreises", in welchem die Breitengrade sich alle *über* dem Horizont in Kreisen um den Polarstern bewegen (man studiere die verschiedenen Stellungen des „Großen Bären", des sogenannten „Wagens"), auf dem genannten Zirkumpolarkreis ein Knick in der Drittelungslinie entstehen. Statt zum Horizontnordpunkt verläuft nun die Teilungslinie zum Nord-*Pol* des Himmels. Eine „Calotte", die nach Norden immer größer wird und am Nordpol auch die ekliptischen Breiten erreichen und verschlingen muß, entsteht . . ., eine mathematisch ganz interessante Figur, wie 5 c zeigt. So etwa muß es bei 47° n. Br. aussehen.

Frage: Wer hat recht? Bis vor kurzem folgten alle Astrologen Placidus. Neuerdings haben sich in Deutschland die Kreise um den Düsseldorfer Korsch und Dr. Walter Koch, Stuttgart, einen ausgezeichneten Kenner der Astrologiegeschichte, für Regiomontanus eingesetzt und im „Zenit" durchaus nach diesem System gearbeitet[1]).

Campanus wurde bis vor kurzem nur von den Engländern zu Rate gezogen, und zwar, wenn es sich darum handelte, auch für polnahe Gegenden noch Horoskopfiguren zu erhalten. Der Verfasser dieses Buches bekennt, daß er Campanus ernster nimmt, als er genommen wird. Beweiskräftig dürfte indessen nur die Erfahrung sein. Rein formal-logische Überlegungen, weswegen das eine oder andere System „vernünftiger" sein könnte oder sei, müssen dagegen weit zurücktreten. Nur Erfahrung beweist . . . Hypothesen hinken hintennach. Drängen sie sich vor, muß man sie zurückweisen.

Den Versuch, ein viertes System, das der sogenannten

„äqualen Häuser",

zu begründen, unternahmen die Astrologen Tiede und Vehlow. Vehlow sprach dabei von einem „antiken" System, ohne allerdings den Beweis zu erbringen, daß er auf uralten Vorbildern aufbaue. Überdies haben weder Tiede noch Vehlow die wichtigsten Argumente, die für ihre Annahme sprechen könnten, ins Feld geführt. Sie rechneten den „Aufgangspunkt" der Ekliptik aus und teilten nachher den Bogen vom Aufgangs- bis zum Untergangspunkt in 6 Teile (s. Fig. 6). Sie nahmen also nicht den Erdraum als Grundlage einer Häuserberechnung, sondern lediglich ein Element dieses Raumes, den Horizont. Die übrigen Elemente suchten sie auf der Ekliptik.

Fig. 6 zeigt eine Halbkugel, diesmal aber keinen Quadranten im Sinne von Fig. 4. Der Blick richtet sich von Südwesten her gegen das System der Kreise. Wir erkennen den Meridian wieder, der sich vom Zenit bis zum Südpunkte des Horizonts senkt. Der Westpunkt

---

[1]) Häusertabellen von Studienrat Dr. W. Koch, Stuttgart. Nach Regiomontanus (Zenit-Düsseldorf) und Placidus (R. Hummel, Leipzig).

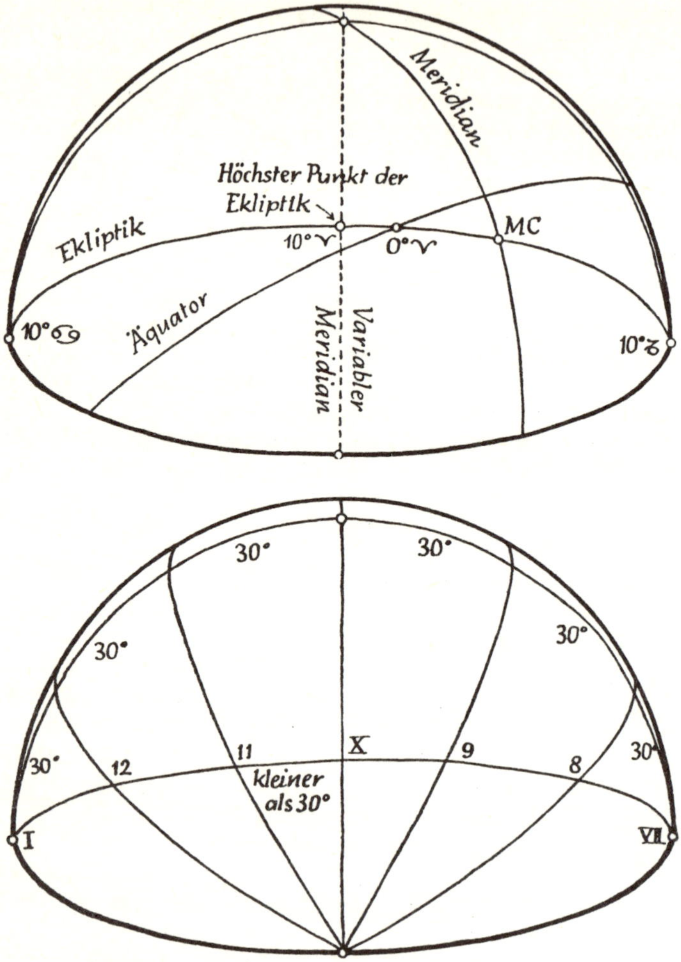

Fig. 6. System der „äqualen Häuser“ ... die „inäqual“ werden, sobald wir die Raumquadranten dritteln.

liegt unsichtbar hinter der Kugel, der Ostpunkt verschiebt sich um den gleichen Wert nach rechts wie der Südpunkt. Von diesem Ostpunkt sehen wir den Äquator sich über den Meridian erheben und schließlich hinter der Kugel gegen den unsichtbaren Westpunkt zu verlieren.

Die hauptbetonte Linie stellt den Ekliptikbogen von seinem Aufgangs- bis zum Untergangspunkt dar (10° ♋ bis 10° ♑). 10° ♋

entfernt sich vom Ostpunkt nordwärts. Es handelt sich um den Aufgang eines Sommergrades.

Vehlows System hat nun das Bestechende, daß der Teilungsstrich, den er an Stelle des Meridians einsetzt, durch den höchsten Punkt des Ekliptikbogens (so wie er bei Aufgang von 10° ♋ liegt) führt. Es ist in der Tat nicht dasselbe: „Kulminierender Grad“ und jeweils „höchster Punkt des Ekliptikbogens“. Dieser höchste Punkt kann bald westlich, bald östlich des Meridians liegen. Die Stellungen all dieser jeweils höchsten Punkte miteinander verbunden, ergeben einen Kreis. Vehlow könnte sich darauf berufen, daß es keinen „absoluten Ost- und Westpunkt“ gebe, da ja die Sonne und mit ihr die Ekliptikgrade auf dem Horizont von Süden nach Norden ein richtiges „Rangiergeleise“ beschreiben. Die Punkte des „Ekliptikscheitels“ würden entsprechend den Kreis beidseits des Meridians ziehen. Die „Zwischenteilungspunkte“ müßten Ellipsen geben.

Fraglich ist allerdings, ob nachher die Abtragung von je 30° und 60° links und rechts dieses höchsten Punktes logischer sei als eine echte „Quadrantendrittelung“, wie sie auf Fig. 6 durch die gezogenen Linien angedeutet werden. Man sieht, die Stücke am Ekliptikbogen würden auf diese Weise *weniger* als 30° betragen.

Alle vier Häusersysteme haben *eines* gemeinsam: Die *Zählung*. Vom östlichen Horizont abwärts, also im Nach-Mitternachtshimmel, liegen die Häuser I—3; von dort bis zum westlichen Horizont, im Vormitternachtsquadranten, Haus IV—6, im Nachmittagshimmel VII—9, im Vormittagshimmel X—12. Die Zählung geht in umgekehrter Uhrzeigerrichtung. Was das „äquale System“ angeht, trifft diese Unterscheidung nicht genau zu, da nicht Erdraum-Quadranten, sondern Ekliptik-Quadranten auf Grund der Auf- und Untergangsgrade vorliegen.

Die eigentliche Besprechung der Hauserbedeutungen verläßt das mathematisch-astronomische Gebiet und muß in anderm Zusammenhang besprochen werden.

DIE UHR

Alle naiv-bequemen Rechner wünschen eine Uhr, die so einfach zu berechnen wäre wie Meter und Kilogramm; die 24 Stunden zu 60 Minuten zu 60 Sekunden, der Tag mit 86 400 Sekunden oder 1440 Minuten scheinen überaltert zu sein. Immerhin, wir besitzen in dieser Einteilung noch ein Meß-System, das auf andern Gründen als denen der reinen Logik und praktischen Handhabung beruht, das System der 12er Zahlen. Woher es kommt, wissen wir nicht, aber wir finden es in den 12 Zeichen, 12 Monaten, 12 alten Doppelstunden, den

5 mal 12 Minuten, den 12 mal 30° des Kreises ebenso wieder wie in den mythischen Erzählungen von den 12 Söhnen Jakobs oder in der Auswahl der 12 neutestamentlichen Apostel.

Warum aber entstand der *Unterschied in der Kreiseinteilung in* 360° und der *Tages-Einteilung in 24 Stunden?* Weshalb die zwei Systeme, die doch beide „einen Kreis" darstellen:

a) 360° à 60 Bogenminuten à 60 Bogensekunden, und
b) 360 mal 4 Zeitminuten = 24 h à 60 Minuten, à 60 Sekunden?

Die erste Einteilung bezieht sich auf den Jahreskreis, die zweite auf den Tageskreis. Bei b) müßten wir eigentlich setzen:

12 Doppelstunden à 60 Doppelminuten à 60 Doppelsekunden.
Dann wäre 1 Jahr = 4320 Doppelstunden, eine „heilige Zahl".
Es gilt aber, sich in diesen leicht spekulativen Betrachtungen nicht zu verlieren, sondern festzustellen, daß

1 Stunde (h) = 15 Grade (°),
1 Minute (min) = 15 Bogenminuten (′) und
1 Sekunde (sec) = 15 Bogensekunden (″) sind.

Die Umrechnung wird erleichtert, wenn wir beifügen:

1 Bogengrad = 4 Zeitminuten,
1 Bogenminute = 4 Zeitsekunden.

Alle Berechnungen von Aufgängen und Untergängen, von Kulminationen und Übergängen irgendwelcher Art erfordern die Kenntnis der Verhältnisse zwischen Bogen- und Zeitgrößen (Anhang Tabelle I).

Unsere Uhren mit den zweimaligen Drehungen des Stundenzeigers pro Tag ergeben nun nicht das normale Bild, das wir vor uns haben müßten, um unmittelbar zu erkennen, daß ein „Zeitmesser" ganz einfach das Abbild der täglichen Drehung des Himmels um die Erde sein soll. In Fig. 7 sei eine „richtige Uhr" aufgezeichnet. Wir wählen die Ziffer 0 für Mittag, die Übergänge über den Meridian oben, 6 für einen Übergang im Westpunkt, falls Tag- und Nachthälfte gleich sind, 12 für einen Übergang im Meridian unten, dem „Mitternachtspunkt", 18 für einen mittleren Aufgang.

Angenommen, wir lassen nun *die Sonne* kreisen. Steht sie am „mittlern Mittag" oben, beim Nullpunkt, dann hätten wir „0 Uhr", und zwar „0 *Uhr Sonnenzeit*". Bei Tag- und Nachtgleiche würde sie um 6 Uhr Sonnenzeit unter-, um 18 Uhr aufgehen, und jede der 24 Tagesstunden würde uns die Sonne auf der entsprechenden Ziffer zeigen.

Wenn wir nun aber anstatt der Sonne den „*Widderpunkt*", auf den man sich als Grundlage der Himmelsberechnung geeinigt hat, kreisen läßt, dann nennen wir den Moment der Kulmination *von*

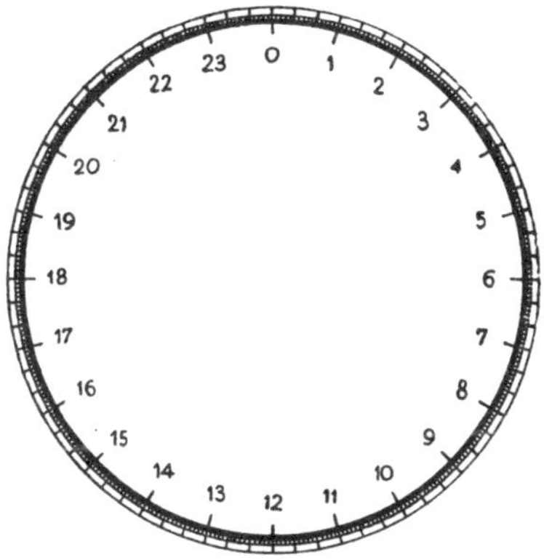

Fig. 7. Eine „natürliche Uhr“, mit Ausgangspunkt Mittag als 0 oder 24 h.

0 *Widder* „0 *h Sternzeit*“ (genauer 0 h 00 min 00 sec Sternzeit). Den Untergang 6 h 00 min 00 sec Sternzeit usw.

Es ist nun klar, daß die beiden Zeiten ungleich verlaufen müssen, da ja doch die Sonne *nur* einmal im Jahr auf 0° ♈ steht, nämlich bei Frühlings-Tag- und Nachtgleiche. Und da die Sonne zurückbleibt, muß die Sternuhr vorangehen. Die Unterschiede ergeben sich aus einer einfachen Erwägung: Wenn am 21. April die Sonne 0° ♉ erreicht und dieser Grad mittags kulminiert, so muß der Widderpunkt sich schon zwei Stunden westlich gesenkt haben. Wir stellen fest:

Am	21. April	bei Sonnenzeit	0 h (mittags!)	ca.	2 h Sternzeit	
„	21. Mai	„ „	mittags	„	4 h „	
„	21. Juni	„ „	„	„	6 h „	usw.

Die tägliche Zunahme beträgt rund 4 Minuten. Rechnungen lassen sich ersparen, da in allen „Ephemeriden“ die Mittagssternzeiten notiert stehen. Die Darstellung erfolgt nur des Verstehens wegen.

Anderseits ist zu merken, wie die Sternzeiten in den Ekliptikquadranten verankert sind:

Obere Kulmination von	Sternzeit
0° ♈	= 00 h 00 min 00 sec
0° ♋	= 6 h 00 „ 00 „
0° ♎	= 12 h 00 „ 00 „
0° ♑	= 18 h 00 „ 00 „

Die untern Kulminationen liegen 12 Stunden vor oder nach den obern, also 0° ♈ in unterer Kulmination um 12 Uhr, 0° ♎ in unterer Kulmination um 24 oder 0 Uhr usw.

Die Kulminationen aller andern Grade decken sich nicht mit entsprechenden Zahlen der Uhr, so daß man nicht sagen kann, 1° ♈ kulminiere um 0 h 4 min. Oder 0° ♉ um 2 h 00 min. Oder 0° ♊ um 4 h 00 min usw.

In Fig. 2 sind einige der Entsprechungen angedeutet. Nur die vier „Eckpunkte“ der Quadranten stimmen mit den genauen Tagesvierteln, also 6 h, 12 h, 18 h und 0 h, wie schon gesagt, überein.

Will jemand einen bestimmten Zeitwert, also etwa 7 h 10 min 12 sec als „Horoskopzeit“ nehmen und dazu den ebenso exakten Punkt der Ekliptik, der zu dieser Zeit kulminiert, ausrechnen, dann ist das nicht schwer. Er muß die einschlägige Formel des Anhanges verwenden lernen.

Wer nicht so genau rechnen will, kann in einer Häusertabelle, welche die Kulminationen von 4 zu 4 Minuten angibt, die Werte ebenfalls finden. (S. „Das wahre Gesicht“.)

* * *

Hätten wir nun überall die richtigen „Sonnenuhren“ und könnten wir die Sonne veranlassen, einen „mittlern Mittag“ anzugeben, wie ihn eine richtiggehende Uhr anzeigen muß, dann wüßten wir Bescheid und hätten weiter nichts mehr zu rechnen als eben „aus Sonnenzeit Sternzeit“ und dann den Punkt, der über den Meridian geht, falls die Uhr so und soviel Sternzeit angibt. Allein so einfach stehen nun die Dinge nicht, vor allem nicht, seit der moderne Verkehr eine Angleichung der Uhren ganzer Länder an die Uhren bestimmter Orte veranlaßt hat. Um nicht zu weit auszugreifen:

Es wurde *der Meridian von Greenwich* bei London also 0-Meridian bezeichnet. Alle 15° östlich und westlich wurde theoretisch ein neuer „Ausgleichsmeridian“ bezeichnet. Z. B. der durch Görlitz in der Provinz Schlesien gehende, der 15° östlich von Greenwich liegt und bedeutet, daß man hier eine Stunde früher Mittag habe als in London. Die einzelnen Staaten schlossen sich mehr oder weniger rasch dieser „Zonenzeit“ an. Die Schweiz am 1. Juni 1894, das deutsche Reich am 1. April 1893. Und zwar wählten sie die „mitteleuropäische Zeit“ (MEZ), die Uhr nach dem Meridian von Görlitz. Die österreichischen Nachfolgestaaten, Italien, die Skandinavier stehen naturgemäß unter dem gleichen Regime. Wogegen die westeuropäischen Staaten sich „nach Greenwich“ richten.

Liegt ein Ort westlich von Görlitz (östlich von Greenwich), dann geht die „mitteleuropäische Uhr“ vor, ein Ort aber, der auf 17° ö. L. liegt, müßte pro Grad je 4 Minuten zuzählen.

Bern liegt 7° 26′ östlich Greenwich, hat aber MEZ, seit 1894.

Es sind also z. B. 17 h 30 min MEZ = 16 h 30 min 00 sec Gr. Zt.
Plus je 4 min für 7° 26′ ö. L. = + 00 h 29 min 44 sec
Also sind 17 h 30 min MEZ = Berner Ortszeit 16 h 59 min 44 sec

ASTRONOMISCHE EINZEL-ELEMENTE

Bahnschiefe

Die Sonne erhebt sich nie mehr als ungefähr 23° 27′ über den Äquator und sinkt nie tiefer als um eben diesen Winkel. Die Bahnschiefe der Ekliptik deutet nun die ungefähre Abweichung auch der Planeten an: Sie stehen stets in der Nähe eines Ekliptikgrades, jedoch höchst selten exakt auf dieser von der Sonne (oder der Erde) begange-

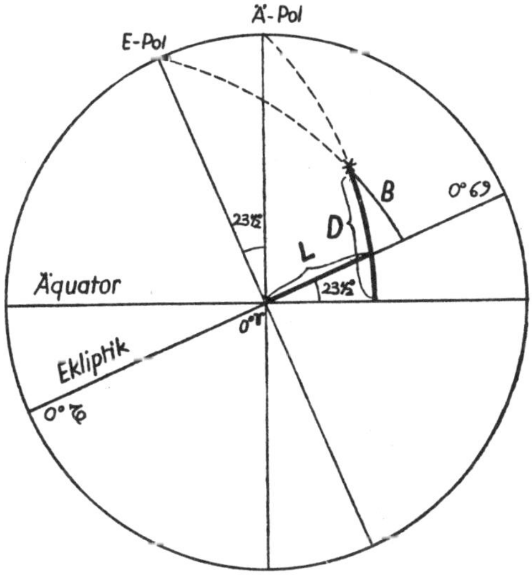

Fig. 8. Länge, Breite und Deklination eines Gestirns, das nicht auf der Ekliptik steht. B = ekliptische Breite, D = äquatoriale Deklination, L = ekliptische Länge, S = Gestirnposition. E-Pol = Ekliptikpol, Ä-Pol = Äquatorpol.

nen Bahn. Überschreiten sie die Ekliptik, dann wird von „Knoten" gesprochen. Heben sie sich über die Sonnenjahresbahn, dann von aufsteigenden, sinken sie darunter, von absteigenden Knoten.

Von der Sonne aus (heliozentrisch) gesehen, betragen die Abweichungen der einzelnen Planeten, die sogenannten „Bahnneigungen":

Merkur	7°	Jupiter	1,31°	Neptun	1,78°
Venus	3,40°	Saturn	2,49°	Mond	5,145°
Mars	1,85°	Uranus	0,77°		

Von der Erde aus (geozentrisch) gesehen, ergeben sich andere Werte, die jeweilen in den *Ephemeriden* notiert stehen. Der Abstand eines Gestirns vom Äquator, die „Deklination", wird in einer besondern Kolonne gefunden. Die Abweichung von der Ekliptik wird ebenso angegeben, und zwar als „Latitudine", d. h. (ekliptische) Breite.

Die „Breite" wird auf dem Kreise gemessen, der den Ekliptikpol senkrecht mit der Ekliptik verbindet (ekliptische Breitenlinie). Die Deklination auf einem „Meridian", d. h. auf einem Kreise, der den ruhenden Himmelspol senkrecht mit dem Äquator verbindet (Deklinationslinie s. Fig. 8).

Die Bahnneigung der Planeten bedingt nun, daß sie mit mehr als einem Grade der Ekliptik Beziehungen haben:

1. Sie stehen stets auf so und so viel Grad ekliptischer Länge.
2. Sie haben gleiche Deklination mit *andern* Graden (s. Fig. 2).

Die durch gleiche Deklination hergestellte Beziehung nennen wir die „Parallelstelle" eines Gestirns. Sie kann oft sehr weit von der „Längenstelle" liegen. Überschreitet die Deklination aber 23° 27′, dann fallen die Parallelen weg. (Wie man die Parallelstellen berechnet, s. Aufstellung des Horoskops.)

Die Bahnneigung hat außerdem eine mehr oder weniger bedeutsame Verspätung oder Verfrühung der Kulmination zur Folge (s. Anhang, Formel C II).

RÜCKLÄUFIGKEIT DER PLANETEN

Schon die Alten beobachteten, daß die Wandelsterne, die normalerweise gegenüber den Fixsternen westöstliche Verschiebungen aufweisen, diese Bewegung unterbrechen und „rückläufige" Zeiten durchmachen, um dann wieder stillzustehen und den normalen Gang anzutreten, erst langsam, dann rascher, bis die gewöhnliche Geschwindigkeit wieder erreicht wird. Die Erklärungen der alten Astronomen oder noch Tycho de Brahes interessieren uns hier nicht. Es genügt die moderne Erklärung, wonach wir vor einer „optischen Täuschung" stehen, hervorgerufen durch die Stellungsveränderung der Erde. Wir wissen, wie uns auf einer Bahnfahrt die Landschaft plötzlich rückwärts und dann wieder in der Gegenrichtung zu wandern scheint. Jede neue Kurve der Bahnlinie wiederholt die Erscheinung.

Fig. 9 zeigt die Verhältnisse zwischen Sonne, Erdbahn und Saturn. Alle Verbindungslinien zwischen Erde und Saturn weisen nun in ihrer Verlängerung auf bestimmte Positionen der Ekliptik. Auf diesen Stellen scheint, von der Erde aus gesehen, jeweilen der Planet zu stehen.

Die moderne Erklärung, wonach wir lediglich vor einer Täuschung stehen, bringt jeden Astrologen in Versuchung, der Rückläufigkeit geringere Bedeutung zuzumessen, als ihr die Alten gaben.

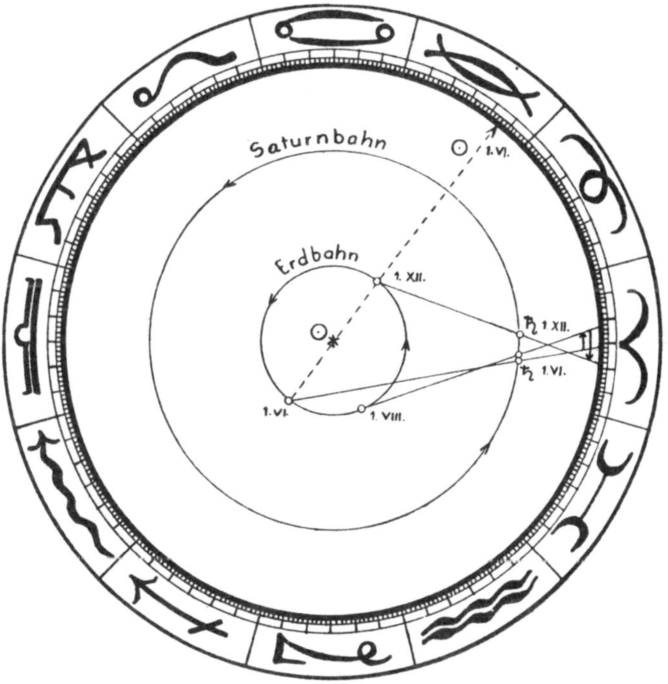

Fig. 9. Die Rückläufigkeit des Saturn im Jahre 1938. Zwischen August und Dezember scheinbarer Rückmarsch von ca. 19 bis 11 Grad Widder.

Es ist indessen ratsam, zu überlegen, daß wir „homozentrische" Astrologie treiben, also den Menschen als Zentrum ansehen, nicht einmal, wie unsere heutigen Astronomen gerne spotten, „überlebte geozentrische", mit der Erde im Mittelpunkt. Das Bild des großen Himmels, wie es sich für den Menschen stellt, ihn, den von diesem Großen abhängigen Kleinen, ist für uns maßgebend. Und führen in diesem Bilde die Gestirne Bewegungen aus, die nicht den normalen westöstlichen Lauf, analog dem Mond- und Sonnenlauf, bedeuten, dann wittern wir, wie einst die Alten, darin eine besondere Bedeutung.

Notiz: Mars, Jupiter, Saturn und die weitern äußern Planeten gehen jeweils in Rückläufigkeit über, wenn Sonne, Erde und dritter Körper, durch Linien verbunden, sich dem „rechten Winkel" nähern.

AUFSTELLUNG DES HOROSKOPS

Es sei jemand am 2. Mai 1900, nachmittags 4 Uhr, in Zürich geboren. Wir haben uns zuerst darüber Rechenschaft zu geben, was „4 h nachmittags" bedeute. Zürich, in der Schweiz gelegen, hat anno 1900 mitteleuropäische Zeit. Die „fachgerechte" Angabe der Geburtszeit muß also lauten:

„(Männliche oder weibliche) *Geburt 2. Mai 1900, 16 Uhr MEZ,* Zürich. 8° 33′ ö L. 47° 23′ n. Br."

Die Rechnung, die wir daraufhin vorzunehmen haben, ist uns bereits bekannt. Wir stellen fest:

Geburt MEZ nach Mittag . . .	4 h 00 min
Gr. Zt. nach Mittag . . .	3 h 00 min
+ für ö. L. (8 ½mal 4 min) . . .	0 h 34 „
= Ortszeit nach Mittag	3 h 34 min
Dazu Sternzeitdifferenz des 2. Mai	2 h 40 „
= Orts-Sternzeit der Geburt	6 h 14 min

Was aber fangen wir nun mit dieser Feststellung an?

Antwort: Nach der Geburts-Sternzeit richtet sich der kulminierende Punkt der Ekliptik, der aufgehende Punkt („Aszendent") und die auf die Linien der Hausanfänge fallenden Punkte. Die Bestimmung des kulminierenden Punktes ist uns bereits bekannt. Unbekannt und mit komplizierteren Formeln zu berechnen sind die andern. Wir bringen im „Anhang" die exakten Formeln mit Beispielen, und jeder Leser mag sich damit befassen oder der Mühe ausweichen, wie er will. Wem die allzuviele Rechnerei nicht liegt, der eigne sich nur das Minimum, eben die vorstehende, übrigens ungenaue Rechnung an. Alles weitere findet er in zwei Tabellen:

1. In der Ephemeride, einem genauen Kalender;
2. In der Häusertabelle.

Man beschaffe sich eine Häusertafel für den 47. Breitengrad, welche die Verhältnisse für Zürich annähernd wiedergibt. (Gedruckt in „Das wahre Gesicht der Astrologie", 2. Auflage. Bei Orell Füßli, Zürich.)

Bei 6 h 12 steht in der Kolonne X. Haus	2° 45′ ♋
„ 6 h 16 „ „„ „ „ X. „	3° 40′ ♋
Zusammen	5° 85′
Mittelwert für 6 h 14	2° 30′
	+ 0° 42′
	3° 12′ ♋

Unsere Rechnung mit Logarithmen s. Anhang.

Wir haben nun weiter den Mittelwert für den *Aszendenten* zu bestimmen: Zwischen 2.12 und 2.56 ♎ liegen 2.34, die wir uns vorläufig merken.

Die übrigen Häuser zeigen

11. Haus	zwischen	0° 20′	und	1° 13′ ♌	= 0.46 ♌
12. „	„	29° 58′ ♌	„	0° 45′ ♍	= 0.25 ♍
2. „	„	4° 46′ ♒	„	5° 33′ ♒	= 5.09 ♒
3. „	„	4° 56′ ♐	„	5° 49′ ♐	= 5.22 ♐

Wir zeichnen uns nun einen 12geteilten Kreis und tragen die 12 Zeichen der Reihe nach so ein, daß ♋ oben zu stehen kommt. Fig. 10 zeigt einen solchen Kreis, ohne Zeichen-Vordruck. Wer vorzieht, gedruckte Formulare zu kaufen, mag es tun. Er wird sich dabei von verschiedenen Dingen abhängig machen und unter der ärgerlich fixen Lage der Zeichen leiden. Am besten geeignet wären gedruckte, zwölfgeteilte Kreise ohne eingetragene Zeichen. Wer sich merkt, daß die Gradzählung in der umgekehrten Uhrzeigerrichtung läuft und daß die einzelnen Zeichen eben 30° messen, kommt auch ohne Gradnumerierungen und Zeichenvordruck aus.

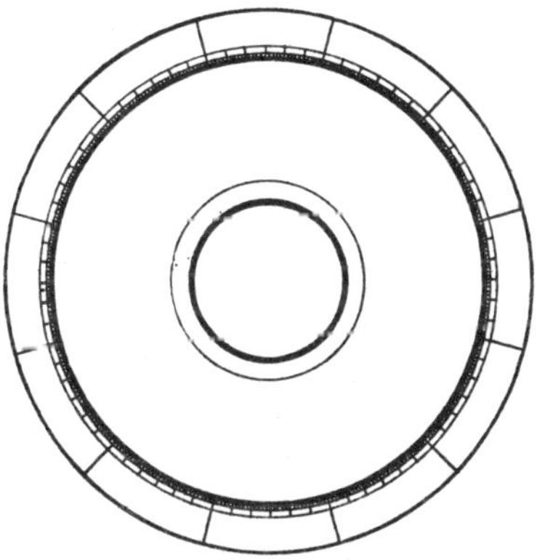

Fig. 10. Der zur Horoskopaufstellung am besten geeignete Ring ohne Zeichen.

In den Kreis mit den notierten Zeichen wird nun eine Achse gezeichnet, die 3—4° ♋ mit dem gegenüberliegenden 3—4° des Steinbockzeichens verbindet. Und dazu wird notiert X—IV. Danach wird die „Horizontachse" I—VII von 2—3 ♎ bis 2—3 ♈ eingetragen. Die römischen Ziffern für diese Achsen sind ratsam zur genauern Unterscheidung dieser wichtigsten, der sogenannten „Eckhäuser", die sich auf Meridian und Horizont beziehen (s. Fig. 11).

Die „Nebenhäuser“-Anfänge oder „Spitzen“ werden rätlicherweise mit kürzern, bis an den dünnen Kreis reichenden Linien gezogen. Die Zahlen der Häuser sollen immer bei den Achsen, in der Gradrichtung stehen. Die Wertziffern der Häusergrade notiert man sich klein außerhalb des Ekliptikkreises, damit sie nicht stören.

Die erste Hälfte der Arbeit wäre getan. Es folgt nun die zweite, die wir mit Hilfe der Ephemeride ausführen. Man beschaffe sich in einer Buchhandlung Raphaels Ephemeride 1900 und suche den Monat Mai. Das Englisch erschrecke niemanden.

In der untern Hälfte finden wir die genaue Sternzeitnotiz für den Greenwichmittag, unter „Sidereal Time“: 2 h 39 min 47 sec.

Am 2. Mai, Greenwichmittag, steht die Sonne auf	11° 36′ 45″ ♉
„ 3. „ „ „ „ „ „	12° 34′ 56″ ♉
Differenz beider Werte, „Tagesbewegung“	0° 58′ 11″

Diese Werte stehen unter „Long.“ = Longitudine = ekliptische Länge. Die Rechnung der Differenz für Unbeholfene lautet:

3. Mai 12° 34′ 56″	=	11° 94′ 56″ ♉
2. „	=	11° 36′ 45″ ♉
Tagesbewegung	=	0° 58′ 11″

Es gilt nun, aus diesem Mittagswert und der Tagesbewegung die Position der Sonne für die wirkliche Geburtszeit zu bestimmen. *Diese liegt, auf Greenwich bezogen, auf „3 Uhr nachmittags Gr.-Zeit“*, wie wir gleich eingangs feststellten. Wir hätten also die Bewegung in 24 Stunden, die 58′ 11″, auf 3 Stunden zu reduzieren und den Betrag zur Mittagsposition zu zählen. In unserm Falle brauchen wir nur den 8. Teil zu nehmen und erhalten durch Kopfrechnung 7′ 16″. So einfache Verhältnisse liegen aber selten vor. Meist entstünden recht komplizierte Dreisatzoperationen. Wir umgehen sie mit einer kleinen Addition besonderer Logarithmen, die in jeder Ephemeris stehen, den sogenannten Diurnal-Logarithmen.

Oben waagrecht stehen die Ziffern 0—15, was sowohl Grade als Stunden bedeuten kann. Vorne, senkrecht, 0—59, was sich auf Bogenminuten *und* Zeitminuten bezieht. Die Formel, die wir anwenden, ist von der höchsten Einfachheit:

	Diurnal-Logarithmus für die Tagesbewegung	
+	„ „ „ eine bestimmte Zeit	
=	Diurnal-Logarithmus für Bewegung in dieser Zeit	
also	„ „ „ 58′ (aufgerundet)	= 1.3949
+	„ „ „ 3 h	= 9031
=	Diurnal-Logarithmus für ca. 7′	2.3080

Der Wert wird also bei diesem aufgerundeten Verfahren ungenau; da wir jedoch, um nicht in den Fehler der Überschätzung rechnerischer Elemente zu verfallen, auf Sekundenwerte verzichten, genügen uns die 7′, und wir addieren sie zur Mittagsstellung der Sonne:

am 2. Mai mittags = 11° 36′ 45″ ♉
\+ 3 h Gr.-Zt. = 7′

Stand der Geburt-Sonne = 11° 43′ 45″ ♉ = 11° 44′ ♉ rund

Wir bestimmen den Mond. Seine Tagesbewegung ergibt sich aus
Stand am 3. Mai mittags 7° 23′ 36″ ♋ = 37° 23′ 36″ ♊
„ „ 2. „ „ = 24° 16′ 06″ ♊

Tagesbewegung = 13° 07′ 30″ log D = 2621
\+ für 3 Stunden log D = 9031
= log für ca. 1° 38′ 30″ = 1.1652

Mond am Mittag des 2. Mai 24° 16′ 06″ ♊
\+ 1° 38′ 30″

Mondstand 3 h Gr.-Zt. = 25° 54′ 36″ ♊ = aufgerundet 25° 55′ ♊

Wer rasch eine ungefähre Rechnung vornimmt, rechnet für die Sonne 2 ½′ pro Stunde, für den Mond einen untern Wert von 1° in 2 Stunden und für jeden über 12° Tagesbewegung hinausgehenden Grad = 5′ für 2 Stunden ... und kommt so auf ein wohl angenähertes Resultat.

In gleicher Weise wie den Mond bestimmen wir aus Tagesbewegung (TB) und Zeit nach Gr. (T) die Bewegung in dieser Zeit (B) und addieren den Wert zur Mittagsposition auch bei Merkur, Venus, Mars, allenfalls auch bei Jupiter. Saturn, Uranus, Neptun und Pluto beschreiben so geringe Tagesbögen, daß wirklich „Kopfrechnen“ genügt. Die Ephemeris gibt ja auch nur die Minuten, ohne Sekundenwerte, an. In Fig. 11 sind die Positionen notiert. Der Leser mag nachrechnen, auf welche Weise wir bei Merkur, Venus und Mars zu diesen Positionen gekommen.

Außer diesen Längenwerten müßten wir am äußern Rande des Horoskops auch die Deklinationsparallelen eintragen. Die Ephemeris zeigt für Saturn eine südliche Deklination von 22° 21′. Auf welche Weise kommen wir am einfachsten zur „Parallele“? Wir suchen in der Ephemeris, „Deklination der Sonne“. Sie zeigt am 1. Mai mittags 15° 1′ N. also nördliche Abweichung vom Äquator. Hinter jedem Tagesdatum der Sonne steht außer der „ekliptischen Länge“ auch ein solcher Deklinationswert. Wir brauchen also nur in der Deklinationskolonne der Sonne (Dec.) zu suchen und jene 22° 20′ des Saturn zu vergleichen. Dieser Wert findet sich zwischen dem 3. und 4. Juni,

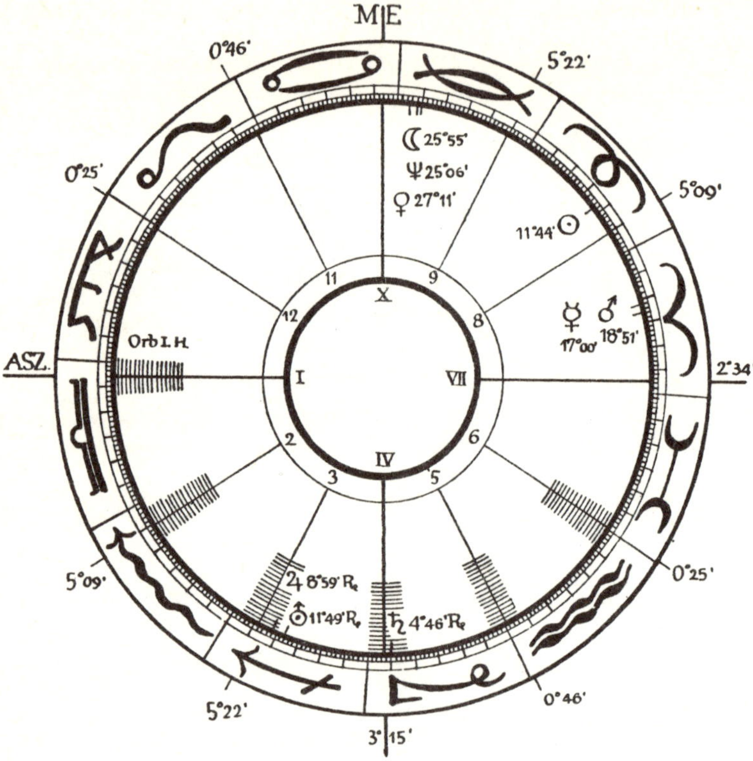

Fig. 11.

wo die Sonne sich um 12—13° ♊ befindet, ferner zwischen 16. und 17. Juli bei Sonnenstand 17—18° ♋. Hier herum liegen also die P ♄, ebenso in ♐ und ♑.

Wer genauer rechnen will, findet wieder eine Formel im Anhang. Sie lautet so einfach, daß sie dem Vergleich mit der ☉ D vorzuziehen ist.

Jeder Planet hat vier, die ☉ nur drei Parallelstellen.

Unser Horoskop ist mit der Eintragung der Parallelen seinem rein rechnerisch-„astronomischen" Teil nach gestellt. Weitere Eintragungen, die nur noch mit astrologischen Erwägungen zusammenhangen, verschieben wir.

Es sei als zweites Beispiel folgendes Horoskop gestellt:

New York, 2. Mai 1900, morgens 2 Uhr „Zonenzeit" 75° w. Gr.
(40° 45' n. Br., 74° w. L.).

Erwägung: Zonenzeit 75° w. Gr. = Minus-Differenz von 5 h.
Also 2 h morgens New York-Zonenzeit = 10 h vor Mittag
= 7 h morgens Greenwichzeit = 5 h „ „
Aber: New York liegt nur 74° w. Gr.: 1° = 4 min.
Also: New York-Ortszeit = 2 h 04′ = 2 h 4 min nach Mitternacht.
Die Mittagssternzeit des 2. Mai = 3 h 40 min.
Mitternacht = 3 h 40 min — 12 h 2 min = 15 h 38 min.

Rechnung: *a) für die Häuserbestimmung:*

Ortszeit New York

2 h 04 nach Mitternacht = 2 h 04 min
Mitternachtssternzeit des 2. Mai = 15 h 38 „

Sternzeit der Geburt = 17 h 42 min X. Haus 26° 20′ ♐

Williamsons Ephemeride von 1938 bringt die Häusertabelle für den 40. Breitengrad, der für New York annähernd stimmt. Nach dieser Ephemeride bestimmen wir auch die übrigen Häuser:

Asz.	11. H.	12. H.	2. H.	3. H.
23.10 ♓	10½ ♑	3 ♒	17¼ ♉	11½ ♊

IV, bis 9. Haus: Gegenwerte von X—3.

b) für die Gestirnpositionen:

Die Zeit, die wir für Abzug von den Mittagspositionen zu rechnen haben, beträgt nun nicht 2 h nach Mitternacht, sondern 5 h *vor* Greenwichmittag. Die Rechnung für die Mondposition würde also lauten:

Mond am 2. mittags 24° 16′ 6″ ♊
„ „ 1. „ 10° 43′ 46″ ♊

Tagesbewegung 13° 32′ 20″ log D = 2588
log D 5 h = 6812

= log D für 2° 45′ = 9400
Mittagswert Mond am 2. Mai = 24° 16′ 6″ ♊
— Wert für 5 h 2° 45′

Mondposition der Geburt 21° 31′ ♊

Der Leser mag die Rechnungen selbst ergänzen. Zu merken hat er sich, daß:

1. die Häuser für die Ortszeit (in Sternzeit),
2. *die Planetenpositionen für die dieser Ortszeit entsprechende Greenwichzeit* aufgestellt werden müssen.

ELEMENTE DER ASTROLOGISCHEN DEUTUNG

ASTROLOGISCHE „PLANETEN" — BESSER „PRINZIPIEN"

Der Sinn des Wortes „Planet" in der Astrologie ist ein himmelweit anderer als in der Astronomie. Saturn, Jupiter, Mars bedeuten nicht drei Gestirne, sondern drei Gottheiten. Und wenn die Astrologie im vollen Bewußtsein ihrer Würde für sich die *ursprüngliche* Bedeutung dieser Namen in Anspruch nimmt, dann tut sie es mit Recht. Was die Astronomie an Planetennamen übernommen hat, sind Götternamen. Sie dürfte, genau genommen, nicht „Jupiter" sagen, sondern „Stern des Jupiter". Und nicht Mars, sondern „Stern des Mars".

Um aber keine müßigen Diskussionen zu führen, stellen wir fest, daß der astrologische Begriff auf der Ebene des Psychologischen liegt. Denn die „Götter" sind, in moderne Anschauung übersetzt, „psychologische" Werte. Freilich nicht Werte, wie die heutige Seelenkunde dies verlangt: Ausschließlich Werte, die sich auf gewisse Eigenschaften des menschlichen „Kräftekombinats" allein beziehen, allenfalls auf Tier-Eigenschaften und womöglich auch auf eine Pflanzenseele. Der Umfang eines „psychologischen Planetenbegriffs" ist in keiner Weise etwa dem Begriff des „Wollens" oder „Fühlens" gleichzuordnen.

Vor allem halten wir fest: Wenn die Astrologen von „Jupiter" oder „Saturn" sprechen, dann denken sie an Wirklichkeiten innerhalb des Erdplaneten und *seiner* Geschichte, *seiner* Gegenwart, *seiner* Angelegenheiten. Also nicht an jenen „Saturn", der da weit draußen mit seinen Ringen weiterzieht . . . also nicht an den „Stern des Saturn" und nicht an den „Stern des Jupiter". Man kann dies nicht genug betonen und muß direkt übertreiben und behaupten, es handle sich überhaupt nicht um *jenen* Saturn. Es liegt in dieser Übertreibung eine Unwahrheit . . . wir berechnen ja gerade jene astronomischen Gestirne für die Aufstellung des Horoskops, also können sie nicht „außer Betracht fallen" . . . Das tun sie auch nicht. Als Angelegenheit, von der das Horoskop handelt, ist aber *Saturn „eine irdische Kategorie"*. Und jeder Planet ist es in gleichem Sinne.

Versuchen wir einmal, die astrologischen Planeten als „Prinzipien" zu bezeichnen, um *die ewigen Ansprüche der Astronomen, als hätten sie mit ihren Fernrohren irgendwas in astrologischen Bezirken zu suchen, zurückzuweisen*. Sprechen wir vom „*Saturnprinzip*" immer dann, wenn wir horoskopische Angelegenheiten behandeln . . . und vom „Planeten Saturn“, wenn wir wirklich *den Stern in seiner Hilfsrolle meinen.*

Ein genaues Studium dieser Lehre von den „Prinzipien“ zeigt uns, *daß darunter eine vollständige Einteilung der irdischen Welt* zu verstehen sei. Eine Einteilung, die der naturwissenschaftlichen Gliederung unserer „sinnlich wahrnehmbaren Erfahrungswelt“ nicht entspricht. Nur zu gern sind die Geister, die immer zuerst die Widersprüche und das „Unvereinbare“ sehen, bereit, die astrologischen Prinzipien als Unsinn zu verwerfen, *weil* sie der naturwissenschaftlichen „Ordnung der Welt“ nicht entsprechen.

Nicht entsprechen bedeutet aber durchaus nicht „widersprechen“. Es ist sehr wohl möglich, daß von einem andern Gesichtspunkt aus die Gliederung der Welt ebenso sinnvoll und logisch vorgenommen werden kann, wie vom Standpunkt der modernen Naturwissenschaft aus.

Überlegen wir, wie die „heutige Welt“ aussieht, d. h. wie der naturwissenschaftlich geschulte Durchschnittsmensch sich die Ordnung der Dinge denkt. (Auch der Laie gehört in die Reihe dieser „Geschulten“.)

Da liegt zuunterst die Schicht der „anorganischen toten Materie“, das *noch* „Leblose“, mit Anfangsspuren des Lebens in Kristallen, vielleicht sogar in chemischen Prozessen, wenn man darin schon „Leben“ erblicken will. Darüber liegt das pflanzliche Reich. Und darüber das tierisch-menschliche, soweit die biologischen Elemente in Frage stehen. Über dem tierischen folgt das „mentale Reich“, um es so zu nennen. Dem religiösen Menschen scheint die Wahrscheinlichkeit offen, daß sich darüber weitere „wirkliche“ Schichten befinden. Geistige, die hinauf bis zum *letzten* Prinzip führen, zu Gott. Und wer weiß, ob unter dem mineralischen nicht eine Reihe von abgründigen dämonischen Schichten lagern. Immer schwerere, dunklere, bis hinab zum „Gegenprinzip“, zum Vater alles Bösen. Sicher, allen bewiesen und vertraut sind aber nur die vier Schichten des „Mittelreiches“, die Schichten unserer „Wirklichkeit“:

das Reich des Mentalen, dem Menschen eigen,
das Reich des tierischen Lebens,
das Reich des Pflanzlichen,
das Mineralreich.

Man denkt sich eine Art horizontaler Schichten, übereinander gelagert, und hält dafür, diese Schichtung entspreche einer geschichtlichen Folge: Das unterste existierte zuerst, die obern entstanden nachher, entwickelten sich aus dem untersten, stufenweise.

Wie stellt sich nun die astrologische Gliederung zu dieser horizontalen Schichten-Schau? Antwort: Sie läßt sie durchaus unbestritten, steht nirgends im Widerspruch dazu. Halten wir das ein für allemal fest. Und fügen wir gleich bei:

Wenn die *moderne „Welt-Schau“* (um eine solche handelt es sich ja) die *horizontale „Hochschichtung“ einer sich entwickelnden Welt* erkannt hat, dann zeigt uns die *unendlich viel ältere astrologische Welt-Schau die gleiche Wirklichkeit in einer vertikalen Gliederung.* Das folgende Schema soll uns veranschaulichen, wie diese ältere mit der modernen Weltauffassung harmoniert.

	Sonne	Mond	Saturn	Jupiter	Mars	Venus	Merkur	Prinzipien
?	↑	↑	↑	↑	↑	↑	↑	Reiche?
Mental-	←						→	Reich
Tier-	←						→	Reich
Pflanzen-	←						→	Reich
Mineral-	←						→	Reich
?	↓	↓	↓	↓	↓	↓	↓	Reiche?

Das Schema sagt uns, daß es „saturnische“ Erscheinungen im mentalen Reiche gibt, also menschliche Eigenschaften, die wir als „saturnin“ bezeichnen, unbekümmert darum, ob da draußen im Raume ein Gestirn schwebe, das vielleicht „seiner Art nach“ dem gleichen Prinzip unterstellt sein mag. Wir werden diesen saturnischen Qualitäten bald begegnen. Und es geht aus diesem Schema hervor, daß neben den saturninen Eigenschaften der menschlichen Seele andere als jupiterhaft, als marsisch, als merkurisch oder venusisch, als „solar“ oder „lunar“ gelten.

Im engern Sinne wäre das eine „planetarische Psychologie“; die menschlichen Eigenschaften würden siebenfach gegliedert.

Nun werden aber auch im Reiche des Tierisch-Organischen die gleichen sieben Kategorien unterschieden. Und im Pflanzlichen desgleichen, und schließlich auch im Mineralischen. Eine „Prinzipienwirkung“ würde sich senkrecht durch die „drei Reiche der Natur“ und durch das „seelische“ Reich, vielleicht, wenn es sie gibt, auch durch die überseelischen und die „unternatürlichen“ Reiche erstrecken.

Wer sich das Bild dieser quer durch alle Schichten unserer Erscheinungswelt gehenden siebenfachen Vertikalgliederung zu eigen gemacht hat, der besitzt den wichtigsten Schlüssel zur Horoskopie. Wir haben uns mit äußerster Konsequenz zu wiederholen, daß für die astrologische Weltanschauung keine einzige Erscheinung unseres Erdenplanes außerhalb dieser Siebengliederung steht. Ob Nessel oder

Edelmarder, Rostflecken oder Bergkristall, Wutanfall oder Zärtlichkeit, Willensschlaffheit oder Wiesenschaumkraut, über allen natürlichen oder seelischen Dingen steht irgendein Siegel der besondern Zugehörigkeit; es kommt nicht darauf an, *welchem* der vier Reiche unserer modernen Einteilung sie angehören; sie sind selbstverständlich tierisch, mental oder was sonst, aber sie sind, der alten Einteilung nach, *auch* saturnin, jovisch usw. Die Vorstellung, als ob nur „*gewisse*" Metalle oder Pflanzen, Steine oder Äußerungen einzurechnen seien, die andern aber nicht, ist völlig irrig. Daß der volle Anspruch auf planetarische Zuteilung nicht erhoben wird, ist die Ursache vieler Mißverständnisse.

Natürlich hat dazu beigetragen die alte Ausdrucksweise, wonach der oder jener Stein „unter der Herrschaft Saturns" oder des Mars usw. stehe. Man dachte sich beim Anhören solcher Ausdrücke wer weiß was Unvorstellbares, und selbstverständlich sträubte sich der intellektuell durchgebildete Mensch am meisten gegen derartige Unverständlichkeiten. Eine Pflanze ist „planetarisch zugehörig" im astrologischen Sinne, wie sie im botanischen zu den Korbblütlern gehört. Sie ist es, nicht weil ein Planet ein besonderes Auge auf sie hat, sondern gewisser Eigenschaften wegen, die den Begriff des besondern „Prinzips" ausmachen.

Ein neugeborner Mensch ist desgleichen *seiner ganzen Substanz nach, in jedem seiner Teilchen, „planetarisch siebengegliedert"*.

DIE BESONDERE ROLLE DER PLANETEN IN EINEM HOROSKOPISCHEN MOMENT

Nochmals, ein Neugeborner *ist* seiner Wesensart nach in jedem seiner mineralischen Teilchen, in jedem beginnenden tierischen Lebensprozeß, in seinen „mentalen Keimen" *an sich* planetarisch gegliedert. Es ist lächerlich, davon zu sprechen, „auch die Erbmasse wirke mit". Denn selbstverständlich wirkt sie mit. Sie ist sogar das Material schlechthin, welches ein Geborner mitbringt. Aber eben dieses Erb-„Material" ist es, das „an sich" in der siebenfachen Gliederung vorliegt und nicht wegzudenken ist. Alle Streitereien darüber entstehen nur, weil man nicht durchdenkt, *wo* denn die Gestirnwirkungen anzusetzen haben, *was* sie überhaupt „formen". Daß sie *nur* saturnine, merkurische, marsische Materialien vorfinden in unendlich verschiedenen Mischungen und Umfängen.

Wie aber formen sie? Mit einem Worte: *Sie verleihen dieser Erbmasse einen neuen bestimmten „Akzent"*. Einmal einen mehr saturnischen, ein andermal einen sonnenhaften, ein drittes Mal einen mondhaften Akzent. Genauer: Eine Reihe *neuer* Akzente, wobei der eine oder andere stärker sein wird.

Wenn nun etwa ein Arzt, der zum erstenmal von Horoskopie hört, spottet, in seiner Klinik kämen in der gleichen Viertelstunde zuerst ein Neger, dann ein blonder Schwedenjunge, dann ein Französlein oder eine Balkanesin zur Welt, wie das etwa in Paris möglich sein mag, und meint, diese vier rassisch verschiedenen Kinder müßten nach horoskopischen Regeln alle „gleich" herauskommen, dann beweist er nur, wie wenig er von der Astrologie verstanden. Alle vier Kinder bringen völlig *andere* Erbmassen mit; der Stammbaum eines jungen Zulu wird dem des Montenegriners oder der Schwedin ganz und gar unähnlich sehen. Aber selbstverständlich!

Worauf es ankommt, ist dies: *Den sehr verschiedenen Erbmassen wird derselbe neue planetarische Stempel aufgedrückt.* Mehr nicht. Aber die astrologische Erfahrung wird beweisen, *wie* weit der gemeinsame neue Akzent in den verschiedenen Erbmassen Gemeinsamkeiten hervorruft.

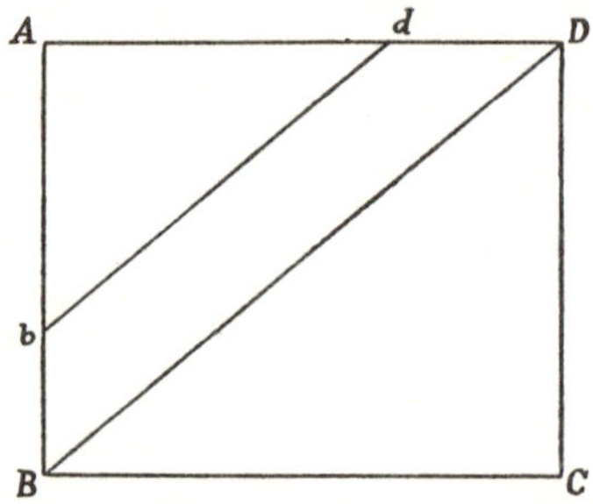

Fig. 12. „Kongruenz" und „Ähnlichkeit".

Jeder Mittelschüler lernt in der Geometrie den Begriff „kongruent" kennen, ebenso den Begriff der „Ähnlichkeit". Fig. 12 zeigt uns ein Rechteck ABCD. Die Diagonale BD halbiert dieses Rechteck. Die Hälfte ABD ist der Hälfte BCD der *Größe* nach gleich, der *Form* nach ähnlich . . . Wo „Gleichheit der Größe" und „Formähnlichkeit" bestehen, spricht man von „Kongruenz". Das Dreieck Abd dagegen ist den beiden andern Dreiecken nur noch der Form nach verwandt, ist ihnen nur noch „ähnlich", *nicht mehr kongruent*.

Der Arzt, der behauptet, die „Gebornen müßten ja alle exakt gleich aussehen, wenn die Horoskope gleich seien", meint, gleiche Horoskope brächten „Kongruenz von Wesen und Geschick". Die Horoskopie aber ist der Ansicht, daß „Ähnlichkeit", nicht Kongruenz vorliege. So wie das kleine Dreieck Abd nur einen Bruchteil von ABD mißt, mag die eine Erbmasse sehr geringfügig an Umfang und Substanz sein, die andere aber *sehr* bedeutsam. Und der Erbmasse entsprechend wird der „Akzent“ im einen Falle weit umfänglichere Resultate zeitigen, als im andern.

Wir haben darüber keinerlei Illusionen aufkommen zu lassen. Dem bessern Verständnis dient übrigens auch folgende Erwägung: Es ist nicht nur die persönlich sichtbare Erbmasse, welche die Wesen und Schicksale unterschiedlich gestalten muß, obwohl sie die gleiche, „identische horoskopische Prägung“ erhalten. Zum ganzen Erbgut gehört auch die weltgeschichtliche Epoche, in welcher sich das Volk bewegt, dem ein Geborner zuzählt. Es ist nicht dasselbe, ob wir den aussterbenden Tasmaniern oder einem europäischen Volke zugehören, das auf der Höhe seiner geschichtlichen Entwicklung in Krisen fiebert. Im einen Falle wird man vielleicht ein enragierter Jäger oder Beerensucher, im andern ein Clemenceau oder Göring. Diese „unpersönliche Erbmasse“, die historische Zeit eines Volkes, spielt eine ungeheure Rolle; mit demselben Horoskop konnte einer um 1700 ein berühmter korsischer Räuber, um 1800 aber Kaiser der Franzosen werden, und im einen Fall in einem korsischen Gefängnis, im andern auf St. Helena sterben.

Wir hoffen, durch diese logisch strengen Unterscheidungen sowohl Unterschiebungen von seiten der Gegner, als Illusionen bei den Freunden der Horoskopie zu verhindern. Völker, denen die uralte Verbindung mit den Sternweistümern nicht so weit entglitten wie uns Europäern, die Chinesen und Inder, isolieren einen „horoskopischen Moment“ nicht von allen andern Faktoren wie wir. Sie überlegen, ob ein Mandarinen- oder ein Bauernkind zu begutachten sei. Sie fragen, ob einer „auf dem Lande oder auf dem Wasser geboren worden“ sei[1]). Sie ziehen meteorologische Umstände, Nebel, Regen oder Sonnenschein mit in die entscheidenden Umstände ein[2]). Die Fragen, welchem Volk, welchem Stand, welcher alten oder erst aufblühenden Familie einer angehöre, sind selbstverständlich, und die falsche Scham der Astrologen, die möglichst „alles aus den Sternen“ lesen, ist eben — falsch.

DIE EINZELNEN „PRINZIPIEN“

Das Sonnenprinzip

Irgendwie unklar unterscheiden die herkömmlichen Werke eine mehr „esoterische“ Bedeutung des Sonnenprinzips, und eine mehr „exoterische“, gewöhnliche; sie nennen einmal die „Sonne“ das

[1]) Harald Weber, Das chinesische Horoskop. Astra-Verlag, Leipzig.
[2]) Privat, L'Astrologie Scientifique. Grasset, Paris.

„höhere Selbst", worunter der tiefste Wesenskern des Menschen, seine „Individualität" verstanden wird, die gottähnliche „Monade", die selbst nichts anderes als ein kleines „All in sich" sei, einer der unendlichen Aspekte des letzten Wesens; ein andermal wird dagegen von den Willenskräften gesprochen, die eine „Äußerung", eine Manifestation des Sonnenprinzips wären. Es sieht so aus, als ob man bald den geheimen, rätselhaften Kern des Menschen meine, bald aber gewisse Eigenschaften, die aus diesem Kern heraus wirken. Wenn es heißt, die Sonne sei das „geistige Prinzip", dann dürfen wir modernen Menschen keinesfalls an jene Kräfte denken, die wir als Intellekt bezeichnen. Versuchen wir, die „esoterische" und die „exoterische" Bedeutung in einer gemeinsamen Gestalt zu vereinen.

„Sonne" als „schöpferisches Prinzip" ist nichts anderes als jener unfaßliche Ur-Wille, der nach Leben und Gestalt drängt. Die eigentliche Ursache unseres Daseins innerhalb des Planes dieser irdischen Erscheinungswelt. Das Bewußtwerden dieses tiefsten Willens in seiner eigentlichen Form ist uns versagt. Wir erleben gewissermaßen nur die *Folgen* dieser Willenswirkung. Und darum bleibt uns das eigentliche Wesen des Prinzips „esoterisch", geheim. Was wir aber erleben, das ist ein sehr wesentlicher Bewußtseinsinhalt: Wir haben einen „*Lebenswillen*" . . . wir wollen da sein. Bei den einen schäumt dieser Wille über in Daseinsfreude, in physischer Kraft, in Mut, in Willen, in Tätigkeitsdrang, in Selbstbewußtsein. Alles, was in uns Ja sagt zum Leben, was hier *sein* und wirken *will,* ist seinem Wesen nach „von der Sonne". Wir fassen am besten diese ganze Reihe von Äußerungen des Sonnenprinzips zusammen mit den Worten

„*Vitalität*" oder „*Lebenskraft*".

Und wir merken uns, daß die Astrologen als geheimen *Hintergrund* dieser „da sein wollenden Kraft" den kosmischen schöpferischen Willen lehren. Kommt einer mit einer „guten Sonne" zur Welt, dann erhält seine Erbmasse durch die „sternmäßigen Umstände" der Geburt einen „Akzent", der alle vorhandenen Lebenskräfte *positiv* „richtet", betont, hervorhebt. Stammt er aus altem, müdem Blut, dann wird er eine Vitalität mitbringen, die man von diesem Blute nicht erwartet hätte. Er wird also nur „verhältnismäßig lebendig" sein. Der horoskopische Moment scheint alle Reserven der Erbmasse zu mobilisieren, in den Vordergrund zu schieben. *So* und *niemals absolut* ist der „Sonnenakzent" zu verstehen . . . ebenso jeder *andere* Akzent!

Wir durchgehen nun die „waagrecht gelagerten Reiche der Erscheinungswelt" und stellen zusammen, was die Überlieferung als sonnenmäßig, als „solar" bezeichnet.

In der staatlichen Gemeinschaft gilt als sonnenhaft die „Machtinstanz", der König. In jeder irgendwie organisierten menschlichen Gruppe der Führer, der Chef. In der Familie das Oberhaupt, der Vater. In der „Großfamilie" die führende Persönlichkeit, unter Umständen ein älterer Bruder, und zwar immer dann, wenn er die typische Führerrolle spielt. Überall, wo sich Untergebene und Vorgesetzte gegenüberstehen, ist „sonnenprinzipmäßig" der Vorgesetzte. Die Autorität. In geschichtlichen Epochen, seien sie gegenwärtig oder vergangen, steht das Machtprinzip für „die Sonne".

Spielt in einem Geburtshoroskop die Sonne eine gute Rolle, so gewinnen diese Träger des „Sonnenmandats" im Leben des Gebornen eine fördernde Rolle. Umgekehrt, wenn die Sonne schwach, „beschädigt", in der Grundanlage feindlich zum Leben des Horoskopierten steht, sind von den Trägern irgendwelcher Macht oder Autorität Schwierigkeiten zu erwarten.

Wie mancher intellektuelle Astrologiestudierende hat sich gestoßen an solchen Aussagen, die die Grenze des Absurden zu streifen scheinen. Und wie sieht das Problem sofort ganz anders aus, wenn wir begreifen, daß es sich um ein „Prinzip" handelt, das in bestimmten ursprünglich gegebenen Einrichtungen der Gemeinschaft zutage tritt. Die „Autorität" ist eine gegebene „primäre Tatsache" im gruppenmäßigen Zusammenleben. Die positive Einstellung eines Menschen zur Autorität ist ebenso gegeben für den einen, wie die negative eines andern, ist ebenso primär wie das Prinzip selbst. Daß in Gestirnsymbolen gelesen werden soll, ob einer Ja oder Nein zur Autorität sagt und die Autorität zu ihm, das freilich ist das Geheimnisvolle. Hier aber hören Theorien auf, und nur noch die Erfahrung entscheidet über Zutreffen oder Nichtzutreffen der alten Regel.

In der Tierwelt sehen die alten Astrologen das vornehme Geschlecht der Katzen als „solar" an. Der Löwe, ebenso die Hauskatze, verkörperten durch gewisse Eigenschaften dasselbe wie „der König" aus gewissen Gesetzmäßigkeiten in der Gemeinschaft. Wir wissen nicht warum. Vielleicht hat das elektrisch geladene Katzenfell (siehe Therapie) irgendwelche Beziehungen dazu. Jedenfalls wissen wir, warum Tiere heilig und gewissen Gottheiten „geweiht" gehalten wurden: Nur ihrer „Zugehörigkeit" zu einer planetarischen Gruppe wegen. Der Horoskopsteller hat grundsätzlich anzunehmen, daß einem „solar guten" Horoskop auch diese Tiere „günstig" seien, einem andern mit „schlechter Sonne" aber grundsätzlich gefährlich.

Näher liegt uns der „astrobotanische" Gedankengang, wonach ein Mensch mit solarem Horoskop oder auch nur mit hervorstechend guter Sonne vor allem heilsame Einflüsse auf sich ziehen könnte durch Verwendung „sonnenhafter" Pflanzen in der Nahrung, oder in Krankheitsfällen durch Anwendung von Präparaten aus Pflanzen, die „unter der Herrschaft der Sonne" stehen.

Also etwa Kamille, oder Wacholder, oder Augentrost. Die Angaben der Bücher sind lückenhaft, ja, wahrscheinlich schlimm entartet. Die Pflanzenzuteilung ist deshalb durchwegs mit einem Fragezeichen zu versehen.

Das gilt weniger in bezug auf die *„solar“ genannten Organe,* deren vornehmstes *das Herz* ist.

Sonnenhafte, „solare“ Erscheinungen

In der menschlichen Gemeinschaft: Die Machtzusammenballung eines Staates, seine Herrschaft in einem Weltteil oder einem Kulturkreis, die „Monarchie“ als geschichtliches Stadium. Glanz, Prunk, Demonstration des Anerkannten und Maßgebenden. Feudale Gesellschaftsordnung.

Sonnengemäße Lebensperiode: Zwischen Vierzig und Fünfzig. Die „besten Jahre“, die Jahre der höchsten Tätigkeit. Andere Lehre: 22.—28., 64.—70. Jahr.

Solare Gesellschaftsschichten: Die Besitzer der wirklichen Macht, also der „Monarch“ oder „Präsident“ oder „Führer“ oder „Zar“, die Generalität oder Admiralität. Eigentlich keine „Schicht“, sondern stets die „Spitze“.

Solares Milieu: Die Prunk-Entfaltung, das Herausstellen des Vermögens. Das Beste, Teuerste, das Imponierende, der mächtige repräsentative Bau. Das „königliche Schloß“ usw.

Solare Gegenden: Natürlicherweise „Südland“ . . . es muß aber immer ein „Kulturelement“ eigener Art auftreten, die großartige „Anlage“.

Solare Temperatur: Naturgemäß die Sommerhitze an der obern erträglichen Grenze. Die auf die Dauer unerträgliche Sonnenkraft.

Solares Tempo: Die stetige, unhemmbare Vorwärtsbewegung.

Geistiger Sinn des Sonnenprinzips: Überaus hoch und dem gewöhnlichen geistigen Niveau nicht faßbar: Das Erleben der eigenen Individualität als Widerspiegelung der göttlichen „Eins“. Die schöpferische Urkraft, der wir unsern „Willen, in menschlicher Gestalt zu leben“, verdanken.

Sonne als religiös-sittliche Form: Das Erleben der Macht eines Höchsten in uns, der innern Autorität.

Solare menschliche Eigenschaften: Lebenskraft, Daseinswille, Daseinsfreude als Widerspiegelungen jenes verborgenen schöpferischen Urwillens in uns. Wille, Tätigkeitsdrang, Offenheit, Gradheit, Mut, Großlinigkeit, Sinn für wichtige, zentrale Angelegenheiten, Machtstreben, Führertalente, Unabhängigkeitssinn, Mißachtung der Winkelzüge, der Diplomatie, der List; „Ritterlichkeit“, Würde, Edelmut, anspruchsvolle Geltungsfreude, Stolz, Haltung, Überlegenheit. Negativ entwickeln sich Prahlerei, Hochmut, Hoffart, Gewalttätigkeit, „Dummheit des Hochmütigen“, Herablassung, „Anarchismus“, brutaler Egoismus, tyrannische Unterdrückungssucht, Wille zur Versklavung des Mitmenschen, Anmaßung jeder Art. (Der göttliche Kern entartet in seiner äußern Form.)

Solare Organe im menschlichen Körper: Das Herz, der Herzbeutel. Durch das Löwenzeichen auch die mittlere Rückengegend. Mitherrschaft im Blut. Unter den Blutgefäßen vor allem Mitherrschaft in den Arterien. Das rechte Auge des Mannes, das linke der Frau, nach der Überlieferung. Die ganze rechte Körperhälfte. (Die linke der Frau.)

Solare Tierwelt: Mit dem Mars zusammen alles Männliche. Hähne, Fasanen, Adler, Falken, überhaupt das ganze Raubvogelgeschlecht. Der Löwe ist wohl das typischste Symbol des Sonnenhaften.

Solare Pflanzen: Alle Getreidearten, alle Korbblütler; Reis, Mais, Sonnenblume, Ringelblume speziell. Palmenarten. Oliven-, Mandel-, Lorbeerbäume. Kirsche, Walnuß, Weide, Esche. Aber auch Senf oder der Mispelbaum.

Solare Mineralien: Gold ist das Sonnenmetall (Aurum-Aura). Diamanten und Rubine, Hyazinth, Chrysolit.

Farben: Weiß, die Summe aller Farben. Hellgelb jeder Spielart, goldgelb bis orange, Übergang zu Mars-, Jupiter-, Venusfarben.

Solare Erkrankungen: Herz-, Blut- und Rückengefährdungen.

Solarer Laut: Das „M" . . . „Aum mani padme hum".

Das Mondprinzip

Wir stehen wiederum vor zwei überlieferten Bedeutungen: Einerseits wird der „Mond" gleichgesetzt mit der „persona", der Erscheinung eines Menschen, mit seinem offenbaren und ihm selbst bewußten „niedern Ich". Das soll die „esoterische", nur geheim zu verstehende „Spiegel-Existenz", im Gegensatz zum Sonnenwesen, das uns geheim bleibt, sein. Anderseits aber wird der Mond das „Gemüt" genannt, und mit ihm zusammen wird die ganze Summe der Triebe, Gefühle und Wünsche begriffen, in denen unser Dasein dahinschwimmt. Sodann lautet meistens die Deutung des Mondes auch auf den Körper als reine physische Masse, von den belebenden Sonnenkräften, die ihm den Willen, zu sein und zu wirken, geben, abgesehen. Schließlich gibt es auch noch die Deutung Mond = niedriges Denken im Gegensatz zu einem „höhern Denken", wie dies der Holländer „Libra" lehrt.

Wie bringen wir diese anscheinend widerspruchsvollen Aussagen miteinander in Einklang? Wir müssen ein wenig ausholen und die uralte Auffassung von einer doppelten seelischen Existenz zur Erklärung heranziehen. Demnach gibt es seelische Kräfte, die durchaus an die naturhaften Zustände gebunden sind und ihnen erst den Charakter des „Lebendigen" geben. Sie sind es, die als „Natur" aufgefaßt werden, als „Natur im astrologischen Sinne" immer abgesehen von der solaren „Gegenkraft", die erst aus dem blind treibenden

Gewächs ein „lebenskräftiges“ schafft. Diese „Natur“ nun ist in der Tat ein „Spiegel“ des schöpferischen Ur-Willens.

Darüber erhebt sich eine weitere Schicht von ebenfalls „seelischen“ Energien, die dem Bewußtsein näher liegen: die Wunschwelt, die Gefühle, Liebe, Leid, Haß, Freude, Traurigkeit, Sorge, Hunger, Nöte und Sehnsüchte körperlicher und „psychischer“ Herkunft, wenn man sie überhaupt unterscheiden will. Alles an sich *„passive“ Kräfte,* die auf Erfüllung warten, sie nicht selber schaffen ohne wirkende Gegenprinzipien. Und diese passiven Kräfte nun sind es, die wir die „Mondäußerungen“ nennen, die „lunaren“ Energien. Sie stellen eine höhere Seelenschicht dar, sind um ein „Schein-Selbst“, um das „Ich“ der menschlichen Persönlichkeit mit ihrem beschränkten Bewußtsein gruppiert, ihm angeschlossen. Sie sind gewissermaßen *seine* Offenbarung, *seine* Manifestation, so wie die Manifestation der „Sonne“ die Lebenskraft, der Daseinswille war.

„Die Pflanze im Keller“ ohne Licht . . . das ist das Sinnbild für die „ohne wirkende Sonnenkraft“ existierende Seele. Sie kann nur „wünschen“, kann nur auf Kräfte warten, die sie einsaugen muß, um wirklich in Form zu kommen.

Der „Mond“, das ist die „untere Welt“, ein Reservoir von gesammelten unendlichen Wirkungen aller Schöpfungsepochen, ausgenommen jenen, die mit jedem Tode eines Menschen wieder entschwinden. Sie stehen im engsten Verbande mit den Energien der „Naturseele“, dem Lebendigen in der physischen Ebene.

Wie schwer es für uns auch sein mag, die grundlegende Unterscheidung der Kräfte in „solare“ und „lunare“ zu *begründen,* instinktiv *fühlen* wir die Richtigkeit dieser Unterscheidung. Nur *den* Irrtum, dürfen wir nicht begehen, „Bewußtsein“ als eine Sache aufzufassen, die mit dem einen oder andern Prinzip zusammenhinge. Bewußtsein ist eine Eigentümlichkeit, die von Individuum zu Individuum je nach Umfang und Qualität wechselt. „Wir“ sind es, die unsere Existenz „erleben“, nicht etwa ein Prinzip in uns . . . aber wir erleben sie in siebenfacher Form, und nur Ausschnitte dessen, was in den sieben Formen möglich wäre. So erleben wir als „mondhafte Wesen“ unsere eigenen Wünsche, als „solar mitbestimmte“ werden wir der eigenen Daseinsfreude bewußt usw.

Gehen wir die verschiedenen Ebenen des Daseins durch, in welchen uns „mondhafte“ Erscheinungen begegnen, so stoßen wir auf der obersten Stufe, jener der menschlichen Gemeinschaft, auf die zum Autoritätsprinzip gegensätzliche „große Masse“, auf das Volk. Auf die in irgendwelchem Sinne Abhängigen, auf die Geleiteten und Belasteten. Ihr Wille ist nicht, geleitet und belastet zu werden, durchaus nicht, aber das Ergebnis des Zusammenwirkens ist stets dasselbe: Entweder leben sie in Abhängigkeit von fremden

Ideen, oder die Abhängigkeit geht weiter und wird auch materiell. Und das vermöge einer geringern geistigen oder willensmäßigen Kraft, die sich immer wieder an die „solaren" Kraftzentren anlehnen muß.

Der Mond wird das „weibliche Prinzip" genannt, ist also vertreten von der Frau, der Mutter, der Dienerin, der Frau irgendwelcher Art, der ältern Schwester; in jeder organisierten Gemeinschaft ist er „das Volk", die „Truppe", die Mannschaft, die Schar der Kommandierten, nicht der Kommandierenden, die Gefolgschaft, die Versammlung, der „Ring", kurz, die Summe derjenigen, die Weisungen und „Richtungen" verlangen. An sich aufsässig gegen jede Autorität, die sich nicht durchzusetzen vermag, ist sie dankbar gegenüber jeder *wirklichen* Führung. Man kann sie durchaus in Parallele setzen zu jenen Kräften in der menschlichen Einzelseele, die ziellos „wünschen und treiben" und auf eine richtende Energie, auf den „schöpferischen Geist" warten.

„Qualität" ist nicht Sache des Mondprinzips, wie übrigens auch nicht der „Sonne". Vielschichtiger, vielgemischter Durchschnitt, das ist das Bild der „lunar betonten Seele" ebenso wie der „Masse".

Wir können uns vorstellen, was der Deuter eines Horoskops bei vorhandener „guter Mondstellung" alles schließen muß: Daß die eigenen „lunaren Eigenschaften", das heißt Wunsch- und Triebleben, stark und gesund seien, vielleicht daß sie dem Leben seinen Inhalt geben, je nach der Rolle, die der Mond überhaupt spielt. Ferner wird er schließen, die Mutter und die Frau, speziell oder allgemein, spiele eine segensreiche Rolle im Leben. Und selbstverständlich wird er sagen, daß gute Beziehungen zwischen dem Gebornen und der „Volksmasse" bestehen müssen, daß er entweder zu ihr gehört, oder auf sie wirkt, oder ihr Mund sein werde, je nach der übrigen Gestalt des Horoskops!

Der Leser wird allmählich ins Klare kommen über die Eigentümlichkeit des horoskopischen Systems: Die Zusammengehörigkeit der Dinge, die unter dem gleichen Prinzip stehen, erstreckt sich vor allem auch über den Wirkungsbereich eines menschlichen Schicksals. Je nach Betonung des einen oder des andern Prinzips in einem horoskopischen Moment, praktisch: In einem Wesen und seinem Schicksal, gewinnen *alle* diesem führenden Prinzip zugehörenden Erscheinungen, vom Mineral aufwärts bis zu den Größen der staatlichen Organisation, Bedeutung, und wenn es zuerst lächerlich klingt, daß einer einen Diamantring tragen und sich in jeder Lage voll Vertrauen direkt an die Autoritäten wenden, im übrigen Augentrost-Tee trinken solle... da ihm all diese „solaren Mächte" günstig seien ... das System *erhält* seinen Sinn, und zu „beweisen" wäre nur die Zugehörigkeit der Erscheinungen zu dem oder jenem „Prinzip".

Wir würden also beispielsweise fragen, welche Organe in besonderm Sinne „lunar" seien und demgemäß darauf angewiesen wären, in kritischen Stadien lunare tierische, pflanzliche und mineralische Substanzen aufzunehmen ... oder vorbeugend schon in der Ernährungsweise zu erhalten.

Wir sagten nun, der ganze Körper, seiner „beseelten Physis" nach, sei lunar. So wird dies auch theoretisch gelehrt. Daneben aber gibt es wiederum Organe, die vorzugsweise „dem Monde unterstehen", also gewissermaßen noch „extra lunar" sein sollen. Wir möchten auf eine prinzipielle Eigenheit der alten Systeme hinweisen, die in dieser doppelschichtigen Mondbedeutung zum Vorschein kommt. Überall werden wir ihr begegnen. So wird es heißen,

daß das gesamte Mineralreich saturnisch sei, daß aber gewisse Substanzen noch im besondern Sinne saturnin wären; ferner,

daß unser ganzes Bewußtsein unter der führenden Form des Merkurprinzips stehe, daß als merkurisch im besonderen Sinne aber der Gehörsinn gelte; ferner,

daß „venusisch" der gesamte körperliche Wachstums- und Aufbauprozeß erklärt wird, unter Hervorhebung von verschiedenen im besondern Sinne venushaften Körperteilen, wie Wangen und Brüsten usw.

Mondhafte, „lunare" Erscheinungen

In der menschlichen Gemeinschaft: Die Vorgeschichte der Völker, Zustand der Sippen und kleinen Stämme. Und wieder die primitive Spätgeschichte, „Fellachenzeit". Staatslosigkeit. Rückzug auf die Familienverbände. Fremdherrschaft im Lande, Ablehnung des Staates durch die Masse.

Lunare Lebensperiode: Erstes Lebensjahrzehnt ... und letztes Greisenalter, „an Kindsstatt". Andere Lehre: 1.—7., 85.—91. Jahr.

Lunare Gesellschaftsschichten: Das Volk, die Masse, der intellektuelle Durchschnitt, die Besitz-Armen. Die Dienstbaren in dem oder jenem Sinne. Die Anspruchslosen ohne geistigen oder materiellen Ehrgeiz. Die Herkömmlichen, von Herkommen und Sitte Abhängigen. Die Schichten, die instinktiv alle Ausnahmebestrebungen niederhalten, ob sie nach Macht, Wissen, Einsicht oder nach Verwandlung und Umsturz der herkömmlichen Gesetze und Sitten zielen. Aber zugleich die Anhänger der momentan stärksten Macht, die Anbeter dessen, der sich nach Widerständen durchsetzt. Die Bekämpfer des Fortschritts und die willigen Auswerter und Anwender eines *bewährten* Neuen. „Kreuzige ihn ... Hosianna", „Hab ich's nicht immer gesagt?".

Lunares Milieu: Bescheidenheit, Stillosigkeit, Sammelsurium aller Gelegenheitserwerbungen, das Unerwartete kann bei dem Alltäglichen, das Wertlose bei der Kostbarkeit liegen.

Lunare Gegenden: Sumpfwiesen, Wässermatten, Flußufer, „Schachenland", jedenfalls ist das Wasser-Element stets vorhanden. Feuchte Wälder, schattige Gebirgstäler. Mit Saturn zusammen: Arme Außenquartiere, kulturlose Dörfer.

„*Lunare Temperatur*": Die feuchte Wärme des Regentages.

Lunares Tempo: Das wechselnde, der Gelegenheit angepaßte.

Geistiger Sinn des Mondprinzips: Das Erlebnis der „Seele", das ist der in der Natur gebundenen Kräfte, die leiden und wünschen, sich freuen, hassen, lieben, hungern; die Triebkräfte; die an den Körper gebundenen „niedern Gefühle". Die erdhaft orientierte „praktische Denkart", die nur Überlieferung und Nachahmung, aber nicht Schöpferkraft des Gedankens kennt.

Mond als religiös-sittliche Form: Volksglaube, der keine Begründung, kein Dogma, keine sichern Grenzen, vor allem keine persönliche Gestaltung des Geglaubten verlangt. Das gefühlsmäßige und durchaus nachahmende Erleben auch des Höchsten. In besondern Fällen Beziehungen zu „okkulten" Kräften der niedern Natur. („Schwarze Magie bei abnehmendem Monde" der sogenannten „schwarzen Isis oder Isais" bei Meyrink.)

Lunare menschliche Eigenschaften: „Laune", Gefühlhaftigkeit, das Wunsch- und Phantasiehafte, das Romantische, Sehnsüchtige. Das Weibliche. Das Nachahmende. Beeinflußbarkeit. Negativ: Das Ordinäre, Haltlose, Furchtsame, Feige, Wahllose, Rückgratlose.

Lunare Organe im menschlichen Körper: Im engern Sinne Magen, Blase, Drüsen, Lymphbahnen. Die besondern weiblichen Organe. Samen. Mit Jupiter und Venus die Fette (Speicherungen). Die linke Körperseite als Ganzes. Das rechte Auge der Frau, das linke des Mannes. Die rechte Hand der Frau, die linke des Mannes, um systemgerecht vorzugehen.

Lunare Tierwelt: Das Schwein. Kaninchengeschlecht. Alle Nachttiere. Alle Wasser- und Schalentiere.

Lunare Pflanzenwelt: Kohl, Gurken, Melonen, Kürbisse, Kresse. Salate, Lattiche. Nachtschatten (Kartoffeln). Schwertlilien. Keine Heilkräuter oder nur sehr vereinzelte. Fast lauter Nährware.

Lunare Mineralien: Silber. Aquamarin, Opal. Glasflüsse. Perlen.

Lunare Farben: Jede unausgesprochene Farbe. Silbergrau.

Das Saturnprinzip

Saturn heißt „Unter-Tempo". Er bedeutet nicht mehr wie der „Mond", der eigentlich das Erdprinzip darstellt, etwas Substanzhaftes, sondern eine Formungskraft. Und zwar die langsamste, die dem normalen Lebenstempo gegenüber immer im Rückstand bleibt. Ihm gemäß geformt sind die *ältesten* Erscheinungen unseres Planeten.

Also die mineralischen ganz allgemein, wobei wir für viele Einzelmineralien „Mitherren“ oder sogar *wichtigere* „Herren“ als Saturn genannt bekommen.

Saturnin ist ein Gebirge, und je spärlicher die Vegetation, desto mehr gehen die nicht-saturnischen Prinzipien in der Gestaltung der Landschaft zurück. Saturnin sind alle geometrischen Formen, ist vielleicht ihr Ur-Bau, der kristalline. Ein Saturnier von vornherein ist der Gebirgsbewohner, dessen Grundlage der „saturnische Boden“ sein muß. In einem Kaukasier- oder Tibetaner-Horoskop oder in Horoskopen für Oberhasler oder Urner wird man dem Saturn alle Aufmerksamkeit schenken müssen. Saturnin ist der Winter, ist das trübe, frostige Wetter, die langanhaltende trockene Nordbrise. Vielleicht wird man in künftigen Horoskopen solche Nebenumstände der Geburtszeit beachten und Saturn höher bewerten, wenn einer unter „grasfressendem Nordostwind“ zur Welt kam.

Man übertreibe nun aber solche Überlegungen nicht. Der Saturn im Horoskop ist *einer* unter sieben andern, und wichtiger als klimatische oder landschaftliche Nebenumstände sind Faktoren, auf die man *später* zu sprechen kommen wird.

In der menschlichen Gemeinschaft, um die Stufen der Erscheinungswelt nach saturnischen Äußerungen zu durchsuchen, sind saturnisch alle rückschauenden, konservativen, vergangenheitwärts gekoppelten Elemente. Saturnisch wird jeder im Alter, oft im guten, oft im weniger guten Sinne. Alles, was von Erfahrung beschwert, von Enttäuschungen ernüchtert, von Gewohnheiten abgestumpft, sein Interesse am jugendlichen Wagen, an Experimenten, am Spiel, am Spekulieren verliert, alles, was die Konsequenzen mehr fürchtet als es die Aussichten liebt, ist saturnisch. Mit wenig Worten: Alt, weise, erfahren, ernst. Es ist, als ob sich die „mineralischen“ Niederschläge im Gewebe des lebendigen Organismus absetzten und das Getriebe mehr und mehr lahmlegten. Kommt in einem Staate dieses saturnische Element zur Führung, dann wird alle Kraft auf die Wahrung des Bestehenden verwendet; jede Ausdehnung, jede Reform sind gleicherweise verhaßt. Man will nicht mehr . . . man will bleiben, wer man ist. Man heiligt die Tradition.

Der Mensch mit dem *betonten* Saturn im Horoskop muß früh solche Eigentümlichkeiten aufweisen. Die Liebe zum Schema, zum Gesetz, zum „Eingewöhnen“, zur starren Regel kommt früh in ihm auf. Die Liebe zum Wagen und Spielen wird nie groß sein und bald auf ein Minimum zurückgehen. Um so zäher und verläßlicher können diese Saturnier dafür werden. Allerdings unter Umständen auch verdreht und verschroben, von tausend Hemmungen und Ängstlichkeiten verfolgt. Es kommt ganz auf den „guten“ und den „schlechten“ Saturn in einem Geburtsbild an.

Daß diese Saturnier negative oder positive Beziehungen zur ältern Generation in ausgesprochenem Maße haben müssen, ist klar. Die einen sind geradezu die gebornen Verbündeten des Alters, der Vernunft und Disziplin, von jung auf ... Die andern, aus irgendeinem Grunde negativ eingestellten, schmollen mit sich selbst und mit dem Alter, und die dritten, die „Verdrehten", werden zu Spielgenossen aller Listen und Ränke, Tücken und Hinterhältigkeiten, die Saturn in seiner Zerrform zustande bringt, und in welchen keine Jungen je die ausgesprochen „bösen Alten" erreichen. Shylock oder der furchtbare Fagin in Oliver Twist sind die Ausgeburten des schlimmen Saturn, sowie ein „Nathan der Weise" ihr gutes Gegenbild darstellt. Der Schüler der Horoskopie halte sich stets solche extremen Typen vor Augen, und er weiß, in welcher Richtung die Deutung des oder jenes Gestirnsymboles gehen muß.

Fragen wir nun nach den besondern saturninen Organen im Körper des Menschen. Eigentlich können wir ableiten und ihn als Ganzes saturnin nennen, soweit er als „mineralisches Gebäude" betrachtet wird. Dann sind vorzugsweise die *festen* Bestandteile „im besondern Sinne" saturnin, also die Knochen, die Zähne, die Knorpelmassen, die Sehnen und Bänder, die Haare, die Oberhaut. „Mechanische Wunder", wie wir sie in den Gelenken vor uns haben, gehören selbstverständlich diesem „Herrn der Mathematik und Geometrie", der „Synthese und Konstruktion" an.

Aber auch innere Organe, aus welchem Grunde wissen wir aber nicht, gelten als „saturnbeherrscht", so die Milz, so die Blase. Warum nicht Leber, Niere oder Lunge, das sagt uns allenfalls morgen ein astrologischer Arzt, der die Dinge neu ableitet und begründet ...

Merkwürdigerweise soll saturnisch auch das Gehör sein. Der echte Saturngeborene wäre also ein „akustischer Typus"; ihn kann man fangen durch das, was zum Ohr eingeht. Ob Saturn das rechte Ohr „beherrschen" mag, oder bei Frauen das linke, ließe sich vielleicht durch horoskopische Statistik von Ohrenkrankheiten und Gehörverlusten erweisen. Jedenfalls haben wir nichts blind entgegenzunehmen, was uns alte Regeln sagen. Daß Knie und Unterschenkel sowie der Vorderarm unter allen Knochen noch „extra saturnisch" sind, merke man sich.

Im Register der saturnischen Pflanzen finden wir eine ganze Reihe von Heilkräutern[1]). Wir haben damit ein sehr wichtiges Kapitel berührt, das der Krankheiten. Alle Mangelkrankheiten, und alle auf verringerte organische Tätigkeit zurückgehenden Störungen im Körper sind Saturn-Krankheiten. Das Prinzip, an seiner Stelle richtig wirkend, wird schädlich, wenn es auf bestimmte Organe übergreift.

---

[1]) Feerhow, Medizinische Astrologie. Theos. Verlagshaus, Leipzig.

Irgendein Schwund in Muskeln oder Geweben, irgendeine Mindersekretion liegen in der „Natur Saturns". Blasen-, Nieren- und Gallensteine, Verstopfungen, Arterienverkalkung, Darmträgheit, Bildung von Harnsäurekristallen, Austrocknung von Gelenken, Trokkenheit der Haut bei Kälte der Körper-Oberfläche, Ausfall der Haare bei mangelnder Neubildung . . . überall entdecken wir die „saturnische Minderfunktion". Wogegen ein mächtiger Haarwald, eine starke Knochenbildung, ein ausgeglichenes, stetes Funktionieren der saturnischen „innern Organe" Zeichen eines „wohltätigen Saturn" sind.

Saturnische Erscheinungen

In der menschlichen Gemeinschaft: Die strenge Ordnung. Konservative Staaten und Parteien, unbekümmert darum, ob sie sich reaktionär oder revolutionär nennen. Alles, was in der Geschichte die Entwicklung abgeschlossen hat. Hierarchien, Kasten, Klassen, Etikette, Zeremoniell.

Seelisch-geistige Eigenschaften des Einzelmenschen: Langsamkeit des Geistes, Ausdauer, Geduld, Stetigkeit, weitgesteckte Ziele, Vorsicht, Diplomatie, System, Methode, zurückhaltende Großzügigkeit, melancholische und pessimistische Grundeinstellung. Negative Züge: Furcht, Geiz, List, Tücke, Rachsucht, Härte, Gemütskühle, Gehemmtheit.

Saturnische Lebensperiode: Die letzten Jahre des Lebens zeigen ein Zunehmen der saturnartigen Tendenzen. Andere Lehre: 43.—49. Jahr.

Organe, in welchen saturnische Kräfte vorherrschen sollen: Blase, Milz, Knochensystem, Zähne. Durch das Saturnzeichen *Steinbock* die Oberhaut, die Kniepartien, sekundär der Magen. Durch das Saturnzeichen *Wassermann;* Schienbein und Wadenbein, Muskeln und Nerven der Unterschenkel. Sekundär Rückenpartien, Atmungsprozeß, Gaswechsel in der Lunge, Atemrhythmus. Neuschöpfung der roten Blutkörperchen. Knochenmark. Saturnorgan: Das rechte Ohr des Mannes, das linke der Frau.

Saturnische Gegenden, welche die Bewohner allgemein saturniner machen: Gebirge. Kalte Wüsten, öde, kulturlose Gebiete. Alte Häuser, Ruinen; Armut und Spärlichkeit an irgendwelchen Orten.

Saturnische Gesellschaftsschichten: Die Klassen mit altem Besitztum. Grundbesitzer, aber auch untere Schichten, die vorzugsweise mit mineralischen Dingen zu tun haben. Bergarbeiter, Bauern auf Ödland und steinigem Boden.

Saturnisches Milieu: Entweder strenge, kühle Ordnung mit sehr wenig Schmuck und nur den notwendigsten Dingen. Oder dann ungepflegte Räume, denen Wärme und Wohnlichkeit fehlt. Das dunkle Geschäftskontor, die Klosterzelle, der geschlossene Raum. Die Einsamkeit in jeder Form.

Tierwelt: Tiere mit dicker Haut, Schwein, Esel, Kamel, das Bärengeschlecht. Dann Schildkröten und andere Schaltiere. Käfer und Krebse vor allem.

Mäuse, Ratten, Hamster, Maulwürfe. Unter den Vögeln Eulen, Störche, Kraniche, Pelikane.

Pflanzen: Verschiedene Giftpflanzen, wie Tollkirsche, Fingerhut, Bilsenkraut, Akonit, Aloe. Dann Disteln und Stechpalmen, Schlehe, Weißdorn, Efeu, dann wieder Mistel, Wegerich und Riedgräser. Getreideart Gerste. Buche und Pappel. Allgemein saturnisch sind alle Holzteile der Pflanzen, insbesondere die Rinde, und zwar je älter sie ist.

Mineralien: Das Mineralreich als Ganzes. Saturn ist „der Herr der Steine". Blei ist das „Saturnmetall". Schwarze Perlen, alle dunklen Edelsteine. Vielleicht auch Kalzium.

Farben: Alle gegen Schwarz, Tiefbraun oder Tiefblau gehenden.

Laut: Das reine U.

Temperatur: Alles, was unter die dem Menschen zuträglichen Grade hinabgeht.

Tempo: Das Minustempo, die Verlangsamung.

Überlieferte Bezeichnung: Das große Unglück. Das „größere Übel", „Schrekken ohne Ende".

Geistiger Sinn des Saturn: „Die Prüfung", die Loslösung vom Materiellen, die Abkehr vom Leben, die langsame Abtragung aller Illusionen.

Saturn als religiös-sittliche Form: Das Verbot. „Du sollst nicht". Der Wille zum Verzicht und zum Nichthandeln. Das Vertrautwerden mit dem Schmerz. Gegenform: Quälendes Anklammern an die stoffliche Welt.

Saturnkrankheiten: Atrophie, Abmagerung, Stockung der Prozesse, chronische und Mangelkrankheiten, Steinleiden usw.

Das Marsprinzip

Mars im Horoskop dominierend bezeichnet das Über-Tempo.

Auch er ist ein rein formendes Prinzip, aber seine Formungskraft sprengt den Rahmen dessen, was für *den Menschen* und die *organische Welt* als *„normales"* Tempo gelten muß. Meist ist er die Reaktion gegen Saturn. In der menschlichen Gemeinschaft weist er auf die „Jungmannschaft" hin, die draufgängerische, ahnungslose, überschnell urteilende, „leicht fertige", unreife, aber vor Tatwillen überschäumende Schicht, die „Zukunft" vor sich hat, aber die Hörner erst noch einrennen oder abschleifen muß. Respektlosigkeit und Zerstörungswut bezeichnen den *Exzeß* des Mars. Sie entspringen aus dem Nichtwissen um alle Vergangenheit und ihre Mühen. Mars ist das „Lümmelalter" sowohl des Einzelnen wie der Völker. Aber er ist auch das naivste und in diesem Sinne das „unschuldigste und schönste Alter". Leichtfertig im Draufgehen, leichtfertig im Opfern und Selbstopfern, das ist das Signum aller Marsier echten Schlages. Unsorgfältig und oberflächlich, aller Behutsamkeit abhold, aufs Ganze gehend, Probleme überspringend, alles für möglich haltend, so greift diese Schicht der „göttlich dummen Jungen“, der reinen Toren der Tat das Leben an und stürmt kampftrotzig gegen die ganze Vergangenheit an. Sinn für die Gegenwart ist wenig vorhanden, auch nicht für ihren Genuß. Und Humor gibt es nicht. Mars versteht keinen Spaß.

In jedem Staat verkörpert Mars das „soldatische Prinzip“. Die Generäle und Strategen freilich sind „mehr als Marsier“. Aber sie sind auf ihre Posten „durch Mars“ gekommen. Durch soldatische Karriere in Krieg und Frieden ... In langen Friedenszeiten werden die echten Marsier aus ihren Stellen verdrängt und durch diplomatische Saturnier ersetzt, und gewöhnlich sieben die ersten Kriegsmonate diese „Büro- und Karriere-Offiziere“ gründlich.

Wer seinen Mars im Horoskop an entscheidender Stelle hat, der muß Beziehungen zur Welt des Mars haben. Sei es, daß er einen Schicksalsweg geht, der durch „Kriegskatastrophen“ hinauf und an gefährlichen Abgründen vorbei führt, sei es, daß sein persönliches Leben selbst irgendwie ein Krieg gegen immer erneut auftretende persönliche oder unpersönliche Feinde sein wird. Vielleicht sind ihm die soldatischen Elemente und die „Lümmel“ der Nation, die zukunftgläubigen Jungen, natürliche Kameraden und Vertraute, denen er Gunst und Förderung und gemeinschaftliche Abenteuer verdankt. Vielleicht bezeichnet Mars gerade den unaufhörlichen Kampf mit ihnen. Neutral stehen die „marsischen Elemente“ jedenfalls zu keinem „Marsgebornen“, auch wenn es sich um eine Frau handelt. Natürlich gibt es auch „feinere Marsier“, gradlinige, „gerichtete“, *kulturfähige* Elemente. Das hängt ganz von den Verbindungen des Gestirns im Horoskop ab.

Wir können uns vorstellen, welche persönlichen Qualitäten oder aber Nachteile ein solcher Marsier aufweist. Er ist der Energietyp, der die Dinge im ersten Anlauf nimmt, jedoch leicht nachläßt, um an anderer Stelle anzusetzen, der typisch Unausgeglichene, der die Merkmale dieser Unausgeglichenheit oft schon im Gesicht trägt. Wie viele „weggeworfene Flinten“ kommen auf seine Kosten! Wieviel Prahlerei, wieviele gebrochene Versprechen, wieviele leichtfertige Zusagen, wieviele angefangene und nicht vollendete Arbeiten! Es muß etwas schon im ersten Anlauf gelingen, sonst kann der Überdruß die Maste kappen und „das Bündel vor die Füße werfen“!

Marsische Erscheinungen

In der menschlichen Gemeinschaft: Das umstürzende, vorwärts treibende Element, die militärischen Schichten, die junge Generation, aber auch revolutionäre Kräfte, die „Taten“ erstreben. In gebändigter Form ist Mars die „Armee“, in ungebändigter Form das Element der Unordnung. Krieg, Revolution, Gewalttat.

Marsische Lebensperiode: Das dritte Lebensjahrzehnt zeigt die marsischen Energien stärker als frühere und spätere Abschnitte. Andere Lehre: 28.—35., 56.—63. Jahr.

Marsische Gesellschaftsschichten: Sie sind keineswegs geschlossen, wechseln je nach der Lage und Entwicklung eines Staates, und nehmen ständige Gestalt nur in Kampfparteien oder im Verbande der Armee an, unter Mitwirkung von „Saturn" und „Jupiter".

Marsisches Milieu: Schmucklos, unter Umständen ordnungslose, unwohnliche Räume, die den „Betrieb" verraten. Arbeitsräume von Berufen, die mit Feuer und Dampf schaffen.

Marsische Gegenden: Vulkanische Striche, heiße, trockene Wüsten.

Marsische Temperatur: Alles, was *über* die Grade hinausgeht, in welchen der menschliche Organismus leben kann.

Marsisches Tempo: Übertempo, das Katastrophen bringt.

Geistiger Sinn des Marsprinzips: Die Störung des Bestehenden, die Verhinderung des Stillstandes und des Niederganges durch Zerstörung sicher scheinender Zustände. Die Erschütterung, der „Schock", der irrige Vorstellungen zerstört.

Mars als religiös-sittliche Form: Der fanatische Einsatz für die erkannte Wahrheit, das eifernde Prophetentum. Gegenform: Die grausame Bußhandlung (Formen wie die „Geißler" des Mittelalters).

Marsgemäße seelisch-geistige Eigenschaften des Einzelmenschen: „Positiv marsisch" sind Mut, Tatkraft, Angriffswille, Tapferkeit physischer, aber auch moralischer Art, Draufgängertum, Hingabe im ersten Impuls, leichtherzige Opferbereitschaft, großzügige Einsatzbereitschaft. „Negativ-marsisch" sind Unausgeglichenheit, Unsorgfalt, Rohheit, Gewalttätigkeit, Unvorsichtigkeit, Überstürztheit, Zornmütigkeit, Unwirtschaftlichkeit (Raffgier wie Vergeudung), vorlaute Indiskretion, Anmaßung, Verkennung aller Sachlagen.

Organe, in welchen marsische Kräfte vorherrschen sollen: Schädel, Niere (mit Venus zusammen), Galle (mit Saturn). Das Eisen im Blute. Die rechte Körperhälfte. Das linke Ohr des Mannes, das rechte Ohr der Frau. Vorherrschaft im arteriellen Blut; Eisengehalt bestimmt seine Mitherrschaft auch im venösen Blut. Durch *Skorpion* außer dem Geschlecht auch die Nase und die Ausscheidungsorgane.

Marsische Tierwelt: Das Hundegeschlecht, teilweise auch die Katzen. Alle Raubtiere, speziell die Raubvögel, dann die Nager, die giftigen Reptilien, Spinnen, stechende Insekten.

Marsische Pflanzenwelt: Alle Narkotika, vor allem Tabak. Dann verschiedene Gärungsprodukte, wie Alkohol, darum: Vitamine . . . ! Alles, was den Körper oder einzelne Organe antreibt. Dann viele Gewürze; ferner Rettiche, Zwiebeln, Knoblauch, Lauch, Rhabarber, Senf, Pfeffer, Koriander, Kapern. Die „Leguminosen". Unter den Bäumen die Fichte. Zuckerrohr, ebenso alle andern zuckerhaltigen Gewächse

(Tee und Kaffee). Wermut, Enzian, Nessel, Bocksklee, Eisenhut, Nieswurz.

Marsische Mineralien: Eisen und alle Eisenerze. Rubin, Diamant, Jaspis.

Marsfarben: Zinnoberrot. „Marsisch-skorpionisch“: „Schwarzrot“, grellgelb.

Marslaut: Das reine „i“, das den Schädel vibrieren macht. Anthroposophisch das „e“.

Überlieferte Bezeichnung des Mars: Das „kleine Unglück“, das „Ende mit Schrecken“, das „kleinere Übel“.

Marskrankheiten: Unfälle, Entzündungen, Verletzungen.

Das Jupiterprinzip

Jupiter ist die priesterliche Instanz in einer menschlichen Gemeinschaft. Und zwar in der ursprünglichen Form, als „Verwalter und Pfleger der Seele und des Leibes, als Lehrer und Heiler und Gesetzgeber“ in einem. Das entspricht seiner Rolle innerhalb der Sieben. Er ist „der rechte Weg“. Wenn Christus von sich sagt: „Ich bin der Weg und die Wahrheit und das Leben. Niemand kommt zum Vater denn durch mich“, dann liegt in dieser Aussage die Andeutung seiner priesterlichen Urberufung. Es galt im mittelalterlichen Denken die selbstverständliche Auffassung, wonach sich im Christentum „Saturn und Jupiter“, das Nein und das Ja, das Judentum und das Griechentum in ihrer welthistorischen Sendung vereinigt hätten. Der „Stern von Bethlehem“ wird ja als eine Konstellation höchstseltener Art aufgefaßt, als die Vereinigung der beiden genannten Planeten, die zum Symbol künftigen Zusammenwirkens zweier geistiger Welten wurde.

In die heutigen sozialen Verhältnisse übersetzt, umfaßt Jupiter gewissermaßen die drei Fakultäten, in welche die ursprüngliche einheitliche Jupiterinstanz zerfallen: Die theologische, die philosophische und die medizinische. (Saturn wäre Mathematik, Technik, Physik usw.) Und jeder Lehrer, jeder Kurpfuscher und jeder Sektenprediger gehört mit ins Heer der mehr oder weniger berufenen Heilsverwalter, die alle nur einen Ausschnitt aus ihrer ursprünglich einheitlichen Aufgabe bewältigen können. Es gehört aber in diese Reihe auch der Verkünder, der Seher, der Prophet, der Einsiedler, der Pilger, der flüchtige Weltwanderer, der auf Erfahrung auszieht, um zuletzt das Wort des Augustin zu wiederholen: „Unser Herz ist unruhig, bis es ruhet in Dir.“

Jeder Geborne mit einem starken Jupiter hat Beziehungen zu diesen „priesterlichen“ Kreisen und Aufgaben, und wenn seine eigenen Berufswege ihn anderswohin führen, steht er doch irgendwie auf nachbarlichem Fuße mit Geistlichen, Rechtslehrern, Ärzten oder irgendwelchen andern Vertretern des Prinzips, und man darf ihm mit gutem Gewissen sagen, *daß* er sich an diese Mandatträger des Jupiter halten und seine Förderung von ihnen erwarten könne.

Wie die Saturnier und Marsier sind die „Jovier" Einseiter, und wo sie einmal zur politischen Herrschaft kommen, suchen sie eine Theokratie, einen „Gottesstaat" aufzurichten. Sie behandeln auch den Menschen und die Welt so, als ob es nichts anderes, als eben Wissen und Erkenntnis, Gesetz, Recht und Religion gebe, neben welchen alles andere an Bedeutung verblaßt. Es stecken ja im „Saturn" auch priesterliche Züge, aber die des Mönchs und Asketen, des Bußpredigers und pessimistischen Weltverdammers. Jupiter bejaht die Welt unter dem Vorbehalt, daß sie „richtig laufe". Er bekämpft den Rückschritt, will die Entwicklung, denn sein Element ist das „rechte Handeln". Menschen mit gutem Jupiter wollen die Würde des rechten und rechtlichen Menschen verkörpern, wollen die Welt durch Glauben, Wohlwollen, guten Willen bezwingen, wollen trösten und aufmuntern, wollen allem die gute Seite abgewinnen, wollen einen begründeten Optimismus beweisen. Nicht „Wissen", sondern „Einsicht" ist für sie das Höchste. Und diese „Einsicht" färben sie aus tiefer Notwendigkeit mit ihrem Glauben an das Gute. Sie schließen, daß nur das Gute sich durchsetzen und zuletzt siegen, das Unvollkommene sich aber aus seiner eigenen Gesetzmäßigkeit heraus aufheben und überwinden müsse. Manchmal wird dieser Optimismus seicht und man hat den Eindruck, als ob die „Jovier" einen völlig unbegründeten Glauben zur Schau trügen, sehr zum Ärger der zweifelnden und grübelnden Saturntypen, die auch der Möglichkeit einer allbeherrschenden bösen Macht ins Auge schauen und nicht eher glauben, als bis sie zum Schauen kommen.

Wenn gesagt wird, Jupiter sei „das große Glück" in jedem Horoskop, dann heißt dies eben, er bringe durch seinen „rechten Weg" dem Menschen Segen, Gedeihen und Fülle. Und Segen und Fülle sind auch der Inbegriff seiner Wirkung in der menschlichen Gemeinschaft. Wo sein Prinzip führt, da ist Wohlfahrt, soziale Gerechtigkeit, erträgliche Gliederung der Klassen, Reichtum und Kultur bei den Oberschichten, Gerechtigkeit und Fürsorge für die Untern. Und es scheint, als ob sich im Menschen selbst die Wirkung des segnenden Prinzips in körperlicher Fülle, in Gedeihen, in Heiterkeit, Genußfreude und Gastfreundschaft, mit einem Wort in Kultur, die zugleich Lebenskunst heißt, offenbare. Niemals aber vergißt der Jovier die Würde, weiß, wem Würden zukommen und was auf ihn selbst abfällt. Denn so wie er das rechte Gesetz und seine Träger ehrt, so wird abgeleitet, daß Ehre auch dem ehrenwerten Menschen gebühre.

Wohlwollen und Würde sind indessen nur dann am Platze, wo das Recht oder die Überzeugung, was recht sei, nicht angegriffen werden. Mit unerhörter Härte kann der Jovier seinen Standpunkt, mehr noch: eine Sache, die angegriffen wird, verfechten, und so versöhnlich er ritterlichen Gegnern gegenüber sein kann, so bereit er ist, einen gerechten Ausgleich zu finden und zu halten, so unerbittlich und zum Letzten entschlossen kann er auch Feind sein und gnadenlos niederkämpfen, was sich gegen wirkliches oder vermeintliches Recht empört. Seine Unterscheidung der Menschen kennt nur zwei Gruppen: die „Guten" und die „Schlechten". Nicht die „Bösen" . . . solche wittert der Saturnier oder der Marsier. „Schlecht" . . . das ist entwertet, vernichtungswürdig, und die Verdammnis, die der Jovier über die ausspricht, die er fallen gelassen, wäre unverzeihbar, stünde ihr gegenüber nicht die Bereitschaft, jedem zu verzeihen, der sich aufrichtig zum rechten Wege zurückringt. Im jovischen Denken herrschen Verurteilung *und* Gnade, das eine für den Schuldigen, das andere für den Umkehrenden. Jeder starke Jupiter im Horoskop weist auf *solche* Art der Wertung.

Ein guter oder schlechter Jupiter im Horoskop weist aber auch auf körperliche Zustände hin, auf Gedeihen oder auf kritische Lage der „jupiterartigen" Körperpartien. Es werden darunter Lunge und Leber und ihre umschließenden Rippenpartien verstanden. „Jovisch" sollen auch die im übrigen „solaren" Arterien sein. Und jovische Mitherrschaft gilt für das arterielle Blut überhaupt . . .

Jupiterhafte, „jovische" Erscheinungen

In der menschlichen Gemeinschaft: Die Ordnung im Sinne einer natürlichen Gliederung, welche eine dauernde Entwicklung, stetige Erneuerung garantiert. Stände und Klassen, die sich durch stetes Nachziehen der Tüchtigsten von unten her erneuern. Wohlfahrt unter Voranstellung von Sitte und Gesetz. „Bete und arbeite". „Glaube *und* Recht". Führung durch die „Besten", aber Gerechtigkeit für die weniger Begabten.

Jovische Lebensperiode: Die Jahre nach Fünfzig bis Sechzig. Andere Lehre: 36.—42., 50.—56. Jahr.

Jovische Gesellschaftsschichten: Die priesterlichen und wissenschaftlichen Kreise, „Patriarchen", „weise" Bauern . . . Beamtentum, falls es nicht „merkurisch" geworden und dem Staate nur noch „neutral" dient. Die juristische Welt. Die „staatvertretenden" Elemente.

Jovisches Milieu: Herausstellen des Wohlstandes, der Würdigkeit, des Besitzes; Ordnung, statt Schmuck „Gedenkzeichen" und womöglich „Ehrentafeln".

Jovische Gegenden: Wälder, Alleen, Hofstätten, Wiesen, Weiden, saftige Gründe, wohlbebaute und gepflegte Felder und Gärten. Alle irgendwie würdigen, „gewürdigten" oder geheiligten Gebäude.

Jovische „Temperatur: Die fruchtbare Wärme des Vorsommers und Herbstes.

Jovisches Tempo: Das dem menschlichen Rhythmus angemessene.

Geistiger Sinn des Jupiterprinzips: Das diesseitige Glück als Erfahrung des „Tugendlohns", der Segen der Vernunft und Ordnung. Die größtmögliche Verwirklichung des „Himmels auf Erden". Die Einsicht in die Notwendigkeit der täglichen Wandlung, des täglichen Aufgebens und Neulernens erlernter Wahrheiten.

Jupiter als religiös-sittliche Form: Gerechtigkeit und Gnade als Inhalt der Botschaft. Das „Gebot" „Du sollst". Die Ehrfurcht vor dem Höhern, das Wissen um hohe und weniger hohe Werte.

Jovische Eigenschaften des Einzelmenschen: Wohlwollen, Güte, Ehrenhaftigkeit, Rechtlichkeit, Großmut, Nachgiebigkeit *und* Festigkeit, beide, wo sie geboten sind, Würdigkeit, Höflichkeit, Selbstbewußtsein. Bei wohlgemessener Verträglichkeit und Hilfsbereitschaft nach unten Unabhängigkeit und Sicherheit nach oben. „Weisheit" und Einsichtigkeit, Offenheit und Bereitschaft, jeder gerechten Forderung zu entsprechen. Ins Negative umgebogen: Falsche „Jovialität", Ehrsucht, Rechthaberei, Eitelkeit, Hochmut und Prahlsucht, Einbildung und Dünkel.

Organe, in welchen jovische Kräfte vorherrschen sollen: Lunge, Leber, Brustkasten, Lenden, Oberschenkel, die Arterien als Gefäße, Fußpartien. Haut, ohne die Oberhaut. Fettschichten.

Krankheiten bei „fehlerhaftem Jupiter": Wucherungen, Überfettung, „Hypertrophien", Stoffwechselstörungen, Geschwülste, Krebs.

Jovische Tierwelt: Pferde, Hirsche, Elefanten, gezähmte Hunde, alle irgendwie „kultivierten", gezähmten Tiere größeren Formats, Pfauen, Tauben, Elstern, Raben, Dohlen (sobald sie dressiert seien), aber auch Adler usw.

Jovische Pflanzen: Nußbaum, Apfel-, Pfirsich- und Aprikosenbaum, echte Kastanie, aber auch Ahorn und Wacholder. Feigenbaum. Hafer soll das „jovische" Getreide sein. Himbeere, Heidelbeere; die weißen Rüben, Spargeln; Nelken, Lilien und dunkelrote Rosen; Lorbeer und Jasmin; Zinnkraut, Zichorie, Salbei, Boretsch, Anis, Eibisch, Körbelkraut, Enzian, Tausendguldenkraut.

Jovisch mitbestimmte Mineralien: Zinn und Zink sind Jupitermetalle. Türkise und Saphire[1]).

Jovische Farben: Purpur, Ultramarin, Kobalt,

Jovischer Laut: Das reine A, das den Brustkasten zum Vibrieren bringt.

Überlieferte Bezeichnung: Das „große Glück", der große Wohltäter.

Das Venusprinzip

Venus vertritt noch mehr als Jupiter das kulturelle Prinzip in der menschlichen Gemeinschaft, und zwar ohne die priesterliche Be-

[1]) L. Kolisko, „Der Jupiter und das Zinn". Sternenwirken in Erdenstoffen. Experimentelle Studien aus dem Biologischen Institut am Goetheanum, Dornach.

tonung des „Rechtes“ und der Pflicht, zu handeln. Dafür ist sie in anderer Richtung einseitig: Das „Schöne“ ist ihr Element, und in Reinkultur gibt es für sie keine andern Kriterien als eben die vollendete Form, die vollendete Haltung. Keine Frage nach „Gut und Böse“, nach „Recht oder Unrecht“ interessiert die echten Venustypen, die nichts als eben venusbeherrscht sind. Der Standpunkt der Verurteilung ist der des Geschmacks. Was keine Lebensart hat, was irgendwie knickerig, spießig, unsauber (wenigstens sichtlich unsauber), was abstoßend, armselig, erregend und beunruhigend wirkt, das ist verdammt. Ein schwarzer Fingernagel kann für sie „Schicksale entscheiden“. Elend und Armut sind ihr ebenso widerwärtig, wie Luxus und Überfluß ihr Element sind.

Die Angelegenheiten des Venusprinzips, von dieser Seite gesehen, können nur eine gesellschaftliche Oberschicht und nur in Blütezeiten der Gemeinschaft beschäftigen, und die echten Jünger der Venus, die nicht nur genießend, sondern dank anderer Kräfte auch gestaltend sein können, die Künstler, leben von dieser Oberschicht. Sie ist gewissermaßen „Blüte“ am Baume der Menschheit, also kein *letzter* Zweck. Für gewisse Zeit versucht Venus in jedem Menschenleben zu führen: In der Jugend, mit dem Mars oder vor ihm, und keine materielle Armut verhindert, daß junge Frauen zumal für kurze Zeit reich werden in der Entfaltung von Reizen, die das Prinzip als Naturkraft wirksam zeigen: Es schafft die Blütenpracht allenthalben.

Die stark betonte Venus im Horoskop bedeutet noch nicht die Künstlerschaft, wohl aber die Wirksamkeit ästhetischer Kräfte. Und ästhetisch bedeutet in diesem Falle zugleich diesseitig, genießend, optimistisch, lebenskünstlerisch und problemwidrig. Sie *will* Probleme nicht, weil sie nicht lösbar sind und nur den Frieden stören. Die einzige Lösung liegt in der „Haltung“, in der richtigen Form, sich zu geben und ... Schwierigkeiten zu umgehen. Wenn der Maßstab der Weisheit die Fähigkeit wäre, sich in der realen Welt zu bewegen und zurecht zu finden, wäre Venus das weiseste Prinzip ..., der schwer sich mühende Saturn und der tobende Mars sind armselige Toren. Kinder der Venus sind echte Kinder des lieben Gottes, die ihm die Sorgen überlassen, oft bis zur frivolen Vernachlässigung jeglicher Pflicht. „Seht die Lilien auf dem Felde ... sie säen nicht und ernten nicht...“ und die gutmütigen Mitmenschen nähren die Bohême doch. So mag der finster blickende Problematiker sagen, der sich von Venus in der oder jener Gestalt ausbeuten läßt, vom Charme bezaubert und zugleich mit Ironie behandelt. Nicht nur gewissen Lebenskünstlerinnen sind die ernsthaften und nach allem möglichen hungrigen Männer kurzweg die „Lämmer, die man schiert“ ... in gewisser Hinsicht lebt das Venusprinzip unter den andern überhaupt so.

Es steckt aber immerhin mehr hinter ihm. Der Bauernhof mit

seinen Tieren und fruchtbaren Feldern hat neben der jovischen immer Venusbetonung. Und manche Venusstellung im Horoskop bezeichnet Bauern- und Viehzüchterberuf. Der „Geruch der Rinderherden", der über den Ebenen „bis in den dritten Tag" lagert, ist Geruch dieser stärkern Venus. Die leibliche Fruchtbarkeit ist *ihre* Angelegenheit, und die vielfältig unterschiedenen Hormone sind Träger ihrer Zielkräfte in jedem Organismus. Es kommt in jedem Horoskop darauf an, nach welcher Richtung die Venus verstärkt wird, damit entweder ein *nur* ästhetisches, ein „Blütenwesen", oder ein zur Fruchtbarkeit bestimmtes oder zeugungskräftiges daraus wird. Man tut dem Prinzip völlig unrecht, wenn man nur an Musik und Tanz und derlei Dinge denkt. Die daseinskräftigen, beharrenden Schichten der Völker sind *vor allem* „venusbetont". Ihre große Diesseitigkeit ist ein Ideal, das mit Jupiter verschwistert etwa in der Weltfrömmigkeit der flämischen und holländischen Bauernschaften ihren stärksten Ausdruck gefunden. Zur Deutung einer „guten Venus" sind solche Hinweise überaus dienlich.

Im menschlichen Organismus gehören ihr logischerweise die mit Zeugung und Geburt zusammenhängenden Organe an, und zwar vor allem im befruchteten Zustande ... in den männlichen spielt Mars mit. Die Alten zählten die Niere zum gleichen Komplex. Auch die „sekundären" Merkmale des Geschlechts, wie die weiblichen Brüste, aber auch die Träger der Reize im Gesicht, Wangen und Nase, ferner der Hals, gewisse Drüsen, wahrscheinlich der Gehirnanhang, und schließlich unter den organischen Prozessen das „Wachstum" sind venushaft.

Das Venusmetall heißt Kupfer. Wie Kupferdrähte Wachstum und Genesung fördern können, berichtet Lakhovksy[1]). Und welche heilsame Rolle diesem Metall der Göttin aller „Bildekräfte" im Mittelalter zugeschrieben wurde, darüber befrage man Laarss in seinem Buche „Amulette und Talismane"[2]). Warum ihr „polierte Gläser" (als Gegenstände eines hochkultivierten Handwerks?) unterstehen?

Venushafte Erscheinungen

In der menschlichen Gemeinschaft: Die gesättigten Epochen der Weltgeschichte, die Zeit des materiell Gesicherten, das Aufblühen der Künste und des Überflusses, des Luxus und der Verfeinerung, der zunehmenden Diesseitigkeit, aber auch der Versuchung einseitigen Auslebens, der Gefahr, dekadent zu werden und der gesellschaftlichen Fäulnis zu verfallen. Die Zeiten beginnender Absonderung der Bevorzugten. Der Gesellig-

---

[1]) Lakhovsky, Geheimnis des Lebens. G. H. Becksche Verlagsbuchhandlung, München.

[2]) Laarss, Das Buch der Amulette und Talismane. Verlag R. Hummel, Leipzig.

keit und des Genusses auf Kosten der gerechten Fürsorge, der Ausbeutung im Dienste des Über-Genusses.

Venushafte Lebensperiode: Dreißig bis Vierzig. Die Entscheidungszeit zwischen Sinnes- und Geistes-Vorherrschaft. Andere Lehre: 15.–21., 70.–77. Jahr.

Venushafte Gesellschaftsschichten: Das Künstlertum. Luxusgewerbe, Wirtegewerbe. Die nur genießenden Schichten. Am positivsten ist der Venus-Anteil im Bauerntum. „Bohème".

Venushaftes Milieu: Kunst-, Vergnügungs- und Luxusstätten und -räume. Gärten, vor allem im blühenden Zustande. Wiesen, Zierwälder. Geschmückte, schöne, geschmackvolle, luxuriöse oder auch nur mit geringen Mitteln schön gestaltete Räume.

Venushafte Gegenden: Kulturgegenden im eigensten Sinne des Wortes.

„Venushafte Temperatur": Die der „mildesten Tage" des Jahres.

Venushaftes Tempo: Der in der „Vollendung" zur Ruhe gekommene Augenblick. („Werd ich zum Augenblicke sagen: Verweile doch, du bist so schön . . .").

Geistiger Sinn des Venusprinzips: Das Erlebnis des „Schönen", die Freude, das Lächeln des Daseins, das Wohlsein, der Rausch im Bewußtwerden des Gestalteten. Die Gefahr des Stillstandes im Glück. (Die „Versuchung", die Faust durch Mephistopheles erfährt.)

Venus als religiös-sittliche Form: Die „Naturmystik", die sich steigern kann bis zu wirklichen Tiefenerlebnissen einer allem Sein innewohnenden verborgenen Vollendung und Einheit. Die Gegenform: Verwechslung des Höhern mit irgendwelchen „Zuständen" oder „Schönheiten" . . . religiöse Ahnungslosigkeit.

Organe, in welchen venushafte Kräfte (oder Prozesse) wirken sollen: Niere und Blase, ein Anteil am „venösen Blut", die Mutterorgane, vor allem im befruchteten Zustande, gewisse Drüsen, vielleicht der Gehirnanhang, weibliche Brüste, Wangen, „Wachstum" als organischer Prozeß schlechthin. Halsgegend.

„Venushafte" Krankheiten: Wachstumsstörungen, „Sekretionsfehler", Lymphmißbildung (chemische Mißfunktionen), Harnerkrankungen, gutartige Geschwülste, Hals- Rachen- und Nasenleiden.

Venushafte Tierwelt: Haustaube, Haushuhn, alle Haustiere, besonders die kleinern, vornehmlich die Ziegen. Gewisse „schöne" Vögel, wie Fasane oder Rebhühner, dann Bienen und Schmetterlinge. Mit Jupiter allerlei Horntiere, z. B. Hirsche, Rehe usw.

Venushafte Pflanzen: Die Linde ist der Venus- oder Freyabaum. Birke. Myrte, Flieder. Alle Beeren, besonders Stachelbeere, Brombeere, Erdbeere, Preiselbeere. Birne, Kirsche, Pflaume sind vorzugsweise „venusisch". Roggen, Weizen, Bohnen, Artischocken. Thymian, Wegerich, Königskerze, Malve, Rosmarin, Schafgarbe, Primel, Augentrost, Angelika, Waldmeister, Minzensorten, Krokus, Vergißmeinnicht, Gänseblümchen, Maiglöckchen, Hahnenfuß.

Venusmetall ist das Kupfer. *Andere Mineralien:* Alle Kristalle. Perlen. Korallen, Achate, helle Saphire.

Venusartige Farben: Hellblau, Lichtgrün, Karmin, Rosa, Mauve.

Venuslaut: Das mehr geschlossene O, das den Kehlkopf vibrieren läßt.

Überlieferte Bezeichnung: Das kleine Glück (will heißen das zeitliche, begrenzte Glück).

Das Merkurprinzip

Im Volksganzen stellt das Merkurprinzip die vermittelnden, aufklärenden, belehrenden, umsetzenden Elemente dar. Vielleicht erscheinen sie erst in der Kultur-Spätzeit in reiner Gestalt. Die obere Schicht macht Geschäfte mit dem Wissen, und wären es noch so schlecht bezahlte Geschäfte, wie Bücherschreiben, Vorträge halten, oder sie debattiert als Parlamentarier, Advokaten und belehrungseifrige Pädagogen. Die untere Schicht verhandelt Waren, organisiert, macht Reklame, Propaganda, Zeitungsartikel, preist Waren an und entwickelt Überzeugungskraft vor allen Türen, um etwas zu verkaufen.

Ohne dieses merkurische Element wäre wohl weder ein modernes Reise- und Verkehrsleben, noch ein richtiger Konkurrenzkampf geschäftlicher Art, noch eine Zeitung, noch eine Radiobewegung oder das Wagnis kühnster Erfindungen möglich geworden. Die „Publizität" aller Dinge, die den meisten von ihnen „Geheimnis und Wert" abstreift, wie frischen Pflaumen den Duft, ist merkurisch. Unter seinen Augen wird alles neutral, verliert alles seine hervorragenden Eigentümlichkeiten. Alles wird Rekord, und darum sinkt zuletzt jeder Rekord zur Bedeutungslosigkeit. Nichts ist mehr unerreichbar, und darum auch nichts mehr groß und besonders.

Merkur ist der Herr des Nivellierungsprinzips, der jedes Problem niederdiskutiert, um es ungelöst liegen zu lassen. Er ist ganz und gar Oberfläche, Summe, Schema, dabei Vielfalt bis zur Unübersehbarkeit. Nichts entspricht ihm mehr als ein richtiger „Betrieb", sei's nun Kulturbetrieb oder Warenhausbetrieb, Festorganisation oder Jahrmarkt. Er geht im Eifer des steten Konstatierens auf.

Wir haben damit eine Schicht der Gemeinschaft gezeichnet, die neben dem jovisch-venusischen Bauern, neben der echten Priesterschaft, neben den „exakten Wissenschaften" Saturns, neben den solaren Macht- und Kommandotypen, neben den Künstlern und Ästheten der Venus, und neben dem großen Haufen der „Mondhaften", die alles, aber nichts *ausgesprochen* sind, grell hervorstechen. Sie machen von sich reden und reden von sich und allem, und ganze zivilisierte Epochen können den Anschein machen, als ob nur noch diese wortreichen und betriebsamen Merkurier übrig geblieben.

Freilich gibt es einen „hohen Merkur", den Erleuchter und Boten der Götter, und freilich steht das Prinzip als solches zwischen der menschlichen Persönlichkeit und der Wirklichkeit, und das Gesamtbild dieser Wirklichkeit ist ein „merkurisches“, weil es in „Zeit“ abläuft, als Vergangenheit, Gegenwart und Zukunft. Als solches hat es einen alle andern umfassenden Rang. Doch nicht diese „hohe“ Rolle ist es, die wir im Horoskop versinnbildlicht sehen, sondern die andere. Hervorragende Merkurstellungen weisen auf ein Übergewicht des Intellekts. Auch „Geschäft“ ist weitgehend Intellekt-Angelegenheit... und „Intellekt“ eine „geschäftebetreibende Energie“, solange sie ohne andere Stütze bleibt.

Von anthroposophischer Seite wird behauptet, Merkur- und Venusstern seien heute falsch benannt; die Namen seien vor Zeiten vertauscht worden[1]). Das Studium einer genügenden Anzahl von Horoskopen erweist, daß die Position des „Merkur“ genannten Gestirns und nicht die der Venus auf Eigenschaften Bezug hat, die wir merkurische nennen. Sind mit den Namen auch die Inhalte der Prinzipiennamen vertauscht worden oder liegt hier ein Mißverständnis vor? In der chaldäischen Reihe folgen sich die „Planeten“ in der Tempozunahme: Saturn, Jupiter, Mars, *Sonne*, *Venus*, *Merkur*, Mond. In der heliozentrischen lautet die Reihe: *Sonne*, *Merkur*, *Venus*, Mond (Erde), Mars, Jupiter, Saturn. Man probiere nur die Auslegung und wende, was über Merkur gesagt wird, fleißig auf Venus-Stellungen und umgekehrt an; hier beweisen nur Erfahrungen und keine Theorien, und wären sie siebenmal durch Autoritäten vertreten.

Man müßte, wollte man die Vertauschung anerkennen und den größern Venus-Stern als „Merkur“ auffassen, mit seinen Positionen die körperlichen Organe zusammenbringen, die „merkurische Organe“ genannt werden (oder aber sie „venusisch“ nennen und mit dem kleinern Gestirn symbolisieren!). Es handelt sich vor allem um das Großgehirn und das zerebrale Nervensystem, sodann mit Jupiter zusammen die Lungenspitzen und Hüften, ferner durch die merkurische Zone „Jungfrau“ auch das vegetative Nervensystem, durch „Zwillinge“ aber die Zunge, die Hände, die Oberarme und Schultern. Namentlich das Sprechzentrum des Gehirns und somit das „logische Gedächtnis“ und die Sprache als Funktion sind merkurisch. Nicht das Auge als Organ, wohl aber der „Gesichtssinn“, als Funktion dieses Organes, gilt als der merkureigenste der fünf Sinne.

Es folgt daraus, daß verdorbene Merkurstellungen des Horoskops mit akuten oder latenten Defekten der gleichen Organe zusammenhangen, und daß die „mentalen Erkrankungen“ von andern, gleichbedeutenden Sinnbildern stets in der Richtung eines „beschädigten

[1]) Rud. Steiner, Matthäus-Evangelium, S. 48. Philosophisch-anthroposophischer Verlag, Dornach.

Merkur“ gesucht werden. Wichtig sind gewisse Zusammenhänge, die von der Astrologie behauptet werden. So soll ebenfalls merkurisch die „Bewegung im Raume“ sein, und die gleiche Bedeutung hätten die Bewegungszentren des Großgehirns. „Bewegung“ aber wäre nur ein „vorläufiger“ Ausdruck für „Erfahrungsfreude des Intellekts“. Arme und Beine, die Mittel der Bewegung aber werden mit dem Atemrhythmus unter die gleichen Symbole Jupiter-Merkur gebracht. Atem aber, Pneuma, gilt als äußeres Symbol für „Geist“ im Sinne des Verstehens, also des „Mentalen“, also für Gedächtnis und Intellekt.

In jedem Horoskop sind also Merkurmerkmale auf Bewegung, Atem und Mentales *zugleich* bezogen, und niemand wird sich wundern, wenn die Astrologen behaupten, ein richtiges Atmen könne zur Beruhigung und Ausgleichung der mentalen Kräfte beitragen, unter gewissen Umständen sogar erkrankten „Merkurfunktionen“ Heilung bringen.

Das gilt für alle nervösen Erkrankungen leichterer Art, wird aber natürlich versagen, wenn die Organe selbst erkranken. Man möchte festlegen: Solange die „psychische“ Situation allein gestört erscheint, atme man gläubig nach geeigneten Systemen. Wenn aber „Manien“ auftreten, Verfolgungswahn oder dergleichen, oder Halluzinationen, dann wird man Erfolge nur noch bedingt erzielen, höchstens noch „Beruhigung“; Sprechstörungen, Zungenlähmungen, Nervenentzündungen, Gedächtnisschwund, allgemeine Lethargie oder schwere Irrsinnsfälle sind nicht mehr durch Atmung heilbar; dagegen wird man jedem „Zerfahrenen“, jedem „Gereizten“, jedem in den Bewegungen Unsichern mit gutem Gewissen den Zusammenhang zwischen dem „rhythmischen System“ seiner Atmung und dem Bewegungsapparat sowohl wie mit der „Denkdisziplin“ aufdecken. So etwas gehört bestimmt zur *echten* Horoskopie.

Eine interessante statistische Arbeit über Zusammenhänge zwischen planetarischen Positionen und Schizophrenie hat auf Veranlassung von Prof. C. G. Jung Frau Dr. Liliane Frey, Zürich, geliefert. Die Kurven schlechter Merkur-Saturn-Positionen steigen in den Horoskopen der Kranken, verglichen mit denen der Gesunden, beweiskräftig deutlich an. Der Versuch (übrigens der erste „wissenschaftlich“ durchgeführte dieser Art) spricht auch völlig gegen die Annahme, „Venus“ könnte der „wahre Merkur“ sein. Frau Dr. Frey hat *alle* Planeten in die Untersuchung einbezogen. Unter allen aber fielen die Merkur-Saturn- und die Merkur-Neptun-Verbindungen, nicht die der Venus oder eines andern Gestirns auf[1]).

---

[1]) Dr. Liliane Frey-Rohn, Zürich. Publikation fehlt noch.

Merkurische Erscheinungen

In der menschlichen Gemeinschaft: Die Zeiten der verbreiteten Bildung, des Handels, der Industrie und Technik, der allgemeinen Mischung kultureller Elemente, des Austausches zwischen Landschaften und Stämmen, der Neutralisierung hergebrachter fester Formen und Sitten. „Zivilisation".

Merkurische Lebensperiode: Zwischen Zehn und Zwanzig, also die Zeit des erwachenden Intellekts. Andere Lehre: 8.—14., 78.—84. Jahr.

Merkurische Gesellschaftsschichten: Der „Bildungsstand", also die eigentlichen „Vermittler des Wissens", Journalisten, Schriftsteller, Kolporteure. Dann der Kaufmannsstand in allen Stufen. Starke Teile der eigentlichen Wissenschaft. Unter den Juristen die „Nur-Advokaten". Die Redner aus Beruf. Der Lehrer.

Merkurisches Milieu: Die Geschäftsviertel der Städte, Bibliotheken, Buchhandlungen, „Bildungsbetriebe", Schulen. In der „Wohnpraxis" herrscht Sachlichkeit, Nüchternheit, aber nicht „Stil". Der Abreißkalender wird wichtiger als das Wandgemälde.

Merkurische Gegenden: Die von technischen und sonstigen Nutz-Einrichtungen gezeichneten Landschaften. Die „reine Natur" ist nirgends „merkurisch".

„*Merkurische Temperatur*": Der Begriff fällt dahin, weil „naturhaft".

Merkurisches Tempo: Immerwährende Bewegung zweckdienlicher Art.

Geistiger Sinn des Merkurprinzips: Auflösung der gefühlhaften und affektbetonten Bindungen an die Vergangenheit, fortschreitende Bereicherung des Bewußtseins, Wissen, intellektuelle Welteroberung, Sammlung der „irdischen Erfahrung" zur Überwindung der irdischen Bindungen.

Merkur als religiös-sittliche Form: Das Verstehen *jeder* vorkommenden Lehre, bis zur Beherrschung, im Extrem bis zur Auflösung der absoluten Wahrheit einer einzelnen Lehre. Die Vorbereitung eines „Nihilismus" als Voraussetzung für das Platzgreifen *neuer* Lehren. Aufklärung, Liberalismus, „Materialismus", der eigentlich eine rein theoretische Weltanschauung bedeutet.

Merkurgemäße menschliche Eigenschaften: Der „analytische Intellekt", das „Logische", das begriffliche Denken. Das „Bewußtsein" im heutigen Sinne. Das heißt: „Merkur" ist der Vermittler unserer Erfahrung, auch alles dessen, was wir unter den andern „Prinzipien" verstehen. Merkurisch im eigentlichen Sinne ist die Fähigkeit, alles zu begreifen, zu sehen, zu verstehen, zu vergleichen, zu beobachten, alles theoretisch zu durchdringen. Negativ merkurisch: Schwatzhaftigkeit, charakterlose Meinungsschwäche, Überzeugungslosigkeit, Vorteilsucht bis zur Dieberei.

Merkurische Organe im Menschen: Großgehirn, Rückenmark, zerebrales Nervensystem, sympathisches Nervensystem, Tastsinn, Augen (als besonders entwickelte Tastnervenenden), durch Zwillinge die Atmungsorgane und die Arme und Hände, durch „Jungfrau" der „verwertende" Darm, das Bauchfell.

Merkurische Tierwelt: Füchse (!), Schlangen, gelehrige Tiere, viele Insekten, mit Venus zusammen „Bienen und Singvögel".

Merkurische Pflanzen: Sträucher aller Art, Farbhölzer, Haseln, Farnkräuter, Hafer (mit Jupiter), Azaleen, Granatapfel. Fenchel, Dill, Endivien, Petersilie. Lavendel, Baldrian, Narzissen, Skabiosen. Maulbeerbaum. Flachs.

Merkurische Mineralien: Quecksilber (Mercurium). Alle Legierungen. Vielfarbige Edelsteine. Topas, Carneol, Granat.

Farben: Grau, weißgrau, graugrün, gelbgrau, „Lasierungen".

Merkurischer Laut: Das „e", welches die Schädelbasis vibrieren macht. Anthroposophisch: Das „i"!

Merkurkrankheiten: Nervensachen. Gehirndefekte. Geisteskrankheiten. Hysterische Organerkrankungen. (Sympathicus-Darm!)

ÜBER URANUS, NEPTUN UND PLUTO

Wir haben mit unerbittlicher Konsequenz den Unterschied zwischen Planet und Prinzip festzuhalten. Die *Astronomen* entdeckten neue Planeten, das weiß jedermann. Aber die *Astrologen* haben mit keiner Erfindungsgabe ein *neues Prinzip* entdecken können. Aus dem einfachen Grunde, weil die Siebenheit eine in unserer Wirklichkeit gegebene, eine „immanente" Gliederung bedeutet. Es gibt keine Achtheit oder Zehnheit. Unsere Psyche ist marsisch oder venusisch oder sonstwie geprägt, „gefesselt", „maskiert", sie ist es auch, wenn Wirkungen der „neuen Planeten" in ihr festgestellt werden.

Uranus ist im Tempo saturnisch, in den Schlußeffekten marsisch, in der Befruchtung der Intelligenz aber ultramerkurisch oder wieder saturnisch, d. h. synthetisch, stellt demnach eine *Kombination* von Prinzipienwirkungen dar und besitzt damit ähnliche Qualitäten wie die von den Alten beobachteten Fixsterne, denen ebenso kombinierte Wirkungen zugeschrieben werden.

Neptun ist im Tempo ebenso schleichend wie Saturn, im Gefühlhaften venusverwandt, im Ethisch-Religiösen aber dem „wässerigen Jupiter" nahestehend und darum mystisch; in negativ gesundheitlicher Hinsicht wirkt er durchaus wie eine verfeinerte schlechte Venus oder ein schlechter Jupiter.

Pluto soll, wenn die ersten Beobachtungen seiner Stellung in Horoskopen richtig sind, marsisch sein, trägt aber vielleicht auch „übermerkurische" Züge, wie Uranus. Doch heißt es abwarten. Gewisse Astrologen, die mit den vorhandenen Symbolen nichts anzufangen wissen, vermehren mit Fleiß die horoskopischen Elemente...

bis zum Exzeß! Wir sind überzeugt, daß Pluto der Hilflosigkeit im Deuten ebenso zu Hilfe kommen wird wie die „sensitiven Punkte", an Zahl 2.45 = 90, die also jeden vierten Grad der Ekliptik bedecken und ein wahres Wirrsal von „Anhaltspunkten" für die Deutung ergeben!

Praktisch ist es ja nun freilich so, daß man von jedem der drei Planeten als einer besondern Größe sprechen muß. Legt man aber Horoskope aus und findet beispielsweise einen Uranus an entscheidender Stelle, also beispielsweise „im Anfang", hart unter dem östlichen Horizont, dann wird aus ihm geschlossen, daß er Züge verleihe, die wir nicht anders als eben „saturnin" werten: Egozentrisches, in sich gekehrtes, entfremdendes Verhalten, gepaart mit Grübelei, Tiefsinn, Interesse für abseitige, ferne Dinge, für „alte" Sachen, für Antikes ... Neben diesen aber tauchen gleichzeitig marsische Elemente auf: Sprunghaftigkeit, exzentrische Neigungen, Plötzlichkeit, überraschendes Aufsprudeln geistiger Originalität, Liebe für ultramoderne Ziele und Dinge.

Wer ganz ehrlich kombiniert, findet eine Merkur-Saturn-Marsverbindung guter oder schlechter Art vor: Rückschau *wie* Vorschau, Bremse *und* Explosion, Neigung zum „Ältesten" *wie* „Über-Neuen" und eine marsisch gesteigerte und oft losbrechende, gleichzeitig aber gezügelte und konzentrierende Intellektualität.

EINZELNE „PLANETEN"-ÄUSSERUNGEN

Betrachten wir einige Begriffe der herkömmlichen Horoskopie, die alle ein bestimmtes Licht auf die „wirkenden Kräfte der Siebenheit" werfen.

„Die Gestirne" sind entweder „*elektrisch*" oder „*magnetisch*". Das eine bedeutet „ausstrahlend", Kraft abgebend, das andere „ansaugend" und aufspeichernd, passiv, „nehmend".

Die Begriffe decken sich mit „*männlich*" und „*weiblich*". Männlich ist aktiv, aus sich herauswirkend, bewegend, schaffend. Weiblich dagegen passiv, aufnehmend, nicht schöpferisch, sondern Gegenstand der Schöpfung, nicht „väterlich", sondern „mütterlich".

Eine dritte Formulierung spricht von „*Taggestirnen*" und „*Nachtgestirnen*". Sie sagt im Grunde dasselbe. Unter „*Tag*" wird die geistige, willensmäßige, schöpferische Seite verstanden, die positive, bewußtseinsteigernde, die Verstandesseite. Unter „*Nacht*" aber die „seelische", die Gefühlsseite, die bewußtseinauflösende im Sinne des Verschwimmens in Gefühl, Wunsch und Traum.

Wiederum in der gleichen Richtung liegen die Ausdrücke „*positiv*" und „*negativ*". Das Eine gestaltet und bewegt, das Andere *wird* gestaltet und bewegt.

Ein altertümlicher Ausdruck lautet „*heiß*" und bezeichnet eine besondere Form des „Männlichen". Desgleichen „*trocken*". Wogegen die zwei „weiblichen Urqualitäten" mit „*feucht*" und „*kalt*" stehen.

Der Ausdruck „*Feuer*" bezeichnet eine Kombination zweier „männlich-positiver" Urqualitäten, heiß und trocken. In der „Feuernatur" tritt uns der Wille in seiner Aktivität entgegen.

Der Begriff der „*Luft*" umschließt „heiß und feucht". Das „Männlich-Positive" erlebt im Intellekt seine erste Mischung mit den weiblichen Elementen.

„*Wasser*" stellt die weibliche Seite in ihrer völligen Einseitigkeit dar, als „feucht und kalt".

„*Erde*" dagegen die weibliche Seite in ihrer ersten Mischung mit dem Männlichen: „Kalt" mit „trocken".

Bei diesen Ausdrücken muß sich der Leser nun die Tatsache vorstellen, daß *keine* Erscheinung der Wirklichkeit vorkommt, die nicht unter den einen oder andern fiele. Alles *ist* „Wasser" oder „Feuer", oder „positiv", oder „kalt" usw. In diesem Zusammenhang ziehen wir einige bisher nicht berührte Dinge heran und stellen sie in das System der Prinzipien. Wohlverstanden: in dieser „Zuteilung" suchen wir, wie vordem die Alten, die Erkenntnis des *Menschen,* der Elemente, in deren Netz er sich bewegt, die ihn selbst aufbauen.

Also: Nicht „Fabuliererei über angebliche Eigenschaften der Planeten", wie moderne Astronomen spotten, sondern Charakterisierung „weltgliedernder Prinzipien, in denen auch der Mensch webt".

Tragen wir übrigens nach, daß die „vier Temperamente" mit den „Elementen" verwandt sind. Feuer = cholerisch, Luft = sanguinisch, Wasser = phlegmatisch, Erde = melancholisch.

SONNE: Zeichen Löwe

Männlich, positiv, ein „Taggestirn", feurig, „heiß und trocken".
Seite des Körpers: Rechts. Cholerisch. Elektrisch.
Entsprechende Figur: Kreis. Linie: Die *senkrechte.*
Grundton der Sonnentonleiter: Das absolute C oder aber E.
Berufsrichtung: Führerschaft. Art des Berufes unwesentlich.
Milieu: Pracht- und Glanzentfaltung.
Sinn: Keiner.
Positive Eigenschaften: Würde, Kraft, Stolz, Hochherzigkeit.
Negative Eigenschaften: Hochmut, Gewalttätigkeit, Herrschsucht.
Ereignisformen: Erfolg, Tätigkeit, Ruhm, Machtgewinn.

MOND: Zeichen Krebs

Weiblich, negativ, „Nachtgestirn", wässerig, kalt und feucht.
Seite des Körpers: Links. Phlegmatisch. Magnetisch.

Entsprechende Linie: Die Waagrechte.
Grundton der Mondtonleiter: Vielleicht A (Moll).
Berufsrichtung: Herkömmliche, durchschnittliche, dienende Berufe.
Milieu: Bescheiden, kulturlos, bedürfnislos oder „Sammlung".
Sinn: Keiner. Oder die „allgemeinen Körpergefühle".
Positive Eigenschaften: Anpassungsfähigkeit, Empfindsamkeit, Mütterlichkeit, Häuslichkeit.
Negative: Unselbständigkeit, Charakterlosigkeit.
Ereignisformen: Wechsel, Hin und Her, Dienstbarwerden.

SATURN: Zeichen Steinbock und Wassermann
Weiblich, negativ, „Nachtgestirn", „erdig", kalt und trocken.
Körperseite: Links. Melancholisch. Magnetisch.
Entsprechende Figur: Quadrat. Linie: Schräg einwärts.
Grundton der Saturntonleiter: D.
Berufsrichtung: Schwerarbeiter oder exakter Wissenschafter.
Milieu: Erde. Unterirdische Räume. Klausen, Klöster, Gefängnisse und Spitäler, Einsiedeleien, Einöden, Ruinen, alte Häuser.
Sinn: Gehörsinn (mit Mars zusammen).
Positive Eigenschaften: Ausdauer, Geduld, Konzentration, Ernst.
Negative: Furcht, Geiz, Heimtücke, Schlauheit.
Ereignisform: Langsame Entwicklung, positiv oder negativ.

JUPITER: Zeichen Schütze und Fische
Männlich, positiv, „Taggestirn", feurig-luftig, heiß und feucht.
Körperseite: Rechts. Cholerisch-sanguinisch. Elektrisch.
Entsprechende Figur: Das gleichseitige Dreieck. Linie: Halbkreisbogen.
Grundton der Jupitertonleiter: B, vielleicht D.
Berufsrichtung: Die „priesterliche" im alten Sinn. Reisende.
Milieu: Natur, Vegetation. Ländliche Wohnweise. Reichtum.
Sinn: Geruch. (Opferrauch und Inhalationen appellieren an Jupiter.)
Positive Eigenschaften: Würde, Heiterkeit, Stolz, Pietät.
Negative: Hohlheit, Eitelkeit, seichter Optimismus.
Ereignisformen: Ehrungen, materielle Gewinne oder das Gegenteil.

MARS: Zeichen Widder und Skorpion
Männlich, „positiv", Taggestirn, feurig, heiß und trocken.
Körperseite: Rechts. Cholerisch. Elektrisch.
Entsprechende Figur: Das Achteck. Linie: schräg auswärts.
Grundton der Marstonleiter: Vielleicht G (Dur).
Berufsrichtung: Militärisch oder aber technisch-chemisch.
Milieu: Unordentlich, unfertig, kulturlos. Im „Umbruch".
Sinn: Geschmacksinn.
Positive Eigenschaften: Aktivität, Mut, Angriffslust, Edelmut.
Negative: Gewalttätigkeit, Unbeständigkeit, Zerstörungslust.
Ereignisform: Plötzlichkeit, Überraschung, Katastrophe.

VENUS: Zeichen Waage und Stier

Weiblich, „negativ", „Nachtgestirn", luftig, feucht und warm.

Körperseite: Links. Sanguinisch. Magnetisch-elektrisch. (Feucht und magnetisch wiegen vor, während bei Jupiter die Verhältnisse umgekehrt liegen.)

Entsprechende Figur: Der Fünfstern. Linie: Welle.

Grundton der Venustonleiter: Vielleicht A (Moll).

Berufsrichtung: Kunst oder irgendwelcher Luxusberuf, Bekleidungs- oder Verschönerungs- und Vergnügungsberufe.

Milieu: Schönheit, Kultur, lockere und gefällige Ordnung. Vergnügungslokale, Kunststätten.

Sinn: Tastsinn. (Vielleicht mit Merkur zusammen.)

Positive Eigenschaften: Geschmack, Schönheitsliebe, Harmonie. (Diplomatie.)

Negative: Schlamperei, moralische Indifferenz.

Ereignisform: Harmonisch, durch Einpassung und Verbindungen.

Merkur: Zeichen Zwillinge und Jungfrau

Zwitter. Positiv wie negativ. Taggestirn, wenn am östlichen, und Nachtgestirn, wenn am westlichen Himmel stehend. Feucht, trokken, warm und kalt, je nach Zeichenstellung und Verbindung. Elektrisch oder magnetisch im gleichen Sinne.

Körperseite entsprechend verschieden.

Figur: Das Sechs- und Zwölfeck. Linie: Spirale.

Grundton der Merkurtonleiter: Überlieferung fehlt.

Berufsrichtung: Die „Geschäfte", Handel, Industrie und wissenschaftlicher Betrieb. Reden, Schreiben, Advokatentum.

Milieu: Das Büro. Der verkehrsreiche Platz. Der Vortragssaal.

Sinn: Vielleicht Tastsinn. Der modernerweise unterschiedene Gleichgewichtssinn könnte Venus oder Saturn zukommen.

Positive Eigenschaften: Organisationstalent, Wissensumfang.

Negative: Abwesenheit des Wertungssinnes. Geschäftliche Weltbewertung. List, Betrug, Oberflächlichkeit.

Ereignisform: Bewegung und Wechsel, vielseitig und unmarkant.

Diese Stichworte sollen nur Richtungen weisen. Der einfühlende Astrologieschüler wird sich selber Rechenschaft geben, in welcher der sieben Kategorien er irgendeine der unzählbaren Erscheinungen unseres Daseins einordnen soll.

Wahlplaneten und „Einsetzungen", Weihen

Es ist ein Unterschied, ob wir einen *Laut* oder einen Wochentag dem oder jenem Prinzip zuschreiben. Im einen Falle läßt sich denken, daß Ur-Erfahrungen einen Zusammenhang zwischen Organen und

Tönen, die wir bilden, herstellen, und die „Prinzipienzugehörigkeit“ herausfinden. Im andern Falle aber muß die Zuteilung ganz anders erfolgt sein. Man weihte die Tage der Reihe nach den Sieben... man wählte die „Planeten“ für die einzelnen Tage. Und diente ihnen mit besondern Opfern. Dadurch wurde ein Rhythmus im Volksbewußtsein geschaffen, der vielleicht *heute* noch im gemeinsamen Unterbewußten nachwirkt. Den gleichen Sinn haben die Tagesstundenplaneten oder die Herren der Tages*viertel*. Von all diesen Weihen sind nur noch die Hervorhebung des Sonntags bei den Christen, des Sabbats bei den Juden oder des Freitags bei den Moslims übriggeblieben. Der Wochenkalender wurde Geschäftskalender ... die Stundenastrologie hat als modernes Gegenbild vielleicht die — Stundenpläne. Die Frage steht offen, ob aus Ur-Unterbewußtsein die Mars-Ziu-Weihe unserm Dienstag noch irgendwelchen besondern „marsischen Akzent“ gebe usw.

DIE ZWÖLF ZEICHENTYPEN

	„Kardinalzeichen“ oder „Initiativzeichen“	„Fixzeichen“ oder „intensive“	„Gemeinschaftliche“ oder „extensive“
Feuerzeichen männlich	Marszeichen Widder	Sonnezeichen Löwe	Jupiterzeichen Schütze
Luftzeichen männlich	Venuszeichen Waage	Saturnzeichen Wassermann	Merkurzeichen Zwillinge
Wasserzeichen weiblich	Mondzeichen Krebs	Marszeichen Skorpion	Jupiterzeichen Fische
Erdzeichen weiblich	Saturnzeichen Steinbock	Venuszeichen Stier	Merkurzeichen Jungfrau

Die Prinzipien äußern sich, wie aus der vorangegangenen Aufstellung hervorgeht, in den zwölf Zwölfteln der Sonnen-Jahresbahn, den „Zeichen“. In jedem Horoskop tritt eines dieser Zeichen, oder zwei oder sogar mehrere, in den Vordergrund, und am „dominierenden Zeichen“ des Geburtsbildes sieht man zuerst und oft ausschließlich, welches Prinzip für den Gebornen das entscheidende sein wird. Woran man erkennt, welches diese hervorstechenden Zeichen seien, darüber wird später zu sprechen sein. Zuerst müssen wir ein Bild der Zeichentypen gewinnen. Volkstümlich ist der Brauch der „Monatszeichen“-Deutung, wonach ein im Juli oder November Geborner die und die Natur haben solle. „Mädchen geboren im Junius . . . usw." Das ist natürlich ein sehr abgekürztes Verfahren und kommt als ernsthafte Astrologie und Horoskopie nur von fern in Frage.

Immerhin enthält es den Kern jenes bekanntesten Deutungselementes, eben der „Zeichendeutung". Wir geben vorgängig ein übersichtliches Schema über die nach zwei Gesichtspunkten gruppierten zwölf ekliptischen Elemente. („Tierkreis" ist verboten zu sagen. Die „Bilder" sind nur Anhaltspunkte der Teilung aus früherer Zeit.)

„Kardinal" bedeutet den ersten, richtunggebenden Impuls eines Elements. Wir sehen, daß dieser Impuls bei den „cholerischen Feuerzeichen" marsisch, bei den „melancholischen Erdzeichen" saturnin, bei den „phlegmatischen Wasserzeichen" mondgemäß und bei den „sanguinischen Luftzeichen" venusisch ist.

„Fix" bedeutet Konzentration, Zusammenballung, Insichschließen, Festhalten, Besitzen, Herrschen. Der Blick auf die zweite senkrechte Kolonne ergibt, daß der große Ballungspunkt der Willens- oder Feuerzeichen solar, der des Erdelements venusisch, der des Wassers marshaft und der des Luftelements saturnin sei.

„Gemeinschaftlich" will sagen mitteilend, sich äußernd, heißt, sich an Aufgaben, Menschen oder Situationen verlieren, zerstreuen, auslaufen. Dieses letzte Stadium hat bei der Feuergruppe jovischen, bei der Wassergruppe ebenso jovischen, bei der Erd- und Luftgruppe aber merkurischen Charakter.

Man merke sich dieses grundlegende Schema, vor allem aber die sehr dienliche Prinzipienzugehörigkeit der „Zeichen".

Die Feuertypen

Der marsische Typ Widder. Aries (♈)

Das „extrem gezeichnete Marsbild", das wir bei der Prinzipienbeschreibung entworfen, wird zum Verständnis sehr dienen, auch wenn wir uns sagen müssen, daß der „Widder" durchaus selten jene wilde Kampfnatur entwickelt, als die wir den „mythologischen Mars" betrachten. Und doch, Mars „schimmert durch".

Widder ist ein „Feuertyp" in des Wortes eigentlicher Bedeutung, ein Aktivist, angreifend, draufgängerisch wie der Mars. Er ist auch naiv und gradlinig wie der Mars, ist in gewissem Sinne Kind, „großes Kind" oft. Der „jüngste Typ", wenn wir Weltweisheit und Welterfahrenheit in Betracht ziehen. Und zugleich der am wenigsten belastete. Das Vorurteil der sogenannten „Folgen einer Handlung", das den meisten Menschen im Wege steht, plagt *ihn* am wenigsten. Er denkt gar nicht an die Folgen, oder zu spät. Niemand ist leichter als Aries zu einem Wagnis verhängnisvoller Art zu überreden, niemand so leicht „mitzureißen“ wie er. Und niemand stürmt auch so rasch voran, wenn irgendeine Situation lockt, wenn unbekanntes Neuland in Sicht liegt.

Darum gilt Widder als „Pionier“, als Anfänger und eigenwilliger Kopf, der seine eigenen Wege geht, solange kein stärkeres Kommando ihn in einen Gruppenrahmen zwingt, dann aber sofort die Gruppe hinter sich herreißt, immer an der Spitze marschiert. Das kann unter Umständen buchstäblich gelten, gilt aber auch symbolisch, bei der Bewältigung nicht soldatischer Aufgaben. Auch die „widderbetonten Denker“ überrennen mit ihren Schlüssen die Hindernisse, die einem Begreifen entgegenstehen, und auch *sie* rennen nur zu oft übers Ziel. Dieses Überrennen und Zuweitrennen ist charakteristisch. Die exakte Einhaltung der Grenzen ist unmöglich. Auch die Respektierung der Befugnisse seines lieben Nächsten muß ein Widdergeborner erst lernen, und mit Begriffen, wie Takt, Form, Maß, Schicklichkeit stehen die Impulse des Aries lebenslang im Krieg. Sich einmischen, wo einen die Dinge nichts angehen, sich davonmachen, etwas anderes anfangen, wo man verpflichtet wäre, auszuharren, Urteile fällen über Dinge, die man nicht versteht, losschlagen, wo keine Notwendigkeit dazu besteht, das ist so Widder-Art. Stillsitzen, Abwarten, Diplomatie, Verschweigen, Überlegen, Planen, Aufschieben, Geduld haben, das fällt ihm im allgemeinen schwerer als „mit dem Kopf durch die Wand“.

O. H. Schmitz nennt Aries den „Korporal“, und hat recht. Attacken reiten heißt noch keine Feldzugspläne entwerfen. Der „Marschall Vorwärts“ ist eine seltene Erscheinung. Mit festen Zielen auf kürzeste Frist wird Widder fertig ... auf lange Dauer berechnete Handlungen bringen ihn in Zickzack. Niederlagen wecken seinen Zorn, und unvermutet beginnt er an anderer Stelle den Angriff, oft an einer *unerwarteten* Stelle. Es gibt für ihn kein besseres Mittel, um Niederlagen zu vergessen, als eben den neuen Angriff. Sinnlos ist für ihn ein Verweilen in der Vergangenheit. Seine Sphäre ist die Zukunft. Gegenwart hat nur Sinn als Schritt ins Künftige.

Innere Ruhe und Gefaßtheit tun ihm not zu lernen. Ebenso Ausgeglichenheit und Maß im Beurteilen aller Sachlagen. Als Marsier übertreibt er von Natur aus. Mit viel zu großem Aufwand stürzt er bei geringfügigen Anlässen auf seine wirklichen oder vermeintlichen Gegner, ohne Ahnung verwechselt er Kleinigkeiten mit Wichtigem, und übersieht unterdessen die Hauptsachen. Ein Streit, ein Mißmut, ein kleiner Zusammenstoß können ihn über jede Gebühr gefangen nehmen. Er kann bei Gelegenheit sehr kleinlich sein, so großzügig er in der Grundhaltung auch sein mag. Die Großzügigkeit verläßt ihn, wo die eigene werte Person angegriffen scheint. Umgekehrt kann er Feindseligkeiten, die man gegen ihn begeht, blind übersehen, sobald er von einer Woge seiner Begeisterung, von einem mächtig vorgetragenen Angriff mitgerissen wird. Er folgt dem momentanen großen oder kleinen Impuls, und das Unmögliche ist bei ihm in jedem Sinne möglich: Das Verbeißen in lächerliche Nebensachen ebenso wie das Verlieren ins Größte, dem er nicht einmal ansieht, *wie* groß es sei.

Ein amerikanischer Industrieller hat erklärt, daß er nie Widder und Skorpione an Stellen setze, wo Reklamationen einlaufen[1]). Warum? Weil sie von den unpersönlichsten Einsprachen so beunruhigt werden, als seien es Vorwürfe an ihre persönliche Adresse. Mars!

Das Bewegliche, Angreifende, Draufgängerische soll nach Dr. med. Schwab, Berlin[2]) schon in körperlichen Merkmalen sichtbar werden. Er beschreibt den Typus folgendermaßen:

Dominierende Miene, Anklang an Widderkopf, Höcker auf der obern Stirnhälfte (wodurch oft sehr deutlich das „Widderzeichen" [♈] in die Stirn gegraben erscheint), langer, sehniger Hals, manchmal nach vorn gebogen, wodurch eine charakteristische Kopfhaltung entsteht. Schmalschädel. Gestalt länglich, eher schmal, selten groß.

Andere Autoren heben den scharfen, jedoch gutmütigen Blick hervor und nennen das verhältnismäßig nahe Zusammenrücken der Augen ein wesentliches Merkmal des „Zeichens". Wie bei allen Feuertypen sind die Knochen und Muskeln fest, aber nicht massig. Der „Energietyp" der chinesischen Medizin, *außen* heiß, „Innentemperatur" im Verhältnis nicht entsprechend, keine auffällige Blut- oder Säftefülle. In unsern Gegenden sind die Widdertypen meist blond oder gar rötlich, die Haut frisch und durchblutet, hell oder bräunlich, nie aber ins „Grünliche" spielend, wie bei den Wassertypen. Ein häufiges Zeichen soll die „Widdernase" sein. Überhaupt ist der ganze Gesichtsschnitt im Profil stärker als frontal.

Was man dem „Widdertyp" wünscht, das ist Humor. Aber Kinder haben keinen Humor ... böse Buben bringen gerade noch einen Schabernack fertig, wie O. H. Schmitz das vom Aries sagt[3]) .

Der solare Löwentyp. Leo (♌)

Vieles, was über den Widdertyp gesagt wird, trifft mit einigen Abweichungen auch für den Löwen und Schützen zu. Es handelt sich im Grunde um die Verwandtschaft der drei Feuerprinzipien, und man hat nur ihre drei Grundmerkmale gegeneinander zu halten:

---

[1]) „Astrologie" 1936. Zeitschrift im Verlag W. Becker, Berlin-Steglitz.

[2]) Schwab, Dr. med., Sternmächte und Mensch. H. Bermühler, Berlin.

[3]) O. H. Schmitz, Geist der Astrologie. Erste Auflage bei G. Müller, München; neue Ausgabe bei Max Duphorn, Hamburg.

Aktion, Beherrschung, richtiges Handeln, um auch die graduellen Unterschiede der drei Zeichen zu erfassen.

Ist also der Widder „aktivistisch“ schlechthin, so ist es der „Löwe“ nur in *dem* Sinne, daß er handelt, um „obenauf zu sein“. Wie Korkzapfen schwimmen sie über den Situationen, hat einer gesagt, der die „Löwen“ nicht leiden mag. Und der amerikanische Industrielle mit der großen Personalerfahrung bewundert ihre Art, wie sie an alle Aufgaben herantreten und überzeugt sind, daß alles gehen wird, wie sie wollen. Wenn aber etwas mißlingt, dann „brüllen sie gar gewaltig“ und sind erstaunt über den Fehlschlag, stellen sich aber gleich wieder an, um den Fall von einer andern Seite anzupacken.

Das dem Löwen eigene, vom Widder sehr unterschiedene ist eine gewisse Passivität in Dingen, die weder drängen noch besonderes Interesse bieten. Darin liegt die berühmte „Zurückhaltung“ des Löwen, und gerade durch dieses Verhalten werden die Kräfte geballt, um bei Gelegenheit mit vollem Einsatz in die Waagschale geworfen zu werden. Man kann oft über diese Typen staunen, wenn sie aus der Ruhe heraustreten und aus angesammelten Reserven übermächtige Kräfte entwickeln. In solchen Fällen gewinnen sie einen Vorsprung, den die „stets Bereiten“ nicht einholen. Es kommt dabei öfters aus, daß Leo über ein Können verfügt, das man ihm gar nicht zugetraut, das er vorher nicht verraten. Nicht, weil er verschwiegen wäre . . ., nur sind ihm die Dinge meist nicht der Rede wert, solange sie nicht in Frage stehen. Das heißt: für ihn selber nicht in Frage stehen.

Man kann zweifeln, was Leo seine Vorteile im Leben verschaffe, ob mehr sein Zurückhalten und „sich Aufsparen“, oder die im entscheidenden Moment aufs höchste gesteigerte Einsatzbereitschaft. Sicher ist, daß er wie kein anderer die Gabe des Zugriffs in den Situationen besitzt, „auf die es ankommt“. Und daß er den Blick für solche Situationen hat. Das ist „solar“: das Wissen um das Zentrale, das Hauptsächliche, die Straßen der Mitte, die auf geradestem Wege zum Ziele führen. Probleme sind ja nur Umwege, sind Komplikationen, verschuldet durch den Blick auf seitliche Irrwege. Diesen Blick für Zentrales, dieses Wissen um Wesentliches hat Leo aus einer gewissen Selbstüberzeugtheit heraus. Man kann sagen, daß dieses von sich selber Überzeugtsein ihm ermöglicht, von der eigenen Person abzusehen und nicht alles, was ihn angreift, zu beachten. Und darum auch nicht allen Versuchungen, die aus der Umwelt kommen und ihn zum Eingreifen verführen möchten, zu erliegen.

Darum sagen die überlieferten Beschreibungen des Löwen auch, er sei großzügig, edel, großmütig . . .

Er ist bestimmt nicht, was man einen „Gründling“ nennt, kein Typ der Tiefe. Dazu müßte er mehr Sinn für Verwicklungen und abgründige Fragen haben. Alle „Tiefe“ geht in Wahrheit vergangenheitwärts und berührt die letzten Ursprünge. Wer vorwärts denkt, fühlt und will, wie Leo, dem sind Ursprünge nicht Fragen, sondern Gegebenheiten, die feststehen, Fundamente, auf die man baut, ohne sie nachzuprüfen. Wer wollte auch auf die Urgründe *kommen!*

Das ganze Verhalten zur Vergangenheit wird für den Löwen aus einer einzigen Erwägung bestimmt: Das Gestern gehört zu jenen Nebensachen, die nicht im Blickzentrum liegen, auf die es nicht ankommt. Daraus erklärt sich nun mancher seiner vorteilhaften und weniger günstigen Züge. Man sagt, er könne verzeihen und vergessen, und was erledigt sei, sei wirklich erledigt. Er grabe keine alten Geschichten aus. Genug, daß er in der Gegenwart gewaltig Krach schlagen könne. Wer ihm die Hand reiche, sei sein Mann, und er begrabe die Kriegsaxt, wie bereit er auch gewesen sei, sie auszugraben. Nicht verwunderlich, ein solches Verhalten! Wer so gern den Hemmschuh der Vergangenheit hinter sich wirft, ist zum Zürnen zu bequem. Es gibt übrigens auch eine andere Löwen-Art, sich des Vergangenen zu entledigen: Kann er nicht die Sache loswerden, dann den Menschen. Er existiert für ihn nicht mehr, falls er sich nicht gewinnen läßt.

Der „schlechte Löwe", das Zerrbild des großzügigen Tatmenschen mit der Ruhe des Herrschers, ist der prahlende, polternde, oberflächliche, jähzornige oder in seiner Selbstsicherheit geckenhaft eitle, seiner innern Form nach aller Kultur bare „Großkopf".

Auch der „gute Löwe" wird oft als hochmütig und unverzeihbar „leicht" aufgefaßt, namentlich von schwerblütigern Typen. Wenn er daherkommt, auf guten, festen Beinen, manchmal stark auf den Haken marschierend, irgendwie geschmeidig und elegant, aber immer „männlich", den Kopf hoch erhoben, auffällig gerade und aufrecht, mit gemessenen Gebärden, die Augen geradeaus gerichtet, geht von ihm eine Suggestion aus, die noch mehr Reserven in ihm vermuten läßt, als er in Wahrheit besitzt.

Der jovische Schützetyp. Sagittarius (♐)

Der dritte im Bunde, in unsern Gegenden wie Widder und Löwe meist blond, mit ähnlich scharfem, kühlem und kühnem Blick und erhobenem oder vorwärts strebendem Gesicht zielkräftig seine Art andeutend, das ist der „Schütze". Sein Symbol ist heute der Kentaur, die Figur des Halbmenschen mit dem Pferdeleib. Man hat darin jene Steigerung lesen wollen, die den Typ über die „Tiere" Widder und „Löwe" hinaus hebt. Aber Oskar Goldberg ist der Ansicht, der Kentaur sei urtümlich nichts als eine übersinnliche, von der „Imagination" der alten griechischen Seher erfaßte reine Pferdefigur; in diesem

Pferde hätten wir die echteste griechische Gottheit zu sehen. (Vielleicht eine Erscheinungsform des Zeus-Jupiter ...?)[1]).

Es ist immer schwierig, sich auf Spekulationen einzulassen, wie die genannte vom „menschlichen Teil des Schützen". Die praktische Beobachtung hilft uns viel weiter. Und sie sagt uns, daß der Schütze vor allem der „rechtliche Mensch" sei, oder in seiner Zerrform der „Rechthaber". Das ist sein typisch jovischer Zug. Dabei aber ist er sehr widderähnlich, wie der Widdertyp ein Bewegung und Sport liebender Draufgänger, nur mit dem Unterschied, daß ihn nicht jene Naivität hält und begleitet, die Aries vorantreibt. Alles wird an jenem Begriff des „Rechten und Richtigen" orientiert. Man kann Schützen reihenweise antreffen, die dieses Richtige vor allem als persönlichen Vorzug zur Schau stellen. Was *sie* haben, das ist gut und vernünftig, was *sie* tun, ist recht, was *sie* wollen richtig, und was die andern haben, tun und wollen, ist allzuleicht minderwertig oder wird herabgesetzt, um die eigenen Vorzüge herauszuheben.

Der „bessere Schütze" jedoch bleibt nicht bei solcher Ichbezogenheit stehen. Er weiß zwar, was ihm zukommt, aber auch, was die andern zu beanspruchen haben. Die Abschätzung der richtigen Distanzen zwischen sich und andern und zwischen den zukommenden Rängen drückt am besten seinen Sinn für Ordnung, Recht und „innewohnendes Gesetz" aus.

Ein großes Ahnen ist im guten Schützen, ein Ahnen der Tatsache, daß letzten Endes jenes Gesetz nicht zu erfüllen sei. Der Gegensatz zwischen Wirklichkeit und Forderung ist in ihm lebendig geworden und läßt ihn dieser Wirklichkeit nicht so froh werden wie die andern, naivern Feuertypen. Wird er dieser tragischen Situation unseres Daseins bewußt, dann steht er nur zu oft an den Grenzen eines jenseitigen, halb bewußten Heimwehs. Aber dieser Zustand einer bewußt werdenden geistigen Einsamkeit birgt Gefahren in sich und ruft als Reaktion ein Zusammenballen der eigenen individuellen Kräfte. Die starre Abwehrform entsteht, das Versteifen auf die Unumstößlichkeit der eigenen Einsichten.

Rettung vor diesem zweischneidigen innern Wissen findet der echte Schütze in Studien oder in großen Arbeitsleistungen oder im erdweiten Umherschweifen. Er wird zum Gelehrten, zum Priester, zum Missionar, zum Weltwanderer. Ein Beruf, der seinem Rechtsbedürfnis die beste Auswirkungsmöglichkeit bietet, ist für ihn der des Richters. Und wenn ein Schütze Philanthrop oder humanitärer Propagandist wird, ist er in seinem Element. All diese Berufe ermöglichen praktische Taten ..., aber nicht mehr, wie beim Widder, „Taten an sich", sondern Taten, die möglich werden, wenn sie ihren

[1]) O. Goldberg, Die Götter der Griechen. Aus „Maß und Wert". Verlag Oprecht, Zürich.

Sinn in sich haben und erweisen. In solchen Taten lockert sich der Druck, den die aufziehenden Probleme erzeugen und denen man als Jovier „optimistisch" ausweichen möchte, um sich auf das „unbezweifelbare Wissen", auf den Glauben und das „eigene Recht" zurückzuziehen.

Eine kleine Eigentümlichkeit des körperlichen Typus: die verfärbte Augenumrandung und die fast immer vorkommenden Sommersprossen.

Die Lufttypen

Der venusische Waagetyp. Libra (♎)

Im ekliptischen Kreise steht jedem Feuerzeichen ein luftiges gegenüber. Man kann gewisse Schlüsse aus dieser Gegenüberstellung ziehen, indem man beobachtet, daß „Venus" „Mars", „Saturn" „Sonne" und „Merkur" „Jupiter" opponieren, daß also eine Gegensätzlichkeit sich schon aus den „Herren" dieser Zeichen ergibt. Mit aller Deutlichkeit tritt das in der überlieferten Schilderung des Waagetypus zutage. Eigentlich wissen wir schon Bescheid, wenn uns das Bild der Venus als Prinzip vertraut geworden, und wenn wir uns ihren Gegensatz zum Marsischen vor Augen halten. Bei Venus Harmonie, bei Mars Disharmonie. Bei Venus Maß, bei Mars Unmaß. Bei Venus Ausgleich, bei Mars Störung.

„Ausgleich", das ist ja Inbegriff des Waagesymbols. Man kann keinen bessern Ausdruck erfinden. Und wer die Menschen dieses Schlages kennt, weiß, daß sie der „Ausbalancierung" von Gegensätzen und Schwierigkeiten manchmal förmlich frönen und bis zur Opferung der Wahrheit gehen, nur um keine Klüfte aufzureißen.

Man hat in Astrologenkreisen viel darüber philosophiert, woher das *Symbol* der Waage komme. Ist es die „Totenwaage des Osiris"?[1]), gab es ursprünglich einen Waage*träger,* und ist nur noch das Reststück eines Gesamtbildes vorhanden? In diesem Falle müßten wir in der Deutung tiefer gehen. Wir sähen den Typus in der „Auswägung" der *letzten* Gegensätze: Leben und Tod. Vor dem Richter, der den Schlußentscheid fällt, schweigen alle Prozesse der Lebenden. Weil sie sinnlos werden. Man stellt den Krieg um Meinungen ein, denn bald gelten all unsere Meinungen überhaupt nicht mehr. Man will sich die gemessene Spanne Zeit, die uns zu leben vergönnt ist, nicht vergällen. Man hat auf allerlei verzichtet, was andere Typen mit Gewalt oder List zu erreichen sich bemühen. Und man findet einen gewissen Reiz in solchem Verzicht: Es ergibt sich manches von selbst,

---

[1]) Zenit 1933.

was man mit Streiten nicht eroberte. Und wenn sich etwas „nicht ergibt", dann hat man wenigstens seinen Frieden.

Vielleicht ist diese Haltung das untergründige Geheimnis des Waagemenschen. Und bleibt sein Geheimnis, auch wenn er in seinem Bewußtsein an diese Tiefen nicht denkt, wenn er sie sogar meidet. Die Oberfläche unseres Daseins ist Ergebnis der Tiefe . ., die Tiefe muß nicht notwendigerweise offen sein.

Im Durchschnitt will Waage das Angenehme, Bequeme, Schöne und Formvollendete. Noch in den schlechtesten Exemplaren stehen diese ästhetischen Bedürfnisse obenan, selbst wenn sie sich in kitschiger Form äußern. Aber die venusische Waage will unter Schönheit nicht peinliche Ordnung und Sauberkeit verstanden wissen. Ordnung schafft Mühen, und Mühe ist nicht angenehm. Der bezaubernde Mittelweg zwischen staubiger Unordnung und blanker Gewaschenheit kann nur vom venusberührten Geiste gefunden werden. Ein Zudecken des Störenden, ein Hervorstellen des angenehm Wirkenden, und schon ist ein Besonderes da; die Mühseligkeit eines pedantischen Lebens weicht einem leichten „Gehenlassen", aber man läßt sich selbst und die Arbeit wieder nicht so weit gehen, daß die Unordnung zur Pein würde. Waage-Geheimnis!

Es heißt, der Waagemensch verschiebe gern auf morgen, was heute nicht unbedingt getan werden müsse. Er unterlasse Antworten, die Unsicherheit oder Unbehagen schaffen und erhoffe von der Zeit, daß sie selbst antworte oder neue Situationen schaffe, die versöhnliches Antworten ermöglichen. Er sage die Wahrheit stets verblümt, wenn sie verletzen könnte, und nur dann offen, wenn sie erfreue. Er nehme an, der liebe Nächste besitze Takt genug, um zu wissen, daß man ihm aus Takt allerlei verschweige. Er sei überzeugt, daß man schonende Mitteilungen zu schätzen wisse und herauslese, was allenfalls zwischen den Zeilen stehe. Jener amerikanische Industrielle, von dem schon die Rede war, setzt Waage- und Wassermanntypen auf Posten, bei denen „Reklamationen einlaufen". Sie können ruhig zuhören und laufen nie Gefahr, Vorwürfe auf die eigene Person zu beziehen. Auch das gehört zum Vermeiden des Unangenehmen: das Ausschalten der eigenen Person, solange es geht. Denn in der Tat, was wäre störender und mehr Unruhe stiftend, als die eigene, liebe, beleidigte Person? Man „weicht sich selber aus" . . . auch *das* ist Waage-Geheimnis.

Sind also Waagemenschen feige? Sie drängen sich gewiß zu keinem Heldentum. Viel zu gut wissen sie, daß sich Erfolge nicht so sehr lohnen, wie die Strebenden wähnen. Man kann sie kränken, aber sie wissen Herausforderungen sehr lange zu übersehen. Und werden sie gedemütigt, dann bleibt ihnen der Trost, daß auch die Sieger in sehr „relativen Schuhen stecken". Im übrigen nehmen sie an, daß noch nicht „aller Tage Abend“ sei. Und daß die Zeit manchen hohen Wipfel fälle. Ja, daß die Zeit alles „in die Waage bringe“. Soll aber gekämpft, widerstanden werden: Es führen viele Wege nach Rom! Und nicht der schlechteste ist die Verhandlung. Eine geglückte Verhandlung ist besser als zehn gewonnene Prozesse oder Schlachten. Und der offenen Schlacht, wenn sie eine sichere Niederlage verspricht, ist die Unterwerfung vorzuziehen. Wer weiß, der Besiegte wird den Sieger im Frieden unterkriegen! Nachgeben als Methode ... Waage-Kunst!

Die ebenmäßig-ovalen Waage-Gesichter mit den schönen Mandelaugen, mit dem „Bogen des Cupido“ als Oberlippenrand, mit dem klassisch abgesetzten runden Kinn, den Wangengrübchen, der glatten, ovalen Stirn, mit den kleinen, eng anliegenden Ohren, gelten, namentlich wenn sie Frauen angehören, als die schönsten. Will man ein entsprechendes Symbol aus der Musik heranziehen, dann denkt man an ein Mozart-Menuett. Die „schlechteste“ Waage aber verkörpert sich im kleinen Luxusweibchen und dem männlichen Modegecken. Bei solchen Vertretern wirkt die niedrige Waagestirn wie eine erschreckende Offenbarung.

Der saturnische Wassermanntyp. Aquarius (≈)

Moderne Astrologen haben zuerst den Uranus als „zweites beherrschendes Prinzip“ des Aquarius eingeführt und nachher, „fahrlässigerweise“ möchte man sagen, den Saturn einfach ausgeschaltet. Mit aller Energie muß man sich gegen solche Neuerungen sträuben, solange wir ahnungslos den Gründen gegenüberstehen, die vor Zeiten die Zuteilung der Zeichen überhaupt bestimmten. Wir haben demütig vor den unbegriffenen Überlieferungen zu stehen und nachzuprüfen, was uns die Erfahrung über ihr Zutreffen oder Fehlgehen sagt, nicht aber ein Gestirn als „Herrn über ein Zeichen“ einzusetzen, wenn die Astronomen eines finden. Nochmals: es geht um „Prinzipien“ und wir kennen *nur* sieben solche! Wirkt Uranus „aquariusverwandt“, dann weil in seinen Wirkungen eine saturnine Komponente mitspielt. K. E. Krafft in Zürich wollte Uranus mit „Skorpion“ zusammenstellen oder ihm „Widder“ zuordnen, weil in Uranus bestimmt marsische Energien stecken. *Neben* den saturnischen. „Uran“ aber als ausschließlichen Herrn des „Widder“ erklären, geht nicht an. Ein Weitergehen auf diesem Wege führt zu den wildesten Flunkereien. Nochmals: Respekt vor der Tradition! Und Beschränkung auf die behutsamste Beobachtung! Wenn es überhaupt einen Boden für die astrologische Neugeburt geben kann, dann nur diesen. Waten wir nicht in Sümpfe hinein.

Wassermann ist eine Art „Gegenlöwe“. Seine Haltung ist die des „intellektuellen Machttypus“. Auch *er* kennt das Abwarten und die

Nichteinmischung, das Krafteballen und überlegene Zugreifen in den Momenten, auf die es ankommt. Aber der Zugriff erfolgt nicht „physisch“, setzt nicht materielle Mittel in Bewegung, wenigstens nicht unmittelbar, sondern beschränkt sich auf die Mittel des „Mentalen“.

Es ist sprichwörtlich geworden, den Aquarius als hochmütig zu schildern. Und die Vorstellung, er sei immer ironisch und distanziere sich durch ein freundlich-abweisendes Lächeln, er sei der stille Spötter und Verächter, wird nachgerade volkstümliches Wissen. Die Erklärung liegt im Bilde des „Gegenlöwen“. Wer sich als Prinzip die Reserve und das „Obenseinwollen“ erwählt, der läßt sich nicht „hineinziehen“ und fühlt sich den Verlockungen, vorzeitig aus seinen Festungen herauszukommen, ebenso überlegen wie den schwächern Typen, die solche Überlegenheit nicht kennen.

Aber auch das *saturnische* Prinzip erklärt uns diese Züge des Aquarius. Denn Saturn ist die „Gegensonne“ (*nicht* „Uranus“!!). Die Verwandtschaft beider Prinzipien ist ein Kapitel für sich. Wir wissen, daß saturnisch die Reserve, die „zusammenziehenden“ Tendenzen und die zögernde Handlungsweise sind. Der „Zugriff“ allerdings wird Saturn nicht zugetraut. Jedoch mit Unrecht. Ein Polyp greift auch zu, und zwar mit unerbittlicher Stetigkeit, wenn er einmal mit seinen Fangarmen angefaßt! So kann sich auch der „Aquarius“ in einen Gegenstand festbeißen. Aber es geht lange, *bis* er sich festbeißt.

Und diese Weigerung, sich festzulegen, ja auch nur zu verstehen, worin er sich eigentlich verpflichten sollte, hat ihn in den Ruf des „Spielers“ und des unzuverlässigen, labilen Diplomaten gebracht. Stimmt dieser Vorwurf? In extremen Fällen sicherlich. Es gibt auch eine bestimmte Ausartung des aquarischen „Chamäleon“-Spieles: die geistige Gaukelei. Das Scherzen mit allen Dingen.

Saturn zeigt hier sein Doppelgesicht. Entweder ist er „der Herr der Steine“ in der flämischen Legende, der geizige, kümmerliche und zähe Gnom mit seiner hintergründigen Tragik, oder aber er wird zum Satyr, zum Eulenspiegel. Die Eulenspiegelfigur entspricht in vielen Zügen dem Wassermanntyp. Das Fernhalten der drängenden Fragen, Nöte und Verpflichtungen, das Überscherzen des Tragischen durch Hofnarrensprünge bedeutet auch eine „Lösung des Welträtsels“.

Im übrigen stehen wir hier vor dem Geheimnis des Intellekts. Aquarius ist ein intellektueller Typus, wie auch die Waage. Nur übertüncht er die Schwere der Welt weniger mit dem Schein der Kunst und des ästhetischen Ausgleichs, als mit dem „Esprit“. (Niedere Wassermanntypen lieben wenigstens den Witz.) Und übertanzt sie. Dem Wassermanntyp gehören übrigens buchstäblich viele Tänzer an. Man vergesse nur nicht, daß Gaukler, Komiker und Tänzer nur zu oft die Abgründe ihrer eigenen Schwere und Tragik verstecken müssen. Aquarius rückt damit sofort in ein anderes Licht.

Er will nicht, vor sich selber und vor der Welt nicht, der Jammerlappen sein, der unter der Welt und unter der eigenen Natur leidet. *Daher* seine Maske, *daher* sein oft seltsam unbewegtes Gesicht mit dem ewigen Schimmer von Spott und Lächeln. Saturn wird zum Ulenspiegel, spielt dem Teufel und allen Großen und Weisen seine Possen. Seltenerweise kommt es vor, daß er von einer Aufgabe ungewöhnlichen Stils gepackt wird. Dann entwickelt er einen großen, kalten Fanatismus und handelt als ein echter Intellektueller mit tödlicher Logik. Nicht umsonst gilt Robespierre als Aquarius: Der Mann, der aus Frankreich die „Republik der vernünftigen Tugend" machen und diesem Zwecke die Köpfe aller Unvernünftigen opfern wollte. Aus der Gestalt dieses einen Robespierre läßt sich lernen, *welche* Hintergründe der „Ulenspiegel Aquarius" verbirgt!

Die Schilderung des Typus spricht von auffallend weißer Haut und rundem, bleichem Gesicht, aus welchem meist blaue Augen abgründig und still „in die Ferne schauen", von einer Kopfhaltung, die der des „Löwen" gleiche, nur daß sie leichter und irgendwie nachlässiger wirke. Die Gestalt in ihrer Schlankheit sei „saturnisch". Die Gestik sei sparsam, dafür auffällig und immer originell.

Zu bemerken haben wir, daß „echte Wassermanntypen" wenigstens sechsmal seltener als „Löwen" vorkommen. Der Grund ist weder mystisch noch unverständlich: Wassermann geht auf 47° n. Br. ungefähr eine Stunde lang über dem Horizont auf, Löwe beinahe drei Stunden, dazu geht das Zeichen in den kinderreichsten Jahreszeiten und Tagesstunden nicht durch die in Betracht kommenden Zonen.

Der merkurische Zwillingstyp. Gemini (♊)

Der Zwillingstyp will „wissen". Die Welt der feststellbaren Tatsachen ist seine Heimat. Was er benennen, einordnen, klassifizieren, zusammenstellen kann, ist für ihn erobert, bewältigt. Die Welt in ihrer Gesamtheit wäre für ihn eine Summe. Er „addiert" gewissermaßen. Er teilt auch ein und versucht, Übersicht zu gewinnen. Aber er strebt nicht nach dem, was der Philosoph sucht. Nicht nach dem Sinn der Dinge, nicht nach ihren Hintergründen. Und wenn er den Himmel finden und erforschen könnte, auch da stünde er vor Tatsachen, die sich von denen der Erde nicht viel unterscheiden. Es wären „vorkommende" Dinge, wie die irdischen auch, und unterscheiden könnte man sie nach Merkmalen, nicht nach *Bedeutung*.

Es ist nicht von ungefähr, daß dieses reine Wissen, dieser pure Tatsachensinn zusammenfällt mit einer gewissen Kühle und Neutralität der Wirklichkeit gegenüber. Und daß man darum von Gemini behauptet, die größten Dinge könnten ihre Begeisterung nicht wecken. Wer Werte nicht sucht, glaubt auch nicht an Besonderes. Versteht nicht, daß man zu Zeiten „ein Königreich für ein Pferd" hergeben könnte. Oder wenn er es versteht, dann nur den äußern Umständen nach. Da es aber nichts „Großes" nichts „grundsätzlich Hervorragendes" für diese Zwillinge gibt, verschonen sie auch mit ihrer Kritik das Heiligste nicht. Das heißt, diese Kritik reißt nichts herunter. Auch sie bleibt neutral. Sie kennt ja auch nicht eigentlich den „Unwert". Und wer die Götter *und* die Teufel nicht als ganz besondere Geister erkennt, der wird die Lichtkronen der einen so wenig wie die Fratzen der andern würdigen.

Die Kritik der Gemini läuft darum auf ein Konstatieren hinaus. Alles wird festgestellt. Licht und Schatten werden vermerkt. Aber nicht verworfen, bedauert oder bewundert und „geliebt". Es ist stets etwas Laues in dieser Haltung. Oder wenigstens etwas Vorsichtiges, das nicht aus Angst vor Widerspruch, sondern aus dem Wissen stammt, daß alles, was man über eine Sache sagt, auch sein Gegenstück habe. Daß man gar nicht ganz zu einer Sache stehen könne. Überall gibt es Licht und Schatten. Nichts wird so heiß gegessen wie gekocht. „Überall wird mit Wasser gekocht", läßt Schmitz die Zwillinge sagen. Das ist, um das Fremdwort zu brauchen, „Relativismus". Das Gegenstück zur Absolutheit.

„Zwillinge" haben ihren Namen zwar von der „Zweiheit des Atems", dem „Aus und Ein" des göttlichen „Pneumas", wie die Alten unser Luftschöpfen auffaßten. Aber vielleicht besteht gerade ein geheimer Zusammenhang zwischen diesem ewig wiederholten Rhythmus, der gleichsam ein Ja und wieder ein Nein zusammenfaßt, und der „Zweiheitlichkeit" in der Haltung dieses Typus? Wir wissen es nicht. Uns muß die Feststellung genügen, daß Gemini für alles ein Ja und Nein zugleich haben. Daß ihre Philosophie diejenige des „Sowohl-als-Auch" ist.

In den Zwillingen steckt der Grundwahn des Intellektmenschen, daß man die Welt „habe", wenn man sie begreife. Daß Begreifen schon Erkenntnis bedeute. Und daß, was mit Worten erklärt und in Ursache und Wirkung überschaut, für den Menschen gewonnen sei. Er wird (als Zwilling) nicht fassen, was man darüber hinaus verlangen könnte, und staunt über die Wut derjenigen, die ihm Oberflächlichkeit vorwerfen. Er weiß vor allem nicht, weshalb er die Wut wecken sollte. Daß es ein tieferes Besitzen des Daseins gibt, ein Besitzen, an welches Worte und Begriffe nie herankommen, daß es Einsichten gibt, die der Begriffe spotten, muß er ablehnen.

„Mit Worten läßt sich trefflich streiten,
mit Worten ein System bereiten . . .",

höhnt schon Goethe. Aber Zwillinge werden bis an der Welt Ende diskutieren, reden, schreiben, beweisen, abwägen, Argumente sammeln und wieder verwerfen, werden aus dem Für und Wider einer Sache niemals herauskommen, werden formulieren, definieren, deklarieren, proklamieren, postulieren . . ., und werden immer wieder erstaunen, wenn das Dach der Welt über ihren Köpfen zu brennen anfängt, wenn die Menschen nicht der Vernunft und der Logik folgen, wenn die Instinkte durchbrechen.

Sie sind echte Moralisten, welche das Sittengesetz für eine Abrede zur Sicherung eines anständigen Zusammenlebens halten. Die im Religiösen Doktrinen erblicken, die ebensogut auch anders lauten könnten, die alles aus den Umständen erklären, als Ergebnis und mathematische Summe von Einwirkungen und Entwicklungen.

Man findet sie unter jenen Lehrern, die etwas getan glauben, wenn sie ein „Pensum" erfüllen und die Köpfe mit nachweisbarem Wissen ausstatten. Und man findet sie wieder bei jenen echten Advokaten, die jedes Argument für gleichwertig halten, wenn man nur ein Köpfchen besitzt, um das Argument zu finden. Und wieder sind es jene Journalisten, die an die „interessanteste Zeitung" glauben, in ihren Augen die reichhaltigste und materialgemäß ausgefallenste.

Mit dem Wort, mit dem „Begreifen" decken Gemini die Abgründe des Daseins zu. Mit Esprit und Ironie Wassermann, mit Schönheit und Form Waage. Drei entsprechende Haltungen, die den intellektuell-ästhetischen Geist bezeichnen.

Der Erscheinung nach gilt der Zwillingstyp als der längstgewachsene. Lange Arme und Beine, lange Finger, schmales Gesicht mit starker Nase, weit ausbuchtender Stirn, klugen, aber lauen Augen und schmalen Lippen kennzeichnen ihn. Der Haarwuchs ist oft auffallend schlicht, dafür tritt ein bemerkenswert starker Knochenbau hervor. Schmitz behauptet, die vielen Gesten seien für ihn typisch, und in seinem schnellen Gang ruderten die Arme geschäftig mit. Er ist überhaupt ein „Gänger" und Läufer . . ., als Sportstyp entwickelt er sich indessen nicht seiner Zwillingsnatur wegen, sondern aus andern Gründen seines Horoskops . . .! Man soll bei Horoskopdeutungen überhaupt nie diesen „absoluten" Zwillingstyp suchen!

Die Wassertypen

Der lunare Krebstyp. Cancer (♋)

Für den „Krebs" wie für die andern Typen des „Wassers", d. h. der seelischen, „psychistischen" Vorherrschaft, gilt als oberstes Merkmal ihre starke Beeinflußbarkeit und Empfindsamkeit. Von den dreien wird daher behauptet, sie seien allen Eindrücken der Außenwelt offen und würden von allem angegriffen und umgewandelt. Eine Anregung nach der andern ergreife die Seele und werfe sie hin und her, und nichts sei in ihnen beständiger als die Unbeständigkeit. Beim Cancer vor allem scheine sich „Luna“, das ist die „Laune“, also das Mondhafte, zu bestätigen. „Himmelhochjauchzend, zu Tode betrübt“, Inbegriff des ewigen Fließens, des immerwährenden Anderssein, gelte für ihn, und eine richtige Führung sei für ihn das wahre Glück.

In Wirklichkeit verhalten sich die Dinge anders. Krebs gibt sich wohl jedem veränderten Augenblicke hin und verändert sich mit jedem neuen Umstand, paßt sich an, weiß jede Lage nach ihren Bedingungen zu schätzen, „jeder Blume ihren eigenen Honig zu nehmen“, um ein Bild zu brauchen. Aber in der Tiefe seines Wesens ist er nicht nur sehr beständig, sondern außerordentlich widerstandsfähig. Ja, man kann behaupten, er sei im Letzten nicht wandelbar, und alle, die ihn dafür halten, gingen in die Falle. Das beständige äußere Nachgeben und Jasagen sei die Schutzhülle dieser tiefsten Unnachgiebigkeit. Wie bei den Steinfrüchten, die mit ihrer Hülle den Sperling anlocken, den Stein aber nicht preisgeben, diene die Bereitwilligkeit und Einfühlungsfähigkeit einem gewissen Zwecke: Der Mensch, der sich verlocken läßt und glaubt, einen Krebs gewonnen, gefangen zu haben, wird gerade den Zweck des Nachgiebigen erfüllen und entdeckt erst lange nachher, daß er *selbst* dienstbar geworden. Das ist echt weibliche Art ... und darin sehen wir den *Sinn* der Bezeichnung „weibliche Typen“.

Mütterlich, häuslich, sorgend, sammelnd, alle Dinge nach ihrem Verwendungswert einschätzend, nach immer neuen Gelegenheiten spähend, um Erfahrungen zu sammeln, Happen aufzufischen, zu lernen, anzuwenden, bewegunslustig, aber immer wieder ins eigene Wesen zurückkrebsend, das ist sein Naturell. Also beständig in der Unbeständigkeit, fest in der Nachgiebigkeit, einfach in der anscheinenden Vielfältigkeit. Wie die Frau, die mit hundert Launen hundert Rätsel aufzugeben scheint und doch nur eines bezweckt: Die Sicherung ihres Herdes und ihrer Kinder. Sie *muß* den Mann interessieren, ihn nicht Atem schöpfen lassen, ihn mit immer neuen Seiten ihres Wesens anziehen, damit *er* in seiner Linie beständig bleibe: Darum geht sie auf all seine Regungen ein und antwortet immer anders, als er annehmen möchte; denn was er auch bietet, für die Frau ist es nie dasselbe. An diese weiblichen Eigenschaften muß man denken, wenn man Krebs und die andern Wassertypen begreifen will.

„Krebse lasse ich gerne reisen, aber nicht zu weit, und ihre erste Frage ist gewöhnlich: Wie oft kann ich nach Hause fahren“, sagt der amerikanische Industrielle. Sie brauchen eine Häuslichkeit, sie könnten nicht zwischen Büro und Restaurant leben. Und ihre Häuslichkeit sieht immer sehr „bewohnt“ aus, mit viel Gerümpel oft, und die Kammern und Schränke enthalten viel Überflüssiges, arten zu Mäusenestern oder Hamsterlagern aus. Sie verwenden alles, können nichts wegwerfen. Aus jedem Fetzen, jedem alten Nagel hoffen sie etwas Brauchbares zu machen. Ihr Gedächtnis füllt sich mit Wichtigem und Unwichtigem ohne Sichtung: Philosophische Ideen neben nichtssagenden Anekdoten, Jahreszahlen neben sentimentalen Gedichten..., wie es kommt. In jeder Lage wird das eine oder andere dienen.

Gern läßt sich ein Krebs rühmen, tut aber verschämt. Seine Karriere besteht aus Gelegenheiten. Er sucht sie aber nicht einmal. Lieber noch wartet er in seinem Winkel und zürnt dem Geschicke, wenn es ihn nicht hervorholt. Er wirft Angelhaken aus, läßt sie aber liegen und kümmert sich anscheinend nicht mehr darum, bis die andern die Initiative ergreifen und die Fische für ihn herausziehen. Er braucht die Zuversicht, daß man seiner bedarf, darum will er berufen sein. „Anmeldungen“ sind eine Qual für ihn, wie für eine Frau, die sich anbieten sollte. Womöglich weiß er es einzurichten, daß man ihn *einlädt,* sich anzumelden.

Mit wahrem Vergnügen folgt er einem echten Chef, einem Offizier, der kommandieren kann, einem Pionier, der vorangeht. Er ist der Gefolgsmann, der sich aufopfern kann für den, der ihm imponiert. Der Nachahmer, der immer wiedergibt, wozu ihn einer angeregt. Seine Seele ist wie die Erde, die aufgrünt, wenn die Märzsonne scheint. Er *braucht* die andern, um zu leben . . ., sein Kern bleibt aber er selber, und braucht ihn niemand, vegetiert er sehnsüchtig dahin, fällt auch oft Gelegenheiten, die ihn anregen, zum Opfer, oder Menschen, die seiner nie würdig sind: der „Zufall“ macht aus ihm, d. h. dem äußern Geschick nach, alles Denkbare. Der Kern bleibt unberührt, wie bei mancher Frau, die auf schiefe Wege gerät, ohne daß die tiefern Schichten ihres Wesens mitgegangen wären.

Dem äußern Typus nach haben die Krebse etwas vom „Mittelmeermenschen“, auch bis in nördliche Gegenden hinauf. Grünlich verfärbte, weiße, großporige Haut, feuchte, meist dunkle Augen, fast immer schwarzes Haar, das sich selten lockt oder kräuselt, mittelgroße bis kleine, oft ins Dicke, höchst selten ins Längliche geratende Gestalt zeichnen sie aus. Manchmal bildet sich das berühmte „Doppelkinn“ der Krebse, die Hände polstern sich, sind überhaupt weich und geben beim Gruße schmiegsam nach, die Stimme klingt warm, die Stirne rundet sich in der Mitte, die seitlichen Ausbuchtungen fehlen. Als Schauspieler, Musiker, Berichterstatter, Gastwirte, Kramladenbesitzer machen sie sich gut. Geht's ihnen üppig, gehen sie in jeder Hinsicht in die Breite, und „50 Zimmer“ sind ihnen nicht zu viel.

Der marsische Skorpiontyp. Scorpio (♏)

Man muß sich nochmals überlegen, welcher Unterschied im Verhalten der „feurigen“ und wässerigen Typen der Welt gegenüber besteht. Die ersten sind „aktiv“, die zweiten „reaktiv“. Die einen lassen Eindrücke nicht so rasch an sich herankommen, wollen lieber „Eindruck machen“, d. h. der Welt ihren Willen aufzwingen, die zweiten sind eindrucksfähig bis zur „Auflösung“. Wenn nun aber Krebse, Skorpione und Fische in ihrem Kern nicht wandlungsfähig sind, kann man bei den Feuertypen, die anscheinend den Wandlungen größten eigenwilligen Widerstand entgegensetzen, im Laufe der Entwicklung *wirkliche* Wandlungen entdecken.

Der Schlüssel zum Verständnis Skorpions liegt in dieser Gegenüberstellung „Feuer-Wasser“ einerseits, anderseits aber in der Tatsache, daß wir wieder ein „fixes“, d. h. konzentrierendes Zeichen vor uns haben. Eines, das die Dinge in sich ansammelt, statt immer neuen Abwechslungen, wie Krebs dies kann, nachzugeben.

Ein im Tiefsten unbeweglicher Kern steckt auch im Wesen des marsischen Wassertypus. Die Hülle aber ist ungeheuer beeinflussungsfähig und angreifbar. Und die Fülle der Eindrücke bewirkt, daß eine Abwehrtechnik notwendig wird: Skorpion wird böse und abweisend. Er hat einmal genug. Er will nicht mehr . . ., er könnte es auch gar nicht. Denn die „intensive“ Art, sich mit einer Sache zu beschäftigen, sich von einem Menschen, einer Stimmung, einer Aufgabe gefangen nehmen zu lassen, bedingt, daß ihn die ewigen Versuchungen der Mitwelt stören. Er möchte zwar alles haben, an allem teilnehmen, jeder Liebe, jeder Leidenschaft nachgeben, *muß* sich jedoch verschließen, um das bis auf die letzten Gründe auszukosten, was ihn für einmal gefangen. Darin liegt nun aber immer ein Exzeß, der gebüßt werden muß. Und Skorpion büßt für sein immer erneutes „tiefes, *zu* tiefes Verlieren“. Seine Liebe schlägt in Haß um, seine Leidenschaft in Abscheu. Und zwischen Versuchungen, zwischen neuem Locken der Welt und ihren Verheißungen auf der einen und zwischen Abneigung und Gram eines übermäßig durchgekosteten Gefühls schwankt er hin und her, im Letzten unentschlossen, an allem zweifelnd, das Leben liebend und hungrig ersehnend und dabei verfluchend.

In dieser extremen Form steht der „totale Skorpion“ da. Die unendlich häufigern, gemilderten Formen des Typus sind nicht so schlimm. Aber alle kennen die Stimmung, die am besten mit dem französischen „malaise“ bezeichnet wird. Die seelische Ermüdung, die Gereiztheit, die Abneigung, das Gefühl, als ob das ganze Leben einem gleichgültig geworden. Die meisten von ihnen wissen aber auch, wie wundertätig ein tiefer Schlaf sein kann . . ., kein Typ schätzt diesen Jungbrunnen des nächtlichen „Tiefganges“ so sehr. Nach dem Aufwachen aber braucht der Skorpion eine gewisse Zeit, um zu sich selbst zu kommen. Man soll ihn nicht stören, bis er auftaut. „Lieber mit einer Fischzucht spazieren, als mit einem Skorpion morgens.“ Die altjapanische Sitte, die erste Morgenstunde schweigend im Garten zuzubringen, ohne daß die Frau den Mann ansprechen dürfte oder umgekehrt, geht vielleicht auf „skorpionische“ Forderungen zurück.

Die „Wiedergeburt“, als deren Zeichen Skorpion gilt, hat ihren Sinn in diesem steten Wiederholen der Zustände „zwischen sterbensmüd und neugeboren“. Denn es kann vorkommen, daß der Skorpion mit einem salto mortale dem Leben und seinen Verlockungen Lebewohl sagt und sich gewaltsam auf eine neue Bahn wirft. Er wird dann Heiliger, Einsiedler, Prophet! Und macht alle Qualen des Ringens mit dem alten Leben durch, wie ein Luther im Kloster. Von solchen Naturen sagt Nietzsche: „Das sind die Fürchterlichen, die keine andere Wahl haben, als Lüste oder Selbstzerfleischung“.

Besser sind die Skorpione dran, die eine Aufgabe finden und ihre ganze Gefühlsfülle im Ringen mit den Schwierigkeiten dieser Aufgabe abreagieren können. „Sie werden bestimmt eine Lösung finden“, sagt der amerikanische Industrielle von ihnen. Man muß sie nur abseits führen und nicht mehr stören, wenn sie einmal etwas angepackt haben. In manchen Fällen scheinen sie einen andern Rhythmus der Tageseinteilung zu brauchen als die übrigen Typen. Zuerst eine Stunde Vorbereitung zur Überwindung der Arbeitswiderstände. Dann ein allmähliches Anbeißen. Dann ein Dransitzen, ein „Hineinliegen“! Und nichts Ärgerlicheres kann passieren, als der Ruf einer Tischglocke oder ein Besuch! *Echte* Skorpione sollten kein Telephon abonnieren und Besuchszeiten festlegen, englische Arbeitszeit einführen und schalldichte Türen und Fenster anbringen lassen.

Die gröbern Typen gelten als „mörderische Arbeiter“, sei es in Schlächtereien, in Eisengießereien oder Brauereien, um nur die am meisten sprechenden Beispiele zu nennen. Schaut man sie an, erinnern sie oft an Bullen oder gewisse dickköpfige Hunde. (Wir sprechen stets von bezeichnenden Extremen). Die Lider bedecken manchmal wie Wülste die Hälfte der Augen. Zerfurchte, höckerige, breite, niedrige Stirne, lange Oberlippe, weiße oder weißbräunliche Haut mit großen Poren, knochige, hartplastische, eckige und „gegliederte“ Körper, die vielfach zur Dicke neigen, meist dunkle Haare, oft „mongolische“ Backenknochen, das sind die am meisten genannten körperlichen Merkmale. Physiognomisch fällt auch oft eine gewisse brütende und abwartende, halb abwesende Leere der Augen auf. Der „böse Blick“ ist seltener, gilt aber ebenfalls als typisch.

„Das Wasser ist scheinlich; die Seele wird auch Gottes Zorn und der finstern Welt nicht leicht inne, beißet weidlich an, an die Laster und Greuel der Welt, und verdeckt's unter dem Wasserschein, in Meinung, es sei Gottes Glanz ... Ein nüchtern Leben wäre dir gesund ..."

Auf alle drei Wassertypen geht diese Stelle aus einem alten Kalender. Sie wirft ihnen vor, die Unterschiede zwischen Himmel und Erde, zwischen dem Hohen und Gemeinen zu verwischen und zu versuchen, Rausch und Gier als wer weiß aus welchen heiligen Bezirken stammend auszugeben. Das ist nun eine Gefahr, die den Fischetyp nicht allzu selten heimsucht. Die Sehnsucht, in allem das Höchste zu finden, diese „mystische Sucht", die nüchterne Wirklichkeit auszulöschen und ihr einen andern Sinn zu geben, das Leben umzulügen, entspricht seiner Grundanlage.

Ein hochentwickelter „Fisch" gilt als der geistig höchste unter den Zwölfen. Er ist „Johannes" unter den Aposteln. Seine einzige Mahnung an die Welt lautet: „Kindlein, liebet euch untereinander". Und seine Lehre vom Sinn des Daseins mündet in der Anschauung des Letzten und Fernsten, in welches alles Nahe und Gegensätzliche eingehen wird. Uferlos wie das Meer ist die Seele dieser echtesten Idealisten. An alles sich hinzugeben, in allem aufzugehen, weil dieses „Alles" das Ganze bedeutet, ist ihre Sehnsucht. Da ist keine Angst mehr wie beim Skorpion, sich zu verlieren. Wer sich verliert, wird sich in einem Großen wiederfinden.

Aber die niedrig entwickelten „Fische" finden nicht den großen Schwung aus dem Kleinen heraus. Sie bringen unterschiedslos ihre Gefühle dem, der sie zufällig braucht. Sie dichten das Banale ins Unalltägliche um. Sie haben keine Gefühle mehr, sondern nur noch unzählige „Gefühlchen". Sie unterscheiden nichts mehr, was aus dem Allzugewöhnlichen herausragen würde. „Ja, gibt es denn Nebensachen?", kann uns ein „Fisch" fragen. „Ist ein Wurm nicht soviel wie ein Mensch? Ist Goethe mehr als dieser Vagabund?" Er schaut den Bettler nicht an ..., genug, daß er bettelt, um schon mindestens zu sein, was Goethe oder der heilige Franz gewesen. Das ist kraß gesagt, aber es charakterisiert die letzte Entartung.

Uferlose Phantasie, die in allen Unwesentlichkeiten schwimmt, Dienstbarkeit allem gegenüber ... und im Hintergrunde, wie bei allen Wassertypen, ein Kern, der sich manchmal direkt „verwerflich praktisch" in den materiellen Vorteilen zurecht findet. Dabei unsicher den Stärkern gegenüber, mit moralischen Urteilen geladen, stets mit halbem schlechtem Gewissen umgehend und immer wieder die eigene Schwachheit als „All-Liebe" bemäntelnd, „faux-pas" über „faux-pas" begehend und stolpernd . . . die „Untüchtigen", die aber unten durch zu schlüpfen wissen. Sie erziehen sich ihre Ausbeuter zu wahren Tyrannen und dienen ihnen mit aufreizender Unterwürfigkeit. Ein böses Gegenstück zum „höchsten" der Typen, dem idealen Fischemenschen.

Schwächliche oder auch dickere, etwas aufgeschwemmte Gestalten, mit fallenden Schultern, manchmal zu kleinem Kinn, hohem Schädel, ungeformten „Fische-Lippen", tiefen, brütigen oder mystischen Augen, in den Hüften manchmal ausladend, in groteskem Gegensatz zu den Schultern, so wird der *körperliche* „Fischetyp" geschildert.

Die Erdtypen

Der saturnine Steinbocktyp. Capricornus (♑)

Wie die Lufttypen eine von „weiblichen Kräften" ergriffene Form der Feuertypen darstellen, so die Erdtypen eine weibliche Gruppe, die in nähere Verbindung mit männlichen Energien getreten. In beiden Fällen tritt das mehr „Zuständliche" in ein „Wirkendes" über, und wenn man den Luftzeichen „theoretische" Gestaltung nachsagt, so den erdigen die Fähigkeit, stofflich zu gestalten. Wenn „Wasser" sich selbst genügen würde und im tiefsten Grunde keine Versuchung fühlte, „in die wirkliche Welt hinaus zu gehen", wenn die Welt der Gefühle ihr eigentliches Element darstellt, wenn Phantasie und Andacht ihre Sehnsucht beflügeln, dann muß das „Erdelement" einen Schritt weiter gehen. Es stößt an den Stoff, es sieht ihn, kann ihn nicht verneinen. Er fordert zur Bearbeitung, zur Bewältigung auf. Wasser würde „träumen", und wenn das Geschick den „Wassergebornen" die Futtertröge selbst füllen wollte, würden sie nicht ohne Not den Lebenskampf aufnehmen. Die Erdtypen können nicht im „Traum" verharren. Der „stoffliche Erdball" weckt sie, versucht sie, zwingt sie. Alles Erleben fällt sie durch das Medium dieses Stoffes an. Im Ringen mit dem Stofflichen nähern sie sich den feurigen Gruppen. Im Kern bleiben sie den Wassergruppen verwandt.

Steinbock wird der „Architekt" genannt. Seine Eigenart ist das Planen, das „Linienziehen", das Streben nach den Hauptzielen, der Umriß, das Gerüst der Dinge, vom Fundament bis zum First. Er baut Häuser und Staaten, Ordnungen und Rangstufen. In diesem Sinne gleicht er seinem „Herrn", dem Saturnprinzip, ganz und gar.

Aber in diesem großlinigen Entwerfen, in diesem Gerippehaften kommen die Einzelheiten zu kurz. Sein Wesen gleicht oft einem kahlen, vegetationslosen Berge. Das „Seelische", der Reichtum des „Gefühls" müssen zurücktreten vor dem Hauptsächlichen, dem Grundlegenden. Er betreibt „Abstraktion" in *dem* Sinne, als er keine

Einzelheit *duldet,* die nicht etwas Wesentliches ausdrückt. Die Kleinmalerei, das Ausschmücken, das Schwelgen in Einzelheiten sind dem echten Steinbock verhaßt.

Es scheint, daß er im Grunde seines Wesens diese Vereinfachungstendenzen nicht selten als Mangel empfinde und sich gegenüber den Reichern als minderwertig fühle. Jedenfalls steckt in allen betonten Steinbocknaturen eine Art zögernder Scheu, verbunden mit Abwägen der eigenen Stellung inmitten der andern. Sie sehen auch sich selber in einem Ganzen und möchten „wesentliche Linien und Teile" der menschlichen Gemeinschaft darstellen, streben danach, es zu sein, und sind betrübt und betroffen, wenn sie glauben, nichts zu taugen, selber eine „bedeutungslose Nebensache" zu sein. Hier können wir die eigentliche Ursache des „Strebertums" erkennen, das man dem Capricornus so oft nachredet. Er erträgt das Bedeutungslose nicht, auch an sich selber nicht.

Die „Steinböcke" gehören darum zu den „erfolgreichen" Typen, soweit Erfolg überhaupt eine Angelegenheit des Typus darstellt. Ihre zähe Geduld, ihr langsames Anfassen, ihr verhältnismäßig schweres Einarbeiten, ihre Stetigkeit, vor allem aber ihre wachsende Freude am einmal vertrauten Stoffe und die damit verbundene Fähigkeit, einen vertrauten Handgriff hundertmal wiederholen zu können, schaffen jenen berühmten Vorsprung des gemächlichen Anfanges. Wer die Steinböcke beobachtet, weiß, daß ihre Ausdauer die durchschnittliche der andern Typen übertrifft, daß ihre Gründlichkeit nur von ihrer Beharrlichkeit übertroffen wird, und daß sie schwerer als alle andern auf Seitenwege geführt werden können, sobald sie einmal den ihnen eigenen Weg gefunden haben.

Daraus entsteht nun eine eigenartige „Gesetzlichkeit", ein Verfallensein dem „Gesetz" gegenüber, das vor allem in der Gewohnheitsvergötterung gipfelt. Diese Liebe zum einmal Gültigen und Bestehenden kann die verschiedensten Formen annehmen. Alle Zeremonien sind solche „geheiligten" Gewohnheiten, von denen man nicht mehr abgeht. Aber auch alle Tischordnungen, das Gewöhnen an „eingetragene" Kleider, an Tischplätze oder Geräte streben „saturnwärts" und werden von niemand so leicht angenommen wie von den „Erdtypen", vor allem aber vom Steinbock.

Die Grundhaltung des echten Steinbockmenschen ist pessimistisch. Die Welt erscheint ihm zunächst als feindlich und fremd, und jede neue Erscheinung hat zuerst dieses Fremde und Abschreckende an sich. Sensation, Freude am Neuen, Erfahrungssucht gehören nicht zu dieser Grund-Einstellung. Jeder Mensch, jeder neue Platz, jede Aufgabe muß sich zuerst „zeigen", bevor man ihr Vertrauen entgegenbringt. Und man erwartet vom Leben grundsätzlich nicht zu viel... Man macht lieber zuerst die schwärzere Rechnung, um nachher angenehm enttäuscht zu werden. Man stellt die Menschen auf die Probe und ist glücklich, wenn sie positiv ausfällt, jedoch nicht zu unglücklich, wenn sich die Geprüften nicht bewähren. „Man hat es ja gewußt."

Der pessimistischen Grundeinstellung gemäß hält man die wenigsten Wege für gangbar, die wenigsten Dinge für erlaubt. Erst wenn sich die Gangbarkeit und Erlaubtheit erwahrt, geht man in der nun „offenen" Richtung. Aber jedes Neue erscheint zuerst im Gewande der „Unmöglichkeit" und wird darum niemals leichtsinnig angenommen.

In der Beschreibung der körperlichen Steinbocktypen kehrt immer das Wort „mager" wieder. In der Tat sind die meisten Exemplare dieses Schlages knochig, hager, mit dichtem Haarwuchs, hohem, schmalem Schädel, erdig getrübten Augen, bodenwärts gerichtetem Blick, manchmal schlechtem, schleppendem Gang, oft mit schlechter, wenigstens sehr empfindlicher Haut, früh mit Falten gezeichnet, mit durchschnittlich höher gehobenen Schultern. Geraten sie üppiger, dann liegen die Ursachen anderswo, als im Steinbock-Element.

Der venusische Stiertyp. Taurus (♉)

Denkt man an das Venusprinzip, dann weiß man, worin die Unterschiede zwischen Steinbock und Stier liegen müssen. Der saturnische Steinbock hat seine „Verwandten" in der mineralischen Materie, der venusische „Stier" aber im „organischen Leben", im Tierischen und Pflanzlichen. Er ist „lebendige Natur", nicht „tote Natur", um diese Bilder zu brauchen. Nichts kommt denn auch der Naturliebe und der Naturgenuß-Fähigkeit gleich, die Taurus auszeichnen. Er ist der geborne Esser und Trinker, der geborne materielle Sorger für Weib und Kind, der geborne Gastgeber.

Das Gesetz des Daseins erschöpft sich für ihn gerade in diesem Heimischsein mitten in den realen Dingen, und seine Hände greifen tüchtig den Stoff an, den sie zu fassen kriegen. Man kann sich keinen bessern Landwirtetyp als eben den „Taurus" denken. Ruhig, friedlich, freundlich, stet und zäh, das ist Taurus. Untheoretisch, ja theoriefeindlich, durch und durch praktisch, mit dem wirklichen Gesicht der Welt vertraut, den lebenden Wesen ebenso wie den Situationen ihren Rhythmus ablauschend, das Herz verlierend an geliebte Menschen, Tiere, Äcker, Bäume, Häuser, an Gewohnheiten und angewohnte Zirkel, darin ist Taurus stark.

Und er wird darin zugleich schwach. Denn dieses „Hineinleben in die Welt" entwickelt sich zur hundertfältigen Fessel. So wie Barbarossas Bart „durch den Tisch gewachsen", so dringen die Wurzeln der Taurusseele durch die einmal gefaßte Grundlage und lassen kaum mehr los. Was sich in Kopf und Herz festsetzt, das ist nun fest und läßt nichts anderem mehr Raum. Es lernt sich ja so schwer mit einem echten Stiergehirn! Es muß alles so der Reihe nach, Punkt für Punkt, erwogen, angeschaut, begriffen werden, oder eher nicht begriffen, sondern gesehen, „angeeignet“ . . . wie sollte man nachher für neue Wahrheiten, Einsichten und Tatsachen Platz schaffen! Das Angeeignete wird wohl von keinem andern Typus so gründlich beherrscht und gehalten, wie von Taurus. Kein anderer aber setzt neuen Wahrheiten, neuen Auffassungen, neuen Zielphantasien einen derart unerbittlichen passiven Widerstand entgegen, wie er. Es ist vielfach direkt falsch, wenn man behauptet, „Stier“ sei „dogmatisch“. Das würde ja einen Theoretiker voraussetzen. Das Beharren auf dem eroberten Standpunkt wird ganz einfach bedingt durch ein angebornes Unvermögen, sich rascher zu ändern, sich „wendig“ umzustellen. Pure Tempofrage!

Was es mit der berühmten „Treue“ des Stiertypus auf sich habe, geht aus allem Gesagten klar hervor: Diese Treue beruht auf natürlichem Beharrungsvermögen. Er sieht nicht leicht die Vielheit der Möglichkeiten, auch anders, mit andern Menschen zu leben. Der Blick ist konzentriert auf die einmal erwählten, mit denen er verwachsen. Geraten aber Untreue und Laster einmal, dann wird man auf gründliches Durchkosten der Neigung gefaßt sein können. Allenfalls auf ein ganz schweres, tragisches Gefangenwerden.

Es liegt überhaupt etwas Tragisches in dieser Art, sich unlösbar einem Menschen, einer Richtung, einem Kreise oder auch einem Irrwege zu verschreiben. Mit Recht wird extrem entwickelten Exemplaren der Ausdruck „unerlösbar“ zugesprochen. Was in einem Fall als Charakter, Wille, Beharrlichkeit, Zuwartenkönnen, Selbstbeherrschung, Diplomatie erscheint, das wird in andern Fällen in starre Unbeweglichkeit, Trotz, Handlungsunfähigkeit, schlaues Ausweichen vor jeder Notwendigkeit ausarten. Vor solchen „stiernackigen“ Naturen versagen alle Überredungskünste, nützen sich Begeisterung und List gleichermaßen ab. Am besten geraten die Taurusgestalten immer noch als patriarchalische Familienväter.

Wird Steinbock der „Architekt“ genannt, so Taurus der „Bildhauer“ unter den Künstlern. Man vertiefe sich in die Frage, was „plastischer Sinn“ sei, und man begreift, warum sehr viele Bildhauer stierbetont *sind*. An der geschauten Oberfläche die ganze darunter liegende Substanz zu erfühlen (nicht nur zu denken, sich vorzustellen, sondern *körperlich* zu erfühlen, in allen Nerven von diesem Fühlen durchdrungen zu sein), das ist vielleicht die wahrste Offenbarung des Taurus. Er ist der wahre materielle „Besitzer“, vertraut mit dem Besitz, als wäre er sein eigener Körper. Taurus ist aber auch der Typus der guten „substanzhaften“ Stimme. Manche Sänger und Sängerinnen gehören ihm an.

Die breite, höckerige Stirn, wenig hoch, aber gewaltig ausladend, über den Augenbogen schwer und stark, läßt dieses Naturell körperlich am sinnfälligsten in Erscheinung treten. Die anliegenden Ohren verraten den passiven Menschen, der in seinem Handeln „widersteht", *reagiert,* nicht *agiert!* Die Augen bewegen sich langsam, haben oft einen hangenden, schweren, anscheinend glasigen, aber nie stechenden Blick, der „nicht zu verstehen scheint", vor allem, wenn theoretisiert wird, statt daß „geschaut" werden kann. Große, breite, gute Arbeitshände, nie spitze Finger! Weiße Haut und rosa Wangen, Nase manchmal zu einer Art „Rüssel" verlängert, Hinterkopf in den untern Teilen gut entwickelt, Rundschädel, „Frontalgesicht". Man studiere nach den Anweisungen von Dr. Schwab die einem begegnenden Taurustypen. Jeder wird ein etwas anderes Bild erhalten, den Exemplaren entsprechend, die gerade ihm begegnen.

Der merkurische Jungfrautyp. Virgo (♍)

„Bienenfleiß", das ist das Wort, das auf die meisten Vertreter dieses Zeichentypus zutreffen dürfte. Treten sie „träge" auf, so suche man die Ursachen nie bei „Virgo". Denn dieses Element erliegt der „Versuchung", sich am stofflichen Dasein zu erproben und mit aller Emsigkeit darein zu verlieren, noch mehr als „Stier". Und wenn im Steinbock die Neigung, nur in „großen Zügen" zu gestalten, vorgeht, so will nun Virgo sich an die letzten Einzelheiten verschwenden, will alle Finessen der Kleingestaltung herausholen.

Immer findet Virgo noch ein Häkchen, wo andere längst mit einer Angelegenheit zu Ende gekommen. Und immer laufen die diesem Zeichen gemäß Geformten Gefahr, über den Häkchen die große Linie zu übersehen, in den Einzelheiten stecken zu bleiben. Man kann, um es sehr kraß zu sagen, einen Jungfrautyp in ein Gespräch über Sibirien verwickeln, und er wird uns nach kurzer Zeit zum Preise des sibirischen Honigs herunter ziehen.

Übertragene Arbeiten werden säuberlich vollendet, bis zum letzten Nähtchen und letzten Knopf. Entarten aber diese Fähigkeiten, dann rückt dieses „dienstbare Element" tief nach unten, verliert sich im flachsten Geschwätz über Nichtigkeiten, hat keine Ahnung mehr von sich selbst und der eigenen Bedeutungslosigkeit und wird zur wuchernden Mittelmäßigkeit und Kleinigkeitskrämerei. Nichts Bedeutungsvolles kann den Blick dieser „totalen Bruchstückmenschen" mehr auf sich ziehen, nichts Großes mehr die Seele erschüttern. Jeder Klatsch und jede Unbedeutendheit wird so wichtig genommen wie ein hoch-philosophischer Gegenstand, und nicht einmal die Scham, das Wesentliche vom Unwensentlichen nicht unterscheiden zu können, besteht. Mit erstaunter Neugier wird, was sich vom Durchschnitt abhebt, festgestellt und als unverständlich übersehen.

Geraten aber diese Typen gut, dann sind sie die wahren Feinarbeiter in jeder Materie, die ihren speziellen Begabungen zukommt: Als Dichter feilen sie, wie Goethe oder Rilke, ihre Verse mit dem Fleiß der Heinzelmännchen, als Goldschmiede, als Modeschöpfer, als technische Zeichner, als Modellschreiner, als Ziseleure, als Bibliothekare, als Archivare werden sie wahre Präzisionsarbeiter sein, Organisatoren, denen nichts entgeht, bestaunenswerte „Techniker", die jedem nichtklappenden Mechanismus auf die Spur kommen.

Mit guten Beimischungen geraten diese „Virgo"-Menschen immer besser als mit schlechten. Man muß ihnen „ergänzende Zeichen" wünschen, die sie vor dem absoluten „Dienen" und Untendurchkriechen, vor dem Verlorengehen im Nichtigen bewahren und ihnen den Undank ersparen, den die Dienenden so oft ernten . . . nur wegen ihrer übertriebenen Bereitschaft, sich „zu verschwenden".

Schmitz hat betont, daß Jungfraumenschen früh altern. Es ist verständlich, daß das ewige Sorgen und Mühen schneller verbraucht, als ein angebornes Talent zum Ausruhen, als ein „Dolce far niente", ein Schwelgen in Schönheit oder ein trotziges Sichselbstsein, wie gewisse andere Typen dies zustande bringen. Die mittelgroßen, in der Physiognomie lange nicht so eindeutig, wie etwa die Löwen, erscheinenden Gestalten, bei uns meist dunkel oder schwarzhaarig, mit guten, gegliederten Händen und oft knotigen Fingern, viereckigen Stirnen, etwas matten Augen, der manchmal kurzen und knolligen Stupsnase oder der längern, bogigen Nase des bessern Typus fallen selten auf. Sie haben auch keine Lust, aufzufallen. Sie wollen „nützen" und sehen den Sinn der Welt auch im *Nutzen*. Vernunftordnung der materiellen Welt, das ist ihre Philosophie, und Hygiene, praktische Medizin, vernunftgemäße Lebensweise, aber auch „Krankheitsfimmel" sind ihnen eigen.

DIE „IRDISCHEN" HÄUSER

Im IV. Buche des Tetrabiblos (Kapitel V) schreibt Ptolemäus davon, daß man über die Geschicke der Kinder suchen solle „. . . in loco zenith, aut in loco sequenti, qui est fortunae, uel in loco sequenti . . ." Wenn dem „Ort des Zenits" ein anderer folgt, der „Fortunae" gehört, dann entspricht das durchaus unserer Definition des 11. Hauses, welches ein „Ort des Beschenktwerdens durch freundgesinnte Kräfte" sein soll. Hat also Ptolemäus die „irdischen Häuser" in unserm Sinne gekannt? Es wird bestritten[1]). Vielleicht haben die Araber und die christlichen Astrologen des Mittelalters erst konse-

[1]) Sindbad und Weiß, Astrologische Synthese. O. W. Barth, München-Planegg.

quent durchgedacht, was bei Ptolemäus in der Anlage vorhanden gewesen?

Auf jeden Fall wurden die Gesetzmäßigkeiten der 12 ekliptischen Zeichen übertragen auf den „Globus um den Geburtsort", der im Gegensatz zum kreisenden Himmel ruhend gedacht wurde. Wann dies endgültig geschehen, mag die historische Forschung eines Tages beweisen.

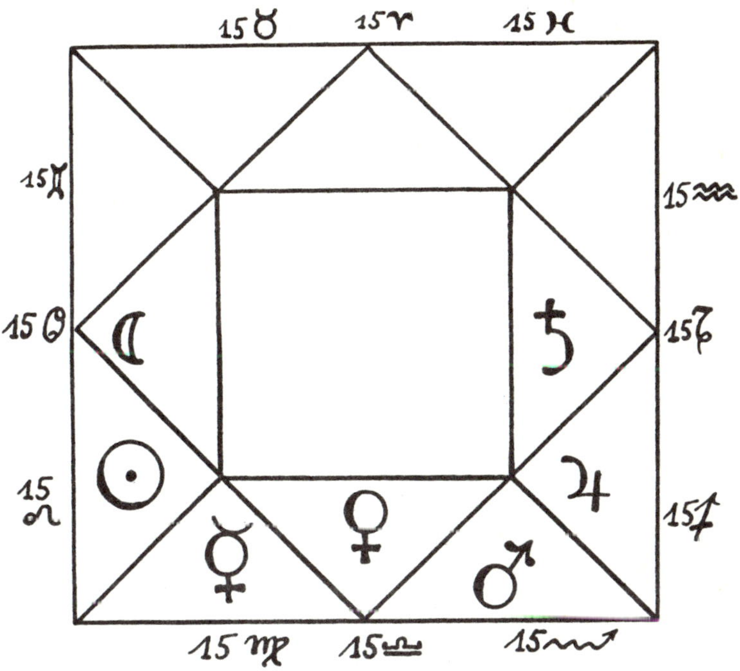

Fig. 13. „Welt-Horoskop" (Thema mundi) des J. Firmicus Maternus, 350 n. C. Die Häuserspitzen" werden alle auf denselben Grad in die Mitte der Zeichen gesetzt. In andern seiner Figuren (Ödipus, Homer, Archimedes usw.) stehen die Planeten alle in den Häusern, ohne daß die Zeichen angegeben wären. Dagegen trägt jede Häuserspitze eine Zeichensignatur. Möglicherweise waren die „Orte" ganz einfach die himmlischen Zeichen, wobei aber das aufgehende als „Aszendent" oder erster Ort galt.

Man sagte also „Widder" und dachte sich einen „Beginn", ein „leitendes Gesamtprinzip". Warum man dabei das „erste Haus", das als eine „Art Widder" gedacht wurde, im Osten *unter* dem Horizont und nicht im ersten Tagzwölftel der Sonne suchte, das freilich bleibt ein Rätsel.

Danach sagte man „Stier" und verglich den zweiten Abschnitt

unter dem Horizont mit diesem materiellen Zeichen; es ergab sich daraus eine Art „persönliches Element Stier", eine persönliche materielle Tendenz.

Dann wurde der dritte Abschnitt mit dem intellektuellen Element der „Zwillinge" gleichgesetzt. Wir bekommen ein „mentales" Haus, das vielerlei Ähnlichkeiten mit dem verbindenden, nach allen Seiten hin Beziehungen schaffenden Geminizeichen besitzt. Der erste „Erdquadrant" würde somit dem ersten „ekliptischen" ähnlich sein.

Alsdann wird das Vormitternachtsfeld mit dem mütterlichen und häuslichen „Krebs" identisch erklärt. Das IV. Haus wird also zum elterlichen Haus, zum Symbol der Mutter, nach einigen Autoren des Vaters, in tieferm Sinne der „Vergangenheit".

Das 5. Haus aber, als dem „Löwen" entsprechend, hätte Beziehungen zur Persönlichkeit in ihrer Vollkraft, aus welcher alles eigenwillige Wagen, alle Neuschöpfung, vor allem aber auch die Nachkommenschaft, entsteht. Haus 5 wird „Haus der Kinder".

Dann stellt sich Haus 6 gleich wie die „Jungfrau". Es wäre das Haus der Dienstbarkeit, des Mühens und Arbeitens. Quadrant 2 der Ekliptik hätte sich in den Häusern IV bis 6 wiederholt.

Nun käme das Waagezeichen, das, mit dem VII. Haus wesensähnlich, den Ausgleich mit dem „Du" andeuten müßte. Wir fänden hier das Gegenüber des „Ich", den Ehepartner, die soziale Öffentlichkeit.

„Skorpion" aber, „das Zeichen der Katastrophen und des Todes", würde einem „irdischen Todeshaus" gleichen. Haus 8, der mittlere Nachmittagshimmel, wiese also auf Tod, Verzicht, Auflösung hin.

Haus 9, dem jovischen „Schützen" ähnlich, wird somit auf religiöse Tendenzen, auf den „rechtlichen Ausgleich" zwischen Ich und Welt, auf Erkenntnisziele des Ich, hindeuten. III. Quadrant = VII—9.

Und schließlich wurde „Raumquadrant IV" mit dem IV. ekliptischen Quadranten gleichgestellt und im

„Steinbock" das Zeichen des Aufstiegs und des Strebens, im X. Hause also ein entsprechendes zielsetzendes,

im „Wassermann" und im 11. Hause die Form der äußerlichen Höchsterfüllung, mit dem Namen „Haus der Freunde",

in den „Fischen" aber eine dunkle und auflösende, die Existenz verneinende und im 12. Haus ähnlich betonte Beziehung gefunden.

Wie die „Entdeckung" dieser Häuser vor sich ging, mag die künftige Forschung erweisen. Wir stehen vor der Tatsache, daß die Astrologie offenbar nicht immer dort stehen geblieben, wo sie beim Übergang des „schauenden" Mythos in die *berechnende* Himmelsbetrachtung stand. Die Häuser sind eines der wichtigsten Elemente aller horoskopischen Deutung geworden, und ohne ihre Beachtung wird jede Bewertung von Konstellationen dilettantisch bleiben.

In Fig. 14 stehen die herkömmlichen Hausbedeutungen verzeichnet. Der „Student der Astrologie“ wundert sich, je schärfer seine akademische Vorschulung, desto mehr über die anscheinend willkürlich aneinandergereihten Begriffe. Wir können allen Spöttern ver-

Fig. 14. Die 12 irdischen Häuser der alten Astrologie nach ihren Inhalten, oder, modern ausgedrückt, die „12 Beziehungskategorien“.

sichern, daß wir ernstlichen Anhänger der Astrologie selbst gespottet haben, daß uns allen aber der Spott vergangen, sobald wir uns um die Ursachen dieser Gruppierungen bemühten. Vorderhand versuche man, sich Haus für Haus irgendwie zu merken. Die Vergleichung mit den ekliptischen Häusern oder Zeichen wird gute Dienste leisten.

Haus I und „Aszendent"

Zunächst sei auf einen wichtigen Unterschied aufmerksam gemacht, der leider fast immer übersehen wird. „Aszendent" bedeutet einen einzigen Grad des ekliptischen Kreises, der über den Horizont aufsteigt. Das I. „Haus" aber umfaßt so viele Grade, als sich gemäß der Ekliptiklage zwischen Horizont und Grenzlinie des 2. Hauses spannen. „Aszendent" heißt also soviel wie „Spitze des I. Hauses", um die alte Bezeichnung zu wiederholen.

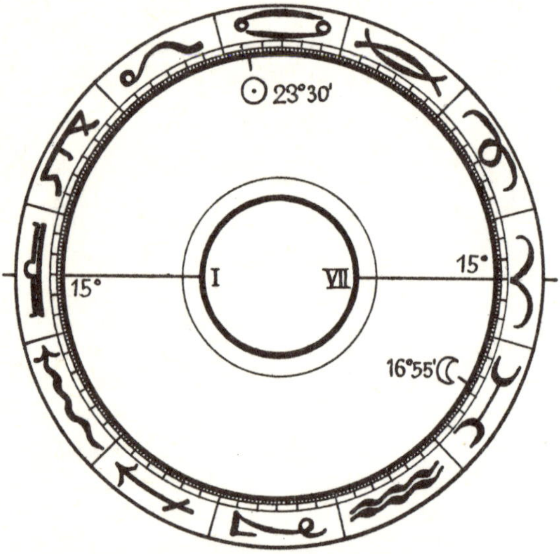

Fig. 15. Geburtshoroskop mit abnehmendem Mond *unter* dem Horizont. Da der Mond seinen 10. siderischen Umlauf erst beim Deszendenten beenden wird, nimmt man die Schwangerschaft kürzer als 273 Tage an.

Der Aszendent oder „aufsteigende Grad" hängt, wie wir wissen, von der „Sternzeit des horoskopischen Moments" ab, also von der Sternzeit einer Geburt usw. Es gibt aber eine Lehre, die uns erklärt, warum z. B. in einem Geburtshoroskop gerade der „aufsteigende" Grad von besonderer Wichtigkeit wird. Auf diesem Grade, manchmal auch auf dem untergehenden, sei nach der Regel der sogenannten „Trutina hermetis" bei der Empfängnis der Mond gestanden.

Im „Aszendentgrad" liegt also eine Mondstellung verborgen, und wir haben somit im Geburtshoroskop einbezogen ein Mondhoroskop der Empfängnis. Der Schüler muß lernen, dieses verborgene Horoskop auszurechnen und mit dem der Geburt zu vergleichen. Voraussetzung: Die „regelmäßige Epoche“, d.h. ein 9-Monatskind. Bei 7-Monatskindern muß man anders rechnen. (S. „Das wahre Gesicht“, S. 162.)

Wir haben uns Rechenschaft darüber zu geben, *daß innerhalb des I. Hauses der* „Aszendent“ *an Bedeutung gewaltig hervortritt.* Für die Deutung ist dieser Grad und seine unmittelbare Nachbarschaft ungleich wichtiger als der ganze größere Rest des Hauses. Man spricht vom *„Orb“ des Aszendenten.* Das ist: von seinem Wirkungsraum. Genau: vom Raume seiner „Empfindlichkeit“ für einstrahlende Gestirne.

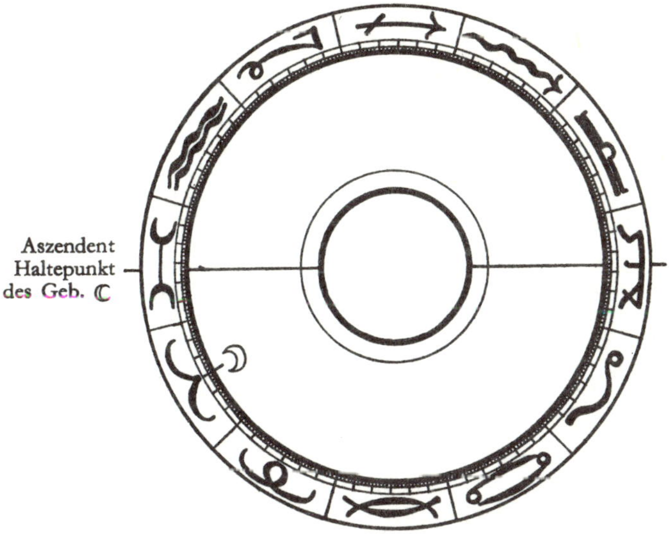

Fig. 16. Das zu Fig. 15 gehörende „Epoche“- oder Empfängnis-Horoskop.

Die Astrologen sündigen außerordentlich viel, indem sie unterschiedslos einen „Planeten im ersten Haus“ als wirksam einschätzen, ob er nun in diesem „Orb“ oder außerhalb stehe. Dabei wird über den Umfang des „Orb“ gestritten. Die einen wollen 5 Grade links und rechts der Achse, andere noch mehr geben. Versuchen wir eine moderne Erklärung. Die Psychologen verschiedener Richtungen haben alle erkannt, daß das erste Jahrsiebent des Kindeslebens von ausschlaggebender Bedeutung für die gesamte Wesensgestaltung sei. Je näher bei der Geburt, desto wichtiger! Die Geleise werden „eingefahren“, und alles, was später geschieht, bewegt sich in diesen Geleisen.

Nun besteht die astrologische „Direktionslehre“, auf die wir später stoßen werden, und nach dieser Lehre bedeutet „eine Graddrehung des Himmels“ oder der Wert von vier Zeitminuten ein Jahr. Wie im Apfelkern der Baum seiner Eigenart nach schon „enthalten“ sei, so lägen in diesen ersten „90 mal 4 Minuten“ 90 Lebensjahre vorgebildet.

Der „Orb“ des Aszendenten muß demnach so bestimmt werden, daß wir die Häusertabelle zu Hilfe nehmen und nachsehen, was im Mittel 7.4=28 min vor und nach der Geburt für Grade über den Horizont gehen, und was in diesen Graden für Gestirne wirken.

Alles, was außerhalb dieser 28 Minuten liegt, hat keine Dauerwirkung auf den Aszendentgrad, also auf die Stelle des Epochemondes! Und selbst *innerhalb* dieser Zeit gliedern sich die Wirkungen so, daß die unmittelbar vor oder nach der Geburt den Horizont treffenden *weit vorangehen.*

Erst jetzt, nach dieser Festlegung, dürfen wir über die „Bedeutung des ersten Hauses“ sprechen. Es handelt sich im wahren Sinne des Wortes um die „Bedeutung des aufsteigenden Grades und seines empfindlichen Umraumes“. Von diesem Grade und der Gestaltung seines nächsten Raumes, nicht von irgendwelchem breiten Felde, wird gesagt, daß daraus Schlüsse über die Figur eines Gebornen, über sein Äußeres, über gewisse Eigenschaften, die sich in diesem Äußern spiegeln, über die durchschnittliche gesundheitliche Lage, über körperliche Schwächen, vielleicht Deformationen oder aber besondere Vorzüge, über die „Lebenskraft“ usw. ziehen könne.

Also über das, was auf die Welt kommt und in den ersten sieben Jahren, vor der Loslösung vom mütterlichen „seelischen Bereich“, sich ausbildet, über die „Geleise, die in der ganzen Anlage eingefahren werden“.

Der Rest des „ersten Hauses“ ist nur noch bedeutsam als sogenannte „latente Energie“, die einmal oder mehrmals im Leben Ereignisse hervorrufen, *nicht aber bei der Dauerprägung* mithelfen kann. Wir haben in Figur 17 die „Orb-Zone“ des Aszendentgrades wie auch aller andern „Häuserspitzen“ schraffiert eingetragen, die größern „latenten“ Räume aber weiß gelassen. Den Höhepunkt der Dauerwirkung erkennen wir an den verdickten Schraffen, also unmittelbar bei den „Achsen“.

Das zweite Haus

Der „Orb“ dieses Hauses weist auf die Gabe des Gebornen hin, sich Mittel anzueignen. Dabei dürfen wir nicht nur auf seine persönlichen, *bewußten* Fähigkeiten in dieser Hinsicht schauen. Nach horoskopischer Lehre erkennen wir auch die „objektive Situation“ seiner Verdienstmöglichkeiten; gewöhnlich entsprechen beide Seiten, die persönliche Fähigkeit und die äußere Lage, einander. Er versteht den Erwerb, er steht auch mitten in den Gelegenheiten. Warum das ineinandergreift, ist nicht leicht zu verstehen.

Die Gestirne, die außerhalb des „Orb“ stehen, deuten mehr auf vorhandene „latente“ Gelegenheiten, auf „Gewinnzeiten“ oder auch Zeiten auffälliger Verluste, die aber das im „Orb“ angedeutete Grundgesetz im allgemeinen nicht berühren.

Man hat beim Studium der modernen Astrologie das Gefühl, das 2. Haus sei irgendwie vernachlässigt und in seiner Bedeutung nur halb begriffen worden. Sicher ist, daß es „antigemeinschaftlich“ wirkt. Es steht hinter dem 3. und löst es auf, stört also die „Gemeinschaft“, verneint jeden Kreis der „Brüderlichkeit“. Es ist das „Todeshaus des VII.“, also der „Union“ mit dem Du, wendet sich also gegen jeden sozialen Sinn! Man könnte behaupten, der Defraudant sei in diesem 2. Hause als „Urtyp“ gezeichnet. Es ist auch Nr. IV des 11. und „fundiert“ einerseits die Kreise der Freundschaft und des „Protegiertwerdens“, wird aber auch ihr Ende sein. Was „zum Gelde zurückkehrt“, das ist soviel wie alt und welk im Blick auf Sympathien, die man erwerben könnte!

Haus 2 wird auch zum 6. Haus, zum „Krisen- und Prüfungshaus“ des philosophischen 9. Hier wird „Philosophie zur dienstbaren Magd“ und sitzt wie Aschenbrödel an ihrer unwürdigsten Aufgabe. Und es wird als X. des 5. zum materiellen Ziel aller experimentierenden und spekulierenden Geister: Materie ist ihr Sinn, ihre große Illusion! Aber auch „Eros“ und jede Art von irdischer Genußtendenz gipfeln hier, und die „Verfügbarkeit der physischen und seelischen Kräfte“, der souveräne Genuß des ganzen Sinnenbesitzes liegt in Haus 2!

Dagegen ist es Nr. 9 des 6. und macht hier „Arbeit zur Philosophie“, das Pflichtenheft des normalen Menschen zum Inbegriff eines quasi „antigeistigen“ Prinzips; der Geist-Ersatz als „inneres Ziel“ heißt nun Geld als Ziel des Arbeits- und Durchsetzkampfes!

Wir sehen, es ist in gewissem Sinne ein „dämonisches Haus“. Der Schüler denke selber weiter. Er versuche, zu verstehen, was es als Gegenhaus des 8. zu bedeuten habe! Wer verlieren kann, der wird gewinnen!

Das dritte Haus

Wir können an den merkwürdig zusammengestellten Angelegenheiten dieses Hauses vielleicht am besten zeigen, wie verschieden die horoskopischen Anschauungen von den modern-psychologischen sind. Genauer: Daß sie *umfassender* als unsere heutigen psychologischen sein müssen. Wogegen sie *hinter* den Möglichkeiten moderner Untersuchungen zurückbleiben, sobald es sich um die Beurteilung des einzelnen Menschen in seinen speziellen Eigenschaften und Fähigkeiten handelt.

Wir könnten dieses dritte Haus modern als „Symbol des angebornen Denkens“ bezeichnen. Das „Mentale“ eines Menschen, soweit es von seiner Sippschaft herstammt, eingeschlossen seinen ersten Lebenskreis, den Kreis der Geschwister, das ist „drittes Haus“. Mit C.G. Jung könnten wir vielleicht formulieren: „Das kollektive Bewußtsein.“ Wir wüßten damit, daß kein eigener Gedanke, keine eigene, vom individuellen „Denkwillen“ beeinflußte Anschauung in Frage kommen kann. Nur das, was „von der Gemeinschaft her bestimmt“ wurde.

Soweit kann ein heutiger Mensch den Sinn dieses „Horoskophauses“ verstehen. Er wird auch weiter folgen können, wenn wir erklären, dem angebornen Denken entspreche die ganze Umweltgestaltung und die gesamte „Kontaktnahme“ mit dieser Umwelt. Wie einer sein Zimmer wählt und möbliert, seine Worte drechselt, sein Verhalten in jedem Zusammenstoßen mit dem andern Menschen richtet, und zwar, so lange er seiner herkömmlichen, *vor*-persönlichen Einstellung folgt, das wäre in diesem dritten Hause angedeutet.

Es wird für einen Heutigen auch nicht schwer sein, die astrologische These zu fassen, wonach dieser „Denkwurzel“ angeborner und früh anerzogener Art eine bestimmte Form der Gebärden, der Gesten, der Bewegungen entspreche. Ferner, daß die Stimme in all ihren Modulationen, ja daß der Atemrhythmus Ausdruck ein und derselben unterbewußten Wurzel sei.

Plötzlich jedoch wird der moderne Mensch stocken. Er vernimmt, daß man aus diesem dritten Hause ersehe, ob viel oder wenig „Brüder und Schwestern“ in den persönlichen Gesichtskreis eines Geborenen treten, ob hier immer Harmonie und Sonne, oder Streit und Unglück herrschen. Ob im eigenen Geschwisterkreis früh Todesfälle oder tragische Krankheiten vorkommen, oder ob ein blühender und vom Glück gesegneter Geschwisterkreis bestehe . . . oder gar „keine Brüder“. Ob einer viel hin- und herreise oder stabil sitze. Ob einer auf Reisen Glück oder Pech habe, ob einer durch Rede, Schrift, Verträge oder Dokumente Erfolg oder Mißgeschick erlebe.

Das eine oder andere wird man sich noch „aus dem herkömmlichen Denken“ erklären können, etwa die „Verträge“. Psychologen werden „viel Unglück in der Umwelt“ als unbewußten Zug zu Stätten des Unheils umschreiben. Wie aber steht es mit den schicksalhaft vom Unglück verfolgten „Brüdern oder Schwestern“? Hier müßte ein vorgeburtlicher Wille vorliegen, der „in einen vom Unglück verfolgten Geschwisterkreis hinein“ strebte. Jedenfalls postuliert die Horoskopie einen Zusammenhang zwischen „angebornem Denken“ und „Art des Geschwisterkreises“, und ein Mensch von heute wird schwer haben, diesen Zusammenhang restlos zu erklären. Man mag groteske „Tänze der Logik“ aufführen und sagen: *Weil* das Pech die Geschwister verfolgt, *darum* saugt sich dieses angeborne Denken mit tragischen Inhalten voll. Das sieht vernünftig aus. Aber: Warum steht im Horoskop ein und dasselbe Sinnbild für *beides?* Und warum kann einer noch dazu schließen, wahrscheinlich werde so ziemlich jeder abgeschlossene *Vertrag* dem Gebornen Kümmernisse bringen? Und nicht nur „innerseelische", sondern „äußere", oft ganze Rattenkönige von Streitigkeiten?

Man schule an der Zusammenstellung dieser so verschiedenartigen Lebensbeziehungen und persönlichen Eigenschaften des „dritten Hauses" sein Denken über die Eigenart aller Häuser überhaupt. Sonst wird man bei der Deutung zu leicht den vernünftigen Grund unter den Füßen verlieren. Es ist durchaus nötig, sich der unerklärlichen Seiten horoskopischer Sinnbilder bewußt zu bleiben. Man *denke* immer!

Man überlege z. B., wie sinnfällig das 3. Haus, das „bewußte", das folgende IV., das sehr „unbewußte", auflöst, und wie der „Geschwisterkreis" an sich die Aufsplitterung und „Zerstreuung" des elterlichen Besitzes bedeutet!

Das vierte Haus

„Ehre das Väterliche und das Mütterliche, auf daß du lange lebest und es dir wohlgehe in dem Grunde, darein dich der Herr, dein Gott, gepflanzt." So übersetzen wir dem Sinne gemäß, der sich aus horoskopischer Betrachtungsweise ergibt. Vater und Mutter sind die nächsten Vertreter der welterhaltenden Prinzipien. Ihr Ort liegt horoskopisch im Felde vor Mitternacht. Wenn die Bücher sagen, das Elternhaus, später der eigene Herd, der ständige Wohnsitz überhaupt, seien in der Gestaltung dieses IV. Hauses charakterisiert, dann berühren sie einen viel umfassenderen Kreis. Den Kreis der „Mütter".

Das heißt: den Kreis der Vergangenheit. Die ganze Weltgeschichte in einem Menschen, und vielleicht auch die Geschichte der eigenen Inkarnationen, „sumpft" hier herauf. Aber diese Geschichte muß notwendigerweise tief unbewußt bleiben. Jungschüler sprechen darum vom IV. Hause als dem „kollektiven Unbewußten" eines Gebornen.

Eine Bemerkung ist in diesem Zusammenhang geboten: Je „materieller" ein Haus, desto unbewußter. Das zutiefst Unbewußte, die versunkene Vergangenheit, tritt uns in Gestalt der Materie entgegen ...

Es kann einer in diesem Hause Symbole haben, bei denen wir an unbewußte Beziehungen zur Völkerwanderung oder zur Französischen Revolution oder zur Vertreibung der Mauren aus Spanien denken. In solchem Falle kündet sich ein „unglückliches derzeitiges Elternhaus" des Gebornen, oder schlechte persönliche Beziehungen zu diesem Hause an. Man wird sagen, er könne keine Wurzeln in der Vergangenheit haben, irgendwie veröde oder explodiere jede „nach rückwärts gehende" Beziehung. Oder es hat einer Symbole, bei denen man an die Schönheit Griechenlands oder die Fülle und Üppigkeit des frühmittelalterlichen Südfrankreich denkt. In diesem Falle schließen wir auf ein glückliches Elternhaus, an gute Beziehungen nach rückwärts, an „Wurzelfestigkeit" des Gebornen.

Man setzt den Sinn der Horoskopie herab, wenn man auf diese weiten Perspektiven verzichtet. Man kommt auch nicht ohne sie aus, wenn man überlegt, daß nun im IV. Hause auch unsere persönlichen Beziehungen zu allem „gehorteten Besitz" zu suchen seien. Warum werden „Eltern und Besitz" zusammengekoppelt? Besitz ist eine „magisch bedeutsame" Angelegenheit, nichts Zufälliges. Besitz ist „Materie". Materie aber ist: Vergangenheit. Ihr Gegensatz, das „Bewußtsein", ist Zukunft. Ist *Auflösung* der materiellen Fesseln. Wir sehen dies im Verhältnis der Häuser 3 und IV. Materie, Vergangenheit, allgemeines, „kollektives" Unterbewußtsein, „Reich der Mütter", Weltgeschichte, die hinter uns liegt, sind ein und dasselbe, und wer sehr tief in diesem geheimnisvollen Grunde wurzelt und positiv dazu, *der* hat Besitz! Dem andern, dessen „weltgeschichtliche Reste" Fluch und Verdammnis sind, Fluch und Verdammnis, die unbewußt in ihm nachwirken, wird der Besitz veröden, in die Luft gehen, werden die Wurzeln dürsten, und doch wird er keine Heimat haben. „Es wird ihm nicht wohlgehen im Boden, darein ihn der Herr gepflanzt".

Die Überlieferung setzt auch das „Alter", den Ausgang des persönlichen Lebens, ins IV. Haus. Warum wohl? Nicht nur, daß einer in seinen letzten Jahren die Sippenzüge immer deutlicher offenbart (eine Volksweisheit übrigens), sondern daß die „Rückwärtskopplung" dieses Hauses an sich die Tendenz des Alterns darstellt. Man denke an die alttestamentliche Wendung: „Und er ward versammelt zu seinen Vätern." ... Besitzen macht alt, horten macht alt, Gewohnheiten machen alt, sich nach rückwärts orientieren, die Tradition anerkennen, auf Eigengestaltung verzichten, macht alt.

Das fünfte Haus

Es ist das Haus der Jugend, des Lebens, des „Auslebens", des Kräfteverbrauchs und Kräftevergeudens schlechthin, des Vergnügens, des Genießens, der Triebregungen und der Versuchungen jeglicher Art, des „Rausches im Diesseits". Dies obenhin betrachtet. Beachten wir, in welchem Verhältnis dieses 5. zum IV. steht: Es ist das nachfolgende, also der immerwährende Mittellieferant. Und je rascher und ungebremster es liefert, desto mehr „Mittel zum Altwerden" erhält das IV., desto rascher brennt die Lebensflamme herunter!

Spielen, aufs Spiel setzen, experimentieren, versuchen, Umwege, neue Wege probieren, alte Geleise verschmähen, dem Leben einen neuen, noch nie dagewesenen Sinn geben, alles wagen, keine Warnungen hören, keine Mühen scheuen, keine Erfahrungen achten, das ist sein Sinn. Ohne diesen Sinn, diesen „Leichtsinn", würde die Welt nicht altern ... sie würde entwicklungslos sein ... stillstehen. Denn die Tendenzen des Jungseins und des Alterns stehen in engem Zusammenhang: Schlägt die Jugend wild aus, folgt das Altern rasch. Perioden wütender Experimente ziehen finstere Reaktionen nach sich. Aktion aber ist „Jugend", Reaktion „Alter".

Das Experiment der Experimente heißt „Kinder kriegen". Der wohlbezähmte Leichtsinn der Jugend wird glückliche Elternschaft, der ungebändigte tragische Mütter und Kinder nach sich ziehen. Es kommt sehr darauf an, wie dieses fünfte Haus regiert wird, ob durch Mars–Saturn, oder durch Jupiter–Mond–Venus, die Glücksgestirne! Die herkömmliche Horoskopie sucht im 5. Hause zuerst die *Nachkommenschaft*. Wir müssen aber das *Wesentliche* des Hauses herausheben: *Das Lebensexperiment schlechthin*.

Ein anderes Experiment ist die Kunst. Der Maler, der seine Schranktür auf zwei Stühle und seine Kleider als Bettfüllung auf diese Türe legt, der darbt, nur um malen zu können, wagt das große Wagnis, das der Schrecken aller Philister war und ist und bleiben wird: Seinen eigenen künstlerischen Weg. Darum ist Kunst wider alle Gewohnheit, wider alle Tradition, wider alles Herkömmliche und Verständliche. Sie muß sich durchringen, um verstanden zu werden, im eigenen Herzen und Hirn ebenso wie in der Volksseele durchringen! Das wäre eine trostlose Kunst, die jeder Philister und „Fürst des Herkömmlichen" zum vornherein verstünde. Aber auch eine mißratene und verunglückte Kunst, die nicht das „dritte Haus", das Allgemeinverständnis, erobern würde. Hier ist ihr „11. Haus", ihre Ernte, ihre Erfüllung: Sie muß eingehen in die Zone des Allgemeinbewußten.

Man beachte, daß sie ihr IV. Haus im 8. hat, das ist in der Zone des Todes und Verzichtens, des Verlierens, des Opferns, der wahren Selbstentäußerung! Zwischen Kunst und Tod, zwischen Liebe und Tod bestehen dieselben Beziehungen wie zwischen dem Gebornen und der Mutter. Das Todeshaus ist das Fundamentalhaus des 5., der Kunst wie der Liebe, des Experiments und des Wagnisses in jedem Sinne.

Viele Stufen gibt es im 5. Hause. Der Spieler und Spekulant, der ewige Lotterieloskäufer und manische Wettenschließer steht ebenso unter den Menschen dieses Hauses wie der Wirt und die Serviertochter, die Kabarettsängerin, der Schauspieler, der Koch, der Modeschneider, der Confiseur oder der Meßbudenbesitzer. Zwischen Vergnügen und Abenteuer, zwischen hoher Kunst und Hochstapelei gibt es viele Wandlungen. Die Sphäre 5 enthält sie alle. „Ein lustiges Haus", sagt Schmitz. „Vorkarmahaus", sagen die Hindus nach Hans Wolff. Und wahrlich, was *schüfe* mehr Karma als das Abenteuer!

Das sechste Haus

Hier sind alle Kreuzträger heimisch. Alle Dienstbaren und Tragenden. Darum heißt es: Haus der Untergebenen, Haus der Dienstboten. Aber es ist falsch, *nur* auf die persönlichen Dienstboten eines Geborenen schließen zu wollen . . . das ist „subjektive Horoskopie" einer hoffentlich vergangenen Epoche. Man ist selbst dienstbar in dem oder jenem Sinne, wenn sich das Hauptgewicht des Geburtsbildes in diese Zone verschiebt. Und oft wird die Last zu schwer und man erliegt den Bremsen und Schwierigkeiten: man wird krank. Ob man den Durchsetzkampf, wie er sich in dieser Zone ankündigt, gegen Bazillen oder gegen Arbeitslasten kämpfe, kommt vor einer „höhern Instanz" auf eins heraus. Man trägt einfach „Karma", man büßt, man „leistet".

Krankheit ist die schwerere, die nicht leicht lösbare, die tiefer im Unterbewußten verhaftete Form der Wirkungen, Arbeit die mehr bewußte, leichtere Auslösung von Kräften, die durch dieses Haus wirken. Es zeigt sich hier das Wahlgesetz menschlicher Freiheit in seiner *sehr* eingeengten Form: Der Mensch kann Krankheiten aufheben, verschieben, vermeiden durch riesige Leistungen, wie uns Beispiele aus unendlich vielen Leben beweisen. Er kann durch Steigerung seiner *bewußten* Leistungen unterbewußten Komplikationen den Stachel nehmen. Man beachte diesen Umstand. Er wird uns leichtsinnige Aussagen über ein anscheinend „schlechtes 6. Haus" ersparen!

Die höchste Bedeutung dieses Hauses lautet: „Pflichterfüllung". Das bedingt eine Unterwerfung, ein sich Fügen unter die auferlegten Lasten, ob sie nun so oder so beschaffen seien. Man fragt nicht nach den Bedingungen, sondern nach den Notwendigkeiten. Man nimmt, mit einem Worte, „sein Kreuz auf sich". Das geschieht durchaus selten mit jener Bewußtheit, die notwendig wäre, um dem Hause seinen höchsten Sinn abzugewinnen. Man seufzt, klagt und flucht, man trägt aber doch, weil man sich seiner Last nicht entziehen *kann*. Darin müssen wir den guten Normalfall erkennen. Menschen, die aus den täglichen Arbeitsmengen nie mehr herauskommen, die alle Kräfte *nur* auf die Arbeit konzentrieren, Redakteure, die Berge von Büchern und Manuskripte herumliegen haben, Geschäftsleute, Bauern, die von einem Stern zum andern schuften . . ., sie sind noch die Glücklicheren.

Die andern aber, die mit bösen Mars- und Saturngeschichten belastet werden, büßen mit ewig umkämpfter Gesundheit. Ihnen kann in Wahrheit der *hohe* Sinn dieses „karmischen" Hauses nur dann bewußt werden, wenn sie Vergessen suchen in praktischer Religiosität, das heißt, wenn sie ihren Leiden zum Trotz andern Lasten abnehmen.

Etwas Merkwürdiges wird über dieses Haus gemeldet: Wir sollen aus ihm das Verhältnis eines Geborenen zu den „kleineren Tieren" erkennen können. Überlegen wir einmal, daß die Urvölker Bauernvölker gewesen, daß die Tiere eine ganz andere Rolle spielen, solange wir bäuerliche und nicht industrielle Menschen sind. Vielleicht kommt uns hernach eine solche Aussage nicht allzukurios vor . . .

Das siebente Haus

Die Beziehungen, die wir zum „Du" als einer Gegenkraft des „Ich" ganz allgemein mitbringen, lassen sich aus diesem ersten Haus *über* dem Horizont erkennen. Alle folgenden liegen „oben", alle „gegen den Himmel geöffnet". Man beachte dies wohl. Denn so wie die ersten sechs mit dem „Ich" begonnen und seine „persönlichen" Stufen in der Auseinandersetzung mit der Welt zeigten, fängt die zweite Hälfte mit dem „Du" an und zeigt eigentlich, auf welche Schranken des Ich nun das „Du" stößt.

Die *wichtigste* und zugleich *engste* Form der Du-Beziehungen ist die „Ehe". Alle Ehereformer werden sagen, daß hier keine allgültige, urtümliche und für ewige Zeiten dauernde Form der männlich-weiblichen Verbindung vorliege. Horoskopkundige werden ihnen sagen, daß „freie Formen" im 5. Hause, sozial anerkannte, legale, vom Ring der Volksgenossen oder vom „Zivilstandsbeamten", von der Kirche oder von der weltlichen Gewalt anerkannte, geweihte Formen der Verbindung gute Vorzeichen im VII. Hause haben. Ja, sie werden sagen, daß beide, die freie und die gebundene Form der Geschlechterverbindung, urtümlich seien. Vielleicht ein Grund für Ehereformer, nicht aus dem Leeren zu theoretisieren? Leider ist substanzfremden Theoretikern nicht zu helfen.

Es geht in Wahrheit darum, daß sich das Ich der „Gruppe", der Mitwelt, der Sippe, dem Gesetz der Dauer, dem Übereinkommen, fügt, statt, wie im 5., sich abenteuernd um nichts zu kümmern, um keine Folgen und keine Verpflichtungen. Hierin liegen die Unterschiede, die Urformen sozusagen. Das „Du als Ganzes" wird hier anerkannt, berücksichtigt. Es ist nun die Instanz, die Gesetze gibt, nicht das Ego. Jede „Ehe", die nicht „Abenteuer" bleibt, wird sich nach der Form des VII. Hauses erfüllen müssen, wird also „anerkannt sein".

Aber mit der Anerkennung des „Du" als des Gesetzegebenden wird dem Ich nun auch die volle Anerkennung zuteil. Es findet sich selbst im Ganzen wieder. Und es erhält vom Ganzen „Kompetenzen". Es tritt in den Dienst des Ganzen, wird „Beauftragter des Ganzen". Ämter und Stellungen, die von der Gemeinschaft vergeben werden, sind der sinnfällige Ausdruck dieser Zusammenarbeit zwischen Ich und Du. Nur zu oft wird der Zusammenhang zwischen Eheverbindung und öffentlicher „Heranziehung“ sichtbar. Kein Horoskop, in welchem dieses „Ehefeld“ über den normalen Grad hinaus betont wird, ohne bedeutsame Rolle des Geborenen in der Gemeinschaft. Es ist ein Erfolgsfeld ersten Ranges, und es wird zum Lieferanten des hinter ihm stehenden 6. Hauses: Pflicht auf Pflicht entsteht ... „Würden bringen Bürden.“

Es gibt auch eine negative Form des VII. Hauses: Der Partner und Alliierte wird zum Feind und tragischen „Gegen-Ich“. Das sind marsische und saturnische Angelegenheiten, wie sich aus unsern Prinzipiendarstellungen von selbst ergibt. Oder dann „schlechte“ Venus- oder andere Wirkungen ...

Das achte Haus

Im 8. Hause erhält das „Du“ seine „Mittel“, aus seinem zweiten. Es kann sie nur vom Ich erhalten, also muß dieses Ich „opfern“, drangeben, zurücktreten. Das öffnet uns den Blick für dieses wahre „Du“, das mehr als nur ein einzelner Mensch, mehr als die menschliche Gemeinschaft sein muß: Es ist das Weltganze überhaupt, dem wir zuletzt persönlich anheimfallen: Wir gehen durch den Tod ins Ganze, ins „große Du“, ein.

Wer die Inhalte dieser „achten Beziehungskategorie“ richtig studiert, dem wird der herkömmliche Schrecken vor den dunklen Aussichten vergehen. Er wird lernen, daß wichtiger als die „letzte Auflösung“, die uns verheißen ist, das „tägliche Sterben“ unseres kleinen Ich sei. Das Absehen-können von dem, was *wir* wünschen. Das Überwinden der *subjektiven* Ziele. Der Aufstieg in Fragen, die das Ganze angehen, das Suchen von Werten, die dem Ganzen dienen. Wer sich losringt von den Fesseln des beschränkenden Ich, wer sich von ihm frei macht, wer sich verfügbar weiß für das, was mehr als sein eigener kleiner Kreis bedeutet, der gewinnt die große Heiterkeit, ohne die wir rückwärtsgehen.

> „Und so lang du das nicht hast:
> Dieses Stirb und Werde,
> bist du nur ein trüber Gast
> auf der schönen Erde ...“

Es ist unmöglich, daß einer dem „Du“ etwas sein kann, daß er einem Ehepartner, einer Allgemeinheit dient, daß er als Künstler von sich weg, zum Geheimnis der Gestaltung, gelangt, ohne daß er im „Felde des Sterbens“ heimisch wird.

Daß auch der leibliche Tod in seinen besondern Bedingungen und Umständen aus diesem Hause erkannt werden soll, wissen wir aus der Überlieferung. Uns ist wichtiger, zu finden, wie dieser Tod mit dem täglichen Sterben zusammenhange. Marsische und saturnische

Kräfte, im Todeshause wirksam, können unter Umständen grausame Todes-Arten anzeigen, gewiß. Aber sie lassen auch vermuten, daß die feindlichen Kräfte, die letzten Endes jenem unharmonischen Sterben rufen, schon im vorausgegangenen Leben dem Opfern, Sterben und Verzichten im Wege standen, alles Dienen dem Du gegenüber hemmten!

Es wird auch gesagt, Menschen mit besetztem achtem Hause hätten viel mit Erbschaften, Hinterlassenschaften, Liquidationen zu tun. Sie könnten also selbst erben ... oder würden in Erbschaftsangelegenheiten gekränkt und benachteiligt. Das hängt damit zusammen, daß ein achtes besetztes Horoskophaus nicht nur anzeigt, war *wir* dem Du lassen, sondern auch, was dieses Du an sich für Mittel mitbringt, und unter Umständen kommen wir durch den Verlust eines Menschen dazu, *seine* Mittel zu übernehmen. Der Doppelsinn der Todessphäre wird deutlich: Wir verlieren an das Du und gewinnen durch Verlieren. Und wenn wir einen Menschen ans „große Du" hingeben, erben wir seine „materiellen Hüllen" ...

Das neunte Haus

Das „Du" stößt hier an die Schranke der höchsten Bestrebung, welche das Ich überhaupt verfolgen kann: An die Schranke der persönlichen Denkart, die sich als „Gegenspiel des angeborenen Denkens" entwickelt. Ich und Du setzen sich hier auseinander ..., das Ich will das Gesetz des Ganzen" erkennen und seine eigene Stellung innerhalb dieses Gesetzes erobern; das „Du" erfährt eine Einschränkung durch den Willen des Ich.

Wir wissen damit, warum dieses neunte Haus als der „Ort der rechtlichen Auseinandersetzungen", der „Prozesse", bezeichnet wird. Die Gemeinschaft entscheidet hier über die Ansprüche jedes Einzelnen an sie und an die Nebenmenschen.

Der „Prozeß" ist aber nur die niedrigste Form des Zusammenstoßes. Wichtiger als die Gemeinschaft ist das „größere Du", der Kosmos, und wichtiger als die „Gesetze", die der Staat geben kann, sind die ewigen des Universums. Darum wird der Mensch, der sie zu erkennen versucht, ein Religiöser, ein Philosoph, ein Erkennender. Und die Kämpfe, die seine Forschungen auslösen, sind die „höhern Prozesse", sind die Auseinandersetzungen mit dem Höchsten. Und wie jener Kampf des Hirten Jakob mit dem Unbekannten damit endete, daß ihn der Sieger an die Hüfte[1]) schlug und lähmte, Jakob aber ihn festhielt und sprach: „Ich lasse dich nicht, du segnest mich denn!", so wird jeder Erkennende von der Größe des Geheimnisses geschlagen und gelähmt ... und jeder erbittet, nachdem er niedergerungen, um jenen Segen. Man muß diese alten Geschichten gründlich lesen ...

[1]) Hüfte = ♐ = 9. Haus. Bibel, 1. Buch Moses, Kap. 32, Vers 25—33.

Das neunte Haus ist das dem dritten entgegengesetzte. Der Erkennende ringt sich vom hergebrachten Denken los, entfremdet sich selbst der „Nähe", wird ein Einsamer. Denn „individuelles Bewußtsein" und „kollektives" Denken sind sich feind. Es ist aber auch das auflösende des folgenden zehnten. In diesem zehnten werden Ehre und Ruhm, materieller Aufstieg, persönliche Geltung gesucht. Das religiös-philosophische neunte löst diese Strebungen auf, verneint sie. Aus diesem Verhältnis zum zehnten und dritten erkennen wir, wie zweiseitig auch seine Rolle dem siebenten gegenüber sein muß. Wie sehr es die Ansprüche der Gemeinschaft . . . (so auch dem „dritten" gegenüber . . .), bestreitet. Der Mensch setzt sich hier zu allem, zum Gemeinschaftsprinzip wie zum Höchsten, zum Gesetz des Alls, in Gegensatz. *Er* will das Gesetz erkennen, er, das „Ich" . . .

Es gibt Menschen, die nicht im Geiste, sondern auf dem „räumlichen" Plane leben. Bei ihnen äußert sich die Unruhe, die zur Forschung führen sollte, als Reisedrang. Darum sind sie die „Globetrotter" und „Weltwanderer" . . ., die Philosophen, die vorderhand nur „flüchten", die Nähe, das Herkömmliche, Vertraute, den heimischen Kreis meiden und nicht geistige, wohl aber Erfahrung der sinnlichen Welt sammeln. Trotzdem ist Haus 9 das „Todeshaus des ökonomischen zweiten", also mehr als ein „Prozeß- und Reisehaus".

Das zehnte Haus

Moderne Astrologen haben aus diesem Haus östlich des obern Meridians das „Berufshaus" gemacht. Nun sind „Berufe" sehr zeitlich bedingte Angelegenheiten, und „Planeten" sozusagen ewig. Berufe können auftauchen und wieder verschwinden, die „Prinzipien" aber, obwohl sie das „Zeitliche" gliedern, bleiben. Soll man sagen „Berufs*richtung*"? Das würde vielleicht eher stimmen. Der „Bauer" ist vielleicht eine *dauernde* Form menschlicher Existenz, der „Händler" vielleicht auch, ebenso der „Wissenschafter", der „Priester", der „Soldat". Aber der „Barbier", der „Patisseur", der „Gastwirt", der Tierpräparator, der Laborant, der Forstmeister, der Blumenzüchter, der Fischhändler? Man muß von „Splitterberufen", von Zweigen einer bestimmten „Ur-Berufung" reden, dann kommt man der Wirklichkeit näher. Horoskopie kümmert sich aber weit weniger um die *Art* des Berufs als um die *Erfolgsaussichten* im Beruf, es sei nun welche Richtung man auch einschlage.

Das zehnte Haus spricht darum von „Ehren und Würden", die man erlangen soll, kraft des „Auftriebs", den man selbst besitzt, der „Zukunftskräfte", die in uns ruhen, und kraft des Auftriebs, den uns die andern verleihen oder gewähren. Natürlich wird der Auftrieb des einen marsisch, der des andern saturnisch, sonnenhaft oder mondhaft sein, und natürlich wird man daraus gewisse elementare Schlüsse ziehen auf das „Prinzip", das die „Richtung der Zukunft", den Erfolg ermöglicht. Aber Einzelberufe? Die Herren Astrologen, die es vorziehen, nachzuweisen, was sie schon wissen, nämlich, daß Herr Soundso Bundesrat oder Gerichtsweibel sei, und die im Horoskop „genau sehen", warum der eine Bundesrat, der andere aber Weibel geworden, sollen lieber die Probe an Horoskopen Unbekannter machen und zugeben, wie *oft* sie hereinfallen. Horoskopie *will* nicht alles können . . ., gewisse Dinge liegen *unter* ihrem Aufgabenkreis, der „Schicksalspsychologie".

Die Dämonie des X. Hauses beruht darin„daß es den Menschen „herausstellt", ihn „streben" macht, daß es ihn ins Rampenlicht öffentlicher Würdigung stellt, der privaten Sphäre entreißt; es ist das Todeshaus des dritten, des „nachbarlich warmen"; die Brüderlichkeit hat ein Ende, man wird ein Einsamer, man wird außerhalb der Gesetze nachbarlichen Zusammenlebens gestellt. Nichts sagt mehr aus über die Natur dieses zehnten als eben seine Reihenfolge nach dem dritten! Im übrigen ist es der Mittelieferant, Haus 2 für das nachbarliche neunte: Schmerz, Enttäuschung des Herausgestellten werden zum eigentlichen Studienmaterial der persönlichen Philosophie. Seinerseits löst es als 12. das nachfolgende 11. auf: Es frißt Freundschaften und gesellschaftliche Freiheiten wie der Wolf die weißen Lämmer. Aber dafür glänzt es auch und trügt den, der unter seinen Segnungen groß wird! Als Gegenhaus des IV., des elterlichen, soll es Beziehungen zum Vaterprinzip (oder zur Mutter?) haben.

Das elfte Haus

Die „Vorschüsse des Schicksals" an den Geborenen lassen sich in der Gestaltung dieses mittleren Raumes am Vormittagshimmel lesen. Also das, was man „zum vornherein mitgebracht hat", worum man nicht zu bangen hat, wonach man nicht erst streben muß. Mit dem Worte „Freunde" wollten die Entdecker der Häuser sicherlich mehr sagen, als wir banalerweise darunter verstehen mögen. „Freundschaftliche Kräfte" *bedeutet* schon mehr; wir sehen alsdann die persönlichen Freunde als Träger solcher Kräfte an.

Aber mit dieser Bezeichnung werden wir dem Hause nicht gerecht. Entscheidend ist, daß es uns nicht *mehr* zu bieten hat als eben das, was es schon gleich zu Anfang gegeben. Wenn einer typisch unter dem „elften" steht, sind ihm die Türen zwar alle geöffnet, er hat sozusagen Freipaß in den Sälen der obern Zehntausend . . ., es gibt aber keine weitern Türen, die sich öffnen *könnten* . . ., weil keine mehr existieren! Seltsames Geschick, alles schon mitgebracht zu haben, um nichts mehr ringen zu müssen!

Man sieht die Natur dieses Hauses am deutlichsten, wenn der Vergleich mit dem IV. gezogen wird. Elf ist das „Todeshaus des

Traditionshauses IV". Also sozusagen das Haus der Entwurzelungen. Der Riese Antäus schöpfte stets neue Kräfte, wenn er mit seinen Füßen den Boden berührte . . ., der Mensch des 11. Hauses berührt in gewissem Sinne den Boden nicht mehr. Primitive Nöte, die den Erdgeborenen stählen, fallen ihn nicht mehr an. Dafür hat er Freiheit, Lockerung, Überlegenheit. Er genießt das „Gesetz der Brüderlichkeit" in seiner vollen Bedeutung: Haus 11 ist Nr. 9 des dritten!

Wer aber alles erfährt, verliert die Hoffnung, *mehr* zu erfahren, und wenn alles geschenkt wird, verlernt, die Gaben des Himmels zu schätzen. Haus 11 zerstört die Illusionen. Nicht umsonst ist es das „Fundamentalhaus des Todeshauses" Nr. 4 für das 8 . . .! Im Hause des erfüllten Glückes wird das Glück richtig zuschanden, wird der Beschenkte dieses Daseins aller Geschenke satt, saugt er den Keim der Todeswünsche ein. Nach Wolff ist das indische Symbol des 11. Hauses ein abgeerntetes Feld. Nichts könnte treffender sein.

Begrenzte Besetzung dieses Hauses ist zu wünschen! Dann wird es zum glücklichen Tummelfelde menschlicher Beziehungen (Nr. 5 des VII.) und zum erwahrenden „Gesetz" aller Erfahrung und Philosophie (3. für 9.); die Sympathien, die man genießt, erhellen das Leben, ohne zu blenden. Und Freunde helfen uns, ohne uns zu verwöhnen und zu verderben.

Haus 11 als 3. des 9. bedeutet aber auch die Schranke der Individual-Entwicklung. Freunde zwingen zu geistigen Konzessionen, Glück lähmt den Willen zum denkenden Dasein.

Man hat versucht, das 11. Haus als Haus der „Sympathien" zu bezeichnen und zu behaupten, alle „Freundschaften" seien zu erklären durch den „sympathischen Eindruck", den ein „Mensch des 11." eben auf die Mitmenschen mache. Vergessen wir nicht, daß diese moderne Auffassung immer nur den kleinen Kreis der „subjektiven" Wirkungen umschreibt. Die unerklärlichen Sympathien, die das „Schicksal" für uns hat, dürfen nicht vergessen werden. Sie liegen in tiefern Schichten unseres Wesens, in tief unterbewußten, begründet.

Das zwölfte Haus

„Haus der Antipathien", nennen es Neuerer und stellen es damit in Gegensatz zum elften. „Haus der heimlichen Feinde", oder kürzer einfach „Feinde" nannten es frühere Generationen. Halten wir zuerst die Tatsache fest, daß es das auflösende des ersten, seine Gegenkraft darstellt, daß es also das „Nein" bedeutet, wenn unser „Ich" Ja zu seinem Leben und zu seinen Ansprüchen sagt. Mit andern Worten: Wir haben die „Umkehrung" des ersten vor uns. Die im Menschen selber unaustilgbar vorhandene Abbautendenz. Also sind die „Feindschaften", die unsere Existenz untergraben, *selbst* gewollt . . ., nicht in unserm *Bewußtsein* gewollt, wohl aber in unsern *Untergründen!* Die persönlichen Gegnerschaften, die wir erleben, kommen nicht irgendwoher, sind in keiner Weise zufällig. Wir haben sie sozusagen „bestellt". Und obschon wir vergessen haben, wann wir den Auftrag erteilten, uns dann und dann mit den oder jenen Mitteln zu befehden oder gar zu vernichten, zu isolieren, von der Menschheit abzusondern, es bleibt dabei: *Wir* wünschen, daß es uns so ergehe. Denn wir wollen nicht ewig hier bleiben . . ., wir *wollen* nicht ewig leben, wir wollen nicht wie der ewige Jude verdammt sein, auf dem Plan der Illusionen umherzuirren. Wir wollen auch nicht ewig ungetrübte Tage erleben!

Darum gibt es Spitäler, Gefängnisse, Klöster, Einsiedeleien, Studierzimmer, Laboratorien, Kontore, Magazine, Bergwerke, Einöden, dunkle, sonnenlose Räume, Läden zwischen frostigen und feuchten Mauern, alles Orte, die mit dem 12. Hause zusammengezählt werden, und darum werden die Menschen des 12. Hauses mit Klosterinsassen, Gefangenen, Kranken, Irrenhäuslern, mit „Gefangenen" in Magazinen und hinter Ladentischen besonders beengter Räume, mit Menschen, die von „großen Geschäften" lebenslang in Kontore gebannt bleiben, identifiziert. Und die vorzüglichsten „Berufe des 12. Hauses" sollen der des Arztes, des Anstaltslehrers oder des gelehrten Klausners sein, und mit ihnen gestalten barmherzige Schwestern und Wärter, Anstaltsmütter und Laboranten das 12. Haus im positiven Sinne! Alle *echten* Berufenen dieser Sphäre leisten in irgendeinem Sinne Verzicht auf das Leben, freiwillig oder weniger freiwillig. Und vielleicht bewahrt die Freiwilligkeit vor unfreiwilligem Eingesperrtwerden!

Man vergesse aber nie den Charakter des Heimlichen und Abseitigen, den das Haus besitzt. Verschwörerzirkel und geheime Orden sind ebenso „vom zwölften" wie alle Oppositionsmenschen, die sich gegen die gültigen Tagesmeinungen wenden. Im Mittelalter waren es die „Ketzer der Wissenschaft", die der modernen Naturerkenntnis zustrebten, heute beispielsweise jene, die Astrologie und andere nicht anerkannte Dinge studieren. Immer das, „was *nicht* gilt". Man studiere die Reihenfolge des 12. zu allen andern! Und man wird seltsame Entdeckungen machen.

Warum ist das 12. das Todeshaus des 5.? Geht wohl der Sinn für Experimente, Lebensrausch, Liebe irgendwo so deutlich zu Ende wie im 12. Hause . . .?

Umkehrung der Häuserfolge

Experimentiert man mit den Häuserfolgen und kombiniert man die Inhalte sinngemäß, dann gehen einem wahrhaftig Lichter auf und beleuchten Zusammenhänge, an die der moderne Mensch nicht gedacht. Eines der merkwürdigsten Experimente stellt die Umkehrung der Reihenfolge dar. Man geht vom 12. Haus aus und erklärt es zum „I." des Abbauzyklus. Also der „Abseitswendung des Menschen" aus der Welt der sinnlichen Wirklichkeit.

Dann wird das 11. Haus zum 2.; es liefert die „Mittel" für das erste. Und worin bestehen diese Mittel? Aus den Enttäuschungen und Sattheiten, die man als letzte Frucht des Beschenktwerdens erntet.

Das X. wird zum 3.: Hier erhält die Einsamkeit ihre Schranke, aber auch ihr Gesetz; die öffentliche Schaustellung, die man erlebt, führt die Gegensätze des innern und äußern Strebens widereinander, und das „Einsamwerden" des „Hochgestellten" wird zum Urgesetz des Abbaues unserer Hoffnungen auf die äußere Welt.

Das 9. Haus wird zum IV.: Das Fundament aller Abbautendenzen ist Philosophie, Erkenntnis, Religion, Weltflucht, „Fremde".

Das 8. Haus aber ist nun Nr. 5: Nicht Lebensrausch, sondern Todeserlebnis! Es gab Zeiten, die den „Todesrausch" kannten und mit unerhörtem Schaudern genossen, und diese Zeiten können wiederkommen und eine Epoche des Auslebens ablösen. Wer weiß! Man beachte nur, daß 9 im Abbauzyklus dieselbe Rolle spielt wie IV im gewöhnlichen, aufbauenden, und daß 8 in gleicher Weise 5 ersetzt!

Haus VII wird zum 6.: zum Krisenhaus. Im Gebundenwerden an das „Du" wird die „Innerlichkeit" auf die Probe gestellt. Und je verlockender das VII. gestaltet wird, desto kritischer die Situation aller „einwärts gewandten Kräfte". Man veräußerlicht ... in der Tat!

Haus 6 wird zum VII: In der Dienstbarkeit erlebt man den „innern Sinn des Du". In Belastungen statt in Kompetenzen!

Haus 5 wird zum 8.: Seltsame Umkehrung! Der „Lebensrausch", die „Jugend" bedeutet das radiale Nein zum „inwendigen Weg". 8 wird zu 5, 5 aber zu 8 ...!

Haus IV wird, seltsamerweise, zum 9. Tradition wird zur Philosophie des „Lebensnein". Erinnerung, Erfahrung der Weltgeschichte wird zum Studienweg des großen Verzichtes ...

Haus 3 aber ist Nr. X: Das „Nichtgelten", das „Verzichten" werden offenbar im direkten Kontakt. Der innerliche Mensch kann sich verlieren in der intimsten Anpassung, oder er kann den Gipfel seines Einsamseins „unter Nachbarn" erleben.

Haus 2 ist Nr. 11: Das Materielle, das uns geschenkt wird, enthebt uns der Notwendigkeit des innern Weges, gleich wie Haus 11 das Ego der Anstrengung des Existenzkampfes enthebt.

Haus I ist nun Nr. 12. Das Ich löst die Bestrebungen des Verzicht- und Innenweges auf, sagt „Nein zum Nein".

Ein Blick auf Fig. 14 sagt uns, daß sich alle Zahlen vertauschen, wenn wir im einen Falle I als Ausgangspunkt des aufbauenden, im andern Falle 12 als Ausgangspunkt des „rückgehenden" Zählens setzen.

KOMBINATIONEN

WIRKUNGSSTELLEN DER „PLANETEN“

Die sogenannten „Aspekte“

Wir betrachten die „Gestirne“ eines horoskopischen Moments einzig und allein als „Akzente“, die dem „prinzipienmäßig gegliederten Erdmaterial“ aufgeprägt werden. Und diese „Akzente“ beruhen nicht auf der Gestirnstellung irgendwo im All draußen, sondern auf der Stelle ihrer Einstrahlung in den Erdraum. So wenig gehen uns die „Massen“ und „Stellungen“, die „Entfernungen“ und „Sichtbarkeiten“ dieser Weltkörper an, daß wir die riesige Sonne und den winzigen Mond, den verhältnismäßig großen Jupiter und den Zwerg Mars unterschiedslos als Akzente irgendwie gleichen Wertes behandeln. Und zwar, weil es sich lediglich um ihre „Richtung“ auf einen bestimmten Punkt der Erde, abgesehen von ihren Beziehungen zur Ekliptik, handelt.

Die Einstrahlungsstelle, die sowohl ekliptisch wie irdisch bestimmt wird, nennen wir die *„Konjunktionsstelle“*. Strahlen zwei Gestirne auf derselben Linie erdwärts, dann haben sie „Konjunktion“; ihre Distanz am Himmel müßte, ungefähr gesprochen, 0° betragen: ☌

Ekliptisch messen wir diese Stelle nach Zeichen und Grad.

Irdisch oder „mundan“ sprechen wir gewöhnlich nur vom „Haus“, in welches das Gestirn einstrahle. Wir könnten genauer sein und das Haus ebenfalls in 30 „Positionen“ gliedern und demnach sagen: „Mundan I. Haus, 23. Position“ usw.

Nun haben wir *außer* diesem direkten Einstrahlungspunkt nach der überlieferten Lehre *15 weitere* Wirkungsstellen zu beobachten. Sie ergeben sich aus der Teilung der Ekliptik.

180	Grad von der „Konjunktion“ entfernt		=	„Opposition“	☍
120	„ oder einen Drittelskreis	„	=	„Trigon“	△
90	„ „ „ Viertelskreis	„	=	„Quadrat“	□
60	„ „ „ Sechstelskreis	„	=	„Sextil“	✱

Diese Distanzen sind altüberliefert. Ein Blick auf Fig. 17 zeigt, daß nur je eine Konjunktion und Opposition, dagegen je zwei Trigone, Quadrate und Sextile zu notieren sind. Als man nur die sieben Gestirne kannte, ergaben sie, wie man ausrechnen kann, 56 Wirkungspunkte. Es sind in moderner Zeit, teilweise durch Astronomen wie den großen Kepler, weitere Punkte eingeführt worden, und zwar:

150	Grad oder $^5/_{12}$ Kreis Distanz	=	„Quinkunx“ ⊽
30	„ „ $^1/_{12}$ „ „	=	„Halbsextil“ ⊻
45	„ Distanz	=	„halbes Quadrat“ ∠
135	„ „	=	„Anderthalbquadrat“ ⚼

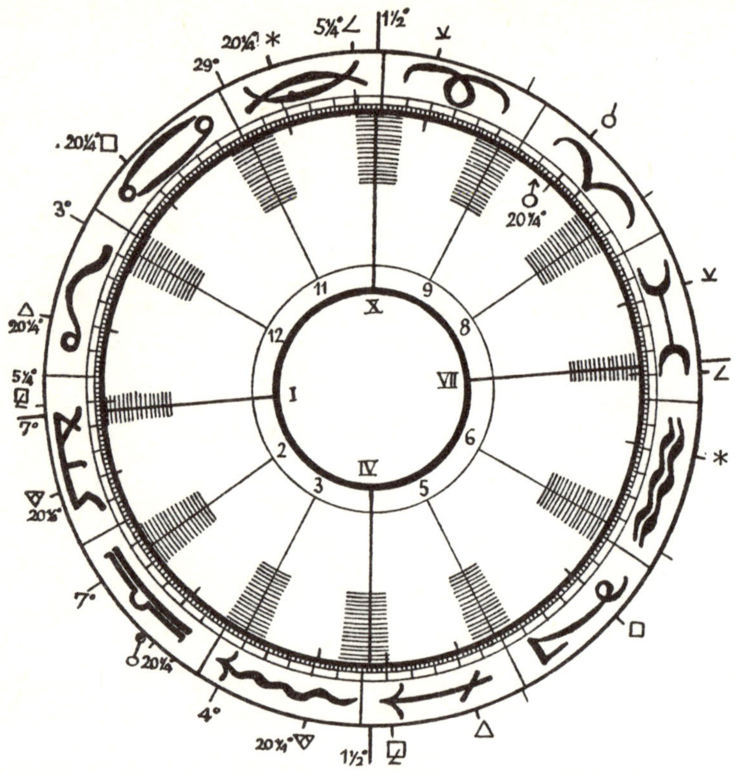

Fig. 17. Darstellung aller „Aspekte“ oder Wirkungsstellen des auf $20^1/_4$ ° Widder stehenden Planeten Mars. Unterscheidung der in den „Orb“ und der in den „latenten Raum“ fallenden Aspekte. Die Schraffen stellen schematisch den Orb oder „Umraum“ dar.

Da dies acht weitere Punkte pro Gestirn ergibt, steigt die Zahl der Wirkungspunkte auf 112, und nehmen wir die neuen „Planeten“ bis Pluto hinzu, dann wären 10mal 16 oder 160, also mehr als jeder dritte Grad, unter exakter Gestirn-„Bestrahlung“ zu denken. Diese Häufung hat der Kritik gerufen und mit Recht Spott geweckt. Mit 500 Granaten auf den Quadratmeter läßt sich „eine Maus treffen“, und mit 160 „Aspektstellen“ im Horoskop auf jeden Fall eine „Erklärung finden“!

Nun verringert sich freilich die Masse der bedeutungsvollen unter diesen 160 Punkten sofort, wenn wir den „Orb der Häuserspitzen“, der in Fig. 17 *mit* notiert steht, in Rechnung ziehen. Es treten jene „Aspekte“ in den Vordergrund, die mit diesem Orb zusammenfallen, die andern bleiben weit zurück, im „latenten“ Raum der Häuser. Unser Beispiel läßt erkennen, daß die einen als „manifest“ und dauernd wirksam in Rechnung fallen, die andern aber nur „zu Zeiten“ wirken.

Der Leser merke sich: □*e* stehen einander gegenüber, ebenso △ und ∗, ⚺ und V̲, ebenso endlich / und ⚼.

Wer ein Horoskop genau zeichnen will, der betone die in den Orb eines Hauses fallenden Aspekte und lasse zu seinem eigenen Heil die andern weg! Nach einiger Übung wird er zu jedem Gestirn auch die wichtigsten *andern* „Bedeutungsstellen“, vor allem die Trigone und Quadrate, „mit-sehen“.

Eine natürliche *Abstufung* der Aspektbedeutungen ergibt sich, wenn man die „Hauptaspekte“ von den nebensächlichen trennt.

Hauptaspekte sind Konjunktion, Opposition, Trigon und Quadrat.
Aspekte zweiten Ranges: Sextil, Halbquadrat.
Aspekte dritten Ranges: Anderthalbquadrat, Quinkunx und Halbsextil.

Wichtiger aber ist die Kombination dieser „Stärken“ mit jener der „exakten Orbbeziehung“. Schwache Aspekte können, wie in unserm Beispiel, in der Dauerwirkung an *erste* Stelle treten.

Die „Qualität“ der Aspekte kennt als überlieferte Unterscheidung „gut“ und „böse“. Genau so wie man von „wohltätigen“ und „übeltätigen“ Planeten spricht. Wir sollten modernerweise vielleicht anders einteilen und unterscheiden:

„Spannungsaspekte“: Opposition (☾-verwandt)
„Ausgleichsaspekte“: Trigon und Sextil (♃, resp. ♀)
„Hemmungsaspekte“: Quadrat (♄)
„Ballungsaspekte“: Konjunktion (☉)
„Sprengungsaspekte“: Halbquadrat und Anderthalbquadrat (♂)
„Zwiespältige“: Halbsextil und Quinkunx (☿).

In unserm Beispiel träfe der „spezifisch marsartige“ Halbquadrataspekt das VII. Haus, der ebenfalls marsartige Anderthalbquadrataspekt den Aszendent-Orb. Es versteht sich, daß für Mars diese beiden Distanzen mehr Bedeutung haben müssen als etwa für Venus. Rein gefühlsmäßig wird man sie also in unserer Figur, trotzdem sie zweit- und drittrangig sind, sehr beachten müssen!

1. Weil sie in den „Orb“ fallen.
2. Weil es die dem Planeten „artverwandten“ sind!

Wollen wir jene überlieferte Bezeichnung „gut und böse" auf die Aspekte allgemein anwenden, dann stellen wir etwa folgendes fest:

Immer harmonisch wirken: Trigone und Sextile (Art ♃ und ♀).

Immer negativ: Quadrat, halbes und Anderthalbquadrat (Art ♄ ♂).

Je nach Planet negativ oder positiv die andern.

Es ergibt sich nun von selbst, daß Gestirne, die in ihren Zeichen entsprechende Gradzahlen einnehmen, unter sich „im Aspekt stehen". Das heißt in unserm Falle: Jeder Planet, der wie Mars im Widder, auf 20.15 irgend eines Zeichens steht, „aspektiert" den Mars und wird von ihm aspektiert. Aber auch jeder, der 45 ° von ihm entfernt einstrahlt, oder 135 °. In Fig. 17 zeichne man zum Mars (außen) nun z. B. den Saturn, der 27 ¼ ° ♐ einnehme, mit seinen „16 Stellen" ein. Ein Blick auf die Zeichnung belehrt uns, daß diese Stellen *alle* in der Nähe der marsischen liegen, logischerweise! Mars am nächsten liegt „Saturnquadrat", Saturn am nächsten „Mars-Quadrat". Der Ausdruck lautet, die beiden stünden „unter sich in Quadrat", also „im gegenseitig sich hemmenden Winkel"! Wir werden später sehen, was diese Hemmung bedeutet. Vorläufig nur der Hinweis, daß alle weitern Aspekte beider in eigentümlicher Weise zusammenfallen, so die „Oppositions-" mit den „Quadratstellen" des andern usw. Der Leser studiere und leite ab, wieso die 30- und 150°-Winkel zwiespältig sein müssen.

Interessant ist wiederum, daß die saturnischen 45- und 135°-Winkel in den Orb des Aszendenten und Deszendenten fallen. Um dies obenhin zu deuten und auf den Sinn dieser Winkeleintragungen hinzuweisen: Haus I (das „Ich") und Haus VII (die Beziehungen des „Ich" zum „Du") werden von den *beiden* Übeltätern durch einen negativen Aspekt getroffen. Persönlichkeit *und* Du-Beziehung müssen also etwas „Sprengendes" in sich haben, das aller Dauer und Gleichmäßigkeit entgegenarbeitet. Man liest dies aus den *Aspekten,* nicht aus den Planeten selbst! Der Leser merke sich ein für allemal, daß *die im Orb wirksamen Aspekte für die Deutung des dauernden Horoskopzustandes vorangehen* und wichtiger sein können als die Gestirne *selbst.*

Überhaupt raten wir jedem Astrologiestudierenden *jetzt schon* an, bei der Ausdeutung eines Horoskops sorgsam jeden Aspekt, der in einen Orb fällt, *für sich* zu betrachten, und sich selbst klar zu machen, ob Jupiter im Orb des oder jenes Hauses „hemmt, ausgleicht, durch Spannung antreibt oder sprengt oder nur zwiespältig wirkt", oder ob dies Saturn oder Mars oder irgendein anderer tun. *Man kommt damit weiter, als durch die Feststellung, welche Winkel die Planeten „unter sich bilden".*

Noch ein Wort zur Bewertung des „Orbs". *Es ist zu unterscheiden zwischen dem Orb der einzelnen Gestirne.* Nicht die Achsen haben, genau genommen, einen solchen.

Herkömmlich gilt als „ekliptisch wirksamer Raum“

bei Konjunktion, Opposition, Trigon und Quadrat der ☉ : 15°
„ „ „ „ „ „ des ☾ : 12°
„ „ „ „ „ „ von ♃ und ♄ : 9°
„ „ „ „ „ „ „ ♂ ♀ ☿ ♆ und ♅ : 5°.

Das heißt also: ☉ = „Orb“ für den Aszendenten 1 h vor oder nach Aufgang der Sonne, für ☾ 48 min, ♃ und ♄ 36 min usw.

Bei den zweitrangigen Aspekten wird dieser Orb halbiert, bei den drittrangigen geviertelt. Man darf aber diese Schätzungen nicht mechanisieren. Sie gelten lediglich in gegenseitiger Abschätzung.

Die Abnahme der Aspektwirkungen von der Exaktheit bis zur Nullgrenze denkt man sich in der Form einer Sinuskurve.

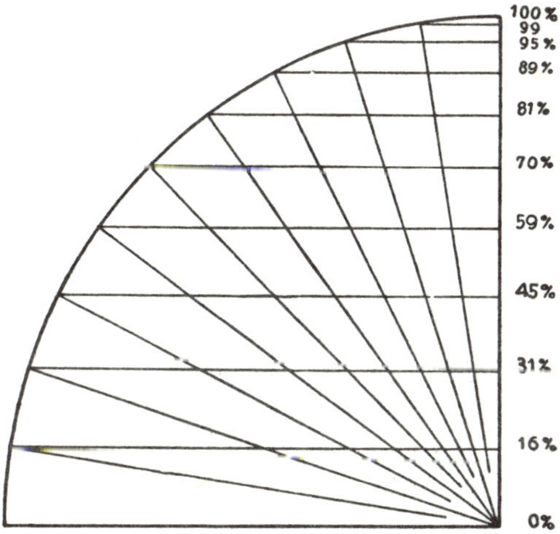

Distanz

$^0/_{10}$	= 100%	d. Wirkung	
$^1/_{10}$	= 99%	„	„
$^2/_{10}$	= 95%	„	„
$^3/_{10}$	= 89%	„	„
$^4/_{10}$	= 81%	„	„
$^5/_{10}$	= 70%	„	„
$^6/_{10}$	= 59%	„	„
$^7/_{10}$	= 45%	„	„
$^8/_{10}$	= 31%	„	„
$^9/_{10}$	= 16%	„	„
$^{10}/_{10}$	= 0%	„	„

Fig. 18. Die Abnahme einer Wirkung in Prozentzahlen. Man nehme $^1/_{10}$ des angenommenen Gesamtwirkungsbereiches eines Gestirns, $^2/_{10}$ usw. Bei $^{10}/_{10}$ Wirkung = 0%.

Nochmals: Diese Prozentbestimmung ist zwar „mathematisch“, dient aber vor allem der Anschauung und soll nicht zum Spiel pedantischer Unfähigkeit werden. Man kann sich etwa merken, daß die Verminderung der Wirkung zuerst sehr langsam vor sich geht. Im „halben Orb“ stellt man immer noch 70% der Wirkung fest, vom 8. Zehntel an geht's unter ein Drittel und sehr rasch auf Null zu.

Der Studierende rechne für sich aus, welches der beiden im „Deszendentorb“ einfallenden Halbquadrate, das des Saturn oder das des Mars, an Wirkung stärker sei oder überhaupt in Frage komme.

Die „sensitiven Punkte“

Man nimmt die Distanz zwischen Sonne und Mond in den Zirkel und trägt sie auf den ekliptischen Kreis ab, und zwar links und rechts vom Aszendentgrad. Dadurch erhalten wir die beiden Punkte, die als „Glücksräder“ eingetragen werden. Der moderne Mensch schüttelt über solche Symbole und über die Art, wie sie konstruiert werden, den Kopf. Und er wendet sich widerwillig ab, wenn er erfährt, daß nicht nur die Sonne- und Mond-Distanzen, sondern die zwischen sämtlichen Gestirnen überhaupt Anlaß zu solchen Konstruktionen werden, so daß man theoretisch auf 72 Punkte, und wenn Pluto miteinbezogen würde, sogar auf 90 käme. Wer mit den Hauptsymbolen nichts anzufangen weiß, stürzt sich natürlich begierig auf derartige Nebensachen.

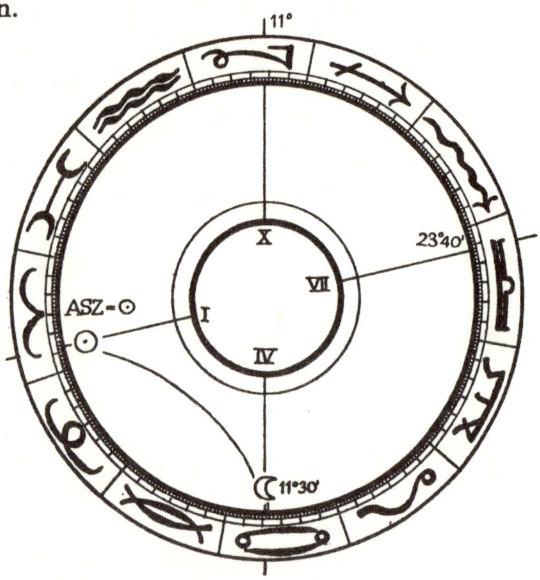

Fig. 19. Übertragung nach Veränderung des Mondstandes bei vorangegangenem Sonnen-Aufgang.

Der „Glückspunkt“ ist jedoch von Ptolemäus als „Schicksalslos“ überliefert. Das zwingt uns zur Frage nach dem vernünftigen Grund dieser „Punkte“.

Vermutlich handelt es sich um die „Interpolierung“ eines Sonnen-Aufgangs-Horoskops. Die Sonne des Geburtstages wird beobachtet, wenn sie den Horizont überschreitet, d. h. aufgeht, die Distanz zwischen ihr und dem Monde wird gemessen, der Punkt, den der *Mond* einnimmt, festgehalten und als „*Glückspunkt*“ bezeichnet ⊕. Oder es wird das Mond-Aufgangs-Horoskop errechnet . . ., dann wird die *Sonnenposition* zum Glückspunkt. Nimmt man an, daß wirklich die „Glückspunkte“ Sonnen- oder Mondstellungen des Mond- oder Sonnen-Aufgangs-Horoskops seien, dann stehen wir sofort vor einem Problem, und alle Horoskopieschüler stehen vor der Aufgabe, sich dieses Problem klarzumachen und beobachten zu helfen, ob sich die *herkömmliche* Art der Punkteinzeichnung oder vielleicht eine andere als richtig erweisen. Vermutlich sind die überlieferten „Zirkelabtragungen“ nur ein Schema, das der Differenzierung bedarf.

Betrachten wir Fig. 19 und 19a. Fig. 19 stellt das Sonnen-Aufgangs-Horoskop dar, die Sonne steht auf „Achse I“, der Mond auf 12° ♋. In Fig. 19a wurde der Mond richtig an seinen Punkt 16° ♋ im 11. Hause placiert. Die Distanz ☉/☾, die nun 82° beträgt, fällt, auf den Aszendenten übertragen, mit 29° ♏ ungefähr an die Spitze des IV. Hauses.

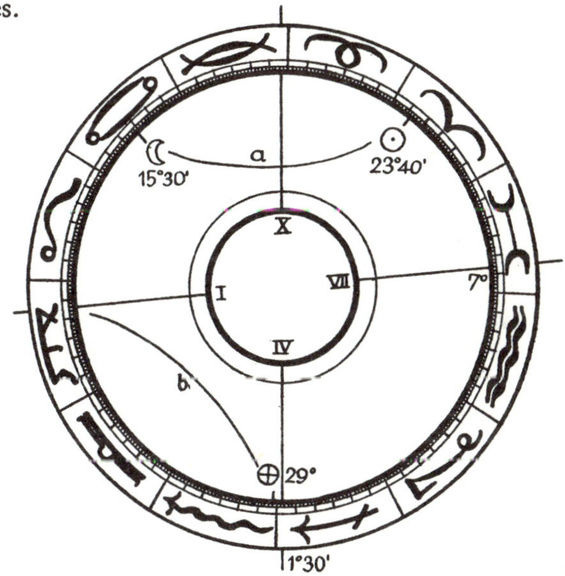

Fig. 19a. Gewöhnliche Übertragung der Sonne—Mond-Distanz als „Glücksrad“.

Das Problem wird aus den gleichen Zeichnungen ersichtlich: Soll die Distanz zwischen dem wirklichen Mond des Sonnen-Aufgangs-Horoskops und der Sonne, also von 23° ♈ bis 12° ♋ Fig. 19 gemessen und übertragen werden? Oder aber die Distanz, die beide Gestirne zur Geburtszeit besitzen?

Wir nennen außer dem Glückspunkt den „Todespunkt“, ein dem 8. Hause verwandter Wirkungspunkt der Gestirne: Die Distanz zwischen Saturn und Mars, aus den beiden ersichtlich (†).

Ferner den „Liebespunkt“ (♡), die übertragene ☉ ♀-Distanz.

Die „Knoten“

Die Stelle auf der Ekliptik, welche der Mond oder einer der Planeten in seinem Übergang vom Süden dieser Sonnenbahn in den Norden kreuzt, wird der „aufsteigende Knoten“ genannt; die Gegenstelle, die seinen Weg von der nördlichen in die Südlage bezeichnet, der „absteigende Knoten“.

Man zählt diese Stellen irgendwie mit den Gestirnen zusammen, die sie bilden. Praktisch mißt man aber nur den „Mondknoten“ besondere Bedeutung zu. Sie stellen in gewissem Sinne den Mond selber dar, seine Bahn wird für ihn stellvertretend. Nur daß er diesmal nicht „wirkt“; er *empfängt* vielmehr nur Wirkungen.

Es wäre zu untersuchen, ob nicht auch eine Verschlechterung etwa der „merkurischen Elemente“ eines Horoskops eintritt, sofern die „Merkurknoten“ unter schlechten Gestirnaspekten stehen. Theoretisch müßte das so sein.

Die Allgemeindeutung böser Knotenbestrahlung kommt einer „Bedrohung“ oder „Verletzung“ des Mondes, d. h. der „lunaren Elemente“ eines Horoskops selbst gleich. Nicht *beide* Knoten sind so empfindlich. Der „aufsteigende“, der sogenannte „Drachenkopf“ (☊), hat den Charakter eines richtiggehenden „Glückspunktes“. Aspekte guter Art, die ihn treffen, sind Nebenelemente der ganzen Deutung, bringen aber stets „Zuschußpunkte“. Schlechte Aspekte, die auf den Drachenkopf fallen, dagegen Abstriche.

Der absteigende Knoten oder „Drachenschwanz“ (☋) wird als eine Art „Unheilspunkt“ gewertet. Alle negativen Elemente des Horoskops gewinnen an Gewicht, falls sich ein „Übeltäter“ oder seine Aspekte auf ihn richten, oder falls sich mehrere von ihnen hier vereinigen. Aus der Aspektfigur ergibt sich, daß Quadrate und Konjunktionen auf dem einen auch immer Quadrate, resp. Oppositionen, auf dem andern Knoten bedeuten, so daß man sie eigentlich nicht trennen kann. Gute Aspekte zum einen bedeuten stets auch gute Aspekte zum Gegenknoten.

In den Ephemeriden sind nur die Mondknoten, und zwar stets die aufsteigenden, notiert. Sie wandern im Tierkreis rückwärts, monatlich rund anderthalb Grade und vollenden den Kreis in rund 19 Jahren. Schon die Babylonier haben sie gekannt und beobachtet. Ihr „Saros“, der Zyklus der Finsternisse, die innerhalb 19 Jahren regelmäßig wiederkommen, widerlegt die Behauptung, als ob sie eine Wolkenverfinsterung nicht von einer „Finsternis“ unterschieden hätten. Auch die *Bewertung* der Knoten muß uralt sein, die Unterscheidung des „glückhaften“ aufsteigenden und des Gegenknotens.

Die aufsteigenden Planetenknoten stehen in unserm Jahrhundert

Knoten	des	Merkur	auf	17,14°	Stier
„	der	Venus	„	15,79°	Zwillinge
„	des	Mars	„	18,78°	Stier
„	„	Jupiter	„	9,44°	Krebs
„	„	Saturn	„	22,79°	Krebs
„	„	Uranus	„	13,55°	Zwillinge
„	„	Neptun	„	10,68°	Löwe

Die Gestirne in den Zeichen

Es ist die große Frage, ob die bewanderten Astrologen praktisch in den Fall kommen, die überlieferten äußerst komplizierten „Würden" und „Schwächen" der verschiedensten Art, die jeder einzelne Planet in jedem der zwölf Zeichen besitzen soll, „deutungsmäßig anzuwenden". Ich sage nicht „zu berücksichtigen". Man kann sicherlich *sagen,* ein Gestirn sei „herrschend", aber von einem andern, das „vernichtet" steht, durch Quadrat bestrahlt, und von einem dritten, das „im Falle" begriffen sei, ebenso schlecht beeinflußt, und es kämen viertens und zehntens noch die und die Umstände hinzu. Ob aber mit diesen Feststellungen auch eine „Anschauung" verbunden sei, und ob der Inhalt der Schwächungen und Stärkungen „erlebbar" werde, darauf käme es an. Und jeder ehrliche Astrologe wird zugeben, daß es zwar ganz heilsam sei, sich einmal die verschieden gestuften Werte „aller 9 Symbole in allen 12 Zeichen" anzusehen und gegebenenfalls auch heranzuziehen, wenn es gilt, eine Seite des Horoskops gegen die andere abzuwägen, daß aber immer *der Griff auf die wichtigsten Faktoren* vorangeht. Man muß die vielen Nebenbewertungen stets bei der Hand haben, nicht aber dürfen sie „massenhaft herumliegen", so daß man darüber stolpert und schließlich den Weg verliert.

Wir beschränken uns in der Darstellung der „Würden" auf die Hauptsachen, die man stets zu beachten hat, die einen aber noch nicht „stören", indem man sie beachtet. Dabei sprechen wir von den „Würden und Schwächen", die sich aus der direkten Stellung eines Gestirns in einem bestimmten Zeichen ergeben, und von „indirekten" Würden und Schwächen.

1. Direkte Würden und Schwächen

Aus der Gruppierung der Zeichen und Planeten (Tabelle S. 138) erkennen wir die wichtigste aller Bewertungen, die der „Herrschaft", und ihr Gegenstück, die „Vernichtung". Saturn herrscht in Steinbock und Wassermann, vernichtet ist er in den Gegenzeichen Krebs und Löwe. Jupiter ist in „seinen" Zeichen Schütze und Fische herrschend, vernichtet aber in den merkurischen, Jungfrau und Zwillinge. Mars wird in Venuszeichen, Venus in Marszeichen vernichtet, Merkur in jovischen, Sonne und Mond in saturnischen. Die Einprägung dieser Dinge ist unumgänglich; sie bildet die Grundlage aller in der Deutung vorkommenden Kombinationen. Ohne ihre Kenntnis läßt sich die Horoskopstruktur nicht erfassen.

Daß zwischen „Herrschaft" und „Vernichtung" gewisse Übergänge bestehen müssen, ist logisch. Man überlege einmal folgendes:

Saturn-, Venus- und Merkurzeichen sind erdig oder luftig, folglich haben sie eine gewisse Bevorzugung auch in den Zeichen dieser Elemente, die sie nicht beherrschen.

Mars und Jupiter „beherrschen" je ein „feuriges" und ein „wässeriges" Zeichen; sie entwickeln sich in den verwandten ebenfalls „richtig".

Sonne als Herrin des Feuerzeichens Löwe muß in ♈ und ♐ gut, Mond als Herr des Wasserzeichens Krebs ähnlich in ♏ und ♓ stehen.

Die Umkehrung ergibt, daß

Saturn-, Venus- und Merkur-„Vernichtung" in je einem feurigen und einem Wasserzeichen vorkommt, daß ihnen also diese Elemente nicht zusagen, also eine gewisse „Unterwertigkeit" zu befürchten sei.

Mars- und Jupiter-„Vernichtung" stellen wir je in einem luftigen und einem erdigen Element fest; sie werden auch in den übrigen entwertet.

Die Sonne, die im Luftzeichen Wassermann „vernichtet" wurde, muß also ähnliche „anti-solare" Veränderungen in „Zwillingen" und „Waage",

und der im Erdzeichen Steinbock „vernichtete" Mond entsprechende Schädigungen in Stier und Jungfrau erleiden.

In folgender Tabelle sei diese Lage festgehalten:

Gestirn	Herrschaft	Hochwertigkeit	Unterwertigkeit	Vernichtung
Saturn	Steinbock	Erdzeichen u.	Wasserzeichen u.	Krebs
	Wassermann	Luftzeichen	Feuerzeichen	Löwe
Venus	Stier	Erdzeichen	Wasserzeichen	Skorpion
	Waage	Luftzeichen	Feuerzeichen	Widder
Merkur	Jungfrau	Erdzeichen	Wasserzeichen	Fische
	Zwillinge	Luftzeichen	Feuerzeichen	Schütze
Jupiter	Schütze	Feuerzeichen u.	Luftzeichen u.	Zwillinge
	Fische	Wasserzeichen	Erdzeichen	Jungfrau
Mars	Widder	Feuerzeichen	Luftzeichen	Waage
	Skorpion	Wasserzeichen	Erdzeichen	Stier
Sonne	Löwe	Feuerzeichen	Luftzeichen	Wassermann
Mond	Krebs	Wasserzeichen	Erdzeichen	Steinbock

Wir müssen selbstverständlich davor warnen, nun „Noten" zu geben und den Mond im „marsischen Skorpionzeichen", das ihm „Hochwertigkeit" geben soll, mit Note 2 zu bedenken. Er wird zwar seine „Art" in diesem „Wasser-Element" wiederfinden, wird das Trieb- und Wunschhafte, die „Bewegtheit" und „Steigerung" des Gemüthaften hier bestätigt finden. Aber das „Marsische" bekommt ihm nicht besonders gut. Umgekehrt entwertet ihn der ♉ nicht in der erwarteten Weise.

Es wird über diese Zuteilung noch anderswo zu sprechen sein.

2. *Indirekte Würden und Schwächen*

Angenommen, die Sonne stehe im Löwen, also herrschend. Dann ist sie ihr eigener „Herr" und mit den „solaren Kräften" des Löwen als Einheit gesichert vor „indirekten" Schwächungen. Jedes „in Herrschaft stehende" Gestirn besitzt dieselben Sicherungen.

Anders, wenn die Sonne ins Mondzeichen Krebs zu stehen kommt. In diesem Falle bekommt sie jene gewisse „Hochwertigkeit", die ja auch den echten „Feuerplaneten" Jupiter und Mars in Wasserzeichen zuteil wird. Es stellt sich aber weiter die Frage, ob der Mond, d. h. ob mit dem Monde die gesamten „lunaren Elemente" des Horoskops gut stünden. Finden wir nun den Mond im Steinbock, also vernichtet, dann erleidet indirekt auch die im Mondzeichen Krebs stehende Sonne einen Abstrich.

Wir sagen, ihr „Dispositor" sei vernichtet. Diese indirekte Schwächung wird besonders *dann* bedeutsam, wenn sich die Sonne und der Mond durch „Opposition" „anspannen" (Krebs–Steinbock); diese Spannung wird damit zur Schädigung.

Wenn beispielsweise der Mars im Schützen steht, sein „Herr" Jupiter aber im Widder, so daß Mars selbst zum Herrn des Jupiter wird, dann ergibt sich eine gegenseitige „indirekte Förderung": Doppelwürde!

Wir nennen diese „Zeichenvertauschung" zweier Planeten „Rezeption". Sonne im „Mondzeichen Krebs", Mond im „Sonnenzeichen Löwe" würde gewertet als „Mond mit Sonne in Rezeption". Jupiter im „Merkurzeichen Zwillinge", Merkur im „Jupiterzeichen Fische" ergäbe Rezeption zwischen Merkur und Jupiter.

Es kann also vorkommen, daß sich die Planetenbeziehungen in dreifacher Weise steigern: Von der einfachen „Beherrschung" des einen durch das Zeichen des andern bis zur „gegenseitigen Beherrschung" und darüber hinaus zur „Aspektierung" solcher in Rezeption stehender Gestirne unter sich.

Unter den Aspekten der Gestirne sind darum, abgesehen von der Exaktheit der Winkel, jene herauszuheben, die sich mit „einseitiger" oder „gegenseitiger Herrschaft“ verbinden. Sind alle „herrschend“, dann fehlen solche Verstärkungen der Aspekte, da ja jeder Planet in seinem *eigenen* Zeichen wandert; er hat keinen „Herrscher“ über sich. In der nachstehenden Fig. 20 aber sieht man außerordentlich krasse Steigerungen, und zwar negative und positive.

1. Sonne steht im Wassermann, also vernichtet.
2. Saturn steht im Löwen, ebenso vernichtet.
3. Sonne und Saturn bilden einen Oppositionsaspekt.

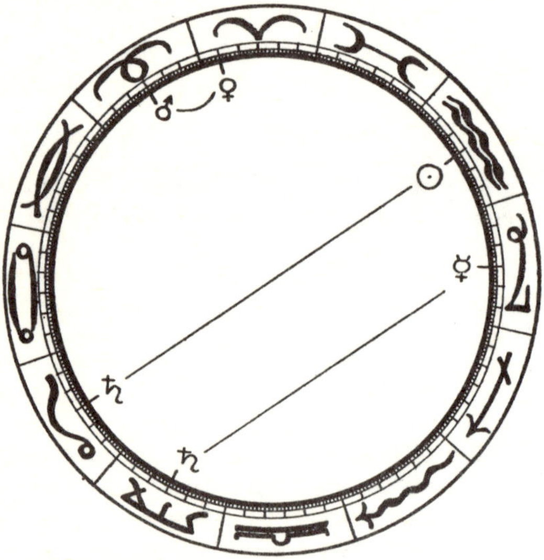

Fig. 20. Drei Arten von „Rezeption“ in Verbindung mit „Vernichtung“ und „Aspektlosigkeit“, „Vernichtung“ und „schlechtem Aspekt“ und guter Zeichenstellung bei gutem Aspekt.

Die Steigerung dieses schlechten Aspektes ergibt sich aus der Tatsache, daß die Sonne von ihrem „eigenen Herrn“ oder Dispositor „schlecht getroffen“ wird. Solche Oppositionen wirken immer sehr schwer. Ebenso kraß würde der Fall, wenn Mond im ♑, ♄ aber im ♋ stünde.

1. Mond stehe ebenfalls im Steinbock, sein Herr sei Saturn.
2. Saturn steht im Krebs, hat als Herrn den Mond.
3. Beide stehen in „annähernder Opposition“.

Hier wird die Beziehung noch um einen Grad schärfer, wegen der größern Mondempfindlichkeit. Diese Rezeption wird ebenso wie die erste zur Katastrophe, weil sowohl Saturn als Mond „in der Vernichtung stehen“.

Ähnlich schlimm stehen Venus und Mars unter sich. Nämlich:

1. Mars im Venuszeichen Waage, also vernichtet.
2. Venus im Marszeichen Skorpion, also ebenfalls vernichtet.
3. Mars und Venus unter sich aspektlos.

So unangreifbar durch „Fremdherrschaft" also in seinen „eigenen Zeichen" jeder Planet steht, so gefährlich kann ihm eine Stellung im „Gegenzeichen" werden; zu seiner eigenen „Vernichtung" kann die „Vernichtung" auch seines „Dispositors" kommen; obendrein können beide unter sich einen ganz schlechten Aspekt bilden. Wir können uns merken, daß das schlimmste Verhältnis zwischen zwei Gestirnen umfaßt:

1. Beidseitige Vernichtung bei „Rezeption", und
2. negative Aspekte.
3. Exaktheit dieser Aspekte.

Wogegen die beste Verbindung sich ergibt, wenn zwei Gestirne

1. durch gegenseitige Beherrschung in günstigen Zeichen,
2. durch gleichzeitig gute Aspektverbindung,
3. durch die Exaktheit dieser Verbindung

aufeinander wirken. Der Leser studiere als solchen Fall ♄ ☿ in Fig. 20.

EINZELNE GESTIRNE IN IHREN ASPEKTEN

Wir schicken voraus, daß wir die „absolute Bedeutung" einer Verbindung zweier oder mehrerer Gestirne unter sich, wie sie herkömmlich gelehrt wird, für irreführend halten. Erst die Übertragung auf das Einzelhoroskop erlaubt Auswertungen, die man als „psychologisch" bezeichnen darf. Sehr viele „Aspekte" prägen sich *nie* als „seelische Eigenschaft" aus. Vor allem jene, die in den „latenten Raum" des Horoskops, aber auch jene, die auf gewisse Häuserspitzen fallen. Wir können also nur „grundsätzlich" von der „Bewirkung" der oder jener Ereignisse oder Eigenschaften durch das Zusammenspiel mehrerer Symbole sprechen; dabei sei versucht, eine Neuerung einzuführen, indem wir immer das „Ereignishafte" vom „Psychologischen" trennen.

1. Aspekte zwischen der Sonne und den andern Gestirnen

a) Sonne in Verbindung mit Mond

Die *Konjunktion,* alltäglich „Neumond" genannt, bezeichnet eine zu enge Verbindung zwischen dem „geistigen Prinzip" und der „Persönlichkeit". Es fehlt also die große Spannung, das Entwicklungsmoment. Die Dinge sind da oder nicht da, werden mit einem Male reif oder gar nicht reif. Das Leben steht unter einem Druck-Element, kommt nicht „aus sich heraus". Man ist nicht „aktionsfähig".

Die Opposition, gewöhnlich „Vollmond" genannt, bezeichnet im Gegensatz dazu die Spannung, die Gegenüberstellung von Ideal und Wirklichkeit, von Ziel und Ausgangspunkt, von Forderung und Erfüllungskräften. Alles Erreichte genügt nicht, alles Eroberte wird Ausgangspunkt für neue Taten, alles Gelernte Anlaß zum Umlernen. Ein Zeichen *langer* Entwicklung, von geistiger Spannkraft bis ins hohe Alter. Wenn sich schlechte Aspekte anderer Gestirne einmischen, werden aber Sonne und Mond empfindlich, und der Entwicklungskampf geht unter großen Schwierigkeiten vor sich.

Das Quadrat, gewöhnlich „erstes" und „letztes Viertel" genannt, bezeichnet eine Hemmung irgendwelcher Art. Eine Verhinderung entschiedener Richtung, Stellungnahme oder Überzeugung. Ideal und Wirklichkeit lassen sich nicht vereinigen. Das Wirkliche erhält aus der ideellen Welt ungenügende Anregungen, das Ideelle erwahrt sich nicht in der Wirklichkeit. Zwangs- und Verlegenheitslösungen sind die Folge. Zuwarten, bis Entscheidungen von außen aufgedrängt werden, und Maskierung dieser Entschlußlosigkeit als Fügung in eine höhere Schickung.

Trigon und Sextil, zwischen Neumond und den Vierteln oder den Vierteln und dem Vollmond gelegen, bezeichnen die harmonische, von Hemmung, Druck und Spannung freie Einstellung in Fragen des Handelns und der Entwicklung. Gegensätze zwischen Ideal und Wirklichkeit werden nicht in ihrer Abgründigkeit erlebt. Alles hat die Tendenz der Angleichung und des vernünftigen Kompromisses. Gesundheitlich ergibt diese gegensatzfreie Grundlage des „Seelisch-Geistigen" bessere Vorbedingungen und größere Widerstandsfähigkeit gegenüber den schlechten Aspekten anderer Gestirne, besonders wenn Sonne und Mond davon verschont bleiben.

Halb- und Anderthalbquadrate stellen bei Sonne und Mond nur „tote Punkte" dar, „Verbindungslosigkeiten", die auf die Abwesenheit besonderer Anregungen aus dem großen Gegensatzpaar des „tiefsten unbewußten Lebenswillens" (Geist-Idee) und des „trieb- und wunschhaften Ich" (Persönlichkeit im astrologischen Sinne) hinweisen.

Halbsextil und Quinkunx sind sehr schwach und deuten unentschiedene Wirkungen der beiden Grundkräfte an, halb harmonisch, halb gespannt; das Horoskop erhält unter diesen Sonne–Mond-Winkeln keine maßgebenden Prägungen von seiten ihrer Zusammenwirkung.

Alle Sonne–Mond-Beziehungen sprechen von „Vater und Mutter".

Und zwar weisen sie auf das *Bild* hin, das in einem Menschen Platz greift; dieses „Vater–Mutter-Bild“ braucht nicht der Wirklichkeit zu entsprechen, schöpft aber aus dieser Wirklichkeit und zieht die harmonischen oder unharmonischen Erlebnisse mit den beiden Eltern dem Aspekt entsprechend heraus. Meist gleichen sich jedoch Wirklichkeit und entstehendes Seelenbild weitgehend.

Hinter diesem Bild, das sich die Seele von den leiblichen Eltern macht, steht eine Ur-Einstellung zum Väterlich-Mütterlichen, die Prinzipien sind und „Geist und Seele“ bedeuten. Als *Auswirkung* dieses Bildes entwickelt die Seele in sich ein entsprechendes Verhältnis zwischen „Männlich und Weiblich“. Also eine harmonische oder disharmonische Einstellung zum *Gegengeschlecht*. Gutes oder schlechtes Zusammenspiel zwischen den eigenen Eltern, gutes oder schlechtes Ineinanderwirken der Willens- und Wunschkräfte in der eigenen Seele übertragen sich auf die Beziehungen zwischen „Ich und Du“.

Psychologisch sind vor allem die Beziehungen zwischen „Wille“ und „Wunsch“, zwischen „Lebenskraft und Lebensverbrauch“ in den Stellungen von Sonne und Mond angedeutet.

Ereignishaft weisen beide auf Erlebnisse mit Vater und Mutter und Eindrücke, die man vom Zusammenklang beider erhält, im weitern aber auf Schicksale, die uns durch Männer und Frauen, vor allem durch „Vorgesetzte“ (die das väterliche Prinzip vertreten), bereitet und von unserer eigenen Mitwirkung bestimmt werden, ebenso auf Einwirkungen, die das weibliche Element „insgesamt“ auf unsern Entwicklungsweg haben wird. Diese Ereignisse stehen in sehr innigem Zusammenhang mit den seelisch-geistigen Eigenschaften unserer eigenen Art.

Bei Verbindungslosigkeit beider Gestirne „finden sich Vater und Mutter“ nicht . . ., aber auch die Kräfte unseres Wesens entmangeln der entschiedenen Einheitlichkeit oder Gegensätzlichkeit; ereignishaft ergibt sich eine entsprechend „flaue“ Beziehung zu beiden „Gewalten“, falls sie nicht auf Umwegen hergestellt wird.

b) Sonne in Verbindung mit Merkur

Merkur darf nicht zu nahe an die Sonne kommen, sonst „verbrennt“ er, wie die alte Bezeichnung lautet, d. h. seine Kräfte gehen in denen der Sonne unter; statt einer selbständigen Entwicklung der intellektuellen Kräfte, so heißt es, ergebe sich eine Steigerung der Lebens- und Aktions-Energien, die selbst „merkurische Züge“ gewinnen, einen „selbsttätigen Verstand“ aber gar nicht aufkommen lassen. Wir haben an jene Sorte Mensch zu denken, der immer wieder der Verstand mit dem Willen durchbrennt.

Nicht untersucht ist die Frage, ob Merkur „vor der Sonne“ (in

„unterer Konjunktion") oder „hinter der Sonne" (in oberer Konjunktion) gleicherweise als verbrannt zu gelten hat. Ferner vermißt man in sämtlichen Lehrbüchern die Beobachtungen über Deklinationsnäherungen des Merkur. Es kann sein, daß der Planet tatsächlich mitten vor der Sonnenscheibe steht. Es kann aber auch sein, daß er zwar gleiche „ekliptische Länge" mit der Sonne besitzt, dabei aber mehrere Grade weiter oder weniger weit vom Äquator absteht. In diesem Falle „erwischt" ihn die Sonne nicht, und eine „Verbrennung" findet logischerweise auch nicht statt.

Halten wir an jener Regel fest, die uns überliefert wurde: Merkur soll sich 5—7 ° weit von der Sonne entfernt halten. Alsdann behalten die Intellektkräfte ihre Selbständigkeit, werden aber zugleich von der Sonne mit „Energien geladen", können sich also „intensiv" entfalten. Die 5—7 ° gelten aber auch, wenn es sich um Deklinations-Unterschiede zwischen Sonne und Merkur handelt. Es ist dabei nicht von der intellektuellen Befähigung eines Menschen in jeder Richtung und jedem Umfange die Rede, sondern nur vom „Verstand" im astrologischen Sinne, d. h. vom zergliedernden Verstehen, vom logischen Aufbauen und von der sprachlichen Ausdrucksfähigkeit.

Im Mussolini-Horoskop nähert sich Merkur mit 5° 28′ Löwe der Sonne, die fast exakt auf 6° Löwe steht, auf rund ½ Grad in der Länge. Die Deklinationsdifferenz beträgt aber mehr; Merkur 20° 28′ — Sonne 18° 46′ = 1° 42′. Von einer „absoluten Verbrennung" kann also gar keine Rede sein. Der halbe Sonnendurchmesser beträgt rund ein Viertelgrad. Merkur würde also schätzungsweise immer noch 1 und ¾° außerhalb des Sonnen-Randes liegen . . .

Das *Halbsextil*, der einzige außerhalb der Konjunktion mögliche Winkel zwischen Merkur und Sonne, hat mit „Unintelligenz" gar nichts zu tun. Es fehlt nur die „Intensität" des Verstandes, die aber durch alle möglichen *andern* Aspekte wettgemacht werden kann.

Die Parallele wirkt wie die „gute Konjunktion".

In diesem Zusammenhang muß auch die *Anwesenheit der Sonne in merkurischen Zeichen* bewertet werden. Sie erhält stets eine Abwandlung ihrer „vitalen Kräfte" nach der theoretischen Verstandesseite in den „Zwillingen", und der technischen Trockenheit in der „Jungfrau". *Merkur im Sonnenzeichen „Löwe"* aber erinnert an die gute Konjunktion.

c) Sonne in Verbindung mit Venus

Die Konjunktion. Wie beim Merkur, gilt auch bei Venus als Idealdistanz ein Winkel von 5 bis 7 Graden. In diesem Falle sprechen wir von einer Steigerung beider Kräfte; das Vitale der Sonne, der „Wille", sofern wir an die „seelischen Eigenschaften" denken, die Rolle der

„männlichen“ und „väterlichen“ Gewalten in einem Leben, soweit wir das Ereignishafte bewerten, empfängt wertvolle Hilfe von der „Göttin aller Sympathien“ und aller positiven Diesseitigkeit. Ein Zug kommt ins „Schicksal“, der entweder den Menschen persönlich bejahend und lebensgenießend prägt, oder die Situationen, in die er gestellt wird, von freundlichen und freundschaftlichen Umständen beherrschen läßt. Man halte immer auseinander:

Der „*Mensch*“ kann liebes- und lebensfreudig sein, oder

die „*Umstände*“ können „bejahend“ aussehen, die „*Gelegenheiten*“ können den Charakter heiterer Gunst in sich tragen.

Das *Halbsextil* wird nur in seiner ganz exakten Form irgendwie an die gute Konjunktion erinnern.

Das *Halbquadrat,* als *letzter* möglicher Winkel, infolge der Höchstentfernung der Venus von der Sonne, 48°, spricht von einer Zwiespältigkeit; die Liebesfähigkeit, persönlich genommen, leidet; die Tische des Lebens werden entsprechend schlechter gedeckt sein.

Um nochmals auf die „Verbrennung“ zurückzukommen: Am 6. Februar 1930 (übrigens alle 8 Jahre um diesen Tag herum), erreicht die Sonne um 4 h 24 nachmittags Greenwichzeit mit 17° 09′ Wassermann die genaue Konjunktion mit der Venus. Wäre die Deklination beider Gestirne ebenfalls gleich, dann würde eine wirkliche „Verbrennung“ vorliegen. Die Ephemeris dieses Tages zeigt uns eine

Süd-Deklination der Sonne (4.24 Gr.-Zt.)	von	15° 42′
„ „ „ Venus	„	16° 54′
Mithin besteht eine Differenz	von	1° 12′

Venus steht also sicher noch außerhalb der Sonnenscheibe, und zwar beinahe einen Grad weit. Es fragt sich, ob man hier die „Verbrennung“ gelten lassen darf.

Venus im Sonnenzeichen Löwe nimmt hier die ganze „Hochherzigkeit und Leichtigkeit“ des Elementes an, läßt Pracht und Luxus lieben und aufs Ganze gehen, wird irgendwie intensiv in den Sympathiegefühlen, entbehrt freilich der Verfeinerungen und diplomatischen Bedenklichkeiten, die ihr zukommen; die Gefühle sind auch nicht sehr tief und nicht sehr „gebunden“.

Sonne im Venuszeichen Stier steigert sich zu gewaltiger vitaler Kraft; auf schwere Leistungen am Stofflichen eingestellt, entwickelt der Geist Ausdauer, Geduld, Stetigkeit; der Wille ballt sich zusammen und läßt nicht los in der Treue zur Aufgabe.

Sonne im Venuszeichen Waage erleidet eine Verflüchtigung der „Vitalität“, falls keine Aspekte gegen diese Waage wirken; Abwandlung nach der Richtung des Geschmackes und der ausgleichenden Diplomatie hin wird zu beobachten sein.

d) Sonne in Verbindung mit Mars

Alle Mars–Sonne-Verbindungen handeln von „Aktion“, von Bewegung und von Kräften, die nach Aktionen und Bewegungen rufen. Sei es, daß sie in einer Persönlichkeit Kräfte dieser Art steigern, sei es, daß sie einem Leben den Charakter der unaufhörlichen, raschen, zeitweise dämonisch „getriebenen“ Bewegtheit verleihen.

Konjunktion, Opposition, Quadrat, Anderthalbquadrat, Halbquadrat bedeuten durchwegs Steigerungen im gefährlichen Sinne; einem von solchen Aspekten hervorragend Beeinflußten „schwillt der Kamm“ und „wächst der Mut“, aber die Sicherheit und Zielrichtigkeit fehlen ihm wie die Stetigkeit und Ausdauer; die Willenskräfte schaffen unausgeglichen, der Motor Mars, die Unrast und Angriffslust, überstürzt sich heute, wirft sich morgen auf ein Nebengeleise, begeht allerlei Unangemessenheiten, vergeudet hier die Mittel, überschreitet dort die Grenze des Möglichen, täuscht sich über die Aussichten, hat aber stets neue Hoffnungen und schöpft aus unergründlichen Quellen erneuter Tatenlust. Am besten scheint noch die Konjunktion zu sein, weil am einheitlichsten. Im Quadrat und Halbquadrat wie in der Opposition können gefährliche Willensspaltungen, die alle Ziele gefährden, mitspielen, besonders bei Exaktheit der Aspekte und bei herabgesetzten „Würden“; so kann eine Skorpionsonne mit Mars im Stier (also mit „Opposition des vernichteten Dispositors“) oder auch Mars im herabsetzenden Wassermann immer wiederholtes tollwütiges Fehlschlagen des eigenen Tätigkeitsdranges bedeuten oder zerstörerische Geschehnisse um einen herum bringen.

Trigon und Sextil zwischen Sonne und Mars dagegen sind außerordentlich gern gesehene Aspekte. Hier haben wir das echte und erfolgreichste Tätigkeitssymbol vor uns. Mut und Wille stählen sich und bleiben dabei im Gleichmaß, Aufgaben werden mit entsprechenden Mitteln angefangen und durchgeführt. Und um einen herum geschieht allerhand, das „gelingt“; „sonnenhafte“ und „marsische“ Menschen haben sich anscheinend verbündet, um uns günstig zu sein.

Die Sonne im Marszeichen Widder kommt einer *guten* solar-marsischen Verbindung gleich, falls sich Mars selbst anständig zu Sonne stellt. Glänzende Arbeiter, die vorwärts treiben, aber nicht so gern rückwärts „sichern“ und die Dinge nochmals überschauen, keine Plänemacher, sondern unmittelbar Ausführende, das sind die Typen, bei denen die Widdersonne *führt*.

Sonne im Marszeichen Skorpion stellt einen ähnlichen Typ im Seelischen dar, nur daß die Tätigkeit weniger vorwärts schreitet, sich vielmehr an Ort bewegt und „verbohrt“. Wird der Wille einmal von einer Sache gepackt, dann läßt er nicht mehr los, wütet, von hundert Affekten gepeitscht, wenn die Schwierigkeiten wachsen, setzt sich aber „mit Teufels Gewalt“ durch.

Mars im Sonnenzeichen Löwe bedeutet nach seiner Stellung im Widder die beste seiner möglichen Positionen. Hier schöpft er zu seinen angreifenden die besten konzentrierenden Energien.

e) Sonne in Verbindung mit Jupiter

Sonne und Jupiter zusammengestirnt sprechen über die Gestaltung *beider* Prinzipien; diese Zweiseitigkeit ist selbstverständlich und wird zu oft vergessen. Wenn das Ethisch-Religiöse, das „Jupiter“ heißt, von der Sonne her Unterstützung erhält, dann wird es mächtiger und allseitiger, verliert seine oft sektiererische Weltbewertung, rechnet mit der Wirklichkeit und wird vor allem tätig und begreift sich selbst in der Verwirklichung der Ideen, begnügt sich nicht mit dem Predigen und dem „Rechthaben“. Die moralische Forderung tritt mit dem Gewicht der Autorität auf, statt daß sie, wie es oft genug geschieht, als außenseiterische Nörgelei an der Welt erscheint. Umgekehrt wird auch die Sonne, die wir *immer* im „Willen“ und in der „Daseinsfreude“, im „Lebenswillen“ schlechthin erkennen, wachsen und eindrucksvolle Form annehmen, wenn sie von einem starken und überzeugten Rechtsbewußtsein getragen wird.

Sonne mit Jupiter in Konjunktion, in Trigon und Sextil, in Parallele, ja selbst in günstig gestalteter Opposition geben immer Züge dieser imponierenden, sichern, autoritativen Haltung, die ebenso aus erhöhter Lebenswilligkeit wie aus entwickelter ethischer Überzeugtheit schöpft.

„Ereignismäßig“ ergeben sich günstige Beziehungen zum Vater und jedem Vertreter des väterlichen, autoritativen Prinzips, aber ebenso zu Rechts- und Religionsvertretern und jeder auch nur irgendwie „Jupiter unterstellten“ Persönlichkeit. Es sind Aspekte der Männlichkeit und stellen typisch die Gunst des männlichen Elementes dar.

Quadrate, halbe und Anderthalbquadrate, ebenso schlechte Oppositionen geben das Religiöse, die Überzeugung, die Autorität, das Verhältnis zum Vater und zur „Obrigkeit“ als Problem auf. Man kann nicht gleichgültig bleiben, fühlt schmerzlich vorhandene Mängel und ringt um die Haltung, die einem doch nicht gelingen will. Man stößt gerade aus Mangel an innerer Sicherheit mit den „Maßgebenden“ zusammen und bekämpft sie mit zwiespältigem Gewissen.

Die Sonne im Jupiterzeichen Schütze gleicht entweder einer guten Verbindung mit dem Planeten selbst oder aber, je nach den Aspekten, einer weniger guten. Der „rechtliche Aktivist“, der Willensmensch mit der Überzeugung, „recht zu tun, weil er selbst es ist, der etwas tut“, prägt sich mehr oder weniger deutlich aus.

Die Sonne im Jupiterzeichen Fische bezeichnet einen ähnlich gerichteten, aber mehr seelischen Typus, dessen Rechtsbewußtsein in mystischen Tiefen verankert liegt. Die Sicherheit ist mehr innerlich und oft genug mit äußerer Unsicherheit gepaart.

Jupiter im Sonnenzeichen Löwe bezeichnet den ganzen Stolz und die ganze Würde, die sich mit Rechtlichkeit und Überzeugtheit verbinden können. Es ist die Vorwegnahme einer „Konjunktion mit der Sonne selbst", die sich hier ankündet.

f) Sonne in Verbindung mit Saturn

Die eine Seite der Verbindung berührt Art und Grad der Lebenskraft, die andere läßt Schlüsse über jene intellektuellen Fähigkeiten zu, die wir stets beim „Mathematiker Saturn" suchen.

Trigon und Sextil zwischen beiden Gestirnen bedeuten eine wesentliche Stärkung beider Seiten. Die Lebenskraft wird „sorgsam verwaltet", vor Über-Ausgaben behütet; alle Reserven bleiben ausgeglichen, keine Einsätze bis zur Erschöpfung werden zugelassen. Man ist ein Mensch der Mäßigung in vieler Hinsicht; bei Gegebenheit sind große Leistungen zu erwarten, die man indessen nicht einem stürmischen Draufgehen, sondern einer langsamen, systematischen, methodischen Arbeit verdankt; Geduld, Ausdauer, rechnerische Überlegung, vor allem aber immer wieder Mäßigung, das ist die Art, wie sich ein zur Sonne gut stehender Saturn äußert.

Umgekehrt verleiht die Sonne Saturn, falls sie sich nach intellektueller Richtung hin bemerkbar macht, einen „synthetischen Geist", der mit spärlichen Mitteln große Systeme aufbauen und überschauen und dabei immer noch den Eindruck großer Fülle erwecken kann; dieser „aufbauende, synthetische Intellekt" nimmt von der Sonne den Blick aufs Wesentliche mit, und wenn er auch mit Merkur gut steht, dann sind bedeutsame geistige Leistungen zu erwarten.

Oppositionen und Konjunktionen, vor allem aber Quadrate und mehr oder weniger alle kleinern Aspekte machen Konzentration und Methode, Ausdauer und Willensanstrengung zu quälenden Aufgaben und behindern die geistige Aufbaufähigkeit. Dies um so mehr, als der Unterbau, die Lebenskraft, nun saturnisch gehemmt wird; Pessimismus und Ängste, Lebensfurcht und mangelnder Wagemut deuten auf den tiefern Quell all dieser Sorgen: auf einen angekränkelten Lebenswillen. „Die saturnisch betrübte Sonne" heißt ganz einfach: „Die durch das Prinzip des Unter-Tempos abgebremste Entfaltung der Vitalität!"

Wir werden an anderer Stelle erfahren, mit welchen *körperlichen* Auswirkungen dieser Pessimismus zusammenhangen kann. Eigentlich gehört das Eigenkörperliche auch schon zum „Ereignishaften". Es ist indessen rätlich, davon gesondert zu sprechen. Die „Ereignisseite" spricht von den Beziehungen zur ältern Generation, zum Vater, zur Tradition, zur Vergangenheit, zu den eigenen Gewohnheiten, die je nach den vorhandenen Verbindungen mit der Sonne gut oder schlecht ins Schicksal hineinwirken.

Die Sonne im Saturnzeichen Steinbock deutet auf einen sehr systematischen und strebenden Willen, wie dies einer guten solar-saturnischen Beziehung entspricht.

Die Sonne im Saturnzeichen Wassermann kennzeichnet den aus materiellem Tun zurückgezogenen, ins intellektuelle Machtstreben umgebogenen Lebenswillen.

Saturn im Sonnenzeichen Löwe wird als zweitschlechteste Saturnwirkung betrachtet: als „hartnäckigstes Widerstreben".

g) Sonne in Verbindung mit den „neuen Planeten"

Sonne mit Uranus ergibt ein ähnliches Bild wie die dreifache Zusammenwirkung zwischen Sonne, Mars und Merkur. Der Studierende rufe seine eigene Intelligenz zu Hilfe und vergleiche, was man den Sonne–Mars-Verbindungen einerseits und den Sonne–Merkur-Verbindungen anderseits zuspricht. Der „Über-Merkur" Uranus mit dem „marsischen Charakter" muß aus seinen Sonnenaspekten dieselbe Verstärkung ziehen *wie* Mars und *wie* Merkur. Und unter der Annahme, daß ein „marsisch verstärkter Merkur" immer einen gesteigerten, angriffigen Intellekt bedeute, wird man im Uranus an und für sich dieses „Intelligenz-Symbol" sehen.

Gute Sonnen-Aspekte zum Uranus, vor allem Trigon, Sextil und teilweise auch Konjunktion, werden als die eigentlichen „Genialitäts- und Originalitäts-Figuren" betrachtet. Der Einfallreichtum, die unalltägliche Weite des Geistes, die überraschenden Wege der gedanklichen Kombinationen, die Kühnheit der Schlüsse, die durchdringende Schärfe der Argumente fallen vor allem andern auf.

Die Beziehungen zum „Vater" und zu den „Autoritäten" sind sehr stark, aber außergewöhnlich. Eine Art Außenseiterstellung, die je nachdem zur Isolierung oder zum „einsamen Herrschertum in eigenen Reichen" führt, ist die Regel. Bei sehr starken Stellungen werden die Uranus-Betonten die „Kameraden der Könige", d. h. sie sind ihre privaten Berater, die aber abseits stehen. Es ist der „marsmerkurische Geist", der sich abseits hält, weil er zu viel sieht und sich zu sehr dem Unalltäglichen, Nichtanerkannten zuwendet.

Bei Oppositionen, Quadraten und schlechten Konjunktionen wird das „uranische Original" sonderbar, eigenwillig, exzentrisch, abweisend, sich selbst überall entfremdend; es macht sich die maßgebenden Stellen zum Feinde und holt sich durch unangleichbaren Widerspruch überall Abneigung. Wir können darauf aufmerksam machen, daß die gleichen Aussagen für den Fall sehr schlechter Merkur–Mars–Sonne-Verbindungen gelten.

Sonne mit Neptun kann als Verbindung des Solaren mit „seelischen Venuskräften“ plus „Wasser–Jupiter“, mit typisch saturnischen Langsamkeiten gelten. Wie alle „mehrfachen Aspekte“ sind solche Verbindungen schwer zu deuten.

Die Trigone und Sextile werden als „Verfeinerungen des Willenslebens“ angesehen. In gewissem Sinne zerstört Neptun die Urwüchsigkeit des Tatendranges, aber auch jede Brutalität . . ., die Lebensinstinkte orientieren sich nach seelischen Bereichen.

Oppositionen, Konjunktionen und Quadrate sieht man nicht gern. Man schreibt ihnen eine „Beirrung der Lebensinstinkte“ zu; die Willenskräfte sind „gebrochen“ und fehlgeleitet. Vor allem gerät man in den Bereich „falscher Autoritäten“.

Sonne mit Pluto wird hypothetisch den marsischen Sonneverbindungen gleichgesetzt.

2. Aspekte zwischen Mond und übrigen Gestirnen

a) Mond in Verbindung mit Merkur

Wir wiederholen, daß wichtiger als ein Haufen Regeln über die „Wirkungen“ zweier verbundener Gestirne die eigene Gedankenarbeit des Studierenden sei. Allem voran geht die Kenntnis des „Prinzips“, das sich mit einem andern „Prinzip“ vereinigt. Die Formung der Aussagen ist oft schwer, stellt jedoch das eigentliche Problem der Horoskopie dar, das man zu lösen hat. Und zwar muß es jeder für sich zu lösen versuchen. Jede Belehrung kann nur Hilfsdienste leisten.

Es wäre also die Aufgabe gestellt, das „Prinzip der Wunschseele“, das immer empfangend und sammelnd den Eindrücken der Welt und den schicksalbringenden Kräften gegenübersteht, zu kombinieren mit dem „Prinzip des zerlegenden und feststellenden Geistes“, der die Welt zu begreifen und verstandesmäßig zu bewältigen sucht. Wie wird diese Kombination werden?

Konjunktionen und Trigoen, ebenso Sextile, allenfalls auch *Oppositionen,* werden als günstig für beide Prinzipien gewertet. Der „Verstand“ paart sich mit dem „Instinkt“. Die Gefahr, daß einer die Welt in dürre Formeln auflöst, ist ebenso gebannt wie die andere Gefahr, daß man sie formlos zerschwimmen läßt und selbst dahintreibt wie ein „blindes Tier“, das zum Sklaven seines Hungers und seiner wahllosen Genußwünsche wird. Mit andern Worten: Ein vom „Gemüt“ geleiteter „Verstand“ und ein vom „Verstand“ kontrolliertes und bereichertes „Gemüt“ sind der Ausdruck der guten Winkel zwischen Mond und Merkur. Natürlich dürfen nicht andere Gestirne diese

Winkel stören, und natürlich dürfen Mond und Merkur nicht „vernichtet und würdenlos“ sein! Das gilt es stets zu bedenken.

Das, was man „gute Auffassung“, „intuitives Verstehen“, beseelten Ausdruck, lebendige Sprache, praktisches Denken nennt, gehört in die Reihe der guten „Mond–Merkur-Eigenschaften“.

Quadrate und Oppositionen, ebenso die schlechten kleinen Winkel, stören das Verhältnis zwischen beiden Prinzipien. Auffassung und Ausdruck leiden gleichermaßen. Der Verstand „versondert“ sich und irrt, das Wunschleben gehorcht dem Verstande nicht, entzieht sich seiner Kontrolle. Die Sprechweise entbehrt der „seelischen Tönung“. Die „Einheitlichkeit des Denkens und Wünschens“ wird ausgewechselt gegen ein widerspruchsvolles Hin und Her zwischen „Vernunft und Unvernunft“.

Wir haben beizufügen, daß solche Aspekte durchaus in der „latenten Zone des Horoskops“ bleiben können, und daß andere Symbole die tatsächliche Denk- und Gemütsart bestimmen . . ., „je nach Horoskop!“

Was die „ereignismäßigen“ Auswirkungen betrifft: Gute Merkurverbindungen mit dem Mond verbessern immer die Rolle des weiblichen und mütterlichen Elementes in unserm Leben, und in gleichem Maße treten uns auch die „merkurischen Instanzen“ günstig gegenüber. Wogegen schlechte Aspekte uns „schlechtern Exemplaren“ beider Sorte ausliefern.

b) Mond in Verbindung mit Venus

Das „Mütterliche“, das Mond-Prinzip, verbindet sich mit dem Prinzip der Form, des Geschmackes, der Schönheit, der Sympathien. Es versteht sich von selbst, daß in

Konjunktionen, Trigonen und Sextilen, ja sogar in gut unterstützten und von „Würden getragenen Oppositionen“ die wichtigsten seelischen Verstärkungen aus diesen beiden „Gestirnen“ erwachsen. Der an sich „formlose Mond“, das krautige Triebleben, wie man es nennen kann, erhält von der Venus die edle und vollendete Form . . ., das an sich nur formende Venusprinzip aber gewinnt durch den Mond die ganze Fülle der lebendigen „Seele“. Nun wird die Liebeskraft stark, und die Triebkraft entwickelt sich aus ihrer wahl- und ziellosen Begier zur auswählenden und unterscheidenden Fähigkeit; es werden an das Objekt der Liebe Forderungen gestellt, man will es seiner Eigenschaften, nicht nur seiner selbst wegen lieben. Festgehalten werden muß, daß „Venus“ immer „Wahlliebe“ bedeutet; sie kennt ihren Typ, sie fällt nicht auf „irgendwen“ herein. Ebenso muß man sich merken, daß die Stärke des Gefühls von der Stellung des Mondes abhängt; vereinigen sich beide günstig, dann paaren sich Stärke der

Gefühle und bestimmter Wille zu klar geschauten und „ersehnten" Vorzügen des Gegenüberstehenden.

Man ist nun grundsätzlich zum Leben und zum Lieben bereit, aber man stellt sich selbst durch die Bedingungen, die Venus mit sich bringt, das Zeugnis aus, daß man zwar „immer verliebt und bereit", und trotzdem geschmackvoll sei! Man ist gutmütig, zutraulich, optimistisch, wirkt sympathisch, zieht Frauen und Kinder an und wird von allem Kindhaften und Weiblichen angezogen und begünstigt. Ein typischer Aspekt für „Glück durch das weibliche und mütterliche Element" und ein Aspekt, der in jedem Künstlerhoroskop vorkommen sollte, obschon sich Künstlerschaft daraus allein nicht begründen läßt. Für Frauen, die Mütter sein oder Kinder erziehen wollen, ist er wichtig.

Quadrate und Halbquadrate (auch Aspektlosigkeiten) zwischen beiden stören nicht nur die Beziehungen zur „weiblichen Welt", sondern gestalten das „Weibliche in uns" zwiespältig. Die Liebesbereitschaft wird zur eitlen Verliebtheit oder sinkt bei Aspektlosigkeit zur teilweisen Gleichgültigkeit. Das Triebleben wird formlos, die venusische „Schönheitsfreude" verzerrt sich zur Gefallsucht und zum schlechten, von Irrwünschen mißleiteten Geschmack. Verweichlichung und Sentimentalität, falsche Gefühlsseligkeit, einseitige Gefühlssteigerung, verbunden mit anderseitiger Lieblosigkeit, „Affenliebe" mit bösartiger Mißachtung des Unscheinbaren . . ., das sind die Folgen.

Selbstverständlich steigern sich diese schlechten Eigenschaften mit dem Grade der übrigen schlechten Aspekte auf Mond und Venus, und sehr wichtig sind die Würden beider Gestirne; selbstverständlich aber können beide in den Hintergrund treten, wenn sie sich nicht im „Orb" eines Horoskophauses auswirken.

c) Mond in Verbindung mit Mars

Das Gewicht muß auf „Mars" gelegt werden. „Mond" ist der leidende Teil. Aus der Kenntnis des Marsprinzips ergibt sich, daß er *wie* Venus vor allem die *Form* des Seelischen beeinflußt, sobald er sich mit dem Monde verbindet. Und zwar müssen nun die „schlechten" Verbindungen gefährlich werden. Man wird in jedem Horoskop darauf achten müssen, ob Mars dem Monde in Opposition oder quadratischen Formen begegnet . . ., jedesmal, wenn er den Mond „verletzt", treffen wir auf einen für die Charakterdeutung und das Geschick wichtigen Punkt.

Trigone und Sextile sieht man naturgemäß gern, ja man *muß* sie wünschen. Denn ein Mond ohne Mars im Hintergrund (es kann auch ein anderes „Feuergestirn" sein) ergibt eine zu laue Seele, um es kraß auszudrücken. Das Tempo des Wunschlebens, die Fähigkeit, Ansprüche zu erheben, der Wille, sich „in die Welt zu stürzen", aufzunehmen, zu sehen, zu hören, mitzutun, sich zu ergehen, kurz, dieses Dasein zu spüren, hängt vom Antrieb des „Feuers", das sich mit dem Mondprinzip irgendwie verbinden *muß,* ab. Die „muntern Seelen", die unternehmend, tätig, praktisch, angriffig, rasch auffassend und positiv wollend „gradaus leben", haben stets eine gute Mars–Mondaspektierung. Mut und Großzügigkeit, „edles Gemüt" gehören dazu. Als Unterstützung guter Aspekte anderer Gestirne kann man sich gar nichts Besseres als ein Marstrigon denken. Das ist namentlich für die Verbindungen zwischen Mond und Venus, aber ebenso zwischen Mond und Merkur wichtig. Erst der Mars (oder Sonne und Jupiter) geben nun den geschilderten Sympathiekräften (Mond–Venus) oder den „instinkterfüllten Verstandeskräften (Merkur–Mond) ihre volle Durchschlagskraft. Aber *gute* Aspekte des Mars müssen es sein.

Quadrate, Oppositionen, vor allem auch *Halbquadrate,* wirken ganz anders. Sie zerreißen die Gleichmaße der Seele. Die Gefühle geraten aus dem Gleichgewicht, werden unbeständig, bald übertrieben und „exaltiert", bald formlos und sogar roh und grob, oder wenigstens rauh und „unsympathisch"; sie stoßen durch ihre Unangemessenheit ab; Hast, Gereiztheit, Heftigkeit wechseln mit falscher Liebenswürdigkeit; maßloses „Hinwerfen" wird abgelöst durch abstoßende Unhöflichkeit. Gefährlicher Mut entwickelt sich neben Feigheit, und beide einander widersprechenden Eigenschaften äußern sich oft unmittelbar nacheinander. Gut ist eine anderweitige positive Bestrahlung des Mondes; Mars kann durch Venus oder Jupiter korrigiert werden; ganz ausmerzen wird man ihn nicht können, wenn er den Mond schlecht trifft.

Die gefährliche Rolle des „schlechten" Aspektes zwischen Mond und Mars äußert sich schicksalshaft in Ereignissen und Beziehungen „marsischer Art", seien es Unfälle oder mit starker Fieberentwicklung begleitete Krankheiten, seien es negative Erlebnisse mit der jüngern männlichen Generation. Man sieht darum den schlechten Mars in Frauenhoroskopen noch weniger gern als in männlichen.

d) Mond in Verbindung mit dem Jupiter

Das Prinzip der „wünschenden Seele" kommt unter Kontrolle des religiös-ethischen Prinzips. Das Wunschleben „richtet sich aus" oder erhält wenigstens einen Anstoß, sich nach höhern Grundsätzen des Handelns zu richten. Die Folge: Eine ernsthafte und zugleich humorbegabte Natur, von Wohlwollen und „guten Wünschen" erfüllt, der höhern Liebe zustrebend, dabei selbst innerlich reich und Fülle ausstrahlend, erweckt sich Freunde durch ihre Eigenschaften und ihr Verhalten. Oder sie strebt wenigstens danach, durch Würdigkeit die Freundschaft der Mitwelt zu verdienen.

Das Trigon zwischen Mond und Jupiter muß als der beste Aspekt zwischen beiden gewertet werden, gilt aber als eine der besten Figuren des Horoskops überhaupt. Von diesem Trigon, wenn es „manifest" wird und nicht in der Latenz bleibt, leiten wir jede Form von materiellem und seelischem Glück ab. Und zwar nehmen wir immer eine zweiseitige Auswirkung an: Die seelische Fülle und „Würde" zieht die Glücksfälle und helfenden Menschen magisch an . . ., es scheint aber in gleichem Maße die Gunst von *außen* zu wirken.

In der Konjunktion soll die Güte der Seele primäre Ursache dieser Begünstigung sein; die Herzen der Menge sollen einem zufliegen, wenn das Doppelsymbol in einem „verbindenden Hause" stehe; man wird zum Ratgeber aus Einsicht und gewinnender Seele zugleich. Auch die *kleinern* guten Winkel rufen ähnlichen Sympathien. Immer wird der moderne Mensch die Ursachen der Gunst zunächst in der „ethisch gerichteten Seele" sehen, vor allem in den Eigenschaften, welche aus dieser Zielfassung entspringen: Ehrlichkeit, Aufrichtigkeit, Gutwilligkeit, Duldsamkeit, „schenkende Tugend", Freigebigkeit, Hoffnungsfreudigkeit, tröstlicher Optimismus. Die ganze ernst-heitere Natur strahlt Zuversicht in ihre Umwelt aus. Ist der Mond in einer solchen Konjunktion „vernichtet", schwillt er ungesund auf. Am Aszendenten bedeutet dies Fettleibigkeit, im 3. Hause (Orb) ungesunde, magische, maßlose Popularität.

Quadrat, Opposition und schlechte kleine Winkel verwandeln die Zuversicht in unbegründete Sorglosigkeit, die Würde in Anmaßung, die Gutwilligkeit in hohle Versprechungen; die religiöse Richtung deformiert sich in Heuchelei; der Glaube wird zum Schaustellen von Grundsätzen und Dogmen, und hinter zur Schau getragener Scheinüberzeugung verbergen sich Unsicherheit und Mißtrauen.

Die Gunst der Welt aber verkehrt sich in Enttäuschungen.

Im Mittelpunkt aller denkbaren Unannehmlichkeiten stehen stets Erlebnisse mit religiösen und rechtlichen Fragen und Personen; Prozesse verlaufen fast immer schlecht; die Rolle des weiblichen Geschlechtes wird gerade im Zusammenhang mit solchen Angelegenheiten nachteilig sein. Kurz und gut: Die seelische „Fehlrichtung" steht in Parallele zu „Fehlschlägen des Glückes". Das kann sich auch auf gesundheitliche Dinge beziehen.

e) Mond in Verbindung mit Saturn

Der seelische Reichtum wird wohltätig gedämpft oder nachteilig eingeschränkt, gezähmt und geformt oder verkrüppelt und verkümmert. Das ist die Grundwirkung der Mond-Saturn-Verbindungen.

Trigon und Sextil können dem Monde ausgezeichnet stehen, wenn Saturn nicht der einzige Bestrahler des „seelischen Symbols" bleibt und nicht von Mars oder Uranus in seinen Wirkungen durchkreuzt wird. Es kommt stets darauf an, mit welchen andern Planeten zusammen Saturn auf den Mond stößt. Ein „einsames Trigon" kann nicht viel Gutes bringen, und der *nur* „saturnisch verbundene" Mond wird nie von einer „reichen Seele" sprechen.

Die Melodie einer solchen Seele wird sehr „moderato" klingen und auch im *Tempo* sehr gemäßigt sein. Aber ernsthaft, ausgeglichen, in ihren Wünschen bezähmt und gereinigt, in ihren Zielen gemessen und in allen Ansprüchen scheu und bescheiden wird sie sein. In den Äußerungen verhalten bis verschlossen, in der Ausdauer lebhaftern Naturen aber sehr überlegen, im Handeln überlegt und der Folgen bewußt, erweckt sie den Eindruck unbedingter Vertrauenswürdigkeit und wird darum auch die geborene Inhaberin von wichtigen Posten sein, die Verschwiegenheit und Verantwortungsbewußtheit erfordern. Eine saturnisch geprägte Seele drängt alle ausschreitenden Kräfte zurück und verhindert überflüssiges „Ausgeben" der eigenen Inhalte. Dafür „rationalisiert" sich ihre Kraft und bemächtigt sich hauptsächlicher Angelegenheiten, unter Weglassung nebensächlicher und zerstreuender Interessen. Ruhe und Abwarten verbergen den aus „Herzenskühle" kristallisierten Ehrgeiz.

Quadrate und Oppositionen, Konjunktion und kleinere Winkel, Parallelen (und bei sehr schlechter übriger Mondbestrahlung sogar die guten Winkel) verschlechtern den Gesamtcharakter eines „Seelenbildes" gewaltig. Die Herzenskühle kann nun zur ausgesprochenen Kälte, der Ehrgeiz zur krankhaften Empfindlichkeit, die „Rationalisierung" zum berechnenden Geiz und zur erschütternden Armseligkeit werden. Mißtrauen, Ängstlichkeit, Furcht, Feigheit, Engherzigkeit, Gleichgültigkeit, Schwarzseherei, Hoffnungslosigkeit, Scheu, Unzufriedenheit sind die schlechtesten Auswirkungen. Unruhe und ewige Sucht, sich zu beklagen, frostige Streberei, unritterliches Rivalisieren, hinterlistiges Fallenstellen gehören noch zu den weniger schlechten „saturnin-lunaren" Eigentümlichkeiten.

Schicksalsmäßig spricht der „schlechte Saturn" in Verbindung mit „schlechtem Mond" von Mißgeschick durch Frauen, die selber in irgendeiner Form vom Unheil geschlagen werden. Das trifft die Mutter, trifft die persönlich verbundenen Frauen, die Schwestern, die Lehrerinnen . . ., das geht aber vor allem auch die ältere Generation beider Geschlechter an. Nicht umsonst spricht man vom „bösen Saturn" als dem eigentlichen Schicksalsgestirn. Was die gesundheitliche Rolle betrifft, wird man darüber besonders sprechen müssen.

f) Mond in Verbindung mit den „neuen Planeten"

Man setze: *Uranus-Mond* = Mond–Mars–Merkur–(Saturn). Und versuche, diese drei- bis vierfache Verbindung *so* zu erfassen, wie sie sich aus den Ergebnissen der Einzel-Aspekte ergibt. Der Mond, die „Seele“, wird von der „Marsseite des Uranus“ jenes Beschleunigende und Energievolle, von seiner „Merkurseite“ die geistige Kontrolle und Gliederung, und von den saturninen Zügen das gemessene und zurückhaltende Tempo, das plötzlich marsisch umschlägt, erhalten.

In den Quadraten und übrigen schlechten Winkeln werden wir darum Momente der Unruhe, der übergroßen Spannung oder Hemmung, der Verwirrung, der Gemütsschädigung sehen müssen. Gefühle, die aus dem Gleichgewicht fallen, Neigungen, die das normale Ziel verfehlen und das Maß verlieren, Reizbarkeit, Veränderlichkeit, Unbeständigkeit, Unberechenbarkeit, das sind so die Merkmale, die aus derartigen Gebilden geschlossen werden. Die Seele findet keine Ruhe, treibt von einem Ort an den andern, von *einer* eigentümlichen Anwandlung, von *einer* überraschenden und unbegreiflichen Liebe in die andere. Der auftretende Eigensinn, das Resultat einer unbewußten Ratlosigkeit, gemahnt sehr oft an psychische Störungen. Und wirklich kann in schlechten Mond–Uranus-Aspekten öfters eines der Merkmale für psychische Erkrankungen erkannt werden.

Weit besser sind die guten Aspekte, vorab *Trigone* und *Sextile,* manchmal, vor allem bei Anwesenheit des Merkur und bei guten übrigen Aspekten auch die *Konjunktion.* Hier entwickelt sich wieder ein geniales Moment: Geistige Regsamkeit in einer zwar eigentümlichen, aber reichen, erfinderischen und intuitiven Seele. Wenn Uranus, Mars oder Merkur die einzigen Aspekte auf den Mond werfen, ergibt sich eine unsentimentale, äußerst aktive, an Horizontweite alle andern überflügelnde Natur, die zum stündlich erneuten Erleben und „Finden“ drängt und darum auch ein Leben voller Abwechslung und Wandlung nach sich zieht. Die guten Aspekte zeitigen jedoch nicht jene Rastlosigkeit und Heimatlosigkeit wie die schlechten.

Mond und Neptun bilden Aspekte, die durchaus denen der Venus gleichen, nur daß sie „vom Wasser-Jupiter“ verfeinert und „überhöht“ werden. Die *Trigone und Sextile* werden darum als „künstlerisch“ angesehen; verfeinerte Phantasie, gesteigerte Empfindsamkeit, ins Mystische gekehrte Sehnsüchtigkeit und Träumerei. Was wir von der Venus sagten, gilt auch hier: Die Seele bereichert sich und nimmt verstärkte Form an, sucht „Qualitäten“, nur daß hier die „Form“ mit verschwimmenden Umrissen, die Qualitäten als überfeinert erscheinen. In den schlechten Aspekten, *Oppositionen, Quadraten, Konjunktionen* sieht man „hysterische“ Seelenzüge, Sucht nach Rauschzuständen, Flucht in Betäubungsmittel, übersteigerte Einbildungskraft und Empfindsamkeit, die nur in seltenen Fällen zum Durchbruch echt okkulter Fähigkeiten führen.

Mond mit Pluto verbunden = hypothetisch ähnlich Mond–Mars.

3. Aspekte zwischen Merkur und den andern Planeten

a) Merkur in Verbindung mit Venus

Alle Aspekte, die den Merkur treffen, bedeuten eine „gesteigerte Bewußtheit“ in den Dingen, die der aspektierende „Planet“ verkörpert. Das heißt also, daß Venus, die „Göttin der Schönheit“ und Harmonie, stärker in die Zone des Bewußten drängt, sobald ihr Gestirn sich mit dem „Stern des Merkur“ verbindet. Es sind *drei* Verbindungen möglich außer der Konjunktion, was sich aus der höchsten möglichen Entfernung der zwei ergibt: 76 °.

Konjunktion und Sextil, in schwächerm Maße auch *Halbsextil,* sind der Ausdruck dieser vermehrten ästhetischen Begabung. Man schließt immer auf gewisse künstlerische Züge und behauptet, ein ausübender Künstler irgendeiner Richtung *müsse* Merkur und Venus in der einen oder andern Art verbunden haben. Freilich, aus diesem einen Aspekt allein wird noch keine Künstlerschaft hervorgehen. Und alle Deuter, die voreilig einen „Meister“ vermuten, sobald sie Venus bei Merkur sehen, schießen weit übers Ziel. Was man vermuten darf, sofern die zwei in einen „Orb“, sei es des Aszendenten, sei es eines andern Hauses, strahlen, ist „verstärkte Bewußtheit der Formgefühle“. Das kann bei einem „Geschmäckler“, bei einem diplomatischen Schönredner, bei raffinierten Modedamen, bei „Lockenkräuslern und Salbenköchen“ genau so der Fall sein wie bei ernsthaften künstlerischen Menschen. Hauptsache: Die Gefühle werden unterschieden, bewußt genossen und angewendet.

Im halben Quadrat wird wenigstens die Frage nach der Form gestellt, aber die Formgefühle bleiben in ewigem Widerstreit mit sich selber; die „Differenzierung“ der Sympathien ist ebenfalls hochentwickelt, aber in sich weniger glückhaft. Das Bewußtsein wird der schönen Form nicht froh, genießt Liebe und Sympathien nicht, findet überall Widersprüche und Grund zum Verneinen.

b) Merkur in Verbindung mit dem Mars

Sextile und Trigone verkünden den „raschen Geist“, die überraschende „Schlagfertigkeit“, die Schärfe der Gründe und Argumente, die zielsichere Logik, die kämpferische Einstellung des Bewußtseins überhaupt. Kommen andere Verbindungen dazu, dann wird daraus die „geistreiche“ Persönlichkeit; sind es saturnische Elemente, dann erhalten wir den trockenen Sarkasmus.

Quadrate, Halbquadrate, Opposition und Konjunktion erzeugen ähnliche Steigerungen, aber mit „Nebengeräuschen“: Die Schärfe wird zur Bissigkeit, der lebhafte Geist wird ungeduldig, reizbar, hastig. Nervosität, Streitsucht, ewige Fehlschlüsse, schiefe Argumente, verzerrte

Begründungen, grobe Logik, mangelnde Sorgfalt in allen Überlegungen, „Dreinreden, bevor der andere geendet“: Sinnbilder einer üblen marsischen Bestrahlung des Merkur.

Mars–Merkur-Aspekte lassen Schlüsse auf den Kreis der Geschwister zu; gute oder gespannte Beziehungen zu diesem Kreise, harmonische Schicksale der „Brüder, Geschwister und Nachbarn“ oder aber Mißgeschick und Disharmonie werden je nach Merkur-Mars-Aspekten abgelesen. Ferner zieht man dieselben Aspekte herbei, um über die vorhandene oder mangelnde Geschicklichkeit der Hände zu urteilen.

c) Merkur in Verbindung mit Jupiter

Das Prinzip des „Richtigen“ tritt verstärkt ins Bewußtsein, sei es als Problem, das unter Schwierigkeiten und Widersprüchen gelöst werden muß, sei es als verstärkte „ethische Note“. Zugleich gewinnen alle Beziehungen mit Dingen oder Personen des Rechtes, der Weltanschauung und Religion an Bedeutung.

Gute Aspekte, auch Konjunktionen, werden als Ausdruck hochwertiger und bewußt angewendeter Moral betrachtet. Zuverlässigkeit, gute Urteilskraft, die das „Richtige“ findet, Sicherheit im Bewerten von Menschen, Dingen und Sachlagen, Wahrheitsliebe, Einsichtigkeit, Gesinnungstüchtigkeit sind der normale Sinn dieser Aspekte. Die Bedeutung des Merkur für „Geschwister“ zieht auch die günstige Beziehung, vor allem die geregelten Ansprüche innerhalb des eigenen Familienkreises, aber auch im weitern „nachbarlichen Kreis“, nach sich. Hand in Hand damit geht eine glückliche Fähigkeit, zu „verhandeln“, sei es in welchen Beziehungen wir wollen. Der „reelle Kaufmann“, der in seinem Geschäft glücklich arbeitet, hat meist eine gute Merkur–Jupiter-Beziehung.

Opposition und Quadrat, aber auch die kleinen bösen Winkel, bedeuten die gleichen Fähigkeiten und Beziehungen, jedoch in umstrittener Form. Wahrheitsliebe wird als Verpflichtung gefühlt, aber schwer durchgesetzt. Das „schlechte Gewissen“ erzeugt Mißtrauen von seiten der Umwelt; ungeklärte moralische Beziehungen, Unaufrichtigkeit, Fehlurteile aus gehemmter Einsicht oder schlechter Denkgewohnheit, Lügen als gelegentliche Erscheinung, die nicht durchaus „Lügenhaftigkeit“ sein muß, Gesinnungsschwankungen, unglückliche Beziehungen zur Umwelt, zum Geschwisterkreis, zu Personen des Rechtes oder der Religion, schlechte Geschäfte auf unreellen Grundlagen, die man zu oft selbst geschaffen, sind der äußere Ausdruck dieser „schlechten moralischen Basis“.

d) Merkur in Verbindung mit Saturn

Saturn ist intellektuell das eigentliche ergänzende Prinzip Merkurs. Stehen sie gut zueinander, dann entwickelt sich der Mensch mit dem „vollen Verstande“, vorausgesetzt, daß kein dritter sie hemmt.

Trigone und Sextile bringen aber *allein* diese gute Entwicklung. Kühles, unbestechliches, klares, methodisches, sorgfältiges Denken, das sowohl ins einzelne geht und „analytisch“ die Elemente zergliedert, als auch die großen Zusammenhänge erkennt und „synthetisch“ große Systeme aufbaut, das ist „Saturn–Merkur in Harmonie“. Wer in Studien Großes leisten will, sollte diesen Aspekt besitzen, aber auch der verantwortungsbeladene Organisator, der Staatsmann, der Mann der weitgespannten Geschäfte, vor allem der „Gründer“ irgendwelcher Unternehmungen, der „Voraussicht“ besitzen muß und gleichzeitig vor Illusionen bewahrt werden möchte, kann ihn brauchen.

Die meisten übrigen Aspekte, vor allem die *Quadrate,* aber auch *Konjunktionen* und *Oppositionen,* machen den Menschen in seinem Denken unglücklich. Vielleicht wird die Denkkraft nicht geschwächt, so bei der Konjunktion, aber das Vertrauen in die Möglichkeiten des Geistes und seiner Tätigkeit wird gelähmt; das trifft nun eben die Haupttätigkeit des Geistes, das Denken. „Selbstmißtrauen“ ist die Folge und zieht Mißtrauen überhaupt nach sich; man wird kritisch, aber am falschen Ort und bei jeder ungeeigneten Gelegenheit; man verliert alle Sicherheit in bezug auf Berechnungen, mißtraut allen Resultaten, aber auch allen Vorschlägen anderer. Man rechnet kleinlich, eng und boshaft, man ist frostig und unfreundlich, sobald man etwas „unter die Gedanken bekommt“. Mit seiner Ängstlichkeit und Enge tötet man alle Sympathien und zieht sich langwierige und nie gelöste Streitigkeiten zu.

Statt daß wir von den Erfahrungen älterer Menschen lernen, mit den „Überlieferungen wuchern“, sie ausnützen, vom eigenen Vater den Segen seiner Arbeit ernten und im guten Zusammenhang mit den eigenen Geschwistern bleiben, wie die guten Aspekte dies bewirken, lassen wir uns gerade von den gleichen Kreisen und Personen beirren und ins Unrecht setzen. Und neben der ältern Generation wird uns auch die ganze „merkurische Welt“ schaden: Geschäftswelt und Lehrer, Personen der Publizität, Anwälte usw. Böse Nachrede schleicht auf unsern Spuren . . . Verleumdung verfolgt uns . . . als Folge unserer durchgängigen Mißtrauenshaltung uns selbst und der Welt gegenüber.

Die Konjunktion ist etwas besser, aber die Kälte des Denkens und die selbstsüchtige Kritik bleiben.

e) Merkur in Verbindung mit den neuen Planeten

Uranus–Merkur bedeuten zweimal Merkur plus Mars. Daß dies eine Steigerung der geistigen Fähigkeiten sein muß, ist klar, ebenso, daß wir ein gesteigertes Denk-*Tempo* zu erwarten haben. Die „saturnische Note des Uranus" bedeutet außerdem einen erweiterten, das Herkömmliche und Alltägliche überschreitenden Horizont.

Die schlechten Verbindungen, halbe und ganze *Quadrate, Oppositionen und Parallelen* machen das Denken bizarr und „zersetzt".

Merkur und Neptun in Trigonen und Sextilen verfeinern das Denken und können rätselhafte Instinktsteigerungen bringen; „intuitiver Idealismus" wird solchen neptunischen Aspekten nachgerühmt.

Alle schlechten Aspekte, auch die Konjunktion, schaden dem Denken, vor allem der Denkkonzentration, machen „abwesend" und zerstreut, manchmal trügerisch und schwindelhaft. Daß die Konjunktion jedoch bei Menschen von höchstem geistigem Niveau die geistigen Kräfte zur visionären Seherschaft steigert, beweist das Horoskop Rudolf Steiners: ☿ ☌ ♆ auf 28° ♓ !

Für Merkur und Pluto haben wir hypothetisch eine marsische Beschleunigung der Denkarbeit anzunehmen. An den *schlechten* Aspekten Plutos zu Merkur lassen sich Plutowirkungen gut studieren.

4. Aspekte der Venus mit den übrigen Planeten

a) Venus in Verbindung mit Mars

Man hat zu beachten, daß Venus und Mars die geschlechtlichen Sinnbilder sind, daß also alle Beziehungen zwischen beiden Prinzipien irgendwelche Rückschlüsse auf die Beschaffenheit dieser Seite unseres Wesens, eingeschlossen die „geschlechtliche Moral", zulassen. Nirgends zeigt sich deutlicher als gerade hier, wie gefährlich die Bewertung eines Einzel-Aspektes sein kann. Eine von Mars „angegriffene Venus" kann an sich auf schlechte Züge hinweisen . . ., wenn aber Saturn und Jupiter diese Venus stützen, wird sie „gesund bleiben".

Gefürchtet sind die *schlechten Aspekte,* eingeschlossen die Konjunktion. Sie weisen auf eine Überbetonung, auf eine ungesunde „Intensivierung" der geschlechtlichen Seite, die einen zu großen Spielraum erobert und andere Lebensäußerungen zurückdrängt. Sinnlichkeit, Leichtsinn, „geringe Selbstschätzung" infolge sklavischer Verhaftung im Begehren, Eitelkeit, Genußsucht, Ziellosigkeit der Neigungen, Ahnungslosigkeit in der Bewertung eines Menschen, sobald das Geschlecht in Frage steht, Hereinfallen auf Minderwertige und Selbstentwertung durch immerwährend schiefe Wahl, Unstetigkeit der Neigungen sind Folgen dieser Aspekte.

Trigone und *Sextile* sind besser, bedürfen aber der Unterstützung durch dritte Planeten, um vollwertig zu wirken. Die erotische Seite wird ebenfalls beflügelt, bleibt aber im Rahmen einer stets lebendigen Genußfreude, empfängt immer neue Impulse; man ist „allgemein verliebt“ und stellt sich positiv zum Leben und zum Menschen ein; um den Gegenstand der Liebe wird man nie verlegen sein; die Wahl ist an keine zu unterschiedliche Merkmale geknüpft.

Venus–Mars-Verbindungen haben vor allem in Schicksalen mit dem Geschlechtspartner, aber auch in allen Beziehungen zur „jungen Generation“, ihren Ausdruck und entscheiden je nach Güte des Aspekts.

b) Venus und Jupiter in Verbindung

„Schönheit und Güte“ treffen sich; das richtige „Sein“ und das richtige „Handeln“ ergänzen oder widersprechen sich. Man kann sich daraus die Rolle der

Trigone, Sextile und Konjunktionen, auch der Halbsextile, ableiten. Es sind die Aspekte der „offenen Tugend“, die überzeugend wirkt, weil dahinter die Einheit des „Wahren und Schönen“ steht. Würde in liebenswürdiger Form, Liebe in Würde. Der Ausdruck, der am besten zutrifft, heißt „sympathisch“. In der Tat weckt nichts so viele Sympathien wie gerade *diese* Verbindungen. Man betrachtet sie als eine der großen und natürlichen Glücksgarantien überhaupt.

Quadrate und Oppositionen nebst kleinern schlechten Winkeln ergeben jenen innern Widerspruch, der sich nachher als Eitelkeit, falsches Wohlwollen, stilwidrige Freundlichkeit ausprägt. Die Welt reagiert auf diese innern Mißverhältnisse durch Mißtrauen und Ablehnung; Enttäuschungen durch „jovische und venusische“ Menschen sind die Folge. Das heißt, man wird beispielsweise in rechtlichen Fragen „durch Frauen geschädigt“, oder in Dingen der Liebe stößt man auf rechtliche Komplikationen.

c) Venus in Verbindung mit Saturn

Nichts kann der Venus einen stärkern Halt geben, als ein

Trigon oder Sextil des Saturn. Maß und Stetigkeit der Neigungen, Überlegtheit und Sorgsamkeit in allen Bindungen, Ausgleich und Vernunft in den Ansprüchen, so bietet sich das Bild einer „von Beharrlichkeit und Zielrichtung kontrollierten Liebe“.

Konjunktionen, Quadrate und Oppositionen, aber auch Parallelen und *kleine* schlechte Winkel drücken nieder und verkrüppeln die Gefühle der Liebe und Sympathie. Unter Umständen wird eine wahre „Verfinsterung“ der Seele die Folge sein; auf alle Fälle aber leidet der Optimismus, den man immer und überall mit der Venus in Zusammenhang bringt, der Glaube an Sinn und Güte des Daseins, des diesseitigen Lebens. Der Grund dieser Herabsetzung unserer „seelischen Temperatur“ ließe sich vielleicht „chemisch“ erklären. Venus bedeutet die Wachstumskräfte, die ewige Erneuerung des Körpers. Ein kleines, kaum nachweisbares Minus an gewissen „venusischen Stoffen", und der Mangel an „Seelenfreude" zeigt sich schon. Da Venus in der Überlieferung „Kupfer" bedeutet, Saturn aber „Blei", müßten moderne Astrologen zugleich Chemiker sein und die biologische Rolle beider Metalle im Körper bei schlechten Saturn–Venus-Verbindungen studieren. Und möglicherweise würde das Quadrat Saturns zu Venus durch Einnahme assimilierbarer Kupferpräparate zu kurieren sein. Oder durch Verwendung „strahlender" Kupferringe oder -leitungen in Wohnräumen oder um Schlafstätten.

Ob dadurch nicht auch die gefürchteten Folgen der „saturnbeengten Venus" zu beseitigen wären? Nämlich erotische Verkrüppelungen, Perversionen, erotische Gehemmtheit, verbunden mit heimlichen Ausschreitungen? Und ob die typische Neigung zu Leuten, die unsere Eltern sein könnten, damit zu bekämpfen wäre?

Vielleicht ließe sich mancher Schmerz in der Liebe, manche Unseligkeit in der Ehe vermeiden ... „durch ein wenig Kupfer" ...?

Venus im Saturnzeichen Steinbock erfährt schon eine typische „Eindunkelung" und gibt melancholische Züge. Wassermann ist besser, macht aber auch ernst und gemessen!

d) Venus in Verbindung mit den „neuen Planeten"

Uranustrigone und Sextile steigern die sympathetischen und ästhetischen Fähigkeiten, machen sie sehr bewußt und originell. *Quadrate, Oppositionen und Konjunktionen* aber sind „Verwandlungsaspekte" gefürchteter Art, die oft in Perversitäten ausarten. Man überlege: Marsische Steigerung ist dabei, also Maßwidrigkeit, Merkur, also übersteigerte Bewußtheit, Saturn, also Hemmung und Ausweichen in Fehlformen und „Verkleidungen". Das Beste ist noch die Flucht in künstlerische Tätigkeit ..., schlimm aber kann ein „Fetischismus" werden, Verschiebung der Liebe vom Menschen weg auf tote Gegenstände.

Nicht ungern sieht man *neptunische Trigone und Sextile zu Venus*. Hier gesellt sich „Venus zu Venus plus ein wenig Jupiter" und unter Umständen „saturnische Langfristigkeit". Alles, was man aus den genannten Prinzipien ableitet, ist also hier beisammen. Man spricht darum von verfeinerten und gesteigerten Gefühlen, von „hoher Liebe" und übernormal empfindenden Sinnen; das Andächtige und Verehrende des „Wasser-Jupiter" verbindet sich mit der seelischen Erregbarkeit.

Die *Quadrate und Oppositionen* aber, weniger die Konjunktionen, werden als Quelle abirrender Neigungen, zwiespältiger und verworrener Gefühle gewertet. Die „Ausweichung ins Künstlerische" ist auch hier die *bessere* Form der „degenerierten Libido".

5. Aspekte des Mars mit den übrigen Planeten

a) Mars in Verbindung mit Jupiter

Wir haben hier eine Verstärkung *beider* Elemente im guten oder aber bösen Sinne vor uns: Die Tat-Energie des Mars wächst immer, wenn sich ihm Jupiter gesellt, und die moralische und ethische Richtung erhält bei Anwesenheit des Mars verstärkte Impulse. Nur kommt es auf die Art der Aspekte an.

Nur Trigon und Sextil gelten als „gut", also als Sinnbild verstärkten Gerechtigkeitsgefühls, zielgerichteten Willens, zu handeln, naiven und nicht besonders rücksichtsvollen Mutes, ernster Tatkraft.

Die andern Aspekte aber, ausgenommen Halbsextil und Quinkunx, vor allem *quadratische und oppositionelle,* zerstören das Maß des Jupiter, ergeben Rechthaberei, Fanatismus in Rechtsfragen, störrischen und stets zu unrechter Zeit sich vergeudenden Mut, Fehlurteile, Verkennung des Richtigen, falsche Beurteilung von Menschen, Situationen, Werten. Taktlosigkeit, Unhöflichkeit, Unangemessenheit sind die Folgen, und der Aspektinhaber steht irgendwie „schief in der Welt" ...

b) Mars in Verbindung mit Saturn

Trigone und Sextile wirken ausgezeichnet auf den Charakter; Abwesenheit von Zorn und Übereilung, aber ebenso von Pessimismus und gebremster Handlungsfähigkeit sind ihr Ausdruck, Mut *und* Überlegung, Wille *und* System, Angriffigkeit *und* Geduld ihre beste Prägung.

Opposition, Konjunktion und Quadrat, dazu aber auch halbes und anderthalb Quadrat aber genießen den Ehrentitel „Raubmörder-Aspekte". Man soll nicht übertreiben; wichtig ist, zu wissen, daß sie „orbexakt" und von lauter schlechten weitern Winkeln bestrahlt sein müssen, um so schlimm zu wirken. Daß sie in solchen extremen Fällen Widerspenstigkeit, Zornmütigkeit, Kälte und Grausamkeit bewirken, ergibt sich daraus, daß Saturn die marsischen Handlungskräfte verkrüppelt und unterdrückt, Mars die saturnischen Verneinungskräfte aufstachelt; Rachsucht, Bösartigkeit in der Gesinnung, Verrat und Heimtücke gehören durchaus ins Kapitel des saturnisch gebremsten Mars ...

Oft verspürt man diese Aspekte nicht im Charakter, dafür aber in schweren Schicksalsschlägen. Der „Zorn" wird zur überpersönlichen Energie, die mit grausamen Heimsuchungen das Leben trifft.

c) Mars in Verbindung mit den neuen Planeten

Man überlege, daß sich Mars plus Mars–Merkur verbinden, wenn *Uranus* hinzukommt. Der Schwerpunkt liegt auf dem Marsischen.

Also werden wir einen Aktivitätsaspekt vor uns haben, in welchem die merkurischen, d. h. die intellektuellen Züge sehr zurücktreten. Immerhin kommt zu den Tätigkeitsmomenten ein intuitiver Zug hinzu. Für unruhige Erfinder ist oft ein Trigon oder Sextil zwischen den zweien nachzuweisen.

Quadratische Aspekte, Konjunktionen, Oppositionen verschlechtern das Marsische, geben Züge von Unrast, Unvorsichtigkeit, oft Trotz und rebellischem Sinn. Die Konjunktion kann sehr gut sein, wenn sie von allen Seiten gut bestrahlt wird.

„Ereignishaft" sieht man in den schlechten Verbindungen Vorzeichen für schwere und plötzliche Schläge des Schicksals.

Neptun und Mars sollten am besten unverbunden bleiben. *Trigone* steigern immerhin die Einfühlungskräfte und lassen oft „blitzartig" ahnen, was kommt. *Konjunktionen* machen sehr erregungsfähig; bei bösen Situationen beider Gestirne können sich seelische Störungen ergeben. *Quadrate, Oppositionen* und übrige schlechte Winkel sind gefürchtet wegen ihrer gefühlsverwirrenden Wirkung.

„Ereignishaft" ergeben sich bei allen marsischen Geschicken schlechte Nebenumstände, bei Verwundungen kommen Vergiftungen hinzu, bei Unfällen falsche Hilfeleistung, bei „entzündlichen Krankheiten" unterliegen die Ärzte Fehldiagnosen. Man beachte an diesem Beispiel die Seltsamkeit der Behauptung: Nicht in der Krankheit selbst, sondern in der schicksalhaften Begegnung mit dem behandelnden „Heiler" soll die verwirrende Rolle Neptuns liegen. Ein Punkt zum Nachdenken über die Aspekte auch anderer Gestirne.

Mars und Pluto. Die Astrologen haben gerade an den Verbindungen zwischen diesen zwei Gestirnen den Mars-Charakter Plutos zu studieren; hypothetisch ergäbe die Konjunktion einen „Über-Mars".

Aspekte des Jupiter mit den übrigen Gestirnen

a) Jupiter in Verbindung mit Saturn

Alle guten Aspekte, auch die *Konjunktionen*, werden als „Symbole der Pietät und Religiosität" bezeichnet. Jedenfalls machen sie geneigt, das Leben von höherm Standpunkt aus zu bewerten. Keine leichten Urteile, sondern nur „wohlerwogene" sind möglich. Bei günstigen Aspekten von Merkur oder Uranus zu beiden dürfen wir auf Eignung zu Studien schließen.

Oppositionen und Quadrate gelten als Sinnbild innerer Zwietracht und zweiflerischer Haltung. Unentschlossenheit, Schwäche, moralische Unsicherheit, Unglücksgefühle sind die Folge. Man traut dem Leben so wenig wie sich selbst.

Die Personen, die mit Saturn und Jupiter zusammenhangen, sind bei guten Aspekten sehr verläßlich, bei schlechten feindlich. „Böse Prozesse“ werden vorausgesagt.

b) Jupiter in Verbindung mit den neuen Planeten

Uranus mit Jupiter rückt die ethischen Fähigkeiten in den Vordergrund . . ., unter Umständen wird auch auf intellektuelle Eigenschaften geschlossen werden können. Bei *Trigonen* nehmen wir an, daß die moralischen Ansichten außerordentlich entwickelt seien, daß sie sehr originelle Form annehmen und aus der Überlieferung herausragen. Eine „reformatorische Begabung“ in irgendwelcher Richtung, sobald sich auch die geistigen Kräfte als gesteigert erweisen.

Schlechte Aspekte setzen die moralische Urteilskraft auf böse Proben und bringen sie schicksalhaft in Konflikt mit „jovischen Instanzen und Personen“. Schlecht für Prozesse. Die *Konjunktion* ist bald übel, besonders wenn sich Mars oder Saturn schlecht zu ihr stellen, bald aber ein Symbol für starke Intuition und neue Einsichten auf philosophischem und religiösem Gebiet.

Jupiter–Neptun in Konjunktion und *guten Aspekten* werden zum Symbol des Philantropen und Fürsorgers; hohe Menschenliebe, aus unergründlichen Idealen genährt, ist die Quelle dieser Tätigkeiten. Eine Haltung macht sich geltend, die dem gewöhnlichen Denken über diese Dinge oft kraß entgegensteht. Bei starken Mondeinflüssen ergeben sich mystische Entwicklungsmöglichkeiten.

Schlechte Verbindungen wecken trügerische Einsichten, verkehrte Wohltätigkeit, verworrenen Idealismus. In manchen Horoskopen vermag man kaum neptunische Wirkungen nachzuweisen.

Jupiter und Pluto würden hypothetisch einen sehr lebendigen religiösen Sinn bei guten, und einen „Rechthaber“ bei schlechten Aspekten ergeben.

7. Saturn in Verbindung mit den „neuen Planeten“

Uranus und Saturn werden meist wie Mars–Saturn gewertet. Es ist aber klar, daß auch „merkurische“ Fähigkeiten mitberührt werden müssen. Nur *Trigone und Sextile* sind gut und bedeuten ausgeglichene Handlungsfähigkeit mit originellen Verstandesgaben, Konzentrationskraft und Blickweite. Bei der *Konjunktion* kommt dasselbe heraus, sobald gute andere Aspekte mitwirken. Sonst aber ergeben sich die Wirkungen der *Quadrate,* die gewisse Seiten des Geistes zerrütten und durch Unrast und auflodernde Unzufriedenheit stören. *Oppositionen* steigern die innere Spannung noch.

Saturn und Neptun in schlechten Aspekten übersteigern den Saturn und bringen, ähnlich wie bei verletzten Venus- und Jupiterverbindungen des Saturn Melancholie, Gemütskühle, seelische Armut. *Trigone und Sextile* weisen auf vorsichtige Kombinationsgabe.

Saturn und Pluto sollen wie Saturn und Mars wirken.

8. Uranus und Neptun in Verbindung

Hochwertige gute Aspekte bedeuten sicher gesteigerten Idealismus und eine „über-intellektuelle" Note. Schlechte dagegen einen ziemlich komplizierten Störungsfaktor in derselben Richtung.

Die Autoren sprechen sich begreiflicherweise über diese Verbindungen mangels Erfahrung kaum aus.

NACHWORT ZUR ASPEKTLEHRE

Die modernen Astrologen sind insofern einer optischen Täuschung zum Opfer gefallen, als sie *Uranus und Neptun in besondere Verbindung mit Astrologie und „okkulten Wissenschaften" gebracht* haben. Was man in Wahrheit behaupten kann, ist die „Ungewöhnlichkeit" der Tendenzen, die von den beiden kombinierten Kraftzentren ausgelöst werden.

Nun gibt es Zeitalter, in welchen das „Okkulte" alltäglich, das Tatsächlich-Sinnliche aber unalltäglich sind. Die ersten Naturforscher des Mittelalters, die ihren Aristoteles nicht mehr blind auswendig lernten und nachbeteten, standen im Geruch der Ketzerei, und zwar infolge ihrer „unalltäglichen Haltung". Man sollte sich gar nicht wundern, wenn in den Horoskopen eines Francis Bacon und Giordano Bruno, eines Galilei und Kopernikus die „überalltäglich wirkenden" Gestirnsymbole an erster Stelle stünden!

Daß die heutigen Astrologen, die in Opposition zur ganzen historisch gewordenen Wissenschaft stehen, in „beruflichen Dingen" mehr von Neptun und Uranus „beherrscht werden", ist vielleicht eine nachweisbare Tatsache. Aber nicht deshalb, weil die neuen Planeten extra auf Astrologie geeicht wären, sondern weil Astrologie heute eine außenseitige Angelegenheit geworden ist und vor allem Außenseiter anzieht, *deshalb* können Uranus und Neptun nun zufällig „besondere Astrologensymbole" werden. Die Idee, als hätten Uranus und Neptun erst seit ihrer Entdeckung gewirkt, ist lächerlich.

Ein weiteres Wort über die *Fixsterne und ihre „Aspekte zu Planeten und Häuserspitzen"*. Jeder solche Fixstern stellt eine ähnliche „Prinzipienkombination" dar wie die „neuen Planeten". Um aber feststellen zu können, ob ein solcher Weltkörper in den Orb eines Hauses falle, brauchen wir eine Beobachtung ihrer wirklichen Aufgänge, Untergänge und Passagen über die Achsen. Eine genaue Ausrechnung für den 47. Breitengrad läßt z.B. erkennen, daß der Fixstern Kastor, ein Zentrum marsischer, venusischer und saturniner Kräfte, mit dem 20. Grade Krebs kulminiert, aber schon mit dem 6.—7. Grade desselben Zeichens aufgeht; als Grad des Untergangs ist der 13. Grad Wassermann erkennbar!

Die in jeder Buchhandlung erhältlichen, jährlich erscheinenden „nautischen Jahrbücher" geben den genauen Standort der wichtigsten Fixsterne nach RA (Kulmination) und Deklination an. Die Fixsterntabelle in Brandler-Pracht, Band Ia läßt die „Art" des Sterns erkennen. Um genau zu sein, müßte man für jedes Jahr und für jeden Breitengrad besonders die Übergänge über den Horizont und alle weitern Achsen berechnen.

Es sollte nicht mehr vorkommen, daß in Horoskopen „Konjunktionen des Aszendenten" mit dem oder jenem in Wahrheit dem Horizont sehr fernen Fixstern behauptet werden. Beobachtungen über Fixsterne im Horoskop bedürfen wirklich solider Unterlagen.

(Vgl. Fixsterntabelle in „Das wahre Gesicht der Astrologie", 2. Auflage. Orell Füssli, Zürich.)

GESTIRNE IM HOROSKOP

VORBEMERKUNG

Es ist eine allgemeine Regel über die Reihenfolge der Bewertung planetarischer Elemente in den Häusern aufzustellen.

1. Stufe: Besetzung eines Haus-Umraums oder Orbs.
2. „ Einfallende Aspekte in diesem Haus-Orb.
3. „ Bewertung des „Herrn der Häuserspitze".
4. „ Bewertung des „Herrn" dieses „Herrn" (des Dispositors).
5. „ Bewertung des Herrn der besetzenden oder aspektierenden Gestirne.

Die in den Orb fallenden Gestirne und Aspekte sollen durch die Bezeichnung „achsenscharf" kenntlich gemacht werden.

In unserm Beispiel Fig. 21, das unsern weitern Ausführungen zugrunde gelegt werden soll, sind die Häuser 2, 3, 6, 8, 9, X und 11 besetzt; von diesen Besetzungen fallen aber nur in den Orb der betreffenden Häuser

Sonne nahe der X. Achse oder Häuserspitze,
Merkur fast exakt auf der 11. Achse,
Mond ziemlich achsenscharf auf der 6. Achse.

Die drei haben aber außerdem durch achsenscharfe Aspekte Wirkung auf andere Haus-Umräume, also auf die Wesensgestaltung. Desgleichen eine Anzahl anderer, die der Leser aufsuchen möge:

Mars durch Trigon auf die I. Achse und durch Sextil auf VII., ferner Quadrat zur 6. und 12.,

Mond durch Trigon auf die 2. und X., durch Quadrat auf die 3. und 9., durch Sextil auf die IV. und 8. Achse,

Merkur durch Sextil auf die I., durch Trigon auf die VII., durch Opposition auf die 5., durch halbes Sextil auf die 12., durch Quinkunx auf die 6., durch schwaches Quadrat auf die 8. und 2., durch schwaches Trigon auf die 3. resp. auf die 9. Achse,

Sonne durch Trigon resp. Sextil auf die 2. und 8., durch halbes Sextil resp. Quinkunx auf die 9. und 3. Achse,

schließlich Saturn durch halbes resp. anderthalb Quadrat auf die 5. und 11. Achse.

Man erschrecke nicht vor den vielen Aspekten. Es werden sich bei der Ausdeutung von selber die wichtigsten vordrängen. Wichtig ist nur, daß man sich die Winkel anschaue und die schärfsten erkenne.

Die erstklassige Bedeutung einer „Konjunktion“, die jedem Aspekt vorangeht, ergibt sich aus unserer Stufenfolge. Die „Hausbesetzung“ an sich, wie sie von manchen Horoskopstellern gedeutet und *mißdeutet* wird, besagt nichts ..., erst die Konjunktion mit dem „Orb“ ist wichtig. Gestirne, die mitten zwischen zwei Achsen stehen, haben vielleicht durch exakten Aspekt auf andere Achsen Kraft in der Formung des Wesens, sonst aber nur als „Ereignis-Auslöser“. Wir begegnen dieser zweiten Rolle in einem andern Kapitel.

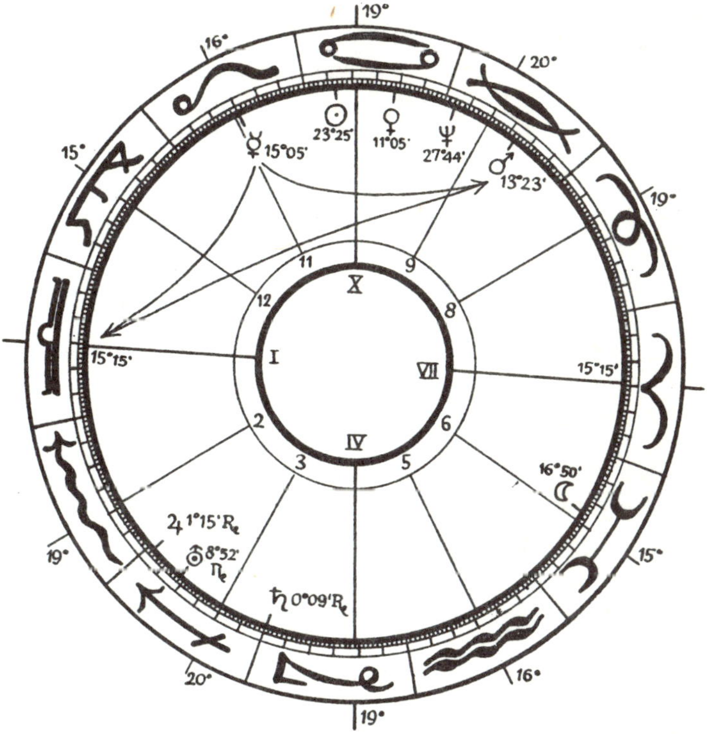

Fig. 21. Mars–Merkur in Sextil und „halber Rezeption“, durch exakte Trigon- und Sextilwirkung auf Aszendent und Deszendent übertragen.
Notiz: Unsere Horoskope bauen alle auf Campanus. Der Leser vergleiche mit Hilfe von Häusertafeln die andern Systeme.

Dasselbe ist zu sagen über Aspekte, die irgendwo fern den Achsen einfallen. Sie werden sich einmal oder mehrmals bemerkbar machen und „Intervalle des Unterbewußten ins Bewußtsein bringen“. Die Grundzüge des Wesens aber bestimmen sie nicht mit!

Alle Stufen verlangen sorgfältige Erwägung. Um die Qualität eines „Haus-Orbs“ richtig zu erfassen, genügt die Konjunktions- oder Aspektbewertung nicht. Wir müssen feststellen, in welchem „Zustande“ diese Gestirne sich befinden. Zur Beurteilung ihres Zustandes gehört die Überlegung, ob sie „hinter sich“ einen „Herrn“ haben, der selber *etwas* oder allenfalls *nichts* taugt.

Als Beispiel für Stufe 2 gelte die Beurteilung unseres *Marstrigons auf die I. Achse*. Mars wird irgendwie herabgesetzt durch seine Stellung im „latenten Raum des 8. Hauses“, aus welcher wir verschiedene negative Ereignisse im Verlaufe des Lebens ableiten.

Der „Herr“ dieses Mars, der in den Zwillingen steht, ist Merkur im Löwen, im erfüllenden 11. Hause, an sich in positiver Stellung und von der Sonnenkraft dieses Zeichens „fest, zentral und aktiv“ geprägt. Sein schärfster Aspekt ist der des Mars selbst, abgesehen von anderthalb Quadrat des Saturn. Aber das Mars-Sextil ist von überragender Bedeutung: Mars steht mit seinem eigenen Dispositor in Verbindung. Wir bezeichnen darum diese gute Stellung zu seinem eigenen Herrn als wichtigste „Bürgschaft“ für die Güte des auf Achse I und ebenso auf Achse 5 einfallenden Trigons.

Einen Abzug müssen wir anbringen, wenn wir überlegen, daß Mars ein Mond-Quadrat erhält.

Die 3. Stufe, die vom „Herrn der Häuserspitze“ handelt, sei am Herrn der ersten Achse unserer Figur erörtert. Wir haben *Aszendent Waage!* Herr des Aszendenten ist also Venus im Krebs. Und die Beurteilung, wieviel die guten oder schlechten Aspekte auf diesen venusischen Aszendentgrad allenfalls vermögen, muß mit umfassendem Blick auf die Venus-Elemente des gesamten Horoskops getroffen werden. Es ist also die Venus in ihren Aspekten, in ihrer „Krebs-Stellung“, in ihrer Häuserstellung zu „zensieren“. Wir sehen sie mit der Sonne in Meridiannähe, im gleichen Zeichen, vom Monde trigonisch aspektiert, sonst nur in kaum wirksamen Halbsextilen des Mars und Merkur und in schwachem Quinkunx des Uranus. Das Mondtrigon ist am stärksten, weil vom „Dispositor“ der Venus selbst herstammend.

Abgesehen vom Krebs-Element, das der „Schönheitsgöttin“ die präzise Form nimmt und ihren Geschmackswert herabsetzt, sind ihre Qualitäten gut. Die guten Aspekte, die der Aszendent erhält, stimmen also mit einer vielleicht ¾-guten Venus zusammen.

Stufe 4, die Stellung des „Dispositors“, weist auf den Mond, den Herrn der Venus. Wir haben so etwas wie einen „Bürgen des Bürgen“ vor uns. Das Krebs-Mond-Element, in welchem die Venus steht, sollte auch erstklassig sein, damit die Stellung der Venus günstig sei. Wir haben also „Mond in den Fischen mit seinen Aspekten“, unter denen sich das Sonnentrigon aus dem Krebs an erste Stelle schiebt, wiederum, weil die Sonne sich mit dem Dispositor Mond verbindet. Ein über-mittelmäßiger Mond, nur durch Mars geschädigt, gibt also dem Krebs–Mond-Element und damit der Venus einen guten Hintergrund.

GESTIRNE ODER GESTIRNASPEKTE IN ACHSENNÄHE

Im Umraum der erste Achse

Um die Betrachtung zu vereinfachen, unterscheiden wir eine „gute" und eine „schlechte" Besetzung oder Aspektierung; der Leser sei ernstlich gewarnt, die Aussagen mechanisch anzuwenden; wenn er die Stufen 3—5 vergißt, wenn er nicht mitbewertet, wie der „Dispositor" des besetzenden oder aspektierenden Planeten, ferner der Herr der besetzten oder aspektierten Achse und schließlich auch *sein* Dispositor stehen, wenn er mit andern Worten den „ersten und zweiten Hintergrund" aus der Berechnung wegläßt, kann er sich bitter täuschen. Unter Vorbehalt dieser „Gesamtübersicht" also dürfen die folgenden Darstellungen „spezifisch" gelten.

Sonne in Aszendentnähe (kurz vor dem Aufgang oder eben aufgegangen). *Sonnenaspekte an der gleichen Stelle.*

Die Kraft des Gestirns verstärkt immer Egoismus und Selbstbehauptungswillen. Der Vater, die „Respektsperson", wird zum unbewußten Vorbild der Seele, dem sie nachlebt. Es ist möglich, daß dieses Vorbild sogar auf die körperliche Wachstumsform Einfluß hat. Die Figur wird untersetzt, die Glieder mittellang und kräftig.

An Stelle des Vaters kann der Großvater mütterlicherseits treten, oder jemand, der dem eigenen Vater gleichgesetzt wird.

Ein charakteristisches Merkmal der aufgehenden Sonne oder ihrer guten Aspekte ist ein merkwürdiges „Strahlen", das wie eine Suggestion auf die Mitwelt wirkt und sie bestimmt, die angemeldeten umfassenden Ansprüche der Persönlichkeit zu respektieren.

Die schlechte Sonnenwirkung bringt Selbstschädigung durch unangemessene Einbildung und nicht erfüllbare Forderungen an die Welt. Körperlich sind manchmal Formstörungen, unter Umständen auch gesundheitliche Schädigungen zu erwarten.

Exakter Sonnen*untergang* (☉ ☍ I) soll *kleine* Personen prägen.

Sonne und Sonnenaspekte geben auch Frauen männliche Züge.

Mond und Mondaspekte in Aszendentnähe. Am meisten wirkt der Mond selbst, auch im Untergang, also durch „Opposition". Die Persönlichkeit wählt ein *weibliches* unbewußtes Vorbild, entweder die Mutter oder die Großmutter väterlicherseits. Ihre Züge werden weiblich und entbehren der aktiven Durchsetzkraft; die Stärke liegt im passiven Verhalten, im Warten, Dulden und Dienen, sei es persönlich, sei es durch die von außen aufgezwungene Rolle.

Die Mondtypen werden als voll, aber locker und manchmal „schwammig" beschrieben; eher klein, aber nie zierlich, unterliegen sie wie die echten Wassertypen den äußern Einflüssen. Viel Romantik, Träumerei, Laune, Wechsel der Stimmungen ist in ihnen. Oft steigern sich diese Eigenschaften bis zur hohen „Sensitivität". Aber immer spielen die Gefühle und Wünsche eine große Rolle. In seltenen Fällen entwickelt sich das mediumistische Phänomen.

Die schlechten Mondstellungen oder Aspekte schädigen den Charakter, machen haltlos, von trügerischen Wünschen mißleitet und allen schlechten Einwirkungen offen. Manche entgleiste schwache Natur hat als sprechendes Sinnbild einen schlechten aufgehenden Mond.

Die kleinern Mondaspekte zählen nicht. Die größern wirken viel milder als der Mond selbst.

Merkur und Merkuraspekte in Aszendentnähe.

Wie auch bei den Mondwirkungen, gilt beim Merkur die strikte Beachtung des Zeichens, in welchem der aufgehende oder aspektwerfende Merkur steht. Ein „skorpionischer Merkur", affektgeladen und mit ewig gegenwärtigen Geschlechtsbeziehungen gesättigt, darf nicht mit einem „Löwenmerkur" verwechselt werden; hier würde einfach Löwe seine kraftvolle Eigenart auf den Merkur übertragen und den „überlegen sein wollenden Intellekt" bedeuten.

Unter Vorbehalt des Zeichens sind alle „Aufgangsmerkurier" oder „merkurbestrahlten Aszendenten" der Rede, dem Disput, der Sprache, dem begrifflichen Verstehen der Welt zugetan. Gute Beobachter, die ihre Augen überall haben, alles sehen, alles vergleichen, alles feststellen und einordnen, eignen sie sich für geschäftliche oder bei hoher Entwicklung für lehrhafte, journalistische oder erfahrungswissenschaftliche Berufe. Erd- und Feuerzeichen im Aufgang mit Merkur sollen technische Begabungen ergeben; Intellektzeichen machen mehr für theoretische und organisatorische Arbeiten fähig. Wasserzeichen sind ungünstiger.

Schlechte Merkurwirkungen machen geschwätzig und übermäßig neugierig. Und aus Neugierde und Klatsch ergeben sich Zänkereien, üble Nachrede, Täuschung, Fehlbeobachtungen, irrseliges Organisieren und verwirrende Diskussionen.

Venus und Venusaspekte in Aszendentnähe.

Die „Venusbestrahlten" sind entweder charakteristisch schön oder dann kitschig und puppenhaft, je nach der guten oder schlechten Venus-Stellung. Gegen Mars-Quadrate oder Halbquadrate im Aufgang ist Venus sehr empfindlich, und körperliche Schäden sind in solchen Fällen leicht möglich.

Gute Venus-Aufgangstypen oder „Venus-Aszendentbestrahlte" geben sich heiter und optimistisch, lieben das Schöne, nehmen sich als Ideal Mutter odes Schwester oder eine ideale Großmutter in jüngern

Jahren, streben nach Gefälligkeit und sind in ihrer meist zierlichen Mittelfigur selbst der Ausdruck für diese Eigenschaften. Charakteristisch ist für sie das freundliche Lächeln, das jeden beliebigen Augenblick erscheint. Sie schenken gern und nehmen gern.

Schlechte Venus-Aufgangstypen gelten als leichtsinnig und verschwenderisch, als eitel und in ihrer Eitelkeit dumm. Der Genußsucht namentlich auf erotischem Boden verfallen sie mehr ihrer Verwöhntheit und Selbstverliebtheit wegen. Sie schenken und nehmen nicht ..., sie buhlen mit dem Schenken und werden in ihrer Eitelkeit bestochen.

Mars und Mars-Aspekte in Aszendentnähe.

Mars selbst und die schlechten Marsaspekte unterscheiden sich außerordentlich scharf von den guten und ergeben sehr verschiedene Wirkungen.

Gute Marswirkungen zum Aufgangsgrad lassen den Menschen munter und angriffslustig, unternehmend, mutig, wach und mit steter Bereitschaft ins Leben schauen; es sind durchaus positive Züge, die aber immer irgendwie der Feinheiten entbehren und nicht besonders wählerisch in bezug auf die Mittel machen. Körperlich ist der „Marsbetonte" eher mager und sehnig, ein „Verbrennungstyp", mit gewissen scharfen Zügen, im Profil ausdrucksreicher als frontal. Die aufgenommenen Stoffe werden in Energie verwandelt und aufgebraucht.

Schlechte Marswirkungen übersteigern die genannten Eigenschaften. Die Profilschärfe kann nun als Mißform erscheinen. Vor- oder nachgeburtliche Male, oft von Wunden oder Verbrennungen herrührend, kennzeichnen den Genius, der über der Geburt gestanden.

Übereilung, Unvorsichtigkeit, Unsorgfalt, wenn nicht Roheit und Grobheit oder landsknechtische Gewalttätigkeit bezeichnen die tiefern Hintergründe der häufigen Unfallgefahren, Streitigkeiten und immer neuen Brüche und Entwurzelungen eines „bösen marsischen Lebens". Zähmend wirken auf einen solchen Mars die „fixen Zeichen", dafür aber kann brütende Hinterhältigkeit mit plötzlich losbrechenden Explosionen, namentlich im Stier, die Kehrseite sein. Wasserzeichen verlegen das Unstete und Gefährliche mehr in die Gefühlszone, Luftzeichen mehr ins Denken. Unbewußtes Ideal: der Soldat.

Jupiter und Jupiteraspekte in Aszendentnähe.

Nur die Quadrate sind eigentlich zu fürchten. Man kann sie in gewissem Sinne einem „vernichteten" und schlecht bestrahlten Jupiter gleichstellen, immer aber muß man das Zeichen vorbehalten.

Gute Jupiter-Aufgangstypen oder Aspekte zum Aszendenten zeigen uns den „jovialen", wohlgenährten, d. h. gut assimilierenden, dabei ernsthaften und würdigen, seiner selbst bewußten Menschen, der weiß, was recht ist und was gilt, was Verdienst heißt und was Ehre bedeutet. „Ein dicker Mann, folglich ein guter Mann", sagt der Dichter. Kahlköpfigkeit ist nicht selten. Das Gesicht wirkt in der Vorderansicht am stärksten, das Kinn neigt zum „Viereck". Offene, bei Erregung glänzende Augen. Gute Muskeln und Knochen. Kein Verbrennungstyp, sondern ein „Aufspeicherer". Blutfülle.

Schlechte Jupiter-Aufgangstypen oder -Aspekte steigern die Fülle manchmal ins Krankhafte oder wirken seelisch als scheinheilige oder hohle Güte, als falsche Würde, als großsprecherische Eitelkeit und ehrsüchtiger Dünkel. Der Rechtlichkeit und Sittlichkeit ist nicht zu trauen; hinter der zur Schau getragenen pharisäischen Fassade verbergen sich ein schlechtes Gewissen und eigensüchtige Selbstverherrlichung.

Saturn und Saturnaspekte in Aufgangsnähe.

Gute Saturnwirkungen, d. h. Trigone und Sextile, machen den Typus geduldig, ruhig, methodisch, ausdauernd, ernst und gründlich. Das Knochensystem ist gut ausgebildet, die Muskeln sind nicht übermäßig entwickelt, aber fest; Sehnen und Knorpelpartien sind stark. Die Haut ist trocken, vor allem, wenn Saturn im Steinbock steht, und in allen Zeichen kühl. Kein Saturntyp ist rasch ..., die Langsamkeit wird durch „rationelles" Ausschöpfen der Bewegungen ersetzt. Im Endergebnis kommen Saturnier weiter als Marsier.

Ähnliche Wirkungen ergibt auch *der gute aufgehende Saturn* selbst. Nur daß die Zähigkeit noch zäher, die Hartnäckigkeit und Strebigkeit noch ausgesprochener werden.

Der schlechte aufgehende Saturn oder aufgehende schlechte Aspekte, vor allem Quadrate, zeigen ihre Wirkung in Scheu, Furcht, Zurückhaltung und Ängstlichkeit, oft in Geiz und schmutzigem Egoismus. Ist der „gute" Saturnier ein guter Rechner und systematisch aufbauender Denker, so wird der „schlechte" zum engstirnigen Knicker und selbstzerstörerischen „Berechner". Die ewigen Mäkler, die Leute mit schlechtem Humor, die Jammertanten und Scheelsüchtigen, die Neider und Miesmacher, die Unglückspropheten und ewig Beleidigten haben *oft* einen herrschenden schlechten Saturn in Aufgangswirkung. Saturn selbst kann aus der Meridiangegend ein exaktes Quadrat werfen und derart wirken ..., er braucht nicht selbst auf- oder unterzugehen.

Das „Ideal", dem die von Saturn Beherrschten unbewußt folgen, ist die erfahrunggereifte Generation in ihren ernstesten Exemplaren..., sie beneiden das „Jungsein" oder verachten es; in der Kindheit spielen sie früh schon mit dem „Alt- und Großsein" und erleben vielleicht die Tragödie des Alterns verfrüht und unbewußt.

Uranus und Uranusaspekte in Aufgangsnähe.

Die merkurische Seite macht geistig und intellektuell außerordentlich regsam, die marsische übersteigert die Regsamkeit, die saturnische macht dazu schwer und weitzielend. Dermaßen entsteht der „Uranier", der als „seltsam" gilt, als originell, als genial, wenn gute Aspekte hinzukommen.

Der *schlechte aufgehende Uranus* oder sein Quadrat im Aufgang weisen auf den unsteten und exzentrischen Menschen, der „fremd" wirkt und die seltsamsten eigenen Wege geht.

Neptun und Neptun-Aspekte in Aufgangsnähe.

Der *gute Neptunier* gehört zu den Sensitiven mit den matten, in die Ferne sehenden, weissagenden Augen. Er ist überfein, vor allem in den Gefühlen. Der *schlechte Neptunier* neigt zu trügerischen Gefühlen und zeigt uns ein leeres, „zentrumloses" Gesicht.

Pluto im Aufgang

muß hypothetisch „marsähnliche" Wirkungen ausüben.

Im Umraum der zweiten Achse

Gute Sonnenwirkung, vor allem Konjunktion und Trigon: Große Anziehungskraft für materielle Mittel, große Ansprüche in dieser Hinsicht. Beste Quellen und Verdienstgelegenheiten. Zugleich souveräne Bereitschaft der vorhandenen Willenskräfte.

Schlechte Sonnenwirkung: Großspurige Pläne im Erwerbsleben, die aber an der eigenen Konstruktion scheitern oder schwere Kämpfe rufen. Hemmungen durch „Obere" in der Verwirklichung materieller Ziele. Unzeitige Willensbereitschaft, Vergeudung der Mittel.

Gute Mondwirkung: Bescheidene Geldquellen, aber stetes Fließen, nach kurzer Ebbe sicher wieder Flut. Vor allem Gefühlsbereitschaft und Fähigkeit, sich dieser Gefühle zu bedienen.

Schlechte Mondwirkung (vor allem „vernichteter" und quadratisch aspektierter Mond): Armselige Geldquellen und schlechtbezahlte Gelegenheiten des Erwerbs. Das Mütterliche und Weibliche schädigt die Ökonomie, auch das „Weibliche" in der eigenen Natur, vor allem die Wunsch- und Triebkräfte.

Gute Merkurwirkung: Stetes Umsetzen der vorhandenen Mittel und Gewinn dadurch. Sehr wechselvolle und verschiedenartige Gelegenheiten, je nach Zeichen und Aspekten des Merkur. Bereitschaft vor allem in den logischen Kräften.

Schlechte Merkurwirkung: Trügerischer und verlustbringender Umsatz, Schaden bei wechselnden Verdienstquellen. Bereitschaft intellektueller Kräfte, die dem Horoskopinhaber Abneigungen zuziehen. Das „Widerwillen weckende Denken" ist „zuerst bereit".

Gute Venuswirkung: Ein Mensch, der immer freundlich beschenkt wird und dem die Gelegenheiten gleichsam als Gunst zufallen. Die seelischen Mittel der guten Form und Haltung sind stets bereit.

Schlechte Venuswirkung: Man wirtschaftet schlecht und sucht die Gunst zweifelhafter Gönner, läuft ihnen auch ungesucht in den Weg. Schaden durch ungute weibliche Elemente. Gleicherweise Schaden durch kitschig kokettes Fühlen, das „stets bereit" ist, formempfindliche Menschen abzustoßen.

Gute Marswirkung: Vor allem das Trigon und Sextil, aber auch die gute Konjunktion deuten einen mächtigen und dabei anständigen, wenn auch nicht gerade überfeinen Erwerbstrieb an. Seelisch „bereit" ist stets die Wehrkraft, das schlagende Argument.

Schlechte Marswirkung: Raffgier und richtiggehende asoziale Einstellung in Geldsachen, dabei wird das Vorhandene gefährdet durch ein Wirtschaften, dem alle Behutsamkeit, Planmäßigkeit und Sorgfalt fehlt. An seelischen Kräften liegen zuoberst die störrischen Kampfgelüste, die bei jeder Gelegenheit einhaken. Die gesamte Bereitschaft der Seele ist sehr unausgeglichen und unverläßlich.

Gute Jupiterwirkung: Der Segen im Materiellen kommt reich und zugleich auf rechtlich einwandfreiem Wege. Bedenken gegen unlautere Quellen. Gelegenheiten bieten sich durch Beschäftigung mit „jovischen" Angelegenheiten, juristischen oder priesterlichen Berufsdingen, Vermittlungen, Pflege oder Reisen.

Schlechte Jupiterwirkung: Zweifelhafter und umstrittener Segen, verbunden mit rechtlich bestrittenen Quellen und Gelegenheiten. Falsche „rechtlich betonte" Bereitschaft der Seele.

Gute Saturnwirkung: Sparsamkeit und Stetigkeit des Gebornen in Geldsachen, große Ziele mit langer Entwicklung. Rationelles Wirtschaften. Zähigkeit im Streben, Methode in der Ausnützung der vorhandenen Mittel. Die seelische Bereitschaft besteht in vorsichtigem Anwenden und lang anhaltenden Reserven des Verstandes.

Schlechte Saturnwirkung: Geiz oder Armut, in beiden Fällen geringe Verfügbarkeit in materieller und seelischer Hinsicht. Seelische Hemmungen, die namentlich auch auf erotischen Boden hinüberspielen können. Die genutzten Mittel sind stets größer als es den Anschein hat; es fehlt an der Beweglichkeit in der Auswertung des Vorhandenen. Gewohnheiten und ältere Bindungen stehen im Wege; die ältere Generation erweist sich als Hemmschuh für den Erwerb.

Gute Uranuswirkungen: Äußerst interessante und sprunghafte Ökonomie, unerwartete Quellen und Gelegenheiten.

Schlechte Uranuswirkung: Katastrophenhafte Wirtschaft, aus überstürzten Berechnungen und falschem Tempo wie auch aus merkwürdigen, von Anfang an krisenhaften Umständen sich ergebend.

Gute Neptunwirkung: Seltsame und unalltägliche Steigerung, zu verstehen aus den Segnungen des Venusischen und Jovischen in Neptun.

Schlechte Neptunwirkung: Verworrene und von eigener oder fremder Schwindelhaftigkeit geschädigte Wirtschaft.

Plutowirkung: Annahme ähnlich wie bei Mars, nur in den Vorbereitungen langsamer und in den „Schlägen" außergewöhnlicher.

Im Umraum der dritten Achse

Gute Sonnenwirkung: Man studiere nochmals den Inhalt des „dritten Hauses" und versuche die Kombination mit der Bedeutung des Sonnenprinzips. Die angeborene Denkart ist „groß und zentral", man führt das „große Wort" und sucht durch sein Reden und Denken eine Art von Herrschaft über die Umwelt zu errichten, wenn nichts anderes bremst. Man bekommt schicksalhaft Menschen von Format in seinen „nähern Kreis" und hat die Eigentümlichkeit, sich stets an die Autoritäten und Maßgebenden zu wenden. Klare, einfache Rede (freilich je nach Zeichen!), Glück mit Verträgen und Dokumenten, Erfüllung umfassender eigener Ansprüche durch alle vertraglich fixierten Abreden. Erfolgreicher Geschwisterkreis, Geschwister „von Format". Reisetätigkeit mit bestimmten Zielen. Im übrigen hält sich das angeborene Denken durchaus im Rahmen des Überlieferten.

Schlechte Sonnenwirkung: Großspuriges Denken und Reden ohne echte Hintergründe. Zusammenstoß mit der Umwelt, mit Geschwistern, mit Autoritäten, umfassende Fehlschläge durch Verträge mit weitgehenden Verpflichtungen. Zusammenstoß mit Behörden, namentlich auch im Zusammenhang mit Dokumenten. Reisetendenzen mit Gefahren. Geschwister mit hochstrebenden, aber schwer umkämpften Zielen. Schädigende Tendenzen dem eigenen Elternhaus, der Häuslichkeit und dem Besitz gegenüber.

Gute Mondwirkung: Bescheidenes angeborenes Denken, mehr oder weniger beweglich, abhängig von vielen Strömungen, wechselndes Milieu ohne besondere Prägung. Umgang mit den verschiedensten Kreisen, ohne bestimmte Wahl der Menschen, mit der Möglichkeit, sich jeden neuen Umkreis zur „eigenen Welt" zu machen. Wechselnde Mentalität, Widerspiegelung der Meinungen anderer, viele Widersprüche in der geistigen Haltung. Häufiges Reisen im kleinern Maßstab. Abreden und Verträge, Verbindungen und Beziehungen sind nie ganz fest, erleben Abwandlungen und Erneuerungen. Frauen beherrschen den täglichen Umkreis mehr als Männer, und „weibliche Angelegenheiten" im astrologischen Sinne, also materielle, häusliche, herkömmliche bilden den Denk-Inhalt.

Schlechte Mondwirkung: Die Abhängigkeit und Beweglichkeit überschreitet die normalen Grenzen, und die Beeinflußbarkeit wird zur Charakterlosigkeit. Die unberechenbaren Beziehungen wenden sich gegen den Geborenen und bringen Schaden durch Verträge, Reisen, Dokumente, durch weibliche Elemente.

Gute Merkurwirkung: Denkinhalt ist „interessant“ in irgendeiner Hinsicht. Entweder angeborene lehrhafte oder kaufmännische Haltung ... oder, je nach Zeichen, „angewandte technische“ Fähigkeit. Rede und Bewegungen lebhaft, allseitig erwägend, wendig. Reisetätigkeit mit kaufmännischen oder lehrhaften Zielen. Der geborene Korrespondent. Lebhafter Austausch oder beständige Auseinandersetzung mit der Umwelt, dem Geschwisterkreis, der Nachbarschaft.

Schlechte Merkurwirkung: Die Haltung des störenden und provozierenden Disputsüchtigen. Man findet an allem Haken und Gelegenheiten zum „Kritteln“ und Mäkeln. Ärgerlich für die Umwelt, Skandale oder mißtrauisches Zurückweichen und Abbrechen. Aus allen Gelegenheiten dieses Hauses zieht man Anlässe, um sich zu verzanken. Reisen sind Ketten von Mißgeschicken. Verträge zerschlagen sich, Verpflichtungen werden nicht erfüllt.

Gute Venuswirkung: Ein von Liebenswürdigkeit, Bereitwilligkeit und Optimismus erfülltes angeborenes Denken, wohlgeformte Stimme und geschmackvolle Sprechweise. Die geborene Vermittlernatur (sofern natürlich nicht der Aszendent das Gegenteil will); die Umwelt wird mit schönen Dingen ausgestattet; man reist womöglich zum Vergnügen; die „weiblichen“ Lebensziele, nicht die „heroischen“, stehen im Vordergrund. Alle Verträge sind sorgsame „Ausgleiche“ und Kompromisse.

Schlechte Venuswirkung: Falsche Zuvorkommenheit, „preziöses“ Denken und Sprechen. Kitschige Umgebung, zweifelhafter Verkehr. Übertriebene und schädigende Nachgiebigkeit, vertragliche Abmachungen, die nie gehalten werden können. Unmögliche Versprechungen.

Gute Marswirkung: Munteres, draufgängerisches, aktives, positives angeborenes Denken, dem Handeln wichtiger wird als Sprechen. Keine Feinheit, dafür Gradheit und Offenheit. Kampfbereitschaft in Denken und Rede, zu wenig Überlegtheit. Keine „Kultur der Umgebung“; man will sich nicht „aufhalten und pflegen“; Bewegung außerhalb des Wohnraumes; die geborenen Boten und raschen Reisenden, die weniger verhandeln als „erledigen“. Eine Stellung, die Abmachungen und Verträge eigentlich ablehnt und von Fall zu Fall das Gehörige zu erlangen sucht. Sehr individualistischer Geschwisterkreis. Wärme und Leidenschaft, aber wenig Intimität.

Schlechte Marswirkung: Streitsüchtige angeborene Denkart, mit Kampfwillen geladen, unbeständig, unsorgfältig und ohne „Ordnung“ in der Gestaltung des täglichen Umraumes, in den Beziehungen zu den Nächsten, in allen Abmachungen; Unfälle sind möglich und lassen sich zum Teil erklären aus den regellosen Bewegungen; in der Umwelt kommen aber häufig Streitigkeiten und Katastrophen vor, die sich aus dem angeborenen Denken nicht erklären lassen. Geschwisterkreis „zersprengt" oder von Unglücksfällen oder Tod verfolgt. Reiseunfälle. Brüche und Drausbrennen sind an der Tagesordnung.

Gute Jupiterwirkung: Ein auf Rechtlichkeit, Wohlwollen und Humor gegründetes angeborenes Denken. Der geborene Mensch der schriftlichen Abmachungen sowohl wie der Versprechen auf Ehrenwort und „mit Handschlag". Wohllautende, irgendwie zusprechende, tröstende Stimme. Ruhige, würdige Bewegungen. Anziehungskraft für weltanschauliche, wissenschaftliche, priesterliche Menschen. Sehr oft Geschwister, die sich nach dieser Richtung hin entwickeln. Zweckbewußte Reisen, wie bei Merkur, aber der „höhere Zweck" geht vor.

Schlechte Jupiterwirkung: Falsches Wohlwollen, heuchlerische Rechtlichkeit, „prahlender Humor". Es wird mit Ehre und Versprechen Mißbrauch getrieben und allerlei Unheil heraufbeschworen durch überspitzte rechtliche Verpflichtungen oder Forderungen. Salbungsvolle Sprechweise, Sucht, würdig zu scheinen und Würdige anzuziehen. Fehlzwecke durch Reisen. Kummer durch rechtliche Dokumente.

Gute Saturnwirkung: Ernste, wortkarge, von höchsten Zielen geleitete, philosophische Denkweise, mangelnde Heiterkeit, aufgewogen durch größte Verläßlichkeit und Stetigkeit. Geringe Reisetätigkeit, Vorsicht in Versprechen und Abmachungen, dafür aber eiserner Wille, alles Versprochene zu erfüllen. Sicherungen fremden Versprechungen gegenüber, die darum auch nicht trügen. Strebsamer Geschwisterkreis, sehr gewählter, philosophischer Umkreis.

Schlechte Saturnwirkung: Gehemmtes Denken und Sprechen, ein „Meckern" oder „Unken" oder furchtsames Schweigen. Statt Philosophie und systematischen Wissens greifen Pessimismus und Ablehnung fremder Gedanken um sich. Oft wie blockiert gegen mündliche und schriftliche „Korrespondenz". Man läßt Beziehungen und Geschwisterkreis veröden. Der eigene Umraum ist „wüst" oder kärglich. Das Mißtrauen verhindert eigene und fremde Verpflichtungen, und Verträge, die zustandekommen, sind von Klauseln verkrüppelt.

Gute Uranuswirkung: Höchst merkwürdige Art, zu sprechen, hervorsprudelnd und unvermittelt wieder abbrechend. Interessante, von großer Lebendigkeit und weiten Zielen gezeichnete Denkinhalte.

Schlechte Uranuswirkungen: Denken und Reden sind zerrissen, von einer erstaunlichen Inkonsequenz, oft wie von hintergründigen Gedanken gestört. Unfallgefahren wie bei Mars.

Gute Neptunwirkung: Ein feinfühliges Denken, seltsamer, irgendwie abseitiger, oft überkultivierter und von unalltäglichen Inhalten beherrschter Geist, dem ein ähnlicher Geschwisterkreis entspricht.

Schlechte Neptunwirkung: Verwirrtes Denken, namentlich wenn die merkurischen und saturnischen Kräfte nicht mitspielen oder gar stören. Seltsame, verworrene und traurige Geschwisterschicksale.

Pluto müßte nach seiner bisherigen Wertung ein jähes, revolutionäres, überalltägliches Denken in gutem oder bösem Sinne bringen.

Im Umraum der vierten Achse

Gute Sonnenwirkung: „Mächtiges Elternhaus" und umfassender Besitz, entsprechende eigene Häuslichkeit, lebenslang ein breites Dach über dem Kopfe ..., so lautet die Regel. Das variiert je nach Zeichen, und der Leser muß diese Variationen selber „erdenken". Hintergrund eine weltgeschichtliche Epoche der glanzvollen Machtentfaltung. Die elterliche Sphäre kennzeichnet sich jedoch einzig durch ihre imponierende materielle oder „würdenmäßige" Stellung, keineswegs durch besondere kulturelle Überlieferungen.

Schlechte Sonnenwirkung: Es kommen vor allem die Ansprüche materieller Art, die man von zu Haus mitbringt, in ihrer Umfänglichkeit zum Ausdruck. Eine andere Frage bleibt, ob sie auch erfüllt werden. Umstrittenes Heim, umstrittener Besitz. Hintergrund eine erschütterte weltgeschichtliche Machtepoche, die in dem Geborenen als tiefste unterbewußte Schicht nachwirkt.

Gute Mondwirkung: Ein bescheidenes, bewegtes, wechselndes und wachsendes Elternhaus und ein entsprechender Besitz mit eigenem, selbsterworbenem Heim. Je nach Zeichen häufiger Wohnortswechsel. Hundert Strömungen von außen beleben die elterliche Sphäre. Für das Horten großer Schätze sind die Aspekte auf den Mond maßgebend.

Schlechte Mondwirkung: Armselige und von vielen Wechselfällen heimgesuchte elterliche und später eigene häusliche Grundlage. Die tiefste weltgeschichtliche „Erinnerung", die aber nicht bewußt wird, zeugt von kulturloser Zeit, von dienstbarem Volkstum.

Gute Merkurwirkung: „Interessantes" elterliches Heim, das unter stark hervortretendem Einfluß des Geschwisterkreises die frühe Tendenz zur Aufsplitterung zeigt. Neigung, sich später selbst auf eine zersplitterte und mehrseitige Grundlage zu stellen, allenfalls seinen Besitz zu wechseln und mehrfache Neugründungen vorzunehmen.

Schlechte Merkurwirkung: Der weltgeschichtliche Hintergrund einer geschäftigen und betriebsamen oder von geistig verflachten oder verdorbenen Lehren beherrschten Epoche wirkt als „Unruhe in der eigenen Herkunft", als zerrissenes und beschrienes Elternhaus, das seine spätere Fortsetzung in einer ebenso umstrittenen Häuslichkeit findet. Alles Sparen geht in Fehlanlagen zugrunde.

Gute Venuswirkung: Im „kollektiven Unbewußten", das sich als weltgeschichtlicher Hintergrund des Geborenen im IV. Hause spiegelt, wirkt eine künstlerische Epoche nach, und entweder ist eine künstlerische Mutter die Ursache einer freundlichen und schönen, von allen guten Geistern beherrschten Familienatmosphäre, oder aber das ganze Elternhaus zeichnet sich durch ein schönes Kulturerbe aus.

Schlechte Venuswirkung: Besitz im elterlichen und im eigenen Hause schwindet. Vergnügen, schädliche weibliche Einflüsse oder unangenehmer Luxus zehren ihn auf. Die ganze Grundlage des Lebens wird erschüttert. Vielleicht wird auch die physische Erbmasse des Geschwisterkreises geschädigt. Hintergrund eine weltgeschichtliche Dekadenz-Epoche.

Gute Marswirkung: Ein betriebsames Elternhaus mit dem Bestreben zur beständigen Mehrung des Besitzes. Hintergrund eine „marsische" Eroberungsepoche, deren Vertreter gleichsam die Eltern als eifrige Mehrer des Familienbesitzes sind. Als eigener Hausverwalter geht man ähnlich vor und ist bis ins Alter immer bereit, aufzubrechen, umzubauen, den Besitz zu veräußern, wenn dies mit Gewinn geschehen kann.

Schlechte Marswirkung: Im elterlichen Besitz stecken Sprengminen, die eine gedeihliche Entwicklung verhindern und oft alles von Generationen her Gebaute zerstören. Das Heim des Geborenen ist „auf Sand gebaut", auch wenn er später selbst ein solches gründet. Irgendwie vermag man im Materiellen nicht Wurzel zu fassen und erscheint darum auch im eigenen Wesen „als in der Luft hängend". Der Geschwisterkreis zieht für seinen Zusammenhalt böse Nahrung aus der elterlichen Grundlage, manchmal auch physisch.

Gute Jupiterwirkung: Würdiges Elternhaus. Hintergrund eine Epoche geistiger Kulturentscheidungen. Das eigene Heim gedeiht materiell und moralisch. Der Besitz ruht auf rechtlich wohlfundierter Grundlage.

Schlechte Jupiterwirkung: Ein von weltanschaulichen und rechtlichen Umständen erschüttertes und heimgesuchtes elterliches und eigenes Heim und ein ebenso bedrohter Besitz. Hintergrund die erschütterte und von Mißständen gestörte Kultur einer fernern Epoche.

Gute Saturnwirkung: Ein ernstes, strenges, von harten und zielbewußten Grundsätzen auferbautes elterliches Heim, mit dem tiefen Grunde einer fernen asketischen und arbeitenden Epoche. Der Besitz wird methodisch gemehrt.

Schlechte Saturnwirkung: Ärmliches Heim, geringe Ansprüche an materielle Güter, aus geringem Glauben an die Möglichkeit, reich werden zu können. Öd und wüst ist die Häuslichkeit, wenn Saturn sehr schlecht steht, sehr einsam und voll Traurigkeit das Alter. Phantasien von Schätzen, die zu heben wären, ersetzen die Bemühungen, etwas zu verdienen und zurückzulegen. Man lebt von der Hand in den Mund und hat nur die geringsten Reserven. Manchmal spiegelt sich diese Suggestion, arm sein zu müssen, im körperlichen Wachstum; Hagerkeit und einzelne schwächliche Organe; Wachstumshemmungen oder einseitiges Wachsen, „Aufstengeln".

Gute Uranuswirkung: Höchst bewegtes oder von unerwarteten Ereignissen überraschend umgestaltetes elterliches und später eigenes Heim. „Erdbebenhafte" Umgestaltung der Grundlagen, die aber jedesmal einen Fortschritt bedeuten.

Schlechte Uranuswirkung: Wie schlechter Mars plus schlechter Merkur, also ewige Bereitschaft, zu wechseln und dabei zu verlieren und alle Wurzeln zu zerstören.

Gute Neptunwirkung: Ein Heim, das einen seltsamen, von unbestimmter Verehrung umwitterten Ruf genießt. Unalltägliche Besitztümer und Anlagen.

Schlechte Neptunwirkungen: Die elterlichen und besitzmäßigen Grundlagen des eigenen Heims sind einem sonderbaren Schwund unterworfen und zerrinnen, ohne daß man eigentlich weiß, wer den Untergrund zerstört hätte. „Zeitschicksale."

Plutowirkungen: Gewaltig belebend oder entwurzelnd.

Im Umraum der fünften Achse

Gute Sonnenwirkung: Starke, lang andauernde Jugend, die als eigenwillige Individualität zum Ausdruck kommt und dem Leben einen abenteuerlichen Charakter im guten Sinne verleiht. Großzügige Unternehmungen praktischer Art, auf dem Boden des Herkömmlichen. Sinnbild für Spekulationsglück. Vorbild: Die väterliche Kraft, oder die Taten eines erfolgreichen Einzelnen. Bei allen Erfolgen bleibt man jedoch Außenseiter. Für Kinder wirkt die Sonne zu stark..., sie werden erdrückt. Unter guten Wirkungen anderer Planeten verheißt sie jedoch „großzügige" Kinder.

Schlechte Sonnenwirkung: Groß angelegte Unternehmungen, die zwischen Erfolgen und Zusammenbrüchen immer neu einsetzen, Spekulationen, die mit großen Einsätzen beginnen und gewaltige Aussichten versprechen, aber meistens scheitern. Querköpfiger Individualismus, der die eigenen Möglichkeiten stets durchkreuzt. Desgleichen Schädigung der eigenen, überschätzten Kinder.

Gute Mondwirkung: Ein Muttersinnbild. Das „Triebwagnis" wirft sich vor allem auf Kinder und Beziehungen zu ihnen. Auch für

Lehrerinnen und Kinderpflegerinnen gut. Die Einsätze sind bescheiden. Herkömmliche Wege allgemeinster Art werden auch auf dem Boden des „spielerischen Experimentes“ begangen: Lotterieversuche.

Schlechte Mondwirkung: Affenliebe einer geistig anspruchslosen Mütterlichkeit, die den blinden Triebwirkungen auch im Erotischen erliegt. Törichte Versuche in Spiel und Wetten.

Gute Merkurwirkung: Das „Experiment“ wirft sich auf intellektuelle, kaufmännische oder technische Dinge. Erfindungen werden versucht und gelingen, wenn andere Häuser mitwirken. In erotischen Dingen geht man zweckbewußt vor. Kinder leiden unter zu starker verstandesmäßiger Behandlung und werden einseitig erzogen, vielleicht intellektuell verwöhnt und überfüttert. In Spiel und Spekulation wird rechnerisch vorgegangen.

Schlechte Merkurwirkung: Von allen möglichen Trugschlüssen und Fehlrechnungen beirrte Experimente, Versuche, Wagnisse. Spitzfindig und berechnend in Dingen der Liebe. Für Kinder kein gutes Zeichen. Man täuscht sich über sie, verderbt ihre Mentalität durch eigenes schlechtes Vorbild; selbst wenn man persönlich besser sein sollte, nehmen sie gerade die schlechten merkurischen Eigenschaften an. Es scheint, als gingen die stets zwiegeteilten eigenen Neigungen auf die Kinder über.

Gute Venuswirkung: Ein künstlerisches oder ästhetisches Symbol. Zur Kunst genügt Venus allein nicht. Sie braucht saturnische und merkurische oder andere Unterstützung. Für die „Lebenskunst“ aber ist sie das beste Symbol. Das Leben wird in all seinen heitern Seiten ausprobiert. Schöne Kinder, die gern verwöhnt werden.

Schlechte Venuswirkung: Ordinärer Lebensgenuß, kitschige und dekadente Liebhabereien, oft erotische Entgleisung. Je nach Zeichen und Aspekten kann sich dies steigern. Einsätze der Mittel für wertlose Spielereien. Verschleuderung und Leichtsinn.

Gute Marswirkung: „Soldatenväter“, die mit graden und groben Mitteln ihre Jugend anfeuern und vorantreiben. Schwächliche und seelisch feine Kinder kommen in Gefahr. Eigenwillige und rasche Unternehmungen. Für künstlerische Dinge wenig brauchbar, oder dann radikal umstürzlerisch, oft Pionierschaft auf diesen Gebieten. Plötzliche und ungleichmäßige Experimentierfreude, die leichten Herzens und von allen andern unerwartet „alles aufs Spiel setzen“ läßt.

Schlechte Marswirkung: Eine böse Sache für Kinder, namentlich in Frauenhoroskopen. Erotisch Gefahr, Opfer brutaler Attaken zu werden, Anziehungskraft für grobe, kulturlose Typen. Gefahr auch für das Leben wenigstens *eines* Kindes. Böse Fehlgriffe in hartköpfig und unverständig durchgeführten Experimenten.

Gute Jupiterwirkung: Wohltemperierter Unternehmungsgeist, der den anständigen Weg sucht. Es werden weltanschauliche Momente ins Erotische hineingezogen. Für Lehrer ein ausgezeichneter Planet. Verhältnis zu eigenen und fremden Kindern wohlwollend und „lehrend". In Spekulationen und Versuchen Glück dank Instinkt für den richtigen Weg. Kunst wird meist mißverstanden als Gestaltung philosophischer Gegenstände. „Lehrhafte Kunst."

Schlechte Jupiterwirkung: Zwiespältige Haltung in erotischen Dingen, Beirrung durch Gewissenskonflikte, die aber nicht positiv entschieden werden. Verfehlungen wider besseres Wissen. Moralisch ungute Einflüsse auf Kinder. Man würde die Hände am besten von Erzieheraufgaben lassen. Experimente werden dank falscher Werturteile mißlingen. Moralische Verbrämung unerlaubter Wege.

Gute Saturnwirkung: Alle saturnischen Wirkungen sind der Natur des 5. Hauses entgegengesetzt. Die guten haben eine umwandelnde Kraft gegenüber dem Erotischen und werden bei vielen gestaltenden Künstlern gefunden. „Sublimierung." Wenig Kinder, bezähmtes Triebleben. Ernste Auffassung von Bindungen, Treue und Stetigkeit der Neigungen. Das „Experiment" wird als Aufgabe begriffen. Systematischer Ausbau aller Versuche.

Schlechte Saturnwirkung: Statt Umwandlung findet Verkrüppelung oder Verkümmerung des Erotischen statt, oder es kommen Heimsuchungen durch traurige Liebeserfahrungen. Krankheiten oder Entfremdungen des Geliebten. Keine Kinder oder Gefährdung der vorhandenen. Eigene Sperrung gegen das Triebleben oder Verhinderung durch die Umstände. Manchmal „Satyr-Haltung", wenn ein schlechter Mars und Merkur hinzukommen. Unfähigkeit Wagnissen gegenüber, Mangel an spielerischer Jugendlichkeit. Es ist, als stünde hinter dem Geborenen ein enttäuschter Greis als Kontrollgeist.

Gute Uranuswirkung: Überraschende und höchst originelle Erfindungen oder „Findungen" durch außergewöhnliche Methoden und Einfälle. In erotischen Dingen ebenfalls Wandlung in außer-erotische Neigungen. „Überhöhung" der gewöhnlichen Triebziele.

Schlechte Uranuswirkung: Unruhe, Übererwartungen und Brüche herbeiführende Haltung in erotischen Dingen. Gebremste und wieder eigenwillig hervorbrechende Unternehmungslust.

Gute Neptunwirkung: Idealisierung des Geliebten. Seltsame und außergewöhnliche, für das Leben zu zarte Kinder.

Schlechte Neptunwirkung: Täuschung und Betrug, Entfremdung oder Verluste in Liebesangelegenheiten. Oft Chaos und seltsame, unüberbrückbare Trennungen durch räumliche Entfernungen.

Plutowirkungen müßten die ausgefallensten Versuche und Neigungen bringen.

Gute Sonnenwirkung: Gewaltiger Arbeitswille und ebenso große Arbeits*kraft*. Unter Umständen eine Schar Untergebener, die den Leistungswillen ausführen. Umwandlungskraft gegenüber allen körperlichen Krisen: Krankheit wird durch Arbeit „abgebüßt". Vorbild der eigenen Leistung ist der Vater oder ein anderer, der Großes leistet.

Schlechte Sonnenwirkung: Übernahme zu großer Pflichten. Man „überlädt den eigenen Karren". Den Untergebenen wird zu viel aufgebürdet. Erkrankungen als Folge von Überanstrengungen. Herzbedrohung.

Gute Mondwirkung: An sich bescheidene und wechselnde Arbeitskraft und Leistung, die aber sehr verschieden ausfallen kann, je nach den Aspekten, die der Mond empfängt. Abhängige Stellung, den äußern Ereignissen gegenüber nicht sehr widerstandsfähig, durch Umstände aller Art immer neuen Wandlungen der Arbeitsbedingungen, bei guten Aspekten aber meist guten Wandlungen ausgesetzt. Weibliche Arbeitskräfte, wenn der Mond gut und stark aspektiert ist.

Schlechte Mondwirkung: Von Arbeitsstelle zu Arbeitsstelle geschoben, mit geringen Kräften ausgestattet, oft niedrigste Beschäftigung und völlig abhängiges Dienen. Sehr empfindlich gegen Krankheiten und körperliche Schädigungen, meist als Folge der übergroßen Ausnutzung. Es ist der Aspekt des ärmsten Proletariers.

Gute Merkurwirkung: Große Wendigkeit und Vielseitigkeit in der Wahl des Arbeitsgebietes und der Methode. Empfindliches Nervensystem, als Kehrseite dieser überwachen Teilnahme. In Fragen der übernommenen Pflichten heikel, jedes Zuviel ablehnend.

Schlechte Merkurwirkung: Zersplitterung und Wirrwarr, unübersichtlicher und von widersprechenden Zwecken gestörter Pflichtenkreis. Mehr theoretische als körperliche Leistungsfähigkeit. Gefahr nervöser Zusammenbrüche als Ausdruck des innern Widerstreites.

Gute Venuswirkung: Es wird versucht, jede Arbeit schön, angenehm und bequem zu gestalten, und meist gelingt dieses Bemühen auch. Pflichten werden in vergnügliche Angelegenheiten gewandelt. Die heitere Arbeit mit Gesang und allen erleichternden Mitteln. Weibliche Unterstellte, mit denen man mehr oder weniger kameradschaftlich zusammenspannt. Gesundheitlich bietet die Venus jene Garantien, die jede Form von Optimismus in sich birgt.

Schlechte Venuswirkung: Die Arbeit wird obenhin gemacht. Lässigste Pflichtauffassung. Zweifelhafte weibliche Hilfskräfte. Unpünktliche und unzuverlässige Leistungen. Gefahren für den Körper infolge falscher Pflege und fehlender Disziplin.

Gute Marswirkung: Sturmböcke der Pflicht und Leistung. Die Arbeit wird zum stürmisch betriebenen Unternehmen. Gefahr der Überanstrengung auch bei guten Positionen. Soldatisch grobe Organisation. Tat als „praktische Religion". Junge männliche Untergebene als „außerpersönliche Arbeitsorgane".

Schlechte Marswirkung: Überstürzte, gewaltsame, ungleichmäßig betriebene Arbeit. Planlose und von Zwischenfällen gestörte Leistungen. Unfälle bei der Arbeit. Sinnlose Überanstrengungen und körperliche Schädigungen durch Kräftevergeudung. Krach mit allen Untergebenen, die ebenso widereinander arbeiten wie der Geborene selbst.

Gute Jupiterwirkung: Das Religiöse und Philosophische verzichtet auf Lehre, Einsicht und Theorien und wirft sich ganz auf die praktischen Pflichten. Arbeitskreis und Methode sind Ausdruck dieser bewußt gewählten Pflicht, die nicht nach dem Gegenstand fragt, dem man dient. Hochanständige Behandlung der Untergebenen.

Schlechte Jupiterwirkung: Beflissenheit, theatralisches Herausstellen der eigenen Leistungen. Ungesunde „praktische Moral". Arbeitsleistung zum Schein. „Potemkinsche Dörfer." Falsches joviales Verhältnis zu den Untergebenen. Im Grunde wird für die eigenen Interessen gearbeitet. Die körperlichen Rückwirkungen dieser seelischen Einstellung werden in Ernährungskrankheiten, und zwar in Überernährung, gesucht. Oder in Fehlernährung. Der Körper „assimiliert" falsch.

Gute Saturnwirkung: Strenge, gemessene Pflichterfüllung, stete, ausdauernde, geduldige, unermüdliche Arbeit. In der Methode langsam. Stetigkeit holt auf, was das Tempo verspäten würde. Im Endeffekt kommt der saturnine Arbeiter weiter als die andern. Einsamer Arbeiter, ohne großen Kontakt mit Untergebenen. Als Organisator unsichtbar im Hintergrund. Zähe Gesundheit, die äußerlich nicht hervorsticht. Für große Dauerarbeiten am besten von allen geeignet. Ziele auf Jahre hinaus gesteckt.

Schlechte Saturnwirkung: Verdrossener, unwilliger, seufzender Arbeiter, mit schweren Hemmungen seinen Aufgaben gegenüber belastet. Unverträglich und mißtrauisch gegenüber Untergebenen. Schlecht, ungeschickt und grob in den Resultaten. Pedantischer Organisator, der sich selbst und allen im Wege steht. Gesundheitliche Auswirkung je nach Zeichen. Sehr oft lebenslange Schwächen und Krankheiten, die nicht durch Leistungen vermieden werden können.

Gute Uranuswirkung: Ungleichmäßiger Arbeiter, der seiner Wege geht und am besten auf eigene Faust schafft. Die Ergebnisse überraschen durch die Art, wie sie zustandekommen. Gesundheitlich ungleichmäßig.

Schlechte Uranuswirkung: Gehemmter Arbeiter, dem ewig „etwas dazwischen kommt". Betriebsunfälle, eigenwillige Pflichtwidrigkeiten.

Gute Neptunwirkung: Eigentlich kaum vorstellbar. Der Pflichtkreis verschwimmt mystisch, und die *Idee* der Arbeit ist kräftiger als die Leistungen. Für irgendwelche Feinarbeit, die mit seelischem Gehalt erfüllt werden muß, brauchbar. Pflegertätigkeit z. B.

Schlechte Neptunwirkung: Die Pflichtauffassung ist zersetzt. Die Leistungen bleiben unwirklich und entbehren aller Sicherheit und Pünktlichkeit. Krankheiten, deren Sitz von den Ärzten verkannt wird.

Plutowirkungen müßten auf kühne und plötzliche, aber seltene Leistungen, auf Unfälle, Katastrophen hinweisen.

Im Umraum der siebenten Achse

Gute Sonnenwirkung: Die Wahl eines mächtigen, imponierenden Ehepartners, der gesellschaftlich in vorzüglicher Position steht und die Türe zu großen Aufgaben und wichtigen Verbindungen öffnet. Die nie abzubrechende Verbindung mit der Öffentlichkeit, mit den Autoritäten und Behörden. Die immer sichere „gute Stelle".

Schlechte Sonnenwirkung: Das Streben nach einer solchen Verbindung, das entweder im Leeren verläuft, oder Beziehungen, nicht aber die erhoffte Bedeutung und öffentliche Geltung, nur die Bürden, bringt. Das Ich wird zum „Produkt" der Vorgesetzten, des Ehepartners, der Stellen, die es einnimmt. Aus den „Verbündeten" werden offene Gegner.

Gute Mondwirkung: Die Ansprüche an den Partner sind bescheiden, durchschnittlich und herkömmlich, die Wahl ohne besondere Einstellung auf bestimmte Typen. Viele Möglichkeiten sind gegeben, und eine erscheint so gut wie die andere, wenn sie sich verwirklicht. Bescheidene, wechselnde Stellen, Abhängigkeit, kein besonderer Umfang der Befugnisse. Aber Lebendigkeit und Wachstum, wenn die Aspekte der Planeten den Mond unterstützen.

Schlechte Mondwirkung: Schwanken und Unentschlossenheit in der Wahl des Partners, schlechter Geschmack in der Wahl selbst, Drang, möglichst rasche Verbindung zu kriegen, dabei ewiges Hin und Her der Neigungen. Auslieferung an die Gegenseite, Verlust der Selbständigkeit, wenn keine Gegenaspekte dies verhindern. Gegnerschaft, die man sich durch Schwanken, Unbeständigkeit und widerrufene Abhängigkeit zuzieht. Schwierigkeiten vor allem durch weibliche Rivalen.

Gute Merkurwirkung: Zweckbestimmte, wohlüberlegte Verbindungen, „Vernunftehen", deren „Rendite" gewissermaßen ausgerechnet wird. Wendigkeit und Wechsel in den Stellungen; der

Wechsel ist oft geradezu Gesetz. Interessante Verbindungen, auch interessante Ehe.

Schlechte Merkurwirkung: Man rechnet sich durch zu komplizierte und fehlerhafte Überlegungen in Gegnerschaften hinein, wählt einen Ehepartner, der selbst das Skandalöse an sich hat oder mit dem sich die Ehe zum Skandal gestaltet.

Gute Venuswirkung: Die Beziehung zum „Du" ist selbstverständlich und wird mit dem glücklichsten Optimismus eingegangen. Für Partner, die tragisch veranlagt sind, ist diese selbstverständliche Angleichung und Verbindung zu uninteressant. Die neutrale und spannungslose Verbindung zieht gute gesellschaftliche Beziehungen, Glück in der Stellungssuche und harmonisches Verhältnis zu den Mitarbeitern nach sich. „Schöne" Partner werden gesucht.

Schlechte Venuswirkung: Die sorglose Wahl fällt auf zweifelhafte Partner, die Verbindung wird selbst zweifelhaft. Zwischen den Verbundenen herrscht der „Betrug der Bequemlichkeit" und des gegenseitigen Gehenlassens. Streitigkeiten, durch weibliche Elemente verursacht, zerstören die sozialen Verbindungen. Hin und wieder lassen sich gesundheitliche Schäden des Partners erkennen.

Gute Marswirkung: Man heiratet jung, rasch und bedenkenlos, hat aber dabei Glück. Die Ehe wird unter muntern Auseinandersetzungen gedeihen und durch Spannungen und Gegensätze reich sein. Viele Möglichkeiten und Wechsel in den gesellschaftlichen Beziehungen und Stellungen. Jähe Wechsel, die aber Verbesserungen bringen.

Schlechte Marswirkung: Überstürzte Früh-Ehen, aber auch später geschlossene, unbedachte und von vornherein zum Bruche verdammte Verbindungen. Viel Krach und viele Brüche mit den Verbundenen, mit Kollegen und jüngern Gesellschaftern. Eigene körperliche Gefährdung durch Angriffe anderer Menschen oder durch Unfälle und Krankheiten, die nur die eigene tragische „Verbindung Ich–Du" widerspiegeln ... (freilich in einem geheimnisvollen Sinne widerspiegeln). Aus dem „Vorbewußten" steigt die „karmische" Verschuldung, die den „Feind als Partner" bringt und die Unfallgefahr als „Partnerin des Körpers".

Gute Jupiterwirkung: Eine Ehe, auf praktischen Idealismus gebaut. Rechtliche Beziehungen gehen vor. Oft wird ein Mensch gewählt, der sich mit jovischen Dingen abgibt, also in die ärztliche, priesterliche oder rechtliche „Zone" gehört. Auf alle Fälle wird der rechtschaffene, tugendhafte Partner gesucht. Die gleiche Zielsetzung wird zu Stellungen führen, die vor allem den Forderungen der Würdigkeit entsprechen. Die Ehe ist „würdig und harmonisch".

Schlechte Jupiterwirkung: Der „hohle Jupiter" begünstigt Ehen und Verbindungen anderer Art, in welchen beide Partner auf die vorgespiegelten und theatralisch aufgezogenen Vorzüge und besondern

Würden des andern hereinfallen. Trug durch „falsche Tugend", der sich rächen muß: Man stößt bald auf die Wirklichkeit, und endlose Auseinandersetzungen sind die Folge. Die gegenseitigen Verheißungen, die nicht eingetroffen, werden zum lebenslangen Streitgegenstand, wenn nicht üble Prozesse die Verbindung trennen.

Gute Saturnwirkung: Eine fast unmöglich erscheinende Wirkung, wenn wir überlegen, daß Saturn das Einsamsein, die Trennung des Menschen vom Nächsten schlechthin in sich schließt. Lange überdachte, dafür aber unauflösliche Beziehungen, die wieder die Einkapselung der Verbundenen in einen gemeinsamen Kreis bedeuten. Wenig Brücken zur Öffentlichkeit, spärliche Beziehungen, die sich öfter im Charakter als eine gewisse Scheu abzeichnen. Sind aber Beziehungen da, dann überdauern sie fast jeden Wandel der Zeiten.

Schlechte Saturnwirkung: Die wichtigste Ehebremse, die wir aus horoskopischer Erfahrung kennen. Sogar gute Saturnstellungen können Ehen verhindern oder trennen. Schlechte sind oft Symbol für frühes und alsdann immerwährendes Einsamsein. Oft sprechen sie von einem alten und kranken Partner, oft von eigener Kränklichkeit als Ehehindernis. Vielfach sind es alte Beziehungen, die neuen im Wege stehen, Bindungen an Vater oder Mutter oder unübersteigbare Hindernisse, die von der ältern Generation aufgerichtet werden.

Gute Uranuswirkung: Eine höchst originelle, rasch geschlossene Ehe und ausgefallene Stellungen, mit seltsamen Partnern.

Schlechte Uranuswirkung: Wie schlechter Merkur und Mars zusammen. Ein Trennungs-, Scheidungs- und Streitsymbol.

Gute Neptunwirkung: Die fast unmögliche idealisierte Ehe.

Schlechte Neptunwirkung: Illusionen beherrschen die Unionen.

Pluto: Hypothetisch wie Mars.

Im Umraum der achten Achse

Gute Sonnenwirkung: Die Beziehungen zur jenseitigen Welt beschränken sich vielfach auf mächtige Erbschaften, als materielle Hinterlassenschaft der Toten, des eigenen Vaters oder Partners. Nach Hans Wolff soll der Tod durch Herzschlag erfolgen. Die Sonne bringt eher Abneigung gegen die unbekannte jenseitige Welt.

Schlechte Sonnenwirkung: Die materiellen Verhältnisse des Partners versprechen mehr, als sie später halten. Schäden und Verluste werden dem Geborenen durch Vorgesetzte und Autoritätspersonen zugefügt. Große und das Ganze betreffende Einbußen.

Gute Mondwirkung: Je nach Zeichen und Aspekten bedeutet der Mond eine Brücke zum Jenseitigen und bringt übersinnliche Erfahrungen, jedoch solche der überlieferten Art, die in der geistigen Entwicklungsgeschichte nicht nach vorwärts weisen. Opfersinn und

Bereitschaft, dem Du Tribut zu zollen und zugunsten der Gemeinschaft auf eigene Ansprüche zu verzichten. Erbschaften von weiblicher Seite.

Schlechte Mondwirkung: Verluste durch weibliche Elemente. Erzwungene Opfer am falschen Orte, zerrinnendes Erbe . . ., trügerische okkulte Erlebnisse, Fehlvorstellungen über jenseitige Dinge. Der im 8. Hause herrschende Mond bringt einen „gewöhnlichen Tod".

Gute Merkurwirkung: Das Bewußtseinsprinzip Merkur widerspricht dem unbewußten und die Person abbauenden 8. Hause. Opfer und Hingabe an das Du oder an das allgemeine Ganze werden überlegt und hintangehalten. Der Sinn der Gemeinschaft und der Aufopferung des Du wird zwar verstanden, kann aber das Wesen nicht ergreifen. Tod soll durch Hirnschlag erfolgen. Interessante Begleitumstände. Umstrittene Erbschaften, die aber doch gewonnen werden.

Schlechte Merkurwirkung: Das Bewußtsein weigert sich, der Gemeinschaft das Gebührende zu geben. Verluste, die durch Streit und Disput entstehen. Feinde sind „merkurische Personen", Lehrer oder Advokaten, Kaufleute, Journalisten.

Gute Venuswirkung: Tod soll nach Hans Wolff des Nachts, im Schlaf erfolgen. Dieser sanfte Tod hat sein Vorbild in einer sorglosen Opferbereitschaft und einem Gemeinschaftssinn, der dem Du, auch dem All, dem „großen Du", die Ansprüche des Ich mit einem fast heitern Herzen preisgibt. Erbschaften von jüngerer weiblicher Seite.

Schlechte Venuswirkung: Schädigungen und Verluste durch minderwertige weibliche Elemente; es fehlt an Willen, sich in den eigenen gerechten Ansprüchen zu behaupten. Ein „Hinwerfen" ohne Sinn, ohne richtige Schätzung der geopferten Werte.

Gute Marswirkung: Mars, verstärkt durch die Sonne, weist auf rasches, weitherziges, unüberlegtes Verzichten, auf Mangel an Willen, die eigenen materiellen Vorteile zu behaupten. Ein sehr positiver sozialer Mars. Rascher Tod, durch Unfall, Operation oder rasch verlaufende Krankheit.

Schlechte Marswirkung: Erzwungene Opfer, die durch Kampf entrissen werden. Schädigungen durch marsische Menschen, namentlich die jüngere männliche Generation. Die alten Bücher sprechen von gewaltsamem Tode.

Gute Jupiterwirkung: „Tod des Tags, im Schlafe." Die Ruhe und Sanftheit des Abganges hat ihr Vorbild im weisen Verzichtenkönnen eines reifen Menschen, der das Gesetz erkannt hat und mit dem Ende früh rechnen lernt. Gedankliche Vertrautheit und Einsicht in die jenseitigen Dinge. Vor Erbstreitigkeiten schützen geregelte Testamente. Die Gemeinschaft erhält, was recht ist, nicht mehr und nicht weniger. Weiser sozialer Sinn.

Schlechte Jupiterwirkung: Ein Kokettieren mit dem Jenseits, Scheinopfersinn, zur Schau-stellen dessen, was man für die Gemeinschaft hergibt. Pharisäertum. Trügerische Regelungen von Erbschaften, die Prozesse nach sich ziehen und Versuche zeitigen, das Recht zu umgehen.

Gute Saturnwirkung: Schwer umkämpfte Opfer für die Gemeinschaft; das Ich muß sich und seinen eigenen Ansprüchen abringen, was den andern gehört. Entwicklung zur Weisheit des Pessimisten, der zum vornherein verzichtet, um sich selbst Kämpfe zu ersparen. Tod durch lange Krankheit, an Alterserscheinungen.

Schlechte Saturnwirkung: Schweres Sträuben gegen jedes Opfer, Widerstreben gegen die Gemeinschaft. Ein „qualvolles“ Drangeben des eigenen Besitzes wird zum Vorbild schweren Sterbens. Alle in Frage kommenden Erbschaften verkümmern.

Gute Uranuswirkung: Plötzlicher Tod, wie bei Mars. Keine für okkulte Dinge brauchbare Stellung. Unerwartete Erbschaften.

Schlechte Uranuswirkung: Außergewöhnliche und auffallende Verluste, durch groteske Übersteigerung eigener Interessen.

Gute Neptunwirkung: Möglichkeit, nach vorwärts weisende übersinnliche Erlebnisse zu reifen. Mystische Einstellung zum Tode.

Schlechte Neptunwirkung: Tod durch Gift oder je nach Zeichen durch Absturz. Trügerische Mystik über das Jenseits.

Plutowirkungen müßten ähnlich wie die marsischen, aber auffallender sein.

Im Umraum des neunten Hauses

Gute Sonnenwirkung: Ein Aspekt für Reise und Fernbeziehungen. Die Weltanschauung ist groß und zentral, aber nicht außergewöhnlich. Einfluß berühmter Lehrer, denen man folgt. Gute rechtliche Stellung innerhalb der Gemeinschaft durch Hilfe und Gunst der Regierenden. Die Auslandsbeziehungen zielen wiederum nach den Hauptplätzen und den maßgebenden Personen. Die Reise-Ursachen haben klare, ausgesprochene Zwecke in sich.

Schlechte Sonnenwirkung: Schädigung der eigenen rechtlichen Stellung in der Gemeinschaft durch die Regierenden. Große Reisen mit „übersetzten Zielen“. Anspruchsvolle Weltanschauung, deren Inhalte hinter dem Ausdruck zurückstehen.

Gute Mondwirkung: In religiösen Fragen unselbständig und sogar nachahmend, je nach Zeichen mehr oder weniger bewegte Reisetätigkeit. Auf das individuelle geistige Werden haben weibliche Kräfte bestimmenden Einfluß. Durch den Mond allein wird keine echte Geistigkeit geweckt ... er bewegt sich im Wunschhaften oder Mystischen und entwickelt herkömmliche Phantasien über die Gegenstände der Erkenntnis.

Schlechte Mondwirkung: Auf geistiger Ebene wird man zum Spiegel mehr oder weniger trüber Allgemeinansichten. Rechtliche Schädigungen durch weibliche Einflüsse. Reisetätigkeit mit materieller Einbuße. „Flucht" und Vereinsamung durch vielen Wechsel. Störung der Beziehungen zu den Nächsten, denen man sich entfremdet.

Gute Merkurwirkung: Keine „philosophische", dafür wissenschaftliche Erkenntnis. Auf untern Stufen große und bewegte geschäftliche Fernreisen, auf höhern erfolgreiche Forschertätigkeit. Kritische Einstellung, wache Augen für Einzelheiten.

Schlechte Merkurwirkung: Geistige Unsicherheit, Zweifelsucht infolge einer beirrten Richtung der erkennenden Kräfte. Prozesse. Gegnerschaft merkurischer Typen, vor allem Advokaten und Lehrer. Man muß vor Aufnahme aller Prozesse warnen. In Disputen wirft man sich instinktiv auf die Seite des Unrechts. Verlieren in Nebensachen und Kleinigkeiten. Verärgerung der Umgebung, Abstoßung.

Gute Venuswirkung: Große Fernreisen zum Vergnügen oder in Verfolgung kunstgeschichtlicher Zwecke. Die Wirklichkeit wird vom Gesichtspunkt der Schönheit und Vollkommenheit aus studiert und erkannt. Freundliche Beziehungen zur Gemeinschaft, erträgliche Abgrenzung der Rechte zwischen Ich und Du.

Schlechte Venuswirkung: Geistige Verlotterung und schmierige Verwischung der Grenzen zwischen Werten und Scheinwerten. Mit üblem Schein verfälschtes Denken. Verlogene Anbiederung mit der Gemeinschaft, die man auf der ganzen Linie täuscht. Flucht aus dem angestammten Denken in eine eigene Welt, die man geschickt tarnt, um die äußere Form einer innern Unanständigkeit zu wahren. Schädigende weibliche Einflüsse, unter Umständen böse Prozesse voller Verrat und Gemeinheiten von beiden Parteien aus.

Gute Marswirkung: „Himmelsstürmer", die zu rasch sehen und begreifen wollen. Das Marsische allein gibt nichts Philosophisches und Wissenschaftliches, wohl aber Pionierschaft. Reisen mit plötzlichem Aufbruch. Entschlossene Abgrenzung und Behauptung des Ich gegenüber den Ansprüchen der Gemeinschaft.

Schlechte Marswirkung: Prozeßteufel oder „Durchbrenner", die sich mit der Gemeinschaft verkrachen. Das Ideal rascher Erkenntnis wird zur wegwerfenden Oberflächlichkeit und Schnellfertigkeit. Rasende innere Ungeduld, die bisweilen zur Überwachheit und Schlaflosigkeit führt. Je nach Zeichen flüchtige Globetrotter, die vor sich selber und dem eigenen unseligen Geiste daherrennen.

Gute Jupiterwirkung: Die beste Besetzung des 9. Hauses überhaupt. Ein Philosophen- und Priesterzeichen. Auf untern Stufen Sinnbild für erfolgreiche Weltwanderer und Großkaufleute, die über Kontinente hinweg Handel treiben, dabei fremde Völker und Sitten studieren und als praktische Weltweise reifen. Sie können sich allüberall auf die „jovischen Menschen" verlassen, werden mit geistig Maßgebenden, Priestern, Ärzten, Gelehrten bekannt und sind bei sich selbst sicher, daß überall ein schützender Richter sein wird, der ihre Rechte wahrt.

Schlechte Jupiterwirkung: Prozesse und Kümmernisse wegen weltanschaulicher Bemühungen, Zerwürfnisse mit den Nächsten ebenso wie mit Kreisen, denen man in der Fremde näher kommt. Zweifelhafte Einsichten gehen Hand in Hand mit täuschenden Beziehungen zu „jovischen Menschen".

Gute Saturnwirkung: Schweres, grüblerisches, systematisches, langsames, aber von Grund aufbauendes Denken. Seltener Reisen, dann aber auf große Strecken und lange Fristen, nach gründlichen Vorbereitungen. Philosophie und Religion, die sich mit den Nachtseiten unseres Seins beschäftigen und den Sinn des Übels zu erkennen suchen. Begründung von Möglichkeiten der Lebensbejahung aus dem Schlechten und Unvollkommenen heraus. Denkideal ist der geistig fruchtbare Einsiedler und Mönch. Geistiger „Schwerarbeiter". Als Wissenschafter der mathematisch Konstruktive, der Systematiker.

Schlechte Saturnwirkung: Schwere Denkhemmungen, die Hand in Hand mit schweren Kämpfen gegen das Du und die Gemeinschaft gehen. Schädigungen durch die eigene Vergangenheit, eingefressene Gewohnheiten, Menschen der ältern Generation, Zerwürfnisse mit den Nächsten infolge solcher Einflüsse. Prozesse, unglückliche Reisen oder Auswanderungen.

Gute Uranuswirkung: Ultramoderne Philosophie, die oft älteste und vergessene Erkenntnisse kühn und systemwidrig ans Licht zieht. Reisen nach Zielen, auf die sonst niemand verfällt.

Schlechte Uranuswirkung: Marsische und merkurische Störung und Zersetzung des Denkens und der Gemeinschaftsverbindungen.

Gute Neptunwirkung: Der „Wasserjupiter" in Neptun führt zu Reisen in die Einsamkeit . . ., nach Übersee, wenn niedrige Stufen, mystische Stellung ersten Ranges, wenn höhere Stufen erreicht werden.

Schlechte Neptunwirkung: Verwirrung des Denkens, Feindschaften und Entfremdungen aus trostlosen und ewigen Täuschungen, die im Chaos zu enden drohen.

Plutowirkungen: Sie müßten marsartig im „uranischen Stil" sein.

Im Umraum der zehnten Achse

Es sei versucht, die Art der „öffentlichen Schätzung", die ein Geborener bei bestimmten planetarischen Wirkungen auf den obern Meridian erfährt, mit kurzen Stichworten vorwegzunehmen:

	Positiv:	Negativ:
Sonne:	Macht, Achtung	Furcht, Argwohn
Mond:	Abhängigkeit, Gunst	Dienstbarkeit, Verachtung
Merkur:	Interesse, „Publizität“	Beschrienheit
Venus:	Beliebtheit	Übler Ruf
Mars:	Bewunderung	Haß, Furcht
Jupiter:	Verehrung	Hohn und Mißtrauen
Saturn:	Langsamer, stetiger Aufstieg	Bremsung, Unehre, Haß
Uranus:	„Staunen“, „Überraschung“	„Kopfschütteln“
Neptun:	„Trotz Fremdheit Ehrung“	„Unbestimmtes Mißtrauen“.

Gute Sonnenwirkung: Macht und Achtung sind ebenso die Frucht eines persönlichen Unternehmungsgeistes wie die Folge einer entscheidenden Hilfe durch den Vater oder die „väterlichen Instanzen“ dieser Weltordnung. Man nimmt keine „Sonderstellung“ ein, vor allem nicht im geistigen Sinne, man ist einfach materiell und gesellschaftlich irgendwie „mächtig“ und sondert sich aus.

Schlechte Sonnenwirkung: Die Ansprüche auf Geltung, die man in dieses Leben mitbringt, tragen irgendwie den Stempel der Übertreibung oder der fehlenden Berechtigung. Sie werden von der Mitwelt nicht anerkannt. Die „solaren Menschen“, die auf den Thron helfen, haben den Geborenen überschätzt, schaden ihm vielleicht von Anfang an durch Züchtung übertriebener materieller und gesellschaftlicher Hoffnungen. Infolgedessen wird der Argwohn der Welt wach, und die eroberte Position erregt Furcht und Neid der Gegner.

Gute Mondwirkung: Man erringt zwar eine öffentliche Stellung, bleibt jedoch allermeist „Funktionär“, genießt die wechselnde Anerkennung der verschiedensten Instanzen, mit denen man zu tun hat, muß aber immer mit Wandlungen rechnen, wenn nichts anderes hinzukommt. Die Mutter und die weibliche Hälfte der Welt stehen als fördernde Geister hinter dieser Art Aufstieg.

Schlechte Mondwirkung: Vielleicht im Zusammenhang mit einem unguten Schicksal der Mutter erlebt man schwere Enttäuschungen in der Verfolgung seiner materiellen Ziele, andauernden Wechsel der beruflichen Stellungen, Fehlschlag auf Fehlschlag, kommt in Knechtschaft und Verachtung und verliert das Mitgebrachte.

Gute Merkurwirkung: Man rückt in bedeutsame öffentliche Stellungen vor, die der allgemeinen Kritik ausgesetzt sind und das Interesse der ganzen Gemeinschaft erregen. Selten bleibt diese Stellung einheitlich ..., immer wird umgestaltet, werden neue Zweige angegliedert und neue Kreise aufmerksam gemacht. Liebe und Verehrung wird wenig zu holen sein, dagegen wird man immer wacher Aufmerksamkeit begegnen.

Schlechte Merkurwirkung: Die Kritik schlägt um, man hat sich mit Gegnern herumzuschlagen. Postenwechsel werden notwendig. Undank und Nichtanerkennung, öffentliches Geschrei und Skandale geben die äußere Folge einer innern Zweiheitlichkeit und Beirrung in der Zielsetzung wieder. Man ist immer noch „interessant", aber üblerweise. Könnte man raten, müßte der Verzicht auf öffentliche Karriere nahegelegt werden.

Gute Venuswirkung: Durch die ganze liebenswürdige und entgegenkommende Art, materiell vorwärts zu streben, kommt eine allgemeine öffentliche Beliebtheit zustande. Künstler und „Lebenskünstler", die gewissermaßen spielerisch hinaufgelangen, genießen diese Art von „Ruf". Es versteht sich von selbst, daß „Venusdinge", denen man sich zuwendet, weniger anstoßen und weniger Haß und Kampf der Konkurrenten hervorrufen. Das weibliche Element wird diese „venushaft Strebenden" tragen und fördern und vor allem die Atmosphäre einer leichten und heitern Gunst um den Geborenen verbreiten.

Schlechte Venuswirkung: Die Art zu streben, ist unseriös; man buhlt um Beliebtheit, aber die angewandten Mittel schlagen auch entsprechend aus. Die täuschende und mit Scheinmitteln erreichte Anerkennung wird von den Kritischen durchschaut; der Ruf wird sehr unsicher und schwankend werden. Steigert sich die schöngeistige Hochstapelei zum richtigen Schwindel, dann ist es um die Beliebtheit geschehen. Höchstens daß noch eine gewisse Nachsicht den Skandalen gegenüber waltet. Aber Klatsch und Neugier begleiten den Geborenen, und wieder ist es das weibliche Element, das schließlich für einen regelrecht üblen Ruf sorgt.

Gute Marswirkung: Eine rasche, durch kühne Taten irgendwelcher Art bewirkte Karriere, manchmal militärischer Art, zeichnet diese „Meridianmarsier" aus. Sportleistungen gehören in gewissen Zeitaltern hierher. Aber auch andere Heldentaten fallen in Frage, solche organisatorischer Art, wenn Merkur mithilft, oder wenn Jupiter gut zum Mars steht. Das männliche Jungvolk wird zum eigentlichen Träger der Bewunderung, die aber immerhin, soll sie anhalten, durch weitere Gestirne unterstützt werden muß.

Schlechte Marswirkung: Die gewalttätige Karriere wird von heftigen Kämpfen mit Konkurrenten begleitet sein und muß notwendigerweise mit Rückschlägen, manchmal mit Stürzen, rechnen.

Gute Jupiterwirkung: Die weise Art, sich vorwärts zu bringen, die Gegenstände, welche gewählt werden, manchmal „jovische Berufe", wie priesterliche, politische, sozialfürsorgerische, reifen als Frucht die Verehrung und Anerkennung der Gleichgesinnten, die schließlich zur Allgemeinverehrung werden muß.

Schlechte Jupiterwirkung: Die theatralische und hohle Würde, die um das ganze Streben webt und Scheinziele sucht, wird entlarvt und entwertet von der gegnerischen Kritik und bringt Scheinanerkennung, hinter welcher sich der heimliche oder öffentliche Hohn verbergen. Vor allem Widerstand der minderwertigen „jovischen Kollegen", die ähnlich scheinhaft aufwärtsstreben.

Gute Saturnwirkung: Die Mißkennung wird am Anfang des ganzen Aufwärtsstrebens stehen und auch später nicht weichen, dabei aber wird die Linie stetig aufwärts gehen und dem Ehrgeiz immer neue und höhere Ziele zeigen. Ehre und schwere öffentliche Lasten.

Schlechte Saturnwirkung: Der Ehrgeiz ist nicht weniger groß, die Sucht nach Großtaten nicht weniger verzehrend, die Zähigkeit nicht geringer. Aber die Gegnerschaft wird auch mit den Erfolgen wachsen und vor allem nicht sterben, selbst wenn mit den Mitteln überragender Macht alles unterdrückt wird, was sich gegen die errungenen Positionen erheben könnte. Da Saturn nach den „wesentlichen" und „bezeichnenden" Zielen strebt, irrt er sich, wenn er schlecht steht, im *Wert* der Ziele. Die Rückschläge bleiben nicht aus, und das Ende ist Sturz und Unehre. Die „ältere Generation", oder die aus der Vergangenheit stammenden Mächte, die anfangs die Karriere begünstigen, sind es auch, die einen Sturz bewirken.

Gute Uranuswirkung: Man genießt einen hochinteressanten Ruf und kommt originellerweise, sprunghaft und unerwartet hoch.

Schlechte Uranuswirkung: Man springt durch unhaltbare und außer allen Regeln stehende Mittel hoch und stürzt durch sie.

Gute Neptunwirkung: Die scheue Verehrung, die man einer unalltäglichen Karriere entgegenbringt, erklärt sich aus dem ungewöhnlichen Idealismus, der das äußere Streben des Geborenen beherrscht.

Schlechte Neptunwirkung: Man genießt einen sehr vagen Ruf, der durch überspannte und von merkwürdig verschwommenen Illusionen beherrschte Mittel des Vorwärtskommens verursacht wird.

Plutowirkungen müßten „außergewöhnlich marsisch" sein.

Im Umraum der elften Achse

Gute Sonnenwirkung: Vater und väterliche Menschen, Maßgebende und Obere sind Träger der Sympathien, die uns entgegengebracht werden. Die eigenen Sympathieäußerungen sind entsprechend großzügig und suchen die „Maßgebenden". Viele Türen, die andern verschlossen sind, öffnen sich von selbst.

Schlechte Sonnenwirkung: Man lebt auf „zu großem Fuße"; man sucht die Freundschaft der Höheren und erfährt sie auch, wird aber von ihnen verleitet, sich über Gebühr zu verausgaben.

Gute Mondwirkung: Mutter und Ehefrau, das weibliche Element erweisen sich als Freunde und kommen den zartern und wechselnden Sympathien des Geborenen entgegen. Ungleichartige, wenig ausgewählte und stetem Wandel unterstellte Freundschaften.

Schlechte Mondwirkung: Schlechte, schädigende, unbeständige und alles Feinere mißachtende Freunde und vor allem Freundinnen. Der Geborene suche die Schuld im eigenen schlechten Geschmack, was seine Sympathien angeht.

Gute Merkurwirkung: „Interessanter Freundeskreis", sehr gewählte und bewußte Sympathien. Lebendige Spannung.

Schlechte Merkurwirkung: Streitender Freundeskreis. In den Sympathien irrend. Das Zersetzte und Widerspruchvolle zieht an.

Gute Venuswirkung: Die Sympathien zielen nach einem kulturell geprägten Kreis, in welchem das weibliche Element den Ton angibt.

Schlechte Venuswirkung: Man sucht einen dekadenten Kreis und neigt in seinen Sympathien zu herabziehenden Frauen. Die Natur des 11. Hauses, das uns schicksalhafte „Vorschüsse" an Glück und Erfüllung verspricht, narrt hier durch eine richtige Entwurzelung, die stets die Folge täuschenden Reichtums und verwöhnenden Beschenktwerdens sein wird.

Gute Marswirkung: Die Sympathien gehören der streitbaren „Jungmannschaft" und werden von ihr erwidert. Jähe Zuneigung.

Schlechte Marswirkung: Eine Sorte kurzfristiger und von Brüchen verfolgter Freundschaften. Ebensolche jähe und in Enttäuschungen endende Hoffnungen und Erfüllungen.

Gute Jupiterwirkung: Die „Weisen" sind unsere Freunde, denen unsere nach weiser Wahl strebenden Neigungen gehören.

Schlechte Jupiterwirkung: Man wird mit Unglück und Enttäuschung bringenden Geschenken verwöhnt, und die Bringer der Geschenke sind Menschen, die falsche Hoffnungen wecken und uns dafür strafen, daß wir auf nur angebliche, nicht wirkliche Weise und Weisheit gesetzt haben.

Gute Saturnwirkung: Die „Alten" erweisen sich als unsere echten Freunde, und wir selbst streben nach Neigungen, die sich bewähren. Schwere Wahl, aber höchst beständige Neigungen. Hoffnungen erfüllen sich langsam. Die „Geschenke des Geschickes" fallen spärlich, aber sie dauern.

Schlechte Saturnwirkung: Kümmerliche und armselige Neigungen, die nie warm werden, und entsprechende Freunde, die nichts halten können, wie wenig sie auch versprechen. Hoffnungen verkrüppeln, Segnungen sterben ab . . ., das Leben schenkt wie „zur Verhöhnung".

Gute Uranuswirkung: Man sucht und findet „originelle Freunde".

Schlechte Uranuswirkung: Bruch, Krach und „Katastrophenfreunde".

Gute Neptunwirkung: Scheuer, verehrender Idealismus herrscht.

Schlechte Neptunwirkung: Zersetzende, illusionäre Freunde.

Im Umraum der zwölften Achse

Gute Sonnenwirkung: Großes, abseitiges Streben, vor allem in Geschäften. Geheime Beziehungen zu den „Großen dieser Welt". Glückliche Absonderung und Entziehung vor der Öffentlichkeit und ihren unseligen Händeln.

Schlechte Sonnenwirkung: Man weckt die Feindschaft der Obern, die man selbst haßt und bekämpft oder heimlich fürchtet. Mit Schwierigkeiten verbundene Großgeschäfte. Sonderlingsneigungen.

Gute Mondwirkung: Ein abseits strebendes Gemüt, das Heimlichkeiten liebt. Geheime Zirkel herkömmlicher Art ersetzen die öffentliche Gunst. Ebenfalls Geschäfte, aber weniger umfängliche und weniger beständige. Mit Saturn oder Jupiter Großgeschäfte.

Schlechte Mondwirkung: Feindselige Weiblichkeit, feindseliges Volk. Schlechte und traurige, noch mehr isolierende Geschäfte. Unter Umständen Dienstbarkeit in abgesonderten Kreisen, Gefängnissen, Spitälern, elenden Lagerräumen, wo die schlimmsten und mißachtetsten Arbeiten geleistet werden.

Gute Merkurwirkung: Forschung in Laboratorien, geheim bleibende Organisationsarbeit, Bibliothekdienst, Buchhaltung, kaufmännische Arbeit, Apotheker- oder Drogisten-Kleinarbeit, Ladendienst. Auf hohem Niveau eine durch solchen Dienst bewirkte Selbsterziehung.

Schlechte Merkurwirkung: Böse heimliche Geschäfte, Verleumdung und Untergrabung der Stellung durch „merkurische Typen".

Gute Venuswirkung: Das heimliche Königtum, das manche Künstlerschaft, aber auch geheime romantische Liebe kennt. Luxus- und Schönheitsgeschäfte, aber in ihren „hintern Räumen". Auf hoher Stufe der Lächelnde und die um bestimmte Geheimnisse des Schönen und ihren Kultus wissende Selbstbescheidung.

Schlechte Venuswirkung: Die bösen Heimlichkeiten eines auf verpönten Wegen gehenden schlechten Geschmackes. Absonderung, die teils gesucht wird, teils die Folge schädlicher Nachrede schlechtgesinnter Weiblichkeit sein wird. Verstoßung aus sittlichen Gründen.

Gute Marswirkung: Heimlich bleibende Tapferkeit, „heftige" Arbeit an sich selbst, Zug zur Opposition mit heimlich Verbundenen.

Schlechte Marswirkung: Alles Militärische, die schlechtere Jungmannschaft, die eigene „marsische" Begehrlichkeit erweisen sich als Feinde. Symbol für Einkerkerungsgefahr, für „Polizeifeindschaft".

Gute Jupiterwirkung: Das Studium abseitiger und von der Gegenwart nicht anerkannter Dinge. Zirkel der Weisheit und Forschung. Verschwiegene Erziehungsarbeit am eigenen Ich.

Schlechte Jupiterwirkung: Untergrabende Kräfte sind im Ich und außerhalb des Ich vorhanden. Falsche Philosophie, falsche Erkenntnisziele, Unlauterkeit des Suchens. Man stößt mit rechtlichen Faktoren und Typen zusammen, die bewirken, daß wir in irgendwelcher Form, manchmal auch durch Krankheiten, abgesondert werden.

Gute Saturnwirkung: Der große, heimliche Ehrgeiz, der unablässig an der Vervollkommnung der eigenen Person arbeitet. Die unerbittliche Selbstkritik, die auch die schwärzesten Rechnungen wagt, um vorwärts zu kommen, und keine persönliche Isolierung scheut, um die Illusionen der öffentlichen Geltung zu überwinden. Ernsteste Tiefenforschung, mit den größten Zielsetzungen. Oft, mit andern Planeten zusammen, Großgeschäfte mit strengster Organisation.

Schlechte Saturnwirkung: Die Selbstqual durch unglückliche Opposition. Die Feindschaft der „Alten" und ebenso die schädigende Wirkung eigener eingefressener Gewohnheiten. Krankheiten. Verstoßung.

Guter Uranus: Tiefenforschung in „neuen" und „uralten" Dingen.

Schlechter Uranus: Schlagartige Feindschaften und Isolierungen.

Guter Neptun: Mystische Versenkung in ideale Dinge.

Schlechter Neptun: Krankheiten, Irrenhausaufenthalte, verworrene Wege feindseliger Strömungen, die die Stellung untergraben.

NACHWORT ZU DEN ACHSENWIRKUNGEN DER GESTIRNE UND ASPEKTE

Mit voller Absicht haben wir die „Planeten in den Häusern" unter beständiger Wiederholung derselben Ausdrücke dargestellt. Also gewissermaßen „stilisiert" und systematisiert. Das Beispiel des X. Hauses mit der vorgängigen Charakterisierung durch Stichworte ist jedem Studierenden zu empfehlen. Er versuche selbst, das „Prinzip" und das „Haus" mit Leitausdrücken zusammenzuhalten und aus der Natur beider abzuleiten, was gesagt werden kann.

Wir konnten bei weitem nicht eine erschöpfende Darstellung des Zusammenspiels von „Planet" und „Haus" geben. Wer nochmals den Gesamtbegriff des vielschichtigen Prinzips und den Doppelkreis eines Hausinhalts durchliest, wird gewahr werden, daß wir nur einen schematischen Hinweis gegeben.

Nichtsdestoweniger wird es geschehen, daß unberufene Deuter sich hinsetzen und ein Horoskop „auslegen", indem sie getreulich abschreiben, was wir schematisch zusammengezogen, um dem Studierenden die Wege zu zeigen, auf welchen er die Inhalte erfassen könnte. Wer kann das Abschreiben verhindern? Niemand.

Die Methode dieser „Horoskopisten" sei aber just den Schülern, die ihre ersten Ausdeutungsversuche wagen, aufs beste empfohlen. Sie werden sehen, daß die angegebenen Schemen als Wegleitung taugen, und zwar trotz unzutreffenden Ergebnissen, die sich da und dort zeigen, und trotz gewissen Widersprüchen, die sich namentlich aus den Inhalten verschiedener Häuser ergeben müssen. Sie lernen dabei, daß alle diese „absoluten" Aussagen „cum grano salis" verstanden werden wollen.

Die Widersprüche in den Aussagen werden um so geringer sein, je genauer man vor der Deutung feststellt, ob nun ein Jupiter oder ein Saturn in dem oder jenem Haus „gut" oder „schlecht" wirke. Meistenteils wird dieses „gut" oder „schlecht" gar nicht so eindeutig hervortreten. Fast immer wird man „mittelgut" oder etwas darüber oder darunter als „Note" für Aspekt oder Gestirn finden. Diese wirklichen, von den „total weißen" oder „total schwarzen" sehr unterschiedenen Gestirne oder Aspekte selbst gilt es zu deuten. Unsere im vorangehenden langen Kapitel angegebenen extremen Bewertungen sind zu „verwirklichen", auf die Mittelwerte umzuschreiben.

Ein bestimmter Fall wird Schwierigkeiten bieten. Ein sehr guter Planet werfe auf eine Achse Quadrat. Der „böse Winkel" spricht von Hemmungen durch „an sich gute Kräfte". Umkehrung: Ein ganz dunkler Planet wirke auf eine Achse durch „Trigon". Also eine negative und „an sich schlechte Kraft" wirke irgendwo förderlich. Die Deutung wird zweifellos kaum von einem „schlimmen" im ersten oder einem „guten" Aspekt im zweiten Falle sprechen!

UNBESETZTE UND NICHT ASPEKTIERTE ACHSEN

Es wird höchst selten vorkommen, daß auf eine „Häuserspitze", d. h. in ihren Wirkungsraum, kein einziger Aspekt fällt. Für diesen Fall wird der Deuter gezwungen sein, die Situation des „Achsenherrn" und die seines eigenen Dispositors festzustellen. Um unser früher verwendetes Bild zu wiederholen: Der Schuldner ist verschwunden, nun kommt der Bürge dran, und hinter ihm ein Nachbürge, die uns beide für die Angelegenheiten des Hauses gutstehen.

Wir haben in der Auslegungskette zwei Glieder weniger. Während bei „besetzten Achsen" diese Besetzung vorangeht, in zweiter Linie die der Besetzung ähnliche Aspektierung befragt wird, und erst in dritter Linie die Umstände gewertet werden, die um den Achsenherrn walten, fallen ganz einfach die beiden ersten Bewertungen fort.

In Figur 21 existieren keine leeren Achsenumräume. In Figur 24 aber sei, annahmsweise, der Orb von Haus 5 leer.

Der Herr des Hauses, Venus, steht im Schützen, also hat er Jupiter als „Dispositor" ..., es käme also *seine* „Nachbürgschaft" in Frage.

Unser Vorgehen dürfte sich also beschränken auf die Bewertung der Venus nach „Zeichen, Haus und Aspektierung". Sodann auf die Lage des Jupiter.

Die gar nicht aspektierten Achsen sind Ausnahmen. Die eingeschränkte, nur noch auf den „Achsenherrn" und *seinen* Beherrscher schauende Deutung wird also ebenfalls seltene Ausnahme bleiben. Sie stellt, wie wir sahen, keinen absoluten Sonderfall dar. In *jeder* „Volldeutung" spielt sie eine wichtige Rolle, und wer sie je vergäße, würde leichtsinnig vorgehen.

„KOMPLEXE SYMBOLE"

Die zusammengesetzten Deutungssymbole sind uns schon bisher auf Schritt und Tritt begegnet. „Jupiter" ist nicht einfach Jupiter. Er hat auf seinen verschiedenen Aspektstellen recht verschiedene Bedeutung, und die Bestrahlungen, die er erhält, wandeln ihn unter Umständen völlig. In jedem Hause bildet er einen „Wirkungskomplex" mit den Angelegenheiten dieses Hauses und mit allen ebenfalls wirkenden übrigen Prinzipien.

Das eigentlich „Komplexe" aber ergibt sich, wenn wir unsere „5 Stufen" anwenden. Hausbesetzung allein ist nichts ..., Aspektierung auch nichts. Es *muß* auf den Herrn des Hauses, auf seinen eigenen Dispositor, auf den Dispositor des besetzenden *oder* aspektierenden Gestirns Rücksicht genommen werden.

Nun kennt aber die Horoskopie über diese Deutungskette hinaus noch ein System, das vielleicht vor der Entdeckung der „modernen" Häuser als einziges bekannt war. Die Theoretiker sprechen von „Generalsignifikatoren" und meinen nichts anderes als die Prinzipien in ihrer ursprünglichen Bedeutung. So wird

der „Mond", als dem Aszendenten verwandt, stets für den Körper,
die Sonne stets als mitsprechend für die vitale Triebkraft,
Merkur für den „zerlegenden und beobachtenden Verstand",
Venus für Liebes- und Eheangelegenheiten schlechthin,
Mars für Zeugungskraft und Blutbeschaffenheit,
Jupiter für den ethischen Zustand und Erkenntniswillen,
Saturn für die „konstruktiven Verstandeskräfte"

als „mitsprechend" angenommen, um nur auf einige zentrale Urbedeutungen dieser „Sieben" hinzuweisen. Natürlich werden wir sagen, die Hausbedeutungen enthielten diese Hinweise schon an und für sich. Es sei ja das dritte Haus ein „merkurähnliches", ein „Verstandeshaus", das fünfte ein „löwenähnliches" Triebhaus usw. Die Frage aber, wie weit in diesen Häusern ihre „prinzipienmäßigen Ur-Herren" mitsprechen, ist dadurch nicht geklärt. Es gibt Forscher, die nur Besetzung, Aspektierung und „Zeichenherrn" gelten lassen, also, wenn ein Venuszeichen im dritten Haus steht, Venus, nicht aber den Urherrn Merkur, wenigstens nicht, sofern er dieses Haus weder besetzt, noch aspektiert, noch beherrscht!

Die Diskussion über die Zulassung der Generalsignifikatoren mag unter den astrologischen Schulen weitergehen. Wir wollen nur eine systematische Zusammenstellung der „komplexen Symbole" für jedes einzelne Haus versuchen. Über unsere bisherigen „Stufen" hinaus, die mit „Besetzung, Aspektierung, Herrschaft und Dispositor" feststehn, ergeben sich für

das erste Haus (die körperlichen Zustände):

Außer Besetzung, Bestrahlung und Lage des Aszendentenbeherrschers und seines Dispositors, auch der Mond als körperliches Sinnbild, namentlich dann, wenn der Mond mit Aszendent oder Geburtsgebieter irgendwie verbunden steht, für

das zweite Haus (die materiellen Anziehungskräfte):

Neben den gewöhnlichen Sinnbildern auch die Venus in ihrer besondern Lage, ferner das Ur-Zeichen des Materiellen, Stier in seiner Besetzung, ferner Jupiter, der „Gott des Segens", und zwar wie Venus besonders dann, wenn er mit der zweiten Achse oder dem Herrn des zweiten Hauses Aspekte bildet; für

das dritte Haus (die angeborene Denkart):

Auch das Zwillingszeichen nach Gewicht und Bedeutung im gesamten Horoskop, ferner Merkur und Saturn, die intellektuellen Gestirne; für

das vierte Haus (die materielle Herkunft):

Auch die Situation des Mondes, der als Ursymbol der Mutter gilt, überdies auch das Gewicht des Mondzeichens Krebs; die Mondstellung sagt unter anderm aus über die physische Erbgesundheit; für

das fünfte Haus (die Nachkommenschaft, die Vitalität):

Auch das Löwenzeichen, wenn es stark besetzt ist, ferner die Sonne, als Herrin dieses fünften Zeichens, schließlich auch die erotischen Sinnbilder Venus und Mars; für

das sechste Haus (den Gesundheitszustand):

Auch das Jungfrauzeichen als Krisensymbol, ferner der Merkur, als Beherrscher des gesamten Nervensystems, überdies alle Zeichen, in welchen kritische Planeten stehen; für

das siebente Haus (die Art der Verbindung mit dem Du):

Auch das Waagezeichen als „Ausgleichselement", ferner die Venus als Herrin aller Verbindungen zwischen Ich und Du, sodann ihre Stellung zum erotischen Faktor Mars, schließlich auch die Verbindung zwischen Sonne und Mond, dem „Elternpaar", aus dem sich Übertragung auf die eigene Beziehung zum Gegengeschlecht ergibt; für

das achte Haus (die Art der Aufopferung an das Ganze):

Auch die Bedeutung des Todeszeichens Skorpion im Gesamthoroskop, ferner des Mars, schließlich auch gewisse Häuser, in welchen die sozialen Tendenzen des achten Hauses selbst kritisch bekämpft werden, besonders das erste Haus; für

das neunte Haus (die Lage der Erkenntniskräfte, des Geistigen):

Auch das Schützezeichen und Jupiter; die moralischen Zustände lassen auch raten, die Lage der Venus und des Mars mit zu beurteilen. Wichtig sind auch die Merkur–Jupiter-Beziehungen; für

das zehnte Haus (den äußern Aufstieg, das Vater-Vorbild):

Auch das Steinbockzeichen und Saturn, die eigentlichen Sinnbilder einer Gesamtentwicklung materieller Art. Für den Vater außerdem die Sonne ...; für

das elfte Haus (die Lebenserfüllungen, die ohne Kampf reifen):

Auch das Wassermannzeichen und Saturn, die wie feste Säulen des Bestandes aufzufassen sind, wenn sie gut stehen; aber auch die „beschenkenden" Prinzipien Venus und Jupiter mit Mond; für

das zwölfte Haus (die Abkehr vom Egoismus, das Ich „bei sich"):

Auch Fische und Jupiter, die Zeichen letzter Weisheit und Reifung. Für „Verluste" überdies alle schlecht besetzten Zeichen. Ferner auch Neptun.

Wer Untersuchungen über irgendeinen horoskopischen Gegenstand unternimmt und auf die statistische Methode verfällt, der begeht einen Fehler gegen die Eigenart astrologischer Beurteilung, wenn er einen einzigen Punkt herausgreift und der Zählung unterwirft. Es wäre zu raten, sich ein Bewertungssystem zu schaffen, in welchem alle Faktoren zusammen ein Punktmaximum ergeben. Fällt einer negativ aus, dann ergäbe das einen bestimmten Abzug. Es stünde jedem Forscher frei, diese skalenmäßigen Bewertungen nach eigenen Ansichten zu gruppieren. Solange wir am Anfang solcher Arbeiten stehen, sind die verschiedensten Versuche am Platz.

An einem Beispiel: Die *Angelegenheiten des dritten Hauses* sollen begutachtet werden, und zwar nach einem einzigen Gesichtspunkt, sagen wir: „Qualität des angeborenen, nachahmenden Denkens". Einige hundert Horoskope ausgesprochen gesund Denkender wären mit ebenso vielen „mental Kranken" zu vergleichen. Für diesen Fall können wir etwa so vorgehen: Wir gäben

der Besetzung und Aspektierung der dritten Achse	50	Punkte
„ Lage des Achsenherrn, Dispositor eingeschlossen	25	„
„ „ „ Zwillingszeichens	10	„
„ „ „ Merkur	10	„
„ „ „ Saturn	5	„
zusammen	100	Punkte

Vorausgesetzt wird das Vorhandensein des vollständigen „komplexen Symbols", also ein besetztes oder aspektiertes Haus, ein Herr, ein Dispositor des Herrn, ein besetztes Zwillingszeichen und ein Merkur, der mit dem dritten Hause Beziehungen hat. Sollte jemals ein Glied in dieser Kette fehlen, müßte das Horoskop für den Versuch ausscheiden, oder man schüfe ein anderes Schema.

Noch ein Wort zur Bedeutung dieser zusammengesetzten Sinnbilder. Sie spiegeln nichts anderes wider als die Wahrheit, die mit einfachen Worten lautet: *Stets das ganze Horoskop im Auge behalten!* Und bei der Beurteilung einer Seite stets *alle* wesentlichen übrigen Punkte *mit*sehen!

Die Zusammenstellung von Punkten, die man bei der Betrachtung des und jenes Hauses „auch noch" mitschauen solle, ist nur ein Notbehelf, um die leicht auseinanderfallende Vielheit der Merkmale beisammen zu halten und gleichzeitig die wichtigsten herauszuheben.

Man mag kritisch sein und sagen: Die Generalsignifikatoren für Körper und „Leben" = Geist usw., entstammen einem ganz andern System als die neuen Symbole der Häuser und Hausherren, und es ist eine Methodenfälschung, sowohl die einen als die andern zu verwenden. Man mag die moderne Astrologie, die beide Systeme „mixt", mit dem Bildhauer vergleichen, der seiner Marmorstatue Augen malt. Die Wahrheit lautet, daß die „Häuser" eben doch „Prinzipien" vertreten und dem irdischen Plane des Menschen, der Ebene der „Phänomene", näher stehen als die Prinzipien selbst, und daß sie nur irgendwie verdeutlichen und spezialisieren, was jene vorbilden. Darum sind die „komplexen Symbole" berechtigt.

ZURÜCKTRETEN DER ACHSEN BEI MÄCHTIGEN PLANETENKOMPLEXEN

In Fig. 22 überrascht uns die ungeheure Ballung der Gestirne um zwei Punkte, Jupiter und Neptun beim Mond im Widder, Venus, Merkur, Uranus im Krebs bei der Sonne. Die Bevorzugung der zwei Kardinalzeichen und die Quadratstellung beider Gruppen heben das Horoskop sofort aus der Menge gewöhnlicher Geburtsbilder heraus;

wir haben uns nur noch vorzustellen, daß beide Hauptgestirne in Eckhäuser fallen, und das Ausnahmebild ist da.

Mit allem Klügeln wird der pedantische Deuter in solchen Fällen nicht mehr sagen können, wie nun die dreifache und vierfache Konjunktion, durch Saturntrigon zur Venus verstärkt, unter sich aber in drei- oder vierfacher Quadratur ausgelegt werden sollte oder könnte. Mag er etwas von Riesenkräften und Riesenspannungen oder Hemmungen, die sich in unerhörten Wirkungen entladen müssen, stammeln, er kommt immer gleich weit.

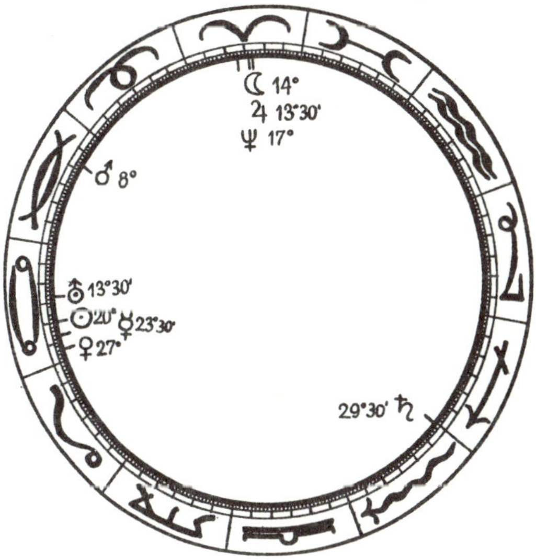

Fig. 22. Horoskop von Stefan George ohne Häuser.

Das Einfachste wird sein, wenn die beiden Zeichen Krebs und Widder in ihren Impulsen dargestellt und durch verstärkte Mond- und Sonnengruppen mit selten starken Inhalten gefüllt werden. Man muß annehmen, die Aspektweiten der Einzelquadrate seien nicht mehr durch Orb-Regeln abzugrenzen, und ganze Häuserbreiten stünden nun unter summierten Trigon- oder Quadratwirkungen, je nach den Achsen, die wir einzuzeichnen hätten.

Einen wichtigen Einblick gibt uns die Morinsche Formel, wie sie Sindbad und Weiß[1]) in ihrer „Astrologischen Synthese" überliefert haben. Wenn wir den Aszendenten weglassen und für Sonne, Mond

[1]) Sindbad und Weiß, Astrologische Synthese, O. W. Barth, München-Planegg.

und Merkur je zwei, für die andern je einen Punkt notieren, ergibt sich folgendes Schema:

	kardinal	fix	gemeinschaftlich		
Feuer	4	—	—	4	männlich
Luft	—	—	1	1	5
Wasser	6	1	—	7	weiblich
Erde	—	—	—	0	7
Summe	10	1	1	12	

Daß alles eigener Impuls, eigene Initiative, eigenes Wegsuchen sein muß, zeigt die erste senkrechte Reihe. Aber weiter?

Die Erfahrungen haben gezeigt, daß die böse Nachrede, welche den Quadraten anhaftet, sich schon wandelt, sobald zwei in Konjunktion stehende Gestirne sich in Doppelquadratur bestrahlen. Und daß bei Doppel-Oppositionen dasselbe gilt. Die zwei einheitlich gefaßten Impulse stehen sich als „polare Mächte" so scharf gegenüber, daß daraus der fruchtbare innere Kampf und die überdurchschnittliche Leistung werden muß. Fraglich ist in solchen Fällen nur, welche unter den 12 Häusern ausersehen sind, die ganze Wucht solcher Gestirngruppen auszudrücken.

Die Fruchtbarkeit der Horoskopfigur 22 steht außer Zweifel. Sie gehört dem Dichter Stefan George.

VORAUSSCHAU

DIE PROPHETISCHEN MASSE

Grundsätzlich ist die ganze Horoskopie „Vorausschau". Wer einen Geburtsmoment auf die „Wesensseite" des Geborenen hin deutet, sagt: „So wird der Geborene *sein*." Und fügt bei: „Seinem Wesen gemäß wird er ein Schicksal haben, das den und den Weg nehmen, die und die Ereignisse reifen mag . . ." Diese „Ereignisse" gehören gewissermaßen zur Wesensschau, nur daß sie einen äußern Kreis erfassen. Der äußere Kreis, das ist die Wechselwirkung zwischen Ich und Welt, die sich gemäß den Einstellungen eines Ich zur Welt . . . und der Welt zum Ich gestaltet.

Es gibt nun aber außer dieser allgemeinen Voraussage im Zusammenhang mit der Wesensdeutung eine nähere Bestimmung von Terminen, auf welche bestimmte Ereignisse reifen sollen. Besser gesagt, von Perioden, innerhalb welcher die Geschehnisse den Allgemeincharakter des „Marsischen" oder des „Jovischen" oder eines der andern Prinzipien haben sollen. Perioden, in welchen viel, und Perioden, in welchen nichts Markantes sich ereignen könne. Perioden, in welchen bestimmte Häuser im Vordergrund stehen und sich vorzugsweise mit einem der Prinzipien verbinden, sei es negativ oder positiv.

Der astrologisch Bewanderte weiß gut genug, daß man solche Voraussagen nicht beschwören darf, daß man nur von „hochgradigen Möglichkeiten" spricht. Er hat aber auch die Erfahrung, daß Voraussagen nur allzuhäufig stimmen, und zwar weit über den Grad zufälliger „Treffer" hinaus . . . Er kann mit gutem Gewissen behaupten, daß der Allgemeincharakter bestimmter Zeitabschnitte durchaus mit den „momentan herrschenden Gestirnen" übereinstimmt, mögen sich nun die Einzelereignisse mehr oder weniger kraß verwirklichen.

Die Berechnung der „prognostischen Termine" wird den Studierenden unnötig erschwert durch eine veraltete Ausdrucksweise. Man spricht von „Direktionen" und meint damit „Richtungen" der Gestirne auf andere Gestirne oder Achsen zu. Man meint, wenn von Direktionen zum X. Hause gesprochen wird, ganz einfach „obere Kulminationen"; unter „Direktionen zum ersten Hause" hat man Aufgänge von Gestirnen oder Aspektstellen zu verstehen.

Das Wesentliche an den „Direktionen" ist das „Zeitmaß". Die Lehre lautet, daß gewisse Zeiteinheiten *nach* der Geburt (vielleicht auch *vor* der Geburt) und die Bewegungen der Gestirne in diesen Zeiten Aufschluß geben sollen für größere Lebensabschnitte. Wenn so und so viel nach der Geburt die Sonne aufgeht, wird dies auf ein bestimmtes Jahr bezogen, eben „jenach dem angewandten Zeitmaß".

Ich bin mir wohl bewußt, wie schwer es hält, neue Ausdrücke einzubürgern, und weiß zumal die Widerstände aus Fachkreisen richtig zu würdigen. Auch Vorschläge für neue Namen haben Schicksale, dringen durch oder werden abgelehnt. Immerhin soll ein solcher Versuch unternommen werden. Im Zeitalter der Verdeutschung fremdsprachiger Fachausdrücke sind solche Bemühungen nicht abseitig. Daß nicht *alle* Ausdrücke aufs mal geändert werden können, wird man verstehen. „Kulmination" z. B. ist ein überlieferter Begriff usw.

Bei der Neubenennung gehen wir davon aus, daß jede „Direktion" auf einem andern *Zeitmaß* beruht. Wir stellen in die Mitte unseres Neubenennungsversuches das „Maß". In der herkömmlichen Ausdrucksweise wird die *Richtung* in den Vordergrund gestellt. „Richtung auf das erste Haus" würde in gewissem Sinne dasselbe sagen wie „Direktion zum ersten Hause". Da aber das Zeitmaß die Unterschiede zwischen den einzelnen Direktionen angibt, erscheint uns die Ersetzung des „Richtungs"-Begriffes durch den des Maßes zum mindesten gerechtfertigt. Die alten und neuen Ausdrücke lauten demnach:

Bisher.	*Vorschlag.*
Primäre Direktion	Gradmaß
Sekundäre Direktion	Tagmaß
Profektion	Dreißiggradmaß
Solarrevolution	Sonnenwiederkehr
Synodische Lunarrevolution	Sonne–Mond-Wiederkehr
Diurnalhoroskop	Tageshoroskop
Mundane Direktionen	Achsen-Übergänge
Mundane Parallelen	Achsenparallelen

Das Verzeichnis der angewendeten Maße ist nicht vollständig. Wir vermuten aber, die Horoskopie berge noch mehr Geheimnisse, als wir Modernen ahnen, und eine erschöpfende Lehre der möglichen Methoden verläßlicher Voraussage könne nicht geschrieben werden, auch wenn wir die letzten der bekannten „Direktionsmethoden" behandeln wollten.

Einen herkömmlichen Ausdruck lassen wir bestehen, den Ausdruck „Transit"; die täglichen Himmelsbewegungen, auf ein bestimmtes Horoskop bezogen, zeigen uns mehr oder weniger häufige Kreuzungen wandelnder Gestirne über Plätze jedes Horoskops. Ein solcher Übergang trägt eben den genannten Namen. Wenn die Sonne am

Geburtstag die ursprüngliche Stelle des Horoskops überschreitet, dann lautet der Fachausdruck: Sonnentransit über die „Radixsonne". Wir werden auch statt „Radix" (d. i. Wurzel) einfach Ur-„Sonne" sagen.

Das ptolemäische Gradmaß

Alle vier Minuten kulminiert am Meridian ein neuer Grad des Äquators. Die Ekliptikgrade kulminieren nicht so exakt. Es sind die Äquatorgrade, welche die Regel angeben. Man rechnet also praktisch mit Vierminutenwerten.

Wir nehmen eine Häusertabelle des 47. Breitengrades zur Hand. In Fig. 23 steht die Sonne auf ¼° ♐. Die Tabelle gibt als Sternzeit des kulminierenden Grades 29° ♍ (also als Geburts-Sternzeit) 11.56 an. Nun suchen wir in der gleichen Tabelle den Moment des Sonnenaufganges. Wir finden rund bei Sternzeit 13.52 einen Aszendenten von 0.10 Steinbock. Nun messen wir den Unterschied zwischen dieser Sternzeit und der Geburtssternzeit:

$$\begin{array}{r} 13.52 \\ -11.56 \\ \hline 01.56 \end{array}$$

1 h 56 min oder 116 min vergehen also nach der Geburt, bis die Sonne aufgegangen. Nun wenden wir das runde „Vierminutenmaß", den „Ptolemäusschlüssel", an und teilen 116 durch 4.

$$116 : 4 = 29$$

4 Minuten haben den Wert eines Jahres. Nach diesem Maß, in der Art des Ptolemäus grob angewendet, erlebt also der Inhaber des Horoskops seinen „Sonnenaufgang". Über die Bedeutung dieses Aufganges wird an anderer Stelle zu sprechen sein. Der Studierende wird sich selber sagen, daß dies zweifellos der Persönlichkeit selbst gelten und ihr etwas bringen, eine „Welle aus dem Unbewußten hochbringen" muß.

Wir beobachten außer der Sonne auch ihre Aspektstellen. Z. B. die Sextilstelle auf ¼° ♏. Ein Blick auf die Figur sagt uns, daß die „Richtung" auf das 11. und X. Haus zugeht. Fragen wir einmal, wann der Sonnen-Aspekt die wichtige X. Achse erreicht. Wieder dient uns die Häusertabelle als „schätzungsweises" Hilfsmittel. Wir finden die Kulmination von ¼° ♏ um rund

13.53 und ziehen die Geburtszeit, also
11.56 ab, wodurch wir
1.57 erhalten.

1.57 oder 117 Minuten ergeben nach Ptolemäus 29 ¼ Jahre. Zu dieser Zeit also muß in der positionellen Entwicklung etwas zu notieren sein . . ., denn von diesen Dingen spricht ja die X. Achse.

Nun läßt sich aber die Bewegung auch umkehren. Es wird nach der Überlieferung auch „convers“, d. h. hinter die Geburtsminute zurückgerechnet. Die Vorstellung, als müsse man den kulminierenden

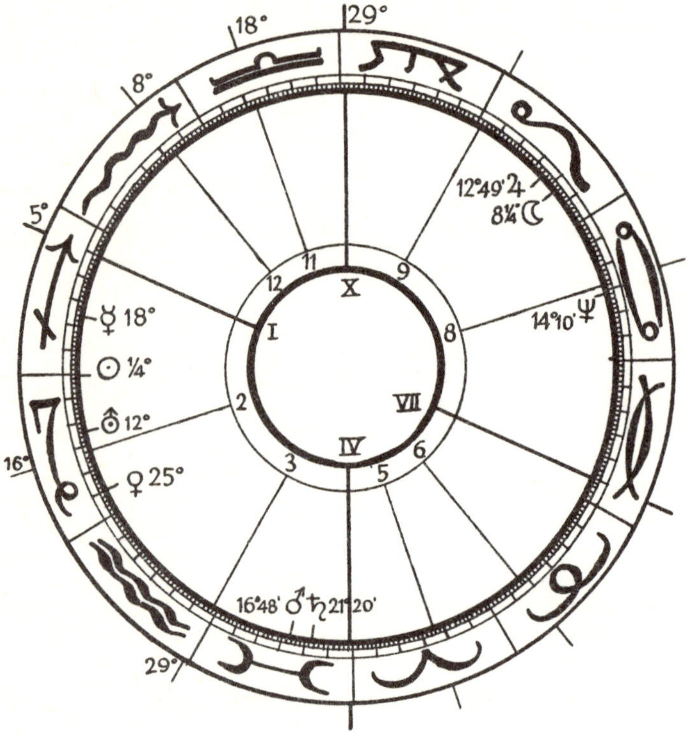

Fig. 23.

Grad selbst westlich hinunter „dirigieren“, lehnen wir strikte ab. Nicht der Grad ist der „Ort der Wirkungen, sondern die „irdische Achse“, die „Senkrechte“, die wir über dem Geburtsort aufrichten, genauer die senkrechte Halbkreisfläche, die durch den Meridian bezeichnet wird. Wenn uns eine Astrologenschule belehrt, es gebe nur „eine Bewegung“ und zwar die „ost-westliche“, wie wir sie am Himmel beobachten, dann stimmen wir bei. Aber die „Achse“ nimmt an diesen Bewegungen nicht teil. Sie bleibt stehen. Hingegen bestand schon vor der Geburt eine Himmelsbewegung „auf die Geburt zu", und die rückwärts gehende Verfolgung dieser Bewegung zeigt, durch das Gradmaß gemessen, ebenfalls Ergebnisse. Stellen wir z. B. die „untere Sonnenkulmination" fest, die ja *vor* der Geburt stattgefunden haben muß, wie uns ein Blick auf die Figur belehrt. Wir müssen in der Häusertabelle die obere Kulmination des Gegengrades, ¼° ♋, aufsuchen und die Zeit dieser Kulmination von der Geburt abziehen.

Geburtszeit	11.56	
Kulmination von ¼° ♋	6.01	(Tabelle X. Haus)
Ergebnis	5.55	oder 355 min : 4 = 88 und ¾ J.

Erst in so hohem Alter wird die Sonne die IV. Achse queren und für Besitz und Häuslichkeit etwas „Sonnenhaftes" verheißen.

Die Art der genauen Berechnung eines Sonnenüberganges findet der Leser im Anhang (s. Formel der „Kulmination eines Ekliptikgrades").

Das Gradmaß nach Naibod

Die Ptolemäusformel scheint mit ihren „rund 4 Minuten" einen auf den 360 Grad-Kreis bezogenen Schätzungswert darzustellen. Es ist darum unter den Anhängern des „Vierminutenmaßes" oder der „Primärdirektion" üblich, einen feinern „Schlüssel" zu suchen. Der „Naibod"-Schlüssel beruht auf der Gegenüberstellung von 360 Graden und 365.24 Tagen, also Kreis und wirklichem Jahr. Er lautet auf 3,9426 min für ein Jahr.

Im „Wahren Gesicht der Astrologie" haben wir empfohlen, statt der Relation von 365,25 : 360, auf welcher die Reduktion der 4 min beruht, die Relation 360 : 355 anzuwenden. Wir begründeten diesen Vorschlag damit, daß wenn ein Grad = ein Jahr sei, 360 Grade 360 Jahre bedeuten, und daß in 355 Jahren der Ausgangspunkt infolge des Präzessionsrückschrittes erreicht werde. Auf Grund dieses Rückschreitens vermehren sich 72 Jahre um ein ganzes, 36 Jahre um ein halbes Jahr. (Reine Präzessionswerte). Die Zahlen für ein Jahr lauten:

Statt 4 min = 3,94444 . . . min
Statt 1 Grad = 0,98611 . . . Grad (s. Anhang)

Wir empfehlen dringend, die summarische Berechnung mit den Haustabellen zu verwenden und sich Geläufigkeit im Aufteilen der Zeitwerte anzueignen.

Für solch vorläufige, auf Vierteljahre abgerundete Berechnung gelte als Hinweis und als Kontrollmittel auch für exakte Ausrechnung folgender Korrekturwert:

Auf 36 Jahre haben wir nach Naibod ½ Jahr zuzuzählen,
„ 18 „ „ „ „ „ ¼ „ „ usw.

Das Gradmaß in reiner ekliptischer Zählung

Die Überlieferung kennt die sogenannten „Längendirektionen“, d. h. es werden schematisch die Distanzen gemessen, welche zwischen zwei Gestirnen unter sich oder zwischen einem Gestirn und einer Achse bestehen. Sonne, Mond, Meridian und Horizont, ebenso der Glückspunkt geben dabei an, welche Angelegenheiten durch jede Kreuzung von seiten der Planeten, der „Versprecher“, aktiviert werden sollen. Die Art des Planeten deutet an, wie das Versprochene ausfällt. Etwa so: Kreuzt Saturn die Sonne, dann wird saturnisch aktiviert, was unter „Sonne“ zu verstehen ist, also körperlich das Herz, die Lebenskraft, gesellschaftlich Beziehungen zu „Machtinstanzen“, oder zum Vater usw. Die Aktivierung ist aber saturnisch. Wenn Saturn „schlecht“ steht, ist es ein „übles Versprechen“.

Gegenüber den Achsen I und X können auch Sonne und Mond als „Versprecher“ gelten.

Es ist die Frage, ob die Längendirektionen, falls sie Gültigkeit haben, nicht auch die Reduktion eines Grades auf 0,986111 ... Grade verlangen, so daß man auf 6 Grade einen Monat, auf 1 Grad 5 Tage Plus rechnen müßte.

Anwendung des Gradmaßes.

In *J. T. Murphys „Stalin“* (Büchergilde Gutenberg), steht auf S. 138: „Um *10 h 45* (abends, am *7. November 1917*) wurde im Smolny-Institut der zweite Allrussische Sowjetkongreß eröffnet. Auf ein Zeichen des Vorsitzenden erschien *Lenin* auf der Tribüne und stand den versammelten Delegierten gegenüber. Als die nicht endenwollende Ovation, die ihn begrüßte, schließlich verrauscht war, begann er zu sprechen: „Wir werden nun dazu übergehen, die sozialistische Ordnung zu errichten ...“

Der Moment dieses Ausspruches trägt *alle Merkmale* an sich, welche man als die *eines „horoskopischen Moments“ in der politischen Horoskopie* betrachtet. *Kerenski* hatte auf einem amerikanischen Automobil Petrograd verlassen. Seine Minister waren größtenteils verhaftet. Die Truppen, welche die Revolution hätten niederwerfen sollen, hatten sich auf die Gegenseite geschlagen. Der erste Tag der siegreichen bolschewistischen Erhebung war beinahe vorbei. Der Führer betrat die Tribüne und erklärte: „*Wir beginnen*“. Ein weltgeschichtliches Experiment erster Ordnung nahm somit seinen Anfang. Wie sieht das Horoskop dieses Moments aus? Und welche Prognose konnte man dem neuen Gesellschaftsgebilde in dieser seiner „Keimstunde“ stellen?

Wir geben die Werte an, die unseres Erachtens auf der exakten Minute *10 h 49, Sternzeit 1 h 53 min* (Leningrader Ortszeit, die zugleich ost-europäische Zonenzeit bedeutet), beruhen. Die Korrektur mit wichtigen Ereignissen scheint anzuzeigen, daß Lenin vier Minuten nach Eröffnung des Kongresses den zitierten Ausspruch getan.

Häuserspitzen (Achsen): X: 0.22 ♉, 11: 26.22 ♉, 12: 7.35 ♋, I: 21.54 ♌, 2: 20.46 ♍, 3: 10.57 ♎.

Planeten: ☉ 14.50 ♏, ☾ 27 ♌, ☿ 17.20 ♏, ♀ 0,42 ♐, ♂ 2.54 ♍, ♃ 9.20 ♊, ♄ 14.13 ♌, ♅ 19.49 ♒, ♆ 7 ♌.

Der Leser ist gebeten, sich diese Figur selbst zu zeichnen. Die Angaben sollten ihn dazu instand setzen, wenn er die vorangehenden Kapitel bewältigt hat. Er wird wohl auch erkennen, daß „furchtbare Dinge" aus dem Gesicht dieser Konstellationen sprechen. Erstens haben wir fast exaktes *Quadrat der Skorpion-Sonne zum vernichteten Saturn im Löwen,* ein Anzeichen, daß der führende Kopf dieses Unternehmens, der nun als „Sonnen-Instanz" gelten muß, selber „angeschlagen" erscheint und mit einer fast übermenschlichen Aufgabe zu ringen hat. Denn die Quadratur deutet auch den *totalen Widerstand aller reaktionären Kräfte* (*Saturn*) *gegen die Autorität des neuen Staates* an. Dies um so mehr, als ihm gegenüber in fast exakter Opposition der *Uranus* zu stehen kam. Erschwerend ist auch der Umstand, daß sich *Saturn im 12. Hause* befindet. Dazu in *Nähe Neptuns,* der mit dem Todeshause 8 (Fische), Beziehungen hat. Man könnte, wenn es nichts anderes in der Figur zu sehen gäbe, auf ein totales Mißlingen der Aktion schließen.

Warum aber hat sich die neue Ordnung behauptet? Antwort gibt uns ein Blick auf *Venus, Mond* und *Mars. Venus wirft exaktes Trigon zur Spitze X, Mars ein nahezu exaktes,* beide stehen unter sich im Trigon. *Der Mond* aber, das Volk, steht *im Orb des Aszendenten* (die aktive Volksmasse im Zeichen des Souveräns, Löwe), hat *Näherungskonjunktion mit dem Mars, Näherungstrigon auf Venus, ein ebensolches mit der Spitze X,* ist nirgends verletzt und stellt mit den beiden andern eine gewaltige Kraftreserve dar.

Das „Gradmaß" zeigt, wenn wir es durch die folgenden 30 Jahre hindurch verfolgen, eine Reihe treffender „prophetischer" Symbole.

1. *Das Marstrigon* erreichte um St. Zt. 2 h 03 min pro Sommer 1920 die Spitze X. Das bedeutete das *siegreiche Ende des Bürgerkrieges,* das *Vorstürmen bis Warschau* und im August die Erledigung der letzten „weißen Armee" unter *General Wrangel.*

2. Der *Rapallovertrag* vom 16. April 1922 erfolgte beim exakten *Untergang des Uranus um 1 h 35 min* (vor der „Geburt"). Jählings und sensationell wurden die Isolierungsmauern gesprengt.

3. Als die „NEP" zu Ende ging und *der erste Fünfjahresplan* und ebenso die revolutionierende *Kolchosierung* in Kraft traten, stand das IV. Haus unter *Uranus-Trigon,* zugleich aber unter *Uranus-Parallele,* (Werte

1 h 10 und 2 h 37 für den Sommer 1928), welcher in der Rückzählung 1.06 (pro 29) das *Mars-Anderthalbquadrat auf dem X. Hause* folgte.

4. Der *Triumph des I. Fünfjahresplanes* im Jahre 1932 steht unter *unterer Sonnenkulmination* (St-Zt. 2.49.28), aber auch unter *Kulmination des Saturn-Quadrats*. Nicht umsonst fällt in dieses Jahr der *Prozeß der Menschewiki*. Dazu befinden wir uns unter *Saturnaufgang, 0.56*.

5. Mit dem *Mars-Aufgang pro 1933* kommt Leben in die Außenpolitik. *Mars* ist Herr *des 9., IV. und 5. Hauses*, für Auslandsbeziehungen, Prozesse, Unternehmungen und Neufundierungen. Er geht um 2 h 55 min auf. In seine Wirkungszeit fällt der *Eintritt in den Völkerbund, Hitler* tritt auf den Plan, *der künftige Krieg* erscheint am Horizont, die *Gedanken an Aufrüstung* drängen sich vor. Zugleich läuft der „*Metro-Vickers-Prozeß*" gegen ausländische Saboteure.

6. Unter *Uranus-Quadrat auf Achse X* (3.09) und *Uranus-Halbquadrat-Untergang* (*3.06*) *pro 35 bis 37* werden die sabotierenden „*alten Bolschewiki*" und der *Oberbefehlshaber Tuchatschewski*, der gegen die Regierung konspiriert hatte, erschossen, und der wütende Bürgerkrieg gegen Kulaki und Saboteure tobt. Mit *Jupiter Sextil X und Sextil I* (0.29 und 0.33) wird der *Terror abgestoppt*.

7. Der *Kriegsbeginn* 1941 steht unter *Uranus-Halbquadrat X* (um 0.18) und *Uranus-Halbsextil zu* 9 (0.15), die erste Winteroffensive 1941/42 unter dem aufziehenden *Mars-Trigon zu 9*, welches sich zur Zeit von *Stalingrad* voll auswirkt. Als *Mars auf der 2. Achse* einen stürmischen Aufschwung der vorhandenen Kräfte anzeigte, stieß die „Rote Armee" bis Warschau vor.

8. Pro *Sommer 1946* (3 h 47) beherrscht das *Quadrat des Jupiter* die Achsen I und VII. *Oktober 1948* bringt den *Aufgang des marsischen halben Sextils*. Vorher zeigen sich keine „marsischen Gefahren".

Der Leser beobachte auch die Transite zu diesen Zeiten!

Das Tagmaß

Es werden hauptsächlich die Planetenbewegungen beobachtet, und zwar gilt jeder Tag *nach* der Geburt als ein Jahr. Wir ziehen die Ephemeris zu Rate; Fig. 23 bezieht sich auf den 23. Dezember 1907, morgens um 6 h 30 min mitteleuropäischer Zeit oder 5 h 30 Greenwichzeit. Ausgangspunkt für unsere Berechnungen ist die in der Ephemeride angegebene Mittagsstellung der Sonne am gleichen Mittag. Die Geburt liegt 6½ Stunden vor dem Greenwichmittage. Da 24 Stunden den Wert eines Jahres haben, sind

6 Stunden = ¼ Jahr oder 3 Monate
½ Stunde = 7—8 Tage.

3 Monate 8 Tage zum 23. Dezember gerechnet, ergeben rund den 1. April 1908. Für dieses Datum gelten alle Mittagsstellungen. Also

Mittagsstellung am 23. Dezember für den 1. April 1908
„ „ 24. „ „ „ 1. „ 1909
„ „ 31. „ „ „ 1. „ 1916;
die Ephemeride geht zu Ende, wir fahren mit 1908 weiter und erhalten
Mittagsstellung des 1. Januar (alle Gestirne) für 1. April 1917.

Es nimmt uns nun beispielsweise wunder, auf welches Jahr die Sonne sich über die Geburtsstelle der Venus bewegen werde, also über ziemlich exakt 25° ♐. Da wir im Dezember eine Sonnenbewegung von über ein Grad feststellen, rechnen wir im Kopf aus, daß es ungefähr 25 Jahre gehen, und daß irgendwann im Jahre 1932 diese Kreuzung wirksam werden müsse.

Rechnung nach Ephemeride 1908:

16. Januar 1908 für 1. April 1932 = Sonne	24° 58′ 34″ ♐
Venus-Position =	25° 00′ 00″ ♐
Differenz =	1′ 26″
	= 86″
Sonnen-Tagesbewegung am 16. Januar (Tabelle III Anhang)	= 3601″

3601″ gelten für 365 Tage
86″ „ „ 8 „ , wie auszurechnen.

Sonne-Venus-Konjunktion also = 9. April 1932.

Oder es interessiert uns, wann der Mond zum zweiten Male den obern Meridian, also 29° ♍, erreichen wird. Die Ephemeride von 1907 zeigt die erste Querung der X. Achse schon nach rund 4 Tagen. Da die tägliche Mondbewegung den „siderischen Mondlauf“ in etwas mehr als 27 Tagen einen Kreis vollenden läßt, werden wir rund 30 Tage nach der Geburt, um den 23. Januar herum, suchen.

Am 23. Januar 1908 erreicht der Mond wirklich 25.54 Jungfrau, und es fehlen uns noch 3° und 6′. Das ist rund ein Viertel der Tagesbewegung, die laut Ephemeris 12° 18′ beträgt. Um den ersten Juli, ein Vierteljahr nach dem Stichtag, herum, muß also der Mond über die X. Achse gehen, und zwar am 32. Tage, also im 32. Jahre, also im Jahre 1939. Auf diesen Zeitpunkt soll das „Gestirn“ irgendwelche bedeutsamen Wandlungen in den Dingen des „beruflichen und materiellen Strebens“ bringen und vielleicht die Stellung des Horoskop-Inhabers der Öffentlichkeit gegenüber verändern.

Auf diese Weise lassen sich fortlaufend die Übergänge des Mondes, der Sonne und der schnellern Gestirne verfolgen und Schlüsse ziehen. Wir werden indessen sehen, daß das „Tagmaß“ nicht umsonst als Grundlage der „spätern“, der sekundären Bewegung dient. Daß es also nicht entfernt so einschneidend wie die „Vierminutenbewegung“ wirken kann.

Eine andere Möglichkeit für das Tagmaß

In Form des „Tageshoroskops“ (siehe weiter unten) ergibt sich für jeden Tag des laufenden Jahres eines deutbare, wenn auch sehr nebensächliche Figur. Es fragt sich nun, ob nicht für die ersten 90 Tage nach der Geburt (und zugleich *vor* der Geburt) Figuren aufgestellt werden können, welche für 90 Lebensjahre gelten, nicht im Sinne der grundlegenden „Gradmaße“, sondern nur sekundär.

Es müßte also, indem man die Differenz zwischen ⊙-K. des Geburtstages und Geburtszeit zur K. irgend einer spätern Tagessonne zählen würde, die Zeit für eine solche „Sekundärfigur“ errechnet werden (s. Tageshoroskop).

Eine solche Figur unterscheidet sich in manchen Fällen sehr wesentlich von der „primären“, durch die Verschiebung des MC nach Ptolemäus oder Naibod oder sonstwie entstandenen Jahresfigur. Beispiel: Es sei jemand am 1. November 10 h abends in Greenwich selbst geboren. (Sternzeit 14.42 am Greenwich-Mittag + 10 h = 24 h 42 min = 0 h 42 min). Das X. Haus steht auf 11 ½ ♈. Die ⊙ 8° 40′ ♏.

Die Geburtsdifferenz zwischen „wahrem Mittag“ (Sonnen-Kulmination) und Geburtszeit ist nicht 10 Stunden, da die Mittagssternzeit nur nach dem „mittlern Mittag“ angegeben wird.

Geburtszeit 10 h nach mittlerm Mittag	= 24 h 42 min
Sonnenkulmination 8.40 Skorpion um ca.	= 14 h 25 min
Geburt nach dem wahren Mittag	= 10 h 17 min
Sonne am 30. Tage (1. Dez.) ca. 9° ♐	= 16 h 29 min Kulm.
+ Differenz	10 h 17
= Zeit für das 30. „Tagmaßhor.“	= 2 h 46 min

Der ptolemäische Wert würde anders lauten: 0 h 42 + 2 h = 2 h 42.

Das „Zweistundenmaß“

Ich schicke voraus, daß üblicherweise nicht zwei Stunden, sondern 30 Grade pro Jahr gerechnet werden, und zwar für Aszendent, X. Haus, Sonne, Mond und „Glückspunkt“. Mechanisch mißt man am Kreis die Distanzen, die ein Gestirn vom andern oder von einer Achse entfernt sitzt, und teilt ein:

30 Grade = 1 Jahr. 2 ½ Grade = 1 Monat. ½ Grad = 6 Tage.

Wir ersetzen die 30 Grade durch 2 Stunden. Der Studierende hat also wieder mit der Häusertabelle, oder, wenn er exakt sein will, mit den Formeln des „Anhanges“ zu rechnen.

Greifen wir unser Beispiel der untern Sonnen-Kulmination in Fig. 23 wieder auf. Wir wissen, diese Sonne quert die IV. Achse in umgekehrter Richtung (vor der Geburt), und zwar 5 h 55 min vorher. Wir erhalten also

4 h	=	2 Jahre		
1 h	=	0 Jahre	6 Monate	
50 min	=		5 Monate	
5 min	=			15 Tage
Also	=	2 Jahre	11 Monate	15 Tage

Das führt uns auf den 8. Dezember 1910, nach 12 Jahren auf den
8. „ 1922, dann 34, 46 usw.

Haben diese Übergänge Bedeutung? Es gibt Spötter, die von den „Profektionstanten“ wenig halten. Und doch zeigen die sorgfältigen Versuche, daß in Zeiten herrschender Gestirne des Vierminutenmaßes die Ereignisse gerade dann eintreffen, wenn sich auch im Zweistundenmaß Übergänge zeigen.

Die Begründung des Zweistundenwertes mag schwierig sein. Sicher ist nur, daß die „Doppelstunde“ irgendwelche Beziehungen zum Monat haben muß: 12 Doppelstunden = 1 Tag. 12 Monate = 1 Jahr. 1 Jahr = 1 Tag im „Tagmaß“. Wie es aber auch zu begründen sei, das Maß wird gültig sein, wenn die Ergebnisse dafür sprechen, und wird zu verwerfen sein, wenn es keine Resultate liefert. Die Untersuchungen haben sich auf beide Methoden: Kreiszwölftel und Doppelstunde, und zwar in der Vorwärts- und Rückwärtszählung, zu erstrecken.

Unser Beispiel der untern Sonnenkulmination hat als Grundlage die „Rückwärtszählung“. Wollen wir vorwärts zählen, dann haben wir den gefundenen Wert von 24 Stunden abzuzählen, also

	24	h	00	min	00	sec
—	5	h	55	„	00	„
	18	h	05	min	00	sec

Soviel Stunden und Minuten *nach* der Geburtszeit wird die Sonne ebenfalls die untere Kulmination erreicht haben. Teilen wir ein, so ergeben

18 h	=	9 Jahre	
5 min	=		15 Tage
	=	9 Jahre	15 Tage

das ist der Ergänzungswert zu 2 Jahren, 11 Monaten und 15 Tagen. Zu unserer Geburtszeit gezählt, ergeben die Werte

23. Dezember 1907 + 9 Jahre und 15 Tage
= 7.—8. Januar 1917, 1929, 1941 usw.

Das Verfolgen der unzähligen Kreuzungen dieses Zwölfjahreskreises ist praktisch fast unmöglich. Man wird sich darauf beschränken, für den Fall eines auftauchenden wichtigen Überganges in den Vierminuten- und Tagmaßen auch die während der gültigen Zeit möglicher Wirkungen in Betracht fallenden Zweistunden-Stellungen zu berechnen.

Die Sonnenwiederkehr

Da das Jahr genau 365,24 Tage zählt, wird die Sonne ihre exakte Geburtsstellung nach jedem Jahr zu einer andern Sternstunde erreichen. Diese Sternstunde zu bestimmen, erfordert gewisse Rechnungen, die im „Anhang" beschrieben sind. Zur Kontrolle überlege man sich folgendes: Jedes vierte Jahr müßten, wenn wir genau 365 ¼ Tage als Grundlage benutzen würden, die ursprünglichen Horoskopachsen wieder gelten. Da aber nicht 0,25, sondern 0,24 Tage als zu berechnender „Schaltwert" in Frage kommen, wird der „kulminierende Punkt" des 4. wiederkehrenden Horoskops einige Grade hinter dem X. Hause des Ur-Horoskops liegen. Im 8. das Doppelte, im 12. das Dreifache usw.

Für das Jahr 1937 hat unser Horoskop Fig. 23 30 Jahre hinter sich. Natürlich stehen in der „Solarfigur" die Gestirne häusermäßig ganz anderswo als im Ur-Horoskop. Zur Frage, wie man diese veränderten Stellungen zu deuten habe, ist zu sagen, daß auch dieses Sonnen-Wiederkehr-Horoskop an Bedeutung weit hinter dem Gradmaß zurücktritt und mit Vorsicht gewertet werden muß. Stellungen in Häusern, zumal im Umraum der Achsen, verstärken jedoch die Wirkungen des Vierminuten-Horoskops, sobald sie ähnlichen oder gleichgerichteten Charakter haben.

Sonne-Mond-Wiederkehr

In Fig. 23 steht die Sonne vom Monde genau 152° 14′ ab. Alle 29½ Tage, rund gerechnet, muß sich diese Stellung wiederholen. Der „synodische Monat" von 29,53088 Tagen ist also die Grundlage, und unser Maß lautet: 1 synodischer Monat = 1 Jahr. Dreißig mal 29,53 Tage nach der Geburt finden wir die Stellungen des 30. „synodischen Lunationshoroskops", das wir einfach das Mond-Sonne-Wiederkehr-Horoskop nennen wollen. Die Stellungen sind unter den gleichen Vorbehalten zu werten wie die des Sonnenwiederkehr-Horoskops.

Das Tageshoroskop

Wir geben diesen sehr untergeordneten und in den meisten Fällen völlig gleichgültigen Zeitwert der Vollständigkeit halber an. Der

Name sagt, worum es sich handelt: Es wird für den laufenden Tag eine Figur errichtet. Grundlage bildet das Ur-Horoskop, und zwar der Sonnen-Abstand von der obern oder untern Kulmination. Die abgekürzte Rechnung lautet für unsere Fig. 23:

Geburtszeit in Sternzeit	11.56
untere Sonnenkulmination	6.01
Unterschied	+ 5.55

Geburt also 5 h 55 min nach unterer Sonnenkulmination.

Für jeden Tag ist also die untere Sonnenkulmination in der Häusertabelle festzustellen. Beispielsweise für den 26. Juni 1938:

18 h 14 min für Sonnenstellung 3° 44′ 24″ ♋ in unterer Kulmin.
+ 5 h 55 „
00 h 09 min = Wert für das Tageshoroskop.

Wenn nun dieses Tageshoroskop in der Verteilung seiner Planeten wesentliche Ähnlichkeiten mit den Vierminutenwerten, den Tag-, Zweistunden- und „den Wiederkehr“-Horoskopen haben sollte, wird es von Bedeutung sein, sonst aber nicht[1]).

Die Transite

Die Dilettanten unter den Astrologen arbeiten mit diesen täglichen Übergängen der Planeten, vor allem der langsamen, über die Plätze des Ur-Horoskops, namentlich Sonne, Mond, Meridian und Horizont, brüsten sich mit den Treffern und beachten nicht die viel zahlreichern wirkungslosen Kreuzungen. Es ist einfach, mit den Ephemeriden festzustellen, wann ein Gestirn 0° ♑ oder 6° im ♐ erreicht, und damit den Leuten Angst zu machen. Wahrheit ist, daß solche Transite Bedeutung haben können, dann nämlich, wenn im „Vierminutenmaß“ wichtige gleichwertige Bewegungen vorliegen . . .

VERHÄLTNIS ZWISCHEN DEN VERSCHIEDENEN MASSEN

Wir können die Theorie aufstellen, wonach die „kleinern Zeiten“ kurz nach der Geburt grundlegende Bedeutung haben. Das heißt also: Die Vierminutenmaße gehen voran. Ob auch die „Erdraum-Übergänge“ und die „Erdraum-Parallelen“, sofern sie nicht auf Achsen fallen, in diese Grundlagen hineingehören, ist die Frage.

[1]) Dr. W. Koch über das Tageshoroskop und die damit zusammenhängende Frage der Zeitgleichung, in „Sterne und Mensch“, Juniheft 1929 und Oktoberheft 1931. Astra-Verlag, Leipzig.

Der praktisch bewanderte Astrologe weiß, welche Unterschiede gerade in diesen Bewegungen die Systeme des Placidus, Regiomontanus und Campanus ergeben, d. h. auf *wie* schwanker Grundlage wir stehen, solange nicht durch Versuche bewiesen wird, welche der drei Berechnungsarten gültige Ergebnisse liefert. Das gilt auch für die Übergänge auf den Nebenachsen. Allgemein anerkannt sind nur Auf- und Untergänge und Kulminationen. Übergänge auf Planetenstellen stehen wiederum wegen der drei Systeme nicht fest. Campanus und Regiomontanus ergeben hier gleiche Werte, indem ihre „Positionslinien" zusammenfallen. Nur die Achsen sind ungleich.

Aber abgesehen von diesen Unterschieden: Die „vier Minuten", sozusagen die „allernächsten Zeiträume" des Geburtsmomentes, malen den *Grund* des ganzen Lebensbildes. Die im Achsen-Umraum wirkenden allerersten Minuten bestimmen sogar, wie wir wissen, die „Wesensprägung", ... die ferner stehenden, in 2mal 6 Stunden 90 Jahre in zwei Richtungen abtastenden Bewegungen haben nicht mehr die Kraft, das Wesen selbst zu prägen, wohl aber führen sie unterbewußte Wellen in Form von „Ereignissen" herauf.

Diese Wellen werden von den spätern Wirkungen, dem „Tagmaß", dem „Zweistundenmaß", den jährlich wiederkehrenden Geburtstagshoroskopen nach der Sonne, den Mondhoroskopen in den 90 ersten „synodischen" Monaten und schließlich sogar von Transiten und Tageshoroskopen *unter*bestimmt, entweder verstärkt oder aber geschwächt, durchkreuzt und verhindert.

Es geht also nicht an, aus einer „primären Direktion" allein zu schließen, daß Ereignisse der einen oder andern Art kommen müssen. Zuvor muß immerhin beobachtet werden, ob im „Tagmaß" entsprechende oder widersprechende Bewegungen vorliegen. Und wenn nichts vorliegt, dann sind die Zweistundenhoroskope für wenigstens ein ganzes Jahr zu überschauen. Und ergibt sich auch hier keine Übereinstimmung ... oder Widerlegung, dann befrage man die „Transite" von Saturn oder Jupiter, Uranus und Neptun. Allen andern Transiten aber voran gehen die des Geburtstags im Sonnen-Wiederkehr-Horoskop, und unter ihnen jene, die mit der für das Jahr wirksamen „Vierminutenbewegung" übereinstimmen. Also, wenn Saturn untergeht, ist zu beobachten, wo die Saturntransite durchgehen. Und wenn die Sonne aufgeht, werden sogar die Sonnentransite gültig, und selbstverständlich hat ein Jupitertransit auf der I. Achse fördernde, Saturn bremsende Wirkung. Grundsatz: Die weniger wichtigen sind als helfende oder aber bremsende Bewegungen der wichtigen aufzufassen.

DEUTUNG DER EREIGNIS-SYMBOLE

Beim Durchlesen gewisser Lehrbücher über die Wirkung der Übergänge und Gestirnverbindungen erhält man den Eindruck einer teilweisen Ratlosigkeit. Die Vielfalt der Möglichkeiten verlangt eine Zusammenfassung und „Typisierung“, die möglichst viel enthalten und doch zugleich alle Schattierungen offen lassen sollte. Wir sind am besten beraten, wenn wir uns an die grundsätzlichen Inhalte der Prinzipien und ihre Unterscheidung in „gute“ und „schlechte“ halten und dabei nicht vergessen, daß die Mittelwerte zwischen beiden Fällen die häufigsten sind.

Es steht demnach fest, daß „marsische“ oder „jovische“ Übergänge dasselbe bedeuten, was wir bei der Besprechung der Achsenwirkungen von Gestirnen und „Aspekten“ fanden. Nur daß bei der fertig geprägten Persönlichkeit keine Wirkung auf die Wesensart eines Geborenen mehr erfolgt, oder nur noch sehr schwache „Umprägungen“. Es mag zu Änderungen des Schicksalsweges kommen, und die von Leid oder Glück Betroffenen mögen mit größerm Ernst oder gelockerten Zügeln in einen weitern Lebensabschnitt eintreten . . ., die Grundlagen der „Natur“ aber bleiben dieselben, die sie schon waren.

Aus allem, was wir von den Gestirnwirkungen wissen, haben wir also die „Ereignisformen“ herauszugreifen, die „Wirkungen auf die Prägung des Wesens“ aber wegzulassen. Nur die im Achsen-Umraum zur Wirkung kommenden machen, wie wir wissen, hier eine Ausnahme.

Sie sind aber außer ihrer „Prägungsfähigkeit“ dem Wesen gegenüber *auch* Ereignis-Auslöser. Kein Gestirn und kein Aspekt scheidet aus, wenn es sich um die Frage der „Ereignisse“ = Achsenübergänge handelt. Nochmals:

Alle Gestirne und Aspekte lösen prinzipiell „Geschehnisse“ aus.

Unter ihnen prägen die „achsenscharfen“ das Wesen.

Nach dieser nochmaligen und *letzten* Unterscheidung versuchen wir eine kurze Darstellung der typischen Ereignisform:

Sonnenübergänge, oder Übergänge von Sonnen-Aspekten, bringen Wirkungen, die mit den Kreisen „solarer“ Personen zusammenhangen oder sonstwie „sonnenhafte“ Ursprünge haben. Sie erhöhen die Kraft der Achse, welche von dem Übergang getroffen wird, oder die Erwartungen und Ansprüche, die man in den Angelegenheiten dieser Achse erhebt. „Schlechte Übergänge“ bringen Hemmungen und Zusammenstöße. Das ist vor allem bei Quadrataspekten der Fall.

Die „sonnenhaften Kräfte“ werden in jedem Horoskop näher bestimmt durch die Stellung der Sonne und des Löwenzeichens. Steht die Sonne in irgendeinem Hause, dann bedeutet ihr Übergang oder der Übergang eines ihrer Aspekte über irgendwelche Achsen- oder Planetenstellen, daß nun auch die Kräfte des Hauses, in welchem sie selber steht, sich „ereignishaft“ auswirken.

Und steht das Sonnenzeichen Löwe an der Achse eines beliebigen andern Hauses, dann wirkt auch der Inhalt *dieses* Hauses an der Gestaltung der Geschehnisse mit.

Es sind also immer *drei* Bedeutungen zu beachten, die als „auslösende und verursachende“ gelten, und eine vierte, der „*Ort* der Auslösung“. Nehmen wir das Beispiel des Sonnenaufganges in unserer Fig. 23. Die Sonne stand ursprünglich im „latenten Raume“ des ersten Hauses. Sie erhob sich nach der Geburt und schob sich nach dem Vierminutenmaß „für das 29. bis 30. Jahr“ an den Horizont, hatte also für diese Zeit „Konjunktion mit dem Aszendenten“. In dieser Konjunktion stellen wir fest:

1. Den Ort der Wirkungen, Symbol der Persönlichkeit, Achse I.
2. „Solarkräfte“ an sich, bekannt aus der Prinzipienlehre.
3. Kräfte der Persönlichkeit selbst, weil die Sonne im ersten Hause steht und hier verborgene Kräfte der eigenen Natur andeutet.
4. Kräfte des 8. Hauses, weil Löwe den latenten Raum dieses achten Hauses ausfüllt.

Die Persönlichkeit erfährt eine „Begegnung mit sich selbst“ ... Was das in sich schließt, wird jeder Astrologiekundige je nach seiner Erfahrung mehr oder weniger gut illustrieren können. Man wird zugleich mit Vertretern der „Sonnensphäre“, das ist der „Obern, Vorgesetzten“, der „väterlichen und autoritativen Mächte“ in nähere und zwar förderliche Beziehung treten. Es ist aber sicher, daß sich mit diesen Beziehungen auch irgendwelche Verluste, Verzichte, Opfer verbinden. Aber diese Opfer können nicht eigentlich abträglich sein, da die Sonne „an sich“ gut, wenn auch nicht besonders stark, steht.

Bei *jedem* Übergang irgendwelcher Gestirne oder Aspekte ist in dieser Weise zu kombinieren. Punkt Nr. 1 ist immer die Achse oder das Gestirn, *über* welches das wandernde Gestirn oder der Aspekt geht. Wir verzichten auf die alten Ausdrücke „Promissor“ und „Signifikator“, also „Versprecher“ und „Anzeiger“. Wichtiger scheint uns die Bezeichnung „Ort der Verwirklichung“ für Punkt 1, und „Ursachen“ für die unter 2—4 aufgezählten Kraftbezirke.

Nehmen wir ein anderes Beispiel: Der Mond erreiche mit seinem Trigon, nämlich 8 Grade Widder, um Sternzeit 13.52 die dritte Achse. Es ergibt sich folgende Überlegungsreihe:

1. Ort der Verwirklichung ist die dritte Achse, also „Reisen“, oder neue Verträge, oder Beziehungen zum Geschwisterkreis, oder „neue Denkinhalte“, oder Ortswechsel oder irgendwelche Dinge dieses Kreises. (Die Astrologen, die mit dem „dritten Hause“ keine

„Direktionen“ rechnen, sind eingeladen, nachzuprüfen, wie deutlich nach dem System des Campanus sich Übergänge auf dieser dritten und allen andern Nebenachsen ausprägen.)

2. Ursache sind mondhafte Kräfte ganz allgemein, also in der eigenen Natur Gefühls- und Wunschkräfte, außerhalb des eigenen Wesens aber Beeinflussungen von weiblicher Seite, jedenfalls aber nicht von seiten männlicher und autoritativer Kräfte.

3. und 4. *Nähere Ursachen* sind „Kräfte des achten Hauses“, da der Mond sich einerseits im latenten Raume dieses Hauses befindet, anderseits das Mondzeichen Krebs selbst die 8. Achse beherrscht.

Wir werden darum annehmen müssen, daß die durch den übrigens wohltätigen Mond-Aspekt verursachten Wandlungen insgeheim abbauend und dem Egoismus entgegenwirkend sein werden. Eine innere, seelische Entwicklung, eine Erfüllung der Seele mit Inhalten neuer und anderer Art, als sie diesem Horoskopinhaber vielleicht bisher geläufig gewesen, mag sich ankündigen. Vielleicht tut er einen Blick auf die „Nachtseite des Lebens“ . . ., wer weiß? Und zwar einen wohltätigen, seiner innern Gestalt förderlichen Blick. Möglich sind dabei äußerliche Verluste materieller Art; vielleicht muß dies oder das aufgegeben werden, und vielleicht spielen die genannten „weiblichen Elemente“ dabei eine wesentliche Rolle.

Mars-Übergänge bringen „Leben“ und „Bewegung“, wenn sie „gut“ sind, übermäßige Bewegung, Katastrophen, Brüche, Gefährdungen und gewaltsame Veränderungen, wenn sie schlecht sind. Aber immer wird man kombinieren müssen, aus welchen „Gegenden her“ sich diese marsischen Energien rekrutieren.

Nehmen wir als Beispiel den *Mars-Übergang auf der 3. Achse* (vgl. Fig. 23), nach der Häusertabelle um Sternzeit 12.48, also rund 52 Minuten oder 13 Jahre nach der Geburt. Es ist ziemlich sicher, daß dieser Mars in seiner „Konjunktion“ mit irgendwelcher Achse oder irgendwelchem Planeten Übles bewirken muß, denn in den „Fischen“, mit dem Saturn zu nahe beisammenstehend, kann er nichts Gutes bedeuten. Also werden wir sagen:

1. Ort der Wirkungen ist wiederum die „3. Achse“ mit all ihren möglichen Inhalten, Umwelt, Kontaktnahme, Geschwisterkreis usw.

2. Es sind marsische Kräfte beschleunigender Art, die sich bemerkbar machen. Die „jüngere Generation“ wird „Gegner“ sein . . . während der ganzen Dauer der Wirkung. Aber auch die „anonymen“, unbewußten Energien, die durch wer weiß welche Mittel angreifen, sind zu beachten und womöglich abzuwehren.

3. Es sind Kräfte dieses Milieus selbst, eigene verborgene Energien des angewöhnten und angeborenen Denkens, die sich hier in den Vordergrund drängen . . ., denn Mars steht selbst im latenten Raum

des 3. Hauses. „Man kennt sich nicht wieder“ im gereizten und unruhigen Zustande, der mit diesem Übergange entsteht.

4. Das 5. Haus mit dem Widderzeichen und das 12. mit dem Skorpionzeichen auf den Achsen sind „marsische“ Häuser. Im Alter von 13 Jahren muß sich mit diesem Mars der Eros in Form jähen Triebbegehrens in den Vordergrund des Denkens schieben, und dunkle und das Ich gefährdende Kräfte drängen sich *mit* ein und wirken zerstörend im ganzen Bereich der persönlichen, brüderlichen, nachbarlichen Beziehungen. Was wird geschehen?

Wird es zu einem jähen Ortswechsel kommen? Wird der Geschwisterkreis auseinandergesprengt? Trifft ein Unfall den Geborenen? Auf einer Reise? Zerbricht eine Beziehung? Kommt es zum Krach wegen einer Abrede? Wegen eines Dokumentes? Erleben die Geschwister Schicksalsschläge? Kehrt am Ende der Tod ein und rafft eines der Geschwister jäh hinweg?

All diese Fragen sind angesichts dieses Mars-Überganges zu stellen. Auf keine wird man eine „totsichere“ Antwort geben können. Aber mit *großer* Sicherheit wird man den Allgemeincharakter des Denkens, des Umganges, der Beziehungsformen eines Geborenen schildern können. Die „Ereignisse“ sind eigentlich nur dazu gehörende Einzelheiten, aus dem ganzen Geiste dieser „mentalen Inhalte während der Marsperiode“, vor allem auch der unbewußten und „vorbewußten“ Inhalte zu verstehen.

Um einen bessern Aspekt zu schildern, betrachten wir den Übergang der „*Jupiter-Parallele*“, 19 ¼° ♉, über die 5. Achse, laut Häusertabelle fällig um Sternzeit 14.04, also 2 h 08 min nach der Geburt, rund 32 Jahre nach Ptolemäus oder 32 ½ Jahre nach Naibod. Unsere Überlegungen sagen:

1. Die „Bereitschaft“ und die dieser Bereitschaft entsprechenden Ereignisse beziehen sich auf die 5. Achse. Also wird sich eine „Verjüngungszeit“ ankündigen, in welcher man zu allerlei Unternehmungen, Wagnissen und Experimenten aufgelegt sein wird. Vor allem ist auch eine glückliche Zeit in Dingen des Eros, der Beziehungen zu Kindern, vielleicht sogar eigenen, denkbar.

2. Ursache sind „jovische“ Kräfte, d. h. Reisen, aber auch reifende innere Erfahrungen, neue Einsichten, die sich gerade in den Angelegenheiten des 5. Hauses bemerkbar machen.

3. Jupiter steht im 8. Hause, mit dem Monde eng verbündet, hat also eine mehr „innerliche Kraft“ und bewirkt alles in allem Ereignisse, die das Ich veranlassen, zugunsten des Du zu opfern und „innere Werte“ dafür einzutauschen. Wenn nun diese Jupiterkräfte sich im Felde des Eros bemerkbar machen, dann kann es nicht anders sein als in Form einer Hintanstellung der eigenen Ansprüche. Solche Einstellungen bedeuten, daß man in Dingen der Liebe der *gebende* Teil

wird . . . und daß man, unter persönlicher Verzichteinstellung, sich *fremden* Kindern widmet.

4. Jupiter ist aber in unserm Horoskop Herr des ersten Hauses und somit „Geburtsherr“, zudem Herr der 3. und IV. Achse, also auch Symbol der angeborenen Denkart und der mitgebrachten physischen Erbkräfte. Wir sehen: Es ist die Persönlichkeit selbst, die diese Periode eines neubelebten Eros-Feldes hervorruft, und vielleicht wird sie aus dem eigenen Geschwisterkreis darin gefördert.

Wir schließen mit diesem Beispiel. Nur noch *ein* Satz sei beigefügt: *Auf einer grundsätzlich gesperrten und schlechten 5. Achse könnte die „Direktion“ schwerlich Ereignisse „wecken“*. Dieser Satz ist auf jede andere Achse ebenso anzuwenden!

DEUTUNG ZEITLICHER „ZUSTANDS-SYMBOLE“

Es ist fraglich, ob die Übergänge von Gestirnen über Achsen immer „Ereignisse“ bringen müssen. Vollends in der Schwebe hängt die Bewertung von Gestirnquerungen des Tagmaßes. Hundertfache Beobachtungen des wandernden Mondes zeigen, daß er „am xten Tage die Achse y“ kreuzt, ohne daß sich nun im neu erreichten Hause eine Änderung ergibt. Wenn nicht schwerer wiegende Bewegungen des Vierminutenmaßes auf massive Geschehnisse hindeuten, bewirkt der Mond nichts, oder höchstens eine „Wandlung des allgemeinen Zustandes“ in diesem Hause.

Desgleichen haben wir die Kreuzungen eines Gestirns über den „Ur-Platz“ eines andern zu bewerten. Besser gesagt, über die „Positionslinie“, die wir vom Südpunkt zum Nordpunkt des Horizonts durch die Geburtsstelle des Gestirns ziehen. Es liegt nahe, diese Linie als eine Art „Achse“ mit eigenem Umraum zu betrachten. In der Konstruktion gleicht sie durchaus einer solchen. Aber sie liegt in einer „zufälligen“ Gestirnstellung, nicht in der „Ur-Teilung“ des irdischen Raumes begründet und kann keine „echte Achse“ sein. Man überlegt darum und diskutiert im übrigen unter Astrologen, was sich ereignen könnte, wenn sich z. B. der Mond oder der Mars über die Positionslinie der Ur-Sonne bewege. Ereignisse oder nur innere Voraussetzungen für solche? (S. Fig. 33a.)

Lange Beobachtungen lassen mich behaupten, daß es sich um bedeutsame *innere* Bereitschaften handelt, die nun aber die Unterlage für eintreffende äußere Geschehnisse werden, sobald sich an den „gestirnverwandten Achsen“ das Geringste zeigt. Beispiel: In Fig. 23 erreicht die Sonne, wie wir sahen, um den 25. Geburtstag herum die Positionslinie der Venus. Die Verbindung ist als „Zustand“ dasselbe wie unsere „gute Sonne-Venusverbindung *überhaupt*, also Lebens-

und Liebesbereitschaft, Wachsen der Sympathiekräfte, des Optimismus, der Verbindungsfreudigkeit. Da die Sonne mit dem „5. Zeichen", die Venus mit dem „7. Zeichen" verwandt sind, sollen „Liebe und Ehe" von innen her einen Anstoß zur Verwirklichung erhalten. Wenn aber diese Verwirklichung ausbleibt, oder wenn nur nebensächliche Beziehungen auftauchen, dann liegt das an der geringen Achsenwirkung zur entsprechenden „Vierminutenzeit". Unsere Rechnung lautet:

11.56 Geburtssternzeit
± 1.40 Wert für 25 Jahre
13.36 Wert der Achsen nach vorwärts,
10.16 Wert der Achsen nach rückwärts.

Die Häusertabelle zeigt 2 Werte für Achse VII: 27 ♊ und 17 ♉
2 „ „ „ 5: 12 ♉ „ 26 ♓.

Unter diesen vier Werten fallen 2 in Frage: 17 Skorpion als Mars trigon zum Aszendenten und Mars-Sextil zur VII. Achse, 12 Stier als Uranustrigon zur 5. Achse. Die „Verwirklichung" eines hochgesteigerten inneren Zustandes ist also möglich, wird aber zu rasch und zu kurzfristig sein.

Ich neige nun dazu, auch die Gestirnkreuzungen des Vierminutenmaßes vor allem als neu auftretende Wandlungen des innern Zustandes zu betrachten. Vorbehalten bleiben selbstverständlich die bei Geburt geprägten Formen. Ist einer als Pessimist und Gehemmter zur Welt gekommen, sind auftretende optimistische Wellen nichts als „Aufhellungen" des innern Himmels, Lockerungen der Gemüts- und Denkfesseln. Umgekehrt wird ein Leichtfuß und Draufgänger schwere Kreuzungen des Saturn über Venus und Sonne, oder welcher Art die „Depressionssymbole" auch sein mögen, als „Verdunkelungen" erleben; seiner Natur werden Zügel angelegt, er schaut vielleicht düster drein und hält auf manchen Gebieten zurück. Er wird aber nicht im Tiefsten gewandelt und nicht zum „Schwarzseher" umgeprägt. Um *solche* Wandlungen zu erreichen, müßten sich alle „Schwarzen" aufs Mal zeigen und auf den Achsen siebenfache Katastrophen erscheinen.

Die „Zustandsdeutung" ist gegeben, sobald man „Aspekte" als solche deuten gelernt hat. Nichts anderes, als was wir über die Gestirnverbindungen gesagt, gilt auch für die „zeitlich begrenzten Zustandswandlungen". Unter Vorbehalt des Ur-Zustandes, den das Geburtshoroskop festlegt.

Noch *ein* Vorbehalt ist wichtig: Übergang eines „Aspektes" über einen „Gestirnplatz" muß richtig vorgestellt werden. Wir wissen, daß 0° ♋ den höchsten, 0° ♑ den tiefsten Bogen am Tageshimmel beschreiben. Alle andern Tagbögen der Ekliptikgrade liegen zwischen drin. Es kann nun vorkommen, daß ein Gestirn genau auf dem 15. Grade Schütze, ein anderes genau auf dem 15. Grade Steinbock gestanden, daß beide dieselbe Deklination (Parallele) aufweisen. Die Tagbögen sind also haarscharf dieselben. Kreuzt das eine Gestirn den „Platz" des andern, dann ist also das Treffen exakt.

Es kann aber vorkommen, daß das eine Gestirn auf 0° ♋, das andere auf 15° ♌ steht. Der Deklinationsunterschied beträgt, wie man ausrechnen kann, volle 7 Grade. Kreuzt das auf 15° ♌ stehende das auf 0° ♋ wandernde, dann muß auch der Treffpunkt „7 Grade unterhalb" über die „Stellungslinie" gehen. Die Unterschiede können noch viel krasser werden und bis 20 Grad und mehr erreichen. Wer also nicht nur oberflächlich „Gestirnvereinigungen" studiert, wer die Entfernung der „Kreuzungsplätze" aus den Deklinationsunterschieden mit Hilfe der Ephemeriden (oder der Formeln im „Anhang") überlegt, der wird unterscheiden zwischen solchen mit wenig und solchen mit viel Abstand, und wird die erste Sorte *höher* bewerten. 7 Grade Unterschied zählen gerade noch. 15 Grade werden irgendwie fragwürdig!

Die „Abstriche" an der Bedeutung solcher Kreuzungen gelten in erster Linie, wenn es sich um wandernde Aspektstellungen statt um Gestirne selbst handelt. Ein „Trigon" des einen Planeten, das über einen andern wandert, in der Deklination aber 15 Grade tiefer oder höher steht, kann keine besondere Steigerung innerer Zustände bringen.

HOROSKOP-KORREKTUR MIT DEM GRADMASS

Die erste Voraussetzung für eine richtige Deutung der horoskopischen Werte muß notwendigerweise die Kenntnis der exakten Geburtsminute sein. Wenn uns gewisse Leute sanft lächelnd versichern, das Jagen nach dieser „Exaktheit" sei einerseits ein verlorenes Spiel, anderseits aber überflüssig, da man auch bei annähernd bekannter Stunde genügend „Treffer" erziele, dann müssen wir ebenso sanft entgegnen: „Meine Herren, Sie zählen offenbar nur die Treffer, nicht aber die Fehltreffer! Das Ziel einer ernsthaften Horoskopie dürfen aber nicht Aussagen sein, die in 50% aller Fälle richtig, in andern 50% aber falsch sind ... Ein *wirklich* korrigiertes Horoskop erlaubt, mit größter Sicherheit den Charakter einer bestimmten Lebensperiode zu beschreiben und von *dem* einer *andern* Periode zu unterscheiden, genau so wie es erlaubt, die „manifesten" Kräfte, die den Zeichentypus *unter*bestimmen, genau zu bezeichnen. Wer 8 Minuten daneben haut, der kann eine „schlechte Periode" auf ein bestimmtes Jahr festlegen, zwei Jahre später eine ausgesprochene Erfolgszeit verheißen und die Erfahrung machen, daß beide Zeiten hübsch zwei Jahre auseinanderliegen, aber beide zwei Jahre verfrüht prophezeit wurden. Der Inhaber des Horoskops wird aber erklären: „Vor zwei Jahren, als Sie mir Pech verhießen, blieb alles im Blei. Jetzt, wo Sie mir das größte Glücksjahr vorausgesagt, sitze ich in der schwarzen Tinte ... Die Horoskopie scheint sehr unzuverlässig zu sein."

Die verläßlichste Methode der Horoskopkorrektur ist die der „vergangenen Ereignisse". Und zwar wird man solche Ereignisse nicht mit den „Transiten" der betreffenden Jahre vergleichen. Auch die „Bewegungen der Gestirne im Tagmaß" fallen nicht in Betracht. Sie haben „unterstützende Bedeutung", beziehen sich aber, was die Planetenkreuzungen angeht, vor allem auf innere Zustände.

Die ernsthafte Korrektur rechnet mit dem Gradmaß

Als „Korrekturereignisse" werden vor allem krasse, einschneidende Stationen unseres vergangenen Lebens bevorzugt. Todesfälle, Unfälle, Operationen und akute Krankheiten, wenigstens vierteljahrgenau angegeben, sind am dienlichsten. Aber auch positive Stationen können sich beweiskräftig bewähren. Als Symbole für Todesfälle in der Familie gelten herkömmlich obere und untere Kulminationen der „Übeltäter". Das gilt vor allem für die Eltern. Wenn nicht die Übeltäter selbst wirken, dann ihre Aspekte. Seltenerweise kann auch ein sehr schlecht gestellter „Wohltäter", vor allem, wenn er im „8. Haus" steht oder Herr dieses 8. (oder 12.) ist, wirken.

Es ist nach dem campanischen System auch möglich, Todesfälle im Geschwisterkreis mit schlechten Übergängen auf der 3. und 9. Achse, Todesfälle der Kinder mit solchen auf der 11., 5., oder 12. Achse in Verbindung zu bringen. Die Vertreter der andern Systeme mögen prüfen!

Eigene Krankheiten zeigen sich an „bösen Auf- und Untergängen". Nach Campanus lassen sich Übergänge auf der 6. und 12. ebenso mit der „Krankheitschronik" zusammenbringen (Placidus und Regiomontan liefern nur Zufallstreffer und viel mehr Fehltreffer: Unter ehrlichen Statistikern ein Beweis, und zwar *der* Beweis gegen die Richtigkeit dieser neuern Systeme).

Heiraten bringt man mit guten „Auf- und Untergängen", Examen mit errungenen Diplomen mit Übergängen auf der X. und 3. Achse, Geburten mit solchen auf der VII. und 5. oder 11., Finanzkrache mit üblen Kreuzungen der 2., 8. oder 12. Achse, berufliche und Arbeitswechsel mit guten oder schlechten Kulminationen oder Querungen der 6. Achse zusammen. Stimmt einmal das Horoskop, dann werden *alle* wichtigen Stationen durch solche Kreuzungen auf den einschlägigen Achsen charakterisiert sein.

Es kann vorkommen, daß schwere Saturnkulminationen nicht den Tod eines der Eltern, wohl aber den Beginn langer Krankheit gebracht haben; der Tod wird alsdann durch andere, oft unscheinbare Übergänge angedeutet. Oder die Übeltäter in Kreuzung der X. und IV. Achse bringen Vermögensverluste, Erschütterung und „Explosion“ in der materiellen und gesellschaftlichen Stellung. Der erfahrene Astrologe hat, wenn er korrigiert, sorgsam Ereignis um Ereignis zu vergleichen. Oft wird er längere Zeit schwanken, bis er sich entscheidet. Und jede Entscheidung schließt ein, daß man „falsch“ entschieden haben kann. Selbstverständlich irrt jeder. Sogar ein Arzt wird einen gewissen Prozentsatz Fehldiagnosen in seine berufliche Rechnung einstellen.

Als Beispiel einer Korrektur diene mein eigenes Horoskop. Am 4. November 1890, 20 h Ortszeit Nähe Bern ergäbe sich als kulminierender Punkt 12° ♓. Sternzeit 22.54. (S. auf 22.37.30 korr. Fig. 24.)

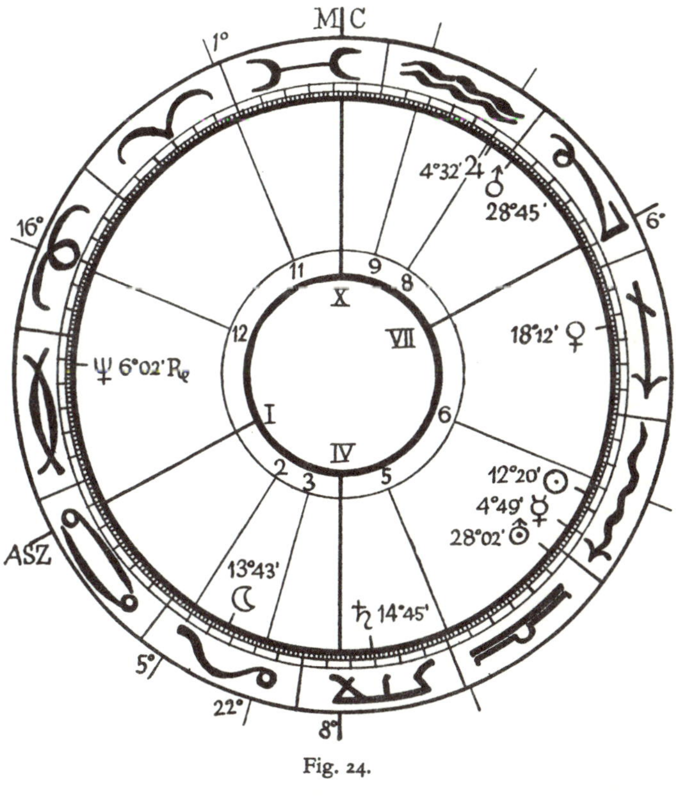

Fig. 24.

Ich gehe von einem wichtigen Datum aus: In der 2. Märzwoche 1929 sterben gleichzeitig Mutter und Bruder. Rund 38⅓ Jahre lassen sich, weil die Kulminationen von 4 zu 4 Minuten ungefähr in Graden erfolgen, einfach zählen. In der Vorwärtsrechnung würde man auf rund 20⅓° ♈, in der Rückwärtsrechnung auf 3—4° ♒ stoßen. Man studiert die in der Nähe stehenden Gestirne oder Aspekte und rechnet ihre Kulminationen genau aus (s. Formeln im „Anhang").

Nach diesen Ausrechnungen ergibt sich folgendes:

Sternzeit	1 h 11 min 40 sec	Kulmin.	Saturnparallele	(19° 27′ ♈)
„	20 h 05 „ 20 „	„	Mars	(28° 45′ ♐).

Der „Naibodwert" des Vierminutenmaßes für 38⅓ Jahre beträgt genau *2 h 31 min 09 sec*. Wir haben nun zunächst *beide* Rechnungen vorzunehmen.

Also	1 h 11 min 40 sec	Sodann	20 h 05 min 20 sec
	— 2 h 31 „ 20 „		+ 2 h 31 „ 9 „
	22 h 40 min 20 sec		22 h 36 min 29 sec

Wir sehen, daß wir *vor* die amtliche Zeit zurückkrebsen müssen. Und zwar 14 bis 18 Minuten hinter 22 h 54 min. Einer der beiden Werte weist auf die Nähe der exakten Geburtszeit. Aber welcher?

Vielleicht gibt uns der Tod des Bruders den Schlüssel. Nach dem campanischen System hat die Marsparallele (17° 41′ ♐) die 9. Achse gekreuzt, mithin die „Achse der Brüder", 3—9, getroffen, und zwar genau um 20 h 06 min 00 sec. Zählen wir die „Naibodzeit" dazu, also + 2 h 31 „ 09 „

22 h 37 min 09 sec.

Wir neigen also dazu, eher in der Nähe des Marsüberganges zu suchen, um so mehr, als Mutter und Bruder ziemlich plötzlich starben. Noch dürfen wir uns indessen nicht entscheiden, bevor wir weitere Ereignisse geprüft. Als eines der wichtigsten nennen wir eine Verwundung und Operation mit 23 Jahren und rund 11 Monate, mit dem Naibodwert von 1 h 33 min 58 sec.

Rechnen wir vom letzterhaltenen Wert 22 h 37 min 09 sec

ab 1 h 33 „ 58 „

so erhalten wir 21 h 03 min 11 sec.

Die Häusertabelle des 47. Breitengrades muß uns helfen, einen um diese Zeit möglichen Aspekt zum Aszendenten oder zur Achse 6/12 zu finden, und zwar sollte es ein „marsischer Aspekt" sein. (Wir können auch nach vorwärts suchen, also bei 00 h 11 min 09 sec.) Bei 21 h 03 min finden wir in der Tabelle rund den 13. Grad Zwillinge aufgehend. Liegt hier „Marsisches" in der Nähe?

Nach genauer Ausrechnung gehen über Achse VII, also ***unter:***

Um Sternzeit 20 h 56 min 28 sec 12° 19′ ♊ (Mars-Parallele)
„ „ 21 h 04 „ 16 „ 13° 45′ ♊ (Mars-Halbquadrat)

Der zweite Untergang ist wichtiger, bringt er doch den Horizont mit dem „besonders marsischen“ Aspekt des Mars zusammen. Wir kehren die Rechnung um und erhalten:

	21 h 04 min 16 sec	Untergang ♂ ∠
+	1 h 33 „ 58 „	Wert für 23 Jahre 10 Monate
=	22 h 38 min 14 sec	Geburtszeit.

Wenn wir nun den Mittelwert zwischen dem

höchsten, nämlich	22 h 38 min 14 sec	
und dem untersten,	22 h 36 „ 29 „	nehmen,
erhalten wir	44 h 74 min 43 sec,	
halbiert	22 h 37 „ 22 „	

Hier herum wird die vermutliche „Geburts-Exaktheit“ liegen. Ein Vergleich mit Dutzenden von andern Ereignissen beweist mir persönlich die Richtigkeit dieses Resultats.

KORREKTUR EINES FREMDEN MIT DEM EIGENEN HOROSKOP

Nach etwa siebenjähriger, zeitweise fast täglicher Übung bin ich zur Gewißheit gelangt, daß zwischen der Zeit eines Zusammentreffens fremder Menschen mit mir und zwischen dem Stand der beidseitigen Horoskope ein Zusammenhang bestehen muß. Und zwar ein Zusammenhang, der für die Korrektur des fremden Horoskops untrügliche Merkmale liefert.

Die Regel lautet: Kreuzt jemand meinen Weg, dann tauchen in *seinem* Horoskop an bestimmten Achsen Gestirne *meines* Horoskops und, und zwar *entsprechend den Ursachen, die uns zusammenführen.*

Tauchen keine solchen Gestirne auf, liegen sie aber in der Nähe der „Vierminutenmaß-Achsen“ pro Jahr x, dann vermute ich eine Verschiebung der Geburtsminute um den Betrag des „Nichtstimmens“.

Also: *Mein Mond* (mein „Geburtsgebieter“, also *ich selbst*) kulminiert *unten* um Sternzeit 21.06. Es erscheint ein 30jähriger Mann, dessen Horoskop angeblich auf Geburtssternzeit 19.16 fußt. Ich überlege, daß nach dem Naibodschlüssel dieses Horoskops nach genau 30 Jahren auf 21.14 stehen müsse. Der Mann betritt meine Wohnung . . . oder ich die seine. Ich vermute, diese „Erstbegegnung“

trage nicht die Zahl Sternzeit 21.14, sondern 21.06 und kurble das Horoskop um 8 min zurück. Selbstverständlich wird die schlüssige Korrektur auf Grund von Ereignissen aus dem Leben dieses nun Dreißigjährigen gewonnen werden. Ungezählte Korrekturen beweisen mir jedoch, daß ich am besten fahre, wenn ich zuerst „auf mich selbst einstelle".

Die Erklärung dieser Korrekturmöglichkeit liegt in jenem Gemeinsamen, aus dem unser Bewußtes „in Vereinzelung" emportaucht. Das Gemeinsame (das Unbewußte und „Vorbewußte", die kosmische Tiefe „hinter uns") hat sein Symbol in den Gestirnen und Achsen und ihren Bewegungen. Dort, wo sich unsere bewußten Sphären begegnen, tauchen „horoskopische Gemeinsamkeiten" auf. Das Gestirn eines Menschen wird „Gestirn des andern Menschen", auf Zeit natürlich und sehr bedingt! Die Studierenden mögen es erproben und dabei wissen, daß sie an einen der horoskopischen Abgründe treten.

Um nicht irgendwo im Unbestimmten zu schwanken, hat man genau zu überlegen, welche Angelegenheit zwei Menschen zusammenführt. Es sind äußerst verschiedene Dinge, ob Mann und Frau durch den Eros zusammengeführt werden, oder Lehrer und Schüler durch Unterricht und geistige Mitteilung, oder Arzt und Kranker durch Untersuchung und Heilmittel, oder Mörder und Ermordeter durch „marsische Umstände".

Eros-Begegnungen werden sicher an den Horizonten und auf Achse 11—5, „Belehrungen" an den „Mentalachsen" 3—9, vielleicht auch 12 oder gleichzeitig I—VII, die Beziehungen Arzt-Patient an den beidseitigen Achsen 6—12, vielleicht gleichzeitig 11—5 (den Krankheit „auflösenden Achsen") angezeigt sein. Der Mord des einen am andern aber wird Symbole auf der 8. Achse zeigen müssen. Für den Mörder vielleicht solche auf der 12. Achse, und sicher auf der 9. Man überlege vor allem, welchem der 12 Häuser für *jeden* Beteiligten die den Kreuzungsmoment zweier Schicksale beherrschenden Gegenstände angehören. „Beweisen" aber werden wir eine Korrektur mit diesen Kreuzungen nie ..., nur die Ausgangspunkte der Rechnung können wir bestimmen.

Regel für solche Korrekturen wie für die Vierminutenmaß-Korrektur überhaupt: *Es wird kein „Orb" der Gültigkeit eines Übergangs angenommen.* Man rechnet mit den absoluten mathematischen Werten und bringt möglichst viele Ereignisse mit möglichst vielen Übergängen zusammen, so daß zwischen beiden Reihen so geringe Unterschiede wie nur erreichbar bestehen.

DIE FRAGE DES EPOCHE-HOROSKOPS

Schon Ptolemäus spricht von der Bedeutung der „beiden Horoskope", die nebeneinandergestellt werden müssen, um ein vollkommenes Bild der über einen Menschen herrschenden Konstellationen zu erhalten. Wir verweisen auf das Kapitel über das „Epoche-Horoskop" im „Wahren Gesicht der Astrologie" und beschränken uns hier auf ein bestimmtes Beispiel. In Fig. 25a findet der Leser die Epochefigur des gefallenen deutschen Diktators, in Fig. 25b das dazu gehörende Geburts-Horoskop. Im ersten sind die Planeten der Geburt *mit* eingetragen, im zweiten die der Epoche.

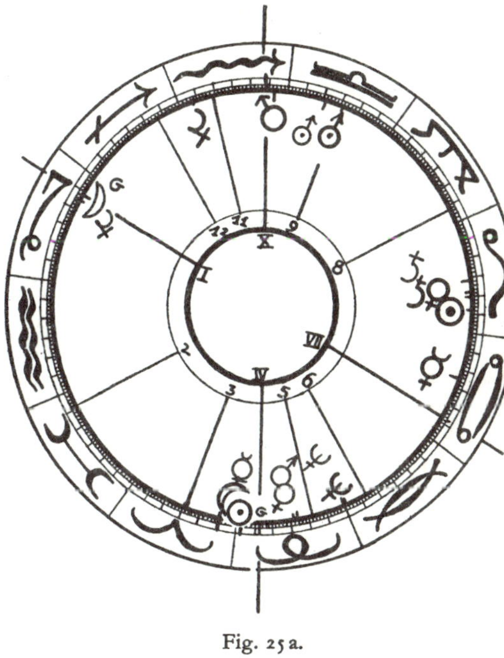

Fig. 25a.

Es ist nicht schwer, die Epoche-Figur zu errichten. Man geht dabei folgendermaßen vor:

a) Es wird 273 Tage vor der Geburt oder 92 Tage nach der Geburt weniger ein Jahr die Stellung des Geburtsmondes festgestellt.

b) War bei Geburt der Mond zunehmend, so wird der Mond des 273. Tages vorwärts oder rückwärts bis zum Geburtsaszendenten verfolgt. Der Tag, an welchem der „Epoche-Mond" den Geburtsaszendenten kreuzt, ist der Epochetag, dessen Gestirne man sich herausschreibt.

War der Geburtsmond abnehmend, dann müssen wir ihn vorwärts oder rückwärts bis zum Geburts-Deszendenten verfolgen.

c) Man nimmt den Geburtsmond, falls er unter dem Horizont steht, und betrachtet ihn als den Aszendenten der Epoche. Haben wir den Geburtsmond über dem Horizont, dann ist der Epoche-Aszendent seine Gegenstelle.

Der Geburtsmond Hitlers steht *unter* dem Horizont, auf 6.29 ♐, mit Jupiter verbunden, auf der 3. Achse. Dieser Mond also ist der Aszendent der Epoche, und man stellt in der Häusertabelle die dazu gehörenden andern Achsen fest.

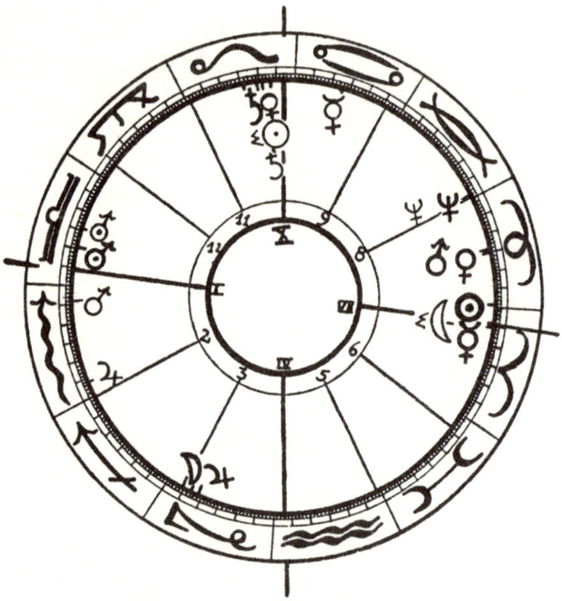

Fig. 25b.

Der Epochetag Hitlers war der 29. Juli 1888, mithin der Geburtstag des italienischen Diktators Mussolini. Ein seltsames Zusammentreffen fürwahr!

Betrachten wir nun die Geburtsfigur, verstärkt durch die epochalen Planeten, dann sehen wir erst, welch phantastische Aufblähung die beiden Eckhäuser VII und X erfahren, die beiden Häuser, in welchen sich das Hervortreten einer Persönlichkeit in der Öffentlichkeit vor allem ankündet. Die Epochefigur zeigt eine ebensolche Häufung der

Kräfte im VII. Hause, dazu die Kulmination des Mars im marsischen Zeichen Skorpion.

Unsere Leser mögen sich in der Aufstellung von Epochefiguren versuchen und womöglich irgendwelchen Beitrag zur Klärung der Frage leisten, in welchem Sinne und Umfange das Epoche-Horoskop zur Deutung von Wesensart und Schicksal herbeizuziehen sei. Wir haben hier horoskopisches Neuland vor uns, obgleich es sich um altüberlieferte Dinge handelt. Und die Frage, ob nicht das Erzeugungs-Horoskop wichtiger wäre als das der Geburt, eine von vielen Anfängern oder Kritikern gestellte Frage, wird damit wenigstens angeschnitten.

ÜBERSCHREITUNG DER PERSÖNLICHKEIT

DOPPEL- UND GRUPPEN-HOROSKOPE

Der gleiche Grundsatz, der uns ermöglicht, fremde Horoskope mit großer Wahrscheinlichkeit auf unser eigenes hin zu „stimmen", erlaubt die Aufstellung von Doppel-Horoskopen. Sei es ein durch erotische Bande verbundenes Paar, sei es eine geschäftliche Gemeinschaft, sei es eine Lehrer-Schüler-Beziehung, sei es irgendwelche menschliche „Gleichrichtung", Verleger und Autor, Direktor und Arbeiter, Chef und Kassier, Meister und Dienstbote, immer und überall lassen sich die „Folgen und Verläufe" einer Verbindung durch das aufgestellte Doppelhoroskop überschauen.

Man wird *eine* Vorsichtsmaßregel nicht außer acht lassen dürfen: *Vor* dem doppelten stehen die *einzelnen* Geburtsbilder. Zwei „zusammengelegte" Konstellationen schlimmer Sorte ergeben vielleicht eine „schöne Übereinstimmung unter sich" . . ., es ergibt sich von selber, daß diese Übereinstimmung keineswegs erstklassige Bedeutung haben kann. Umgekehrt weisen vielleicht zwei sehr gute Horoskope unter sich sehr scharfe Gegensätze auf. Die Frage, was aus diesen Gegensätzen, aus diesem „Nichtzusammenstimmen" geschaffen werden könne, steht durchaus offen.

Allgemein wird man annehmen dürfen, daß das „Niveau" im Doppelhoroskop noch wichtiger werden müsse als im Einzelbild. Ein überraschend schönes Geburtsbild Nr. 1, von sehr hohem Niveau, stimmt in allen Teilen mit einem ebenso vortrefflichen Horoskop Nr. 2, dem aber das „Niveau" fehlt, überein. Hier schiebt sich ein *nicht-horoskopischer Umstand* zwischen die beiden . . . Man stelle sich etwa die Geburts-Figur einer britischen Herzogin und die eines hottentottischen Lastträgers von Kapland vor. Die Möglichkeit, daß beide mit „guten Sternen" zur Welt gekommen, daß diese „guten Sterne", in *einen* Kreis zusammengezogen, direkt ideale Übereinstimmung zeigen, ist durchaus gegeben, und doch wird die Beziehung in der Wirklichkeit sich auf wer weiß welche Kleinigkeiten beziehen: Auf ein gnädiges Lächeln der Herzogin, die zufällig Kapstadt besucht und . . . wer weiß . . ., ihre traditionelle Haltung für eine Sekunde vergißt!

Die schon einmal gestreiften „Voraussetzungen" einer vernünftigen Horoskopdeutung drängen sich also gebieterisch vor, und ein Ausleger, der sie vergißt, begeht die größten Dummheiten. Er *muß* sich, bevor er über die Beziehung zweier Horoskope auch nur eine

Silbe sagt, Rechenschaft darüber geben, wie die Lebenskreise der Inhaber jedes Geburtsbildes aussehen. Alles spielt hinein, bis zum Alter beider Teile: Die Horoskope eines Greises und eines Backfisches mögen glänzend zusammenstimmen ..., schon das Datum der Geburt, grundlegender Faktor der „Doppelfigur“, sagt uns, daß sich *ein* gewichtiger Umstand jedem andern als einem großväterlichen Verhältnis entgegenstelle. Nach diesen deutlich betonten Vorbehalten dürfen wir einige Regeln aufzustellen versuchen.

1. Ein fremder Planet wirkt in einem Horoskop dem Sinne nach gleich wie ein eigener, und zwar unterstützt er die Ziele des Hauses, in welches er fällt, und der Planeten, welche er aspektiert.

Die Wirkung ist um so deutlicher, je näher den Achsen oder Planeten er steht. Voraussetzung einer Wirkung ist die Bedeutsamkeit des Hauses oder des Gestirns, die er unterstützt.

2. Bei verschiedengeschlechtigen Horoskopen sind die gegensätzlichen Planetenpaare in ihren gegenseitigen Aspektierungen wichtiger als die gleichnamigen. Bei gleichgeschlechtigen aber werden zuerst die gleichnamigen verglichen.

3. Fremde Gestirne, die weit von den Achsen oder Aspekten eines zweiten Horoskops stehen, weisen auf die geringen Zusammenhänge zwischen den zwei Wesensarten und Schicksalen.

4. Zum Vergleich gehört auch eine Beobachtung der Bewegungen nach der Geburt oder *vor* der Geburt. Gleichzeitigkeit der Erfüllungen im Vierminutenmaß oder gleicher Gestirnlauf im Tagmaß weist auf wichtige Gemeinsamkeiten hin, die um so stärker wirken, wenn Häuser und Planeten im Ur-Horoskop verbunden sind.

5. Der Vergleich muß stets beidseitig durchgeführt werden. Es wirkt Horoskop Nr. 1 in bestimmter Weise auf Nr. 2 und umgekehrt, und es sind die förderlichen oder schädigenden Wirkungen des ersten auf das zweite deutlich auseinanderzuhalten von denen, die das zweite auf das erste ausübt.

Nehmen wir in der nachstehenden Fig. 26, die innerhalb des Kreises eine Geschäftsfrau, außerhalb ihre Angestellte, darstellt, die Sonne der „Untergebenen“. Wir sehen, sie besetzt mit Merkur die 2. Achse der Vorgesetzten. Das wird, an sich betrachtet, heißen, die Sonne der Angestellten sei den ökonomischen Angelegenheiten ihrer „Padrona“ durchaus günstig. Um aber keine Voreiligkeit zu begehen, ist zu untersuchen, ob diese Sonne im Horoskop 2 selbst anständig stehe, ferner, ob das zweite Haus in Nr. 1 überhaupt „Aussichten“ biete, und drittens, ob nicht der Gesamtvergleich ein „böses Verhältnis“ der zwei Personen verheiße.

Die mächtige Sonne-Mars-Gruppe im innern Bilde steht mit dem Mars des zweiten im Trigon. Saturn und Venus des äußern besetzen den Umraum des innern Aszendenten, stehen aber der innern Venus oppositionell gegenüber, und beide Jupiter opponieren einander. Die Beziehungen sind offensichtlich sehr stark und zweiheitlich. Je nach dem Niveau läßt sich aus „Trigonen, Konjunktionen und Gegensätzen“ eine fruchtbare Zusammenarbeit erreichen, zumal das Trigon zwischen beiden Marsstellungen vorherrscht und eine Verbindung über das dritte (Skorpion) und das achte Haus (Widder), also über das Denken und den alltäglichen Kontakt wie auch über beidseitige Verlust- und Verzichterlebnisse andeutet.

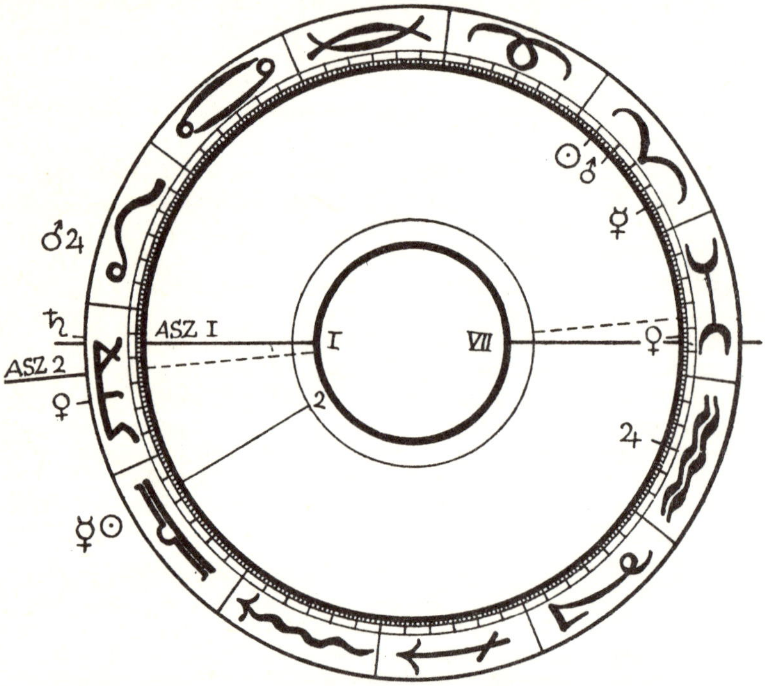

Fig. 26. Doppelhoroskop: Meisterin und Angestellte.

Die natürliche Freundschaft ergibt sich aus der beidseitigen Aszendent-Stellung in der Jungfrau. Die persönliche Verbindung aus der Oppositionsstellung der beiden Geburtsgebieter Merkur. Die Sympathiestellung des äußern zum innern aus Saturn des äußern auf dem innern Aszendenten: Der Herr des Eros-Hauses überträgt treue, feste Zuneigung gerade auf Menschen des 6.—7. Jungfraugrades. Dazu kommt die Venus, ein Sympathie-Element an sich.

Nach diesen Überlegungen werden wir überzeugterweise sagen können, daß die Sonne des äußern den ökonomischen Angelegenheiten des innern günstig sei und überhaupt eine Steigerung der Kräftebereitschaft, auch im Seelischen, bedeute. Daß das innere Horoskop an einem geradezu „masochistischen“ Zwange, zu opfern, wegzuwerfen, zu verzichten, Verluste zu suchen, leidet, ergibt sich aus der Gestaltung des achten Hauses. Hier liegt die Schranke für ein materielles Emporblühen, vielleicht aber auch der Schlüssel zu einer innern Höherentwicklung, aus welcher heraus nachher der ganze günstige Einfluß des innern Trigons zum äußern Mars, d. h. auf das angeborene Denken und den täglichen Umgang der Untergebenen sich erklärt. Das ist sehr wichtig . . ., denn der äußere Mond mit dem exakten Marsquadrat steht auf 20° ♏ exakt und könnte von einer extremen und allen Milieu-Einflüssen ausgesetzten Anpassungsfähigkeit der Umgangsformen sprechen.

Vergleichen wir ferner die Horoskope der Fig. 27. Es handelt sich um Mutter und Sohn. Wir fragen zunächst, was die Sonne des Kindes (☉ a) in der Nähe der 11. Achse unseres Mutter-Horoskops, was ferner das exakte Mond-Trigon und die Merkurnähe bedeuten sollen. Offenbar verstärken sie dieses 11. Haus. Das heißt: Die „Erfüllungen“, die dieses Mutterleben zu erhoffen hat, sind klar bezeichnet. Sie würden keineswegs so wichtig sein, stünde nicht der Merkur der Mutter selbst mit dem Mars-Sextil auf Achse 11 und der Herr des 11. meridiannahe! Der Sohn erweist sich, mit einem Worte, als der geborene Freund der Mutter. Er wird sich aber auch, dank seiner Mondstellung im VII. Mutterhause, fast achsengenau, als ihr „Partner“ erweisen und mit ihr zusammenarbeiten, wird gleicherweise die Ehe stützen und also gewissermaßen auch „Gefährte des Vaters“ sein . . ., keineswegs eine Selbstverständlichkeit übrigens.

Um nur *einen* Punkt des Gegenvergleiches herauszugreifen: Die Sonne der Mutter besetzt das Aszendentfeld des Kindes, und der Mond erreicht noch gerade den „Orb“ des X. Wir finden hier eine der normalen und dem Horoskop-Bewanderten alltäglichen Beziehungen zwischen Mutter und Kind: Symbol der körperlichen „Zugehörigkeit“ und „Zuneigung“, Förderung und Kräftigung des Kindes durch diese Mutter-Sonne.

Damit würden wir in die unendlich interessante astrologische Vererbungslehre hineinkommen, ein Gebiet, das der modernen Wissenschaft zunächst liegen und ihr hundertfältige Beweise für die horoskopischen Wahrheiten liefern müßte.

Die Vererbungslehre, die nichts weiter als eine Wiederkehr horoskopischer Elemente in der Generationsreihe bedeutet, führt ins weitläufige Gebiet der Gruppenhoroskope. Will sich ein eigenwilliger Doktorand verdient machen, dann studiere er einen Familienstammbaum im Zusammenhang mit den Mendelschen Vererbungsgesetzen. Das Hineinfließen neuer Sonnenstellungen und Planetengruppierungen mit jeder neuen Mutter, die „Aufteilung“ der väterlichen und mütterlichen Gestirne bei den Kindern, die „dritten“ Symbole, die nicht von den Eltern, sondern von den Großeltern herkommen, die Herauskristallisierung ursprünglicher Horoskope nach einer gewissen Folge von Generationen . . ., lauter Tatsachen, die ihrer statistischen Bearbeitung harren.

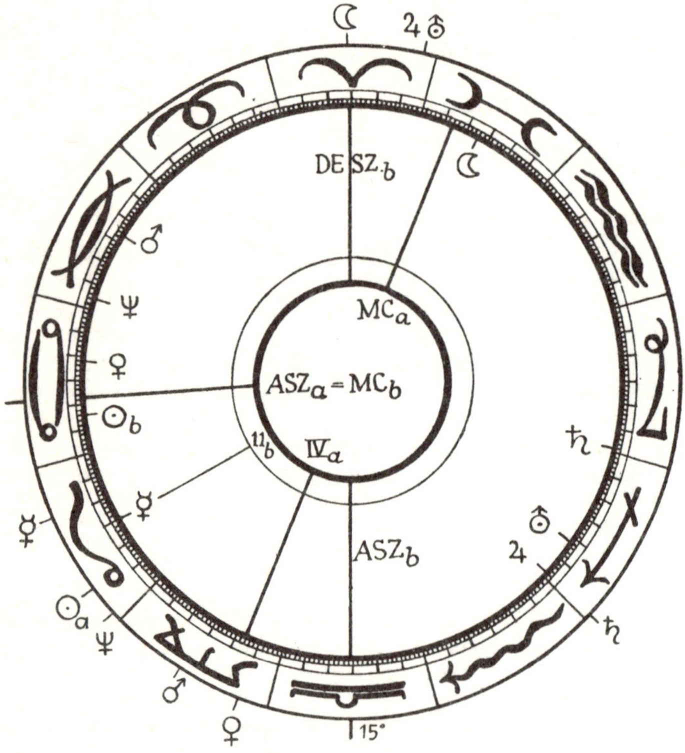

Fig. 27. Doppelhoroskop: Mutter und Sohn. Außen (a) Sohn, innen (b) Mutter.

Wer sich mit Gruppenhoroskopen beschäftigt, findet Forschungsgebiete an jeder Straßenecke. Die Gründer einer Aktiengesellschaft stehen nicht „irgendwie zufällig“ zueinander. Alle Führenden und alle, die nicht nur mitlaufen, sondern tatkräftige Dienste leisten, sind horoskopisch verbunden.

Politische Bewegungen, an deren Spitze ein oder mehrere führende Köpfe stehen, erleben meist ein Parallelschicksal mit den Schicksalen dieser Führer. Die „Kerntruppe“ bildet einen „horoskopischen

Block“ mit auffälligen Gleichheiten, Gegensätzen und ineinandergreifenden Aspekten, mit Gleichzeitigkeit wichtiger Übergänge in den Vierminuten- und Tagmaßen. Wenn sich Gegensätze in Revolten und Spaltungen entladen, dann haben die streitenden Brüder schon in den Horoskopen ihre „Feindseligkeiten notiert“. Wenn einer Bewegung große Entwicklungen bevorstehen, dann steht die gewaltige Zukunft in vielen Horoskopen, vor allem in denen des „Kerns“, aber auch im „Gründungs-Horoskop“, das oft erstaunlich mit den Geburtsbildern der Führer zusammenstimmt. Man hat überhaupt in den Staatshoroskopen und denen ihrer Führer (und Feinde!) krasse Bilder kosmisch begründeten Geschehens. Es studiere einer nur das Bild der Novembertage 1918, da die Weimarer-Republik ausgerufen wurde, und halte daneben die Horoskope ihrer Todfeinde.

Allein man braucht nicht in die Höhen der weltgeschichtlichen Zusammenhänge hinaufzugreifen. Ein Kreis von Kursteilnehmern irgendwelchen Gebietes, ein Stammtisch, ein Lesezirkel, eine Gruppe von Freundinnen, eine „Sektion“ innerhalb einer Schulklasse, die typisch zu *einem* Kerl halten und sich in Gegensatz zu andern stellen, eine bevorzugte Schülergruppe und ihr Lieblingslehrer, ein Hausmeister und seine langjährigen Mieter mit ihren abgestuften Gefühlen für den Zinsherrn, ein Verein und sein langjähriger Kassier . . ., man greife heraus, was man nur will, und es wird interessant sein.

Aber man vergesse nicht, daß nun die Dinge unübersehbar werden, weil kein Sterblicher gleichzeitig alle Einzelbilder und das mehr als zwei Gruppenmitglieder umfassende Gesamtbild gleichzeitig überschauen kann.

POLITISCHE ASTROLOGIE

Sobald wir politische Horoskopie begutachten, hat die Politik selbst, vor allem die Parteipolitik, zu schweigen. Nichts könnte hitzige und gewalttätige Kämpen mehr beruhigen als ein Blick auf ihr eigenes Geburtsbild und die darin gesteckten Grenzen des Möglichen. Vor allem würden sie bemerken, daß außer ihnen noch andere große Herren mit vielleicht noch größern Chancen um die Gunst des Schicksals ringen. Vollends der Blick auf eine ganze Gruppe von Horoskopen, in welchen das eigene als eins unter andern zurücktritt, kann bedächtig machen!

Was uns leider fehlt, das ist eine verläßliche Überlieferung neuzeitlicher „Staatsgründungshoroskopie“ und ihrer Weiterentwicklung. Innerhalb dieser Groß-Horoskope nehmen die der jeweiligen politischen Führung ihre besondere Stelle ein. Aber wer weiß, auf welchen Grundlagen das britische Weltreich horoskopisch ruht! Wer hat die „Geburtsstunde“ der dritten französischen Republik genau aufgezeichnet? Gilt für Italien immer noch das Horoskop des Königreichs, oder hat die Ausrufung der Republik eine neue Grundlage geschaffen? War Mussolinis Eigenhoroskop während seiner Herrschaftsdauer für sein „Impero“ wichtiger als das des Königs und Kaisers? Gilt für das deutsche Reich immer noch die Neubegründung im Spiegelsaal zu Versailles, oder die Ausrufung der Weimarer Republik? Sollen wir den Zusammenbruch von 1945 in der 1870er oder der 1918er Figur suchen . . . ? Hat die Sowjet-Union mit der Ausrufung ihrer Verfassung eine horoskopische Grundlage gefunden, oder beginnt ihre Ära mit der Oktoberrevolution zu Moskau anno 17, und zu welcher Minute? Wann haben China, wann Japan „Geburtstag“? Wann die Vereinigten Staaten Nordamerikas? Müssen wir die Tschechoslovakei nach dem faktischen Existenzbeginn, 28. Oktober 1918, datieren, und auf welchen Moment? Oder ist „horoskopisch wichtig“ die Proklamierung der Republik durch die flüchtigen Rebellen und spätern Machthaber in Paris während des Weltkrieges? Steht die Schweiz auf dem Boden der Bundesverfassung von 1848 oder der Revision von 74? Und um welche Sternstunde trat die erste Verfassung in Kraft?

Wüßten wir überall genaue Daten, dann vermöchten wir mit dem „Vierminutenmaß“ die Wandlungen in der Geschichte des Staatswesens zu verfolgen. Und eine Staatskunst, die nicht nur eigene Pläne und Absichten der Machthaber, sondern „kosmische Grundlagen“ als Richtmaß anerkennen würde, genau so wie sie ihre „Gegenkräfte“ mißt, würde allerlei Klippen umsegeln!

Es gibt eine in unbekannte Vergangenheit zurückreichende „Zuteilung“ der *Länder* (nicht der Staaten!) unter die „*Zeichen*“. Aber wer sagt uns, ob diese Zuteilung noch stimmt, und ob Länderhoroskope in der „Geschichte der Gegenwart“, also in der „Politik“, nicht hinter den „Staatshoroskopen“ und ihrer „Geburtsminute“ zurücktreten? Eine neue Horoskopie wird allerlei zu überprüfen haben!

In Fig. 28 sind die Gestirnstellungen des 12. September 1848 verzeichnet. Sie charakterisieren den Tag der Verkündung, der „Inkrafterklärung“ der neuen schweizerischen Bundesverfassung, ohne Berücksichtigung der Minute, also des sehr wichtigen Achsensystems. 90 Jahre sind seit dieser Grundsteinlegung vergangen, und der historisch interessierte Astrologe mag sich an der Beobachtung der „Tagmaße“ dieses Horoskops versuchen.

Die Eigentümlichkeit des Horoskops liegt in der starken Besetzung des Jungfrau- und Fischezeichens, also der beiden Elemente, die für „Kleinarbeit“ und Mangel an Unterscheidung kleiner und großer, unwesentlicher und wesentlicher Richtungen und Gegenstände charakteristisch sein sollen. Die Staatsgewalt, durch die Sonne symbolisiert, hat gegen sich den Saturn im „geheimen Zeichen Fische“. Eine ewige Spannung und ein ewig notwendiger Ausgleich zwischen der „Macht“ und der Reaktion, der „Überlieferung“, den Bremskräften . . ., das ist die grundlegende Konstellation der Figur. Keine der beiden Kräfte wird zu „Großtaten“ schreiten können. Der „konstruktive Kompromiß“ ist einer „Jungfrausonne“ eigen und natürlich.

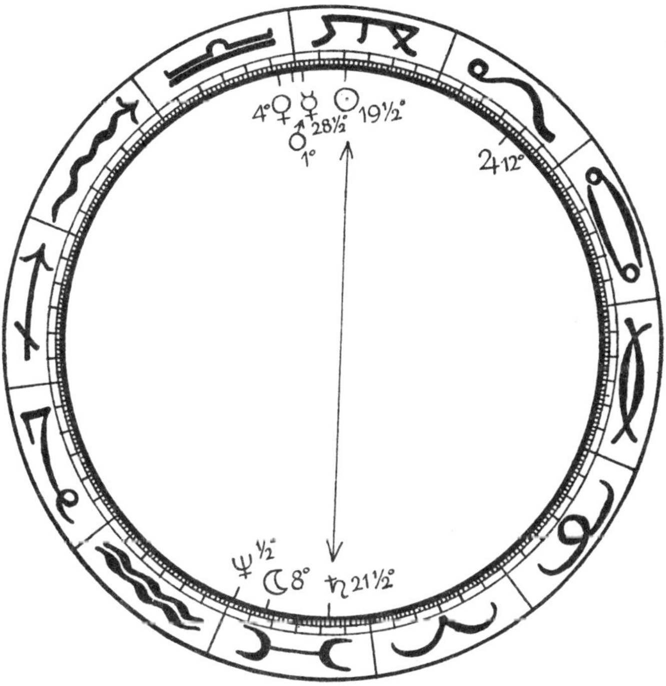

Fig. 28. Horoskp der Eidgenossenschaft vom 12. September 1848, mittags, ohne Häuser.

Die „Volksmasse“, durch den Mond charakterisiert, steht ebenfalls in den „Fischen“. Pietistisch und quietistisch, sentimental und in geheimer, wenn auch nicht exakter Gegnerschaft zur Machtinstanz stehend, neigt sie „geheimerweise“ den Kräften Saturns, der Vergangenheit, der Gewohnheit, des Feststehenden, zu.

„Sag an, Helvetien, du Heldenvaterland:
Wie ist dein altes Volk dem jetzigen verwandt?“

Die Vorwürfe, die ein Ramuz gegen unsern Volksgeist erhebt, die Frage, ob denn bei uns kein „Bedürfnis nach Größe“ bestehe, erhalten ihre Antwort aus der Gestaltung des Jungfrau- und Fischezeichens. Und was das Volk betrifft: aus dem „Fische-Mond“. Wir leben von einem geheimen Mythos ..., die Masse ist friedlich und verabscheut das „Heldische“ ..., ihre neue staatliche Gestalt gab sie sich, als der Mond „prophetisch“ die Fische, das Zeichen der menschlichen „Geschichtslosigkeit“, erreicht hatte. Niemand sehe darin irgendwelche „Wertung“. Horoskopie heißt „Feststellung eines geistigen Zustandes“.

Die Entwicklung dieses „Staatshoroskops“ (dessen wichtigstes Symbol, die Achsen, wie gesagt, fehlen), läßt sich an Hand der Mondwanderung in verschiedenen Phasen verfolgen. Ebenso gibt uns die Bewegung der Sonne und der Planeten allerhand, aber bei weitem nicht erschöpfende Auskunft und läßt verschiedene Fragezeichen stehen.

Der „Neuenburgerhandel“ mit dem Kriegsaspekt von 1857 zeigte die Sonne auf 28° ≏, in der Mars-Parallele und im Halbquadrat mit Jupiter. Mond hatte das Uranus-Quadrat erreicht, falls wir eine ursprüngliche „Nachmittagsstellung“ des Ur-Mondes annehmen.

Im Savoyerhandel 1860 hatte die Sonne die Mars-Stellung in der Waage überschritten, der Mond war abnehmend in die Jungfrau eingetreten.

Die Jahre 1873 und 1874 zeigen die Sonne mitten in der Waage und in steter Näherung zum Mars, den Mond aber im Wassermann, in Trigon zur Sonne, aber in Opposition zum Jupiter. Wir sehen die Revision der Verfassung und die Aufhebung der Nunziatur symbolisiert. Volk und Staatsgewalt sind gewissermaßen im Einklang. Aber der Kulturkampf mit der Gründung des christkatholischen Bistums zeigt den Mond bei Saturn ..., die Masse folgt nicht der „Macht“, sondern der Gewohnheit und den Kräften der Überlieferung.

Eine ganze Reihe von Sonnenverbindungen, Opposition mit Uranus, jahrelange andauernde Konjunktion mit dem Mars in der Waage, dazu Mond-Übergänge, lassen keinerlei außen- oder innenpolitische Parallelen erkennen, es sei denn die eifrige Neuorganisierung des Militärwesens in der zweiten Hälfte der siebziger und den ersten achtziger Jahren. Diese Konjunktion dauert auch noch zur Zeit des bekannten „Wohlgemuthhandels“ anno 1888, wo man Bismarck die Zähne zeigen mußte, weiter.

Im Sylvestrellihandel 1902 hatte die Sonne gerade die Quadratstelle des Jupiter überschritten ..., der Mond kehrte gerade wieder in den „Fischen“ ein und bezeugte in der Verbindung mit dem Neptun keinerlei Glauben oder Enthusiasmus des Volkes einem Kriege gegenüber.

Am Ende des Weltkrieges, als der Mond sich in den Gegengraden des störenden Uranus befand, erlebten wir den Generalstreik. In den Sommermonaten 1933, nach dem Umsturz in Deutschland, kreuzte der Mond den Uranus selbst. Ist diese Beziehung Mond-Uranus das Unruhe-Element unseres Bundeshoroskops? Die „Krise von 1912“ zeigte den Mond im Steinbock, im Quadrat mit Uranus, das erste Quadrat im Krebs stellen wir zur Zeit des Neuenburgerhandels fest. 1864, als er in Uranus-Opposition durch die „Waage“ wanderte, erlebten wir die „radikale Welle“, die mit der Einführung des obligatorischen Referendums im Baselbiet begann.

Die zugunsten des herrschenden liberal-radikalen Systems erfolgte Tessinererhebung von 1892 zeigte den Mond bei der Sonne und beim Mars im Skorpion. Der Übergang über Uranus im Jahre 1878 scheint mit der beginnenden Lösung der Arbeiterbewegung vom Liberalismus zusammenzustimmen.

Und wo stehen wir heute, und was wird die nahe Zukunft bringen?

Man zeichne sich außerhalb des Kreises die Planeten des 90. Tages, des 11. Dezember 1848, der „pro 1938“ als „prognostischer Tag“ gilt. Was heißt das? Nichts anderes als die akut gewordene innere Krise der „Machtinstanz“. Der auf 18 ½° ♓ zurückgekrebste Saturn, der aber wieder rechtläufig geworden, steht dabei mit der Sonne im „laufenden Quadrat“. Die Sonne hat also zwischen der eigenen Stellung und der des Saturn die Mitte erreicht und steht unter der Doppelbehinderung von „Saturn“ und „Sonne“, das ist: Von seiten der ursprünglichen Gegenkräfte, der Reaktion, der Vergangenheit, der Überlieferung, und von seiten ihrer eigenen Machtgrundlage. Was wird daraus werden? Der Deuter sieht zunächst, daß 1939 der innere Widerspruch der „solaren Kräfte“ in sich selbst behoben werden wird, indem sich die Sonne von ihrem eigenen Quadrat entfernt. Dagegen nähert sie sich von 1940 an rasch dem exakten Quadrat zum Ur-Saturn.

Dieses Quadrat wird den Zusammenstoß mit der *ganzen* reaktionären Macht bringen. Eine Vorprobe haben wir erlebt, als das eidgenössische Strafgesetz im Namen der „Kantons-Souveränität“ bekämpft worden, und seit Jahren schon durch die Kraft der mitregierenden Massen der Neinsager. Was wird werden? Es ist ein wahres Glück, daß dieser Saturnaspekt zusammenfällt mit dem Trigon des laufenden Jupiter, der am 13. Dezember, pro 1940—41, genau mit der Sonne übereinstimmen wird. Das heißt, daß wir ein halbes Jahr nach dem härtesten Zusammenstoß zwischen Sonne und Saturn, zwischen Staatsführung und den rückwärts drängenden Kräften, eine glückliche Entwicklung einschlagen: Es reifen Einsichten, es werden Gesetze, die Regierung hält sich, wird vielleicht neu geordnet, und da der Mond mit Jupiter im Einklang steht, vermuten wir zum erstenmal wieder die glückliche Einigung der „Bundes-Macht“ mit der Volksmehrheit, und zwar durch einen eminenten gesellschaftlichen und gesetzgeberischen Fortschritt.

Dem geht voraus die Quadratstellung des Mondes im Krebs (pro 1939—40) mit Uranus. Das heißt, nach den bisherigen Erfahrungen haben wir eine „Störungswelle“ zu erleben, wie jedesmal, wenn der Mond mit dieser „marsischen Kraft“ zusammenstieß. Stellen wir kurz zusammen, wie Mond und Uranus standen, als sich bestimmte „Wellen“ in der Teilnahme des Volkes an der Entwicklung zeigten:

Mond	im Krebs (□ ♅)	am	21. Sept.	pro	1857:	Neuenburgerhandel
„	in Waage (☍)	„	28. „	„	1864:	Radikale Bewegung
„	„ Steinb. (□)	„	6. Okt.	„	1872:	Vor Verfassungsrevision
„	„ Widder (☌)	„	12. „	„	1878:	Soziale Welle
„	„ Krebs (□)	„	18. „	„	1884:	? ?
„	„ Waage (☍)	„	25. „	„	1890:	? ?
„	„ Steinb. (□)	„	2. Nov.	„	1899:	? ?
„	„ Widder (☌)	„	9. „	„	1906:	? ?
„	„ Krebs (□)	„	15. „	„	1912:	? ?
„	„ Waage (☍)	„	21. „	„	1918:	Generalstreik
„	„ Steinb. (□)	„	29. „	„	1926:	? ?
„	„ Widder (☌)	„	6. Dez.	„	1933:	Frontenbewegung

Es ist klar, daß nicht jeder Übergang des Mondes mit gleichen Transiten oder auch nur mit „unterstützenden“ andern Bewegungen des „Tagmaßes“ zusammentrifft. Interessant aber ist beispielsweise der Mondübergang über die „Regierungssonne“ und gegenüber dem Saturn pro Jahr 1888 (19. November 1848): Es ist das Jahr der Gründung einer neuen Partei, der sozialdemokratischen, die als „Opposition“ auftritt und sich im schärfsten Gegensatz zur saturnischen Reaktion aufrichtet: Ein krasser Beweis, daß sie *mit* dem liberalen Wohlfahrtsstaat geht!

Wir hätten einen Versuch wagen können, mit den vermutlichen Achsen eines Vierminuten-Horoskops zu arbeiten und eine Anzahl viel genauer umschriebener Ereignisse und ihrer Symbole darzustellen. Der Studierende mag die Bedingtheit einer Voraussage nur aus dem „Tagmaß“ gerade an diesem politischen Horoskop erkennen. Er wird sich hüten, zu viel aus diesen Bewegungen eines „Tages“-horoskops herauslesen zu wollen.

Interessant aber ist in diesem Zusammenhang etwas anderes: Die behauptete Ur-Bedeutung des Jungfrauzeichens für die Schweiz. Es soll „unser Zeichen“ sein, wobei wir dahingestellt lassen, welcher unserer Landesteile, die ja ursprünglich „gallisch“ und „rhätisch“ oder „lepontisch“ genannt wurden, diesem Zeichen und den von ihm verursachten geistigen Haltungen unterstellt gewesen. Wer sagt uns, woher die Zeichenzuteilung überhaupt stamme? Ist sie ptolemäisch, wie behauptet wird? Wenn er „Helvetien“ kannte, oder wenn die unter sich in Verbindung stehenden alten Priesterschaften eben die „Landesgötter“ allgemein kannten, dann handelt es sich um ehrwürdiges Wissensgut. *Wir* können höchstens mit Beispielen belegen, welche Rolle in der Tat das „Landeszeichen“ spielt.

Am 5. März 1798, als Bern an die Franzosen überging (nach 600-jährigem Bestande, ohne jemals zuvor fremde Eroberung erlebt zu

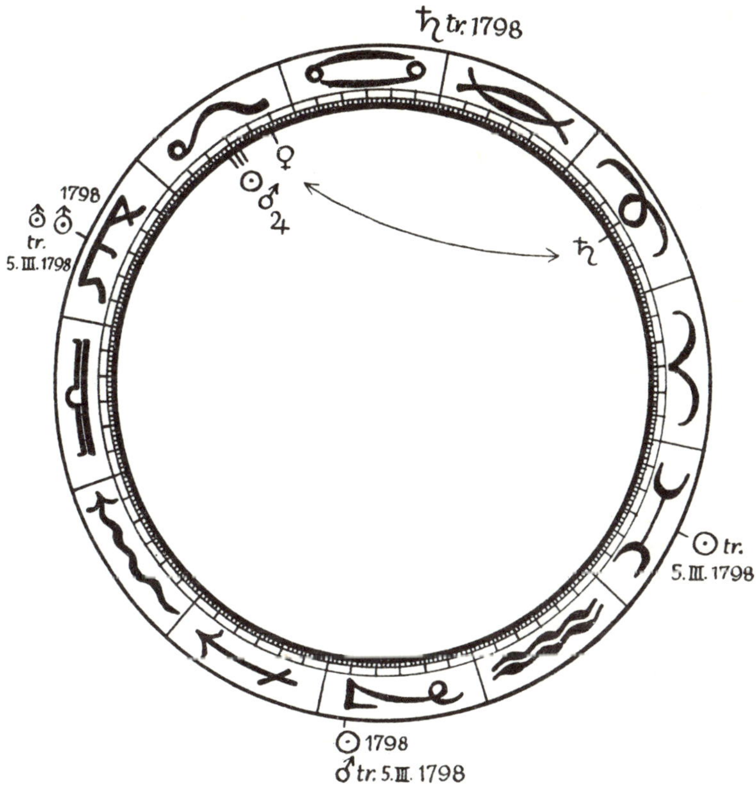

Fig. 29. Horoskop des Bundesbriefes 1291, 8. August neuen Stils oder 1. August alten Stils.

haben!), stand die Sonne mitten in den Fischen, und genau gegenüber sehen wir ♅ prog. und ♅ transit ... In den ersten Dekanaten Krebs-Steinbock opponieren sich Saturn und Mars. Krebs aber gilt als „Zeichen von Bern“.

Zur Zeit des Generalstreiks 1918 rückt der Saturn hart an die Grenze des Löwen-Anfang Jungfrau, und „untergräbt“ im vorangehenden Zeichen die Jungfrau. Sich selbst gegenüber hat er Uranus.

Die Beispiele ließen sich vermehren, doch handelt es sich nur um Transite, die bei weitem nicht so wichtig sind wie Bewegungen im „Tagmaß“ oder gar im hier unbekannten Vierminutenmaß.

Als „9. Zeichen“ würde uns der „Stier“ gelten müssen. Als 8. der „Widder“ mit dem Uranus. Es wird befürchtet, Saturn, der pro 1939 diesen Uranus zum ersten Male kreuzt, könnte eine Störung hervorrufen. Dann würden wir 1909—10 und 1880 ähnliche Gefahren durchgemacht haben! Wir sehen, solche Transite sind nicht zu überschätzen. Nur weil die Sonne „mit sich selbst und Saturn“ in der Krise steht, könnte Saturn im Transit bei Uranus verschärfend wirken!

Eine „Prophezeiung aus Transiten“ bedeutet auch der Hinweis, daß Saturn, Mars und Uranus Anfang März 1942 Ende „Stier“, bei Aldebaran und den Plejaden sich in Konjunktion treffen! In unserm 9. Zeichen! Also in unsern „Fremdbeziehungen“! Die Transitanhänger sehen darin eine schwere weltgeschichtliche Planetenzusammenkunft überhaupt. Hoffen wir, sie richte sich nicht gegen die Schweiz!

Und gegen kein anderes der „Jungfrau“ unterstehendes Land!

WAHLZEICHEN?

Es gibt eine sehr einleuchtende Theorie, nach welcher die Wappentiere „astrologische Zeichen“ gewesen seien. Die „Löwen“ und „Greife“ (Adler, als Transmutationszeichen des Skorpion), die Fische, Sonnen, Kreuze, Sterne, Schlangen sind lauter mythologische Sinnbilder. Das dürfte feststehen. Aber wie kommt ein Ritter, wie eine Stadt zu ihrem Wappen? Wie wird ursprünglich ein Wirtshaus unter sein Schildzeichen gestellt?

Der persische Löwe mit seinen sieben Sonnenstrahlen über dem Rücken, die mohammedanische Mondsichel mit dem Stern sind vielleicht Wahlzeichen im Sinne einer Unterstellung unter eine bestimmte Gottheit. Es gibt aber Theoretiker, wie Herrn Eckerath aus Freiburg i. B., die der Ansicht sind, gewisse Wappen seien nichts weiter als Horoskope. Ein Löwe, durch die obere und untere Schildhälfte geteilt, bedeute: Der Mann wurde zum Ritter geschlagen, „als der halbe Löwe aufgegangen“, oder: „als die Sonne im halben Löwen stand“.

Wir stünden hier vor einer „Stundenwahl“, wie sie in einer astrologiegläubigen Zeit selbstverständlich erscheint. Stimmt aber diese Theorie, dann gewinnen alle Stadtwappen eine ganz neue und in ihren Folgen unheimliche Beleuchtung. Es wäre im Mittelalter beispielsweise eine Stadtgründung vollzogen und unter ein offizielles Horoskop gestellt worden. Dieses Anfangshoroskop, im Wappen wieder und wieder in Kraft gesetzt, würde soviel wie Geschichte von ihrem Ausgangspunkt an bedeuten! Das Wappenschild, als Symbol der politischen Bürgerschaft und der Armee vorangetragen, trüge in sich die ganze Magie des „ersten Einsatzes“, unter welchem die Geschichte begonnen. Ob es noch wirken wird in einer Zeit, die seine Bedeutung nicht mehr versteht?

Wir kennen andere astrologische Einrichtungen, die nur auf kultischer Wahl beruhen können. Denken wir an die „sieben Tage der Woche“ und ihre vorstehenden Gottheiten. Die Mär einer Schöpfung in sieben Wochentagen und der Einsetzung der Reihenfolge bis zum Sabbat wird in ihrer Unmöglichkeit ersetzt durch einen religiösen Akt aus unbekannten Zeiten. Die einzelnen *Tage*, mehr, die *Stunden*, wurden unter gewählte Götter gestellt und ihnen geweiht.

Die Reihenfolge der „Weihe“ hat eine astronomische Grundlage. Die „Wahl“ war keine willkürliche, aber sie verließ die Grundlage insofern, als sie nicht mehr auf wirkliche Gestirnstände Rücksicht nahm. Die Weihe selbst erfolgte nach der „chaldäischen Reihe“, welche die Planeten nach ihrer zunehmenden Schnelligkeit aufzählt. Mit dem Saturn fing man am Samstagmorgen an. Jupiter, der zweitschnellste, beherrschte die zweite Stunde nach Sonnenaufgang und so weiter.

Die Tagviertel erhielten ihre Herren nach der umgekehrten Reihenfolge, die sich aber mit der Stundenreihe traf. Mond beherrschte sowohl die 7. Stunde wie das zweite Tagviertel des Samstag.

Tagherr und	*Samstag*	*Sonntag*	*Montag*	*Dienstag*	*Mittwoch*	*Donnerst.*	*Freitag*
1. Stunde	♄	☉	☾	♂	☿	♃	♀
2. Stunde	♃	♀	♄	☉	☾	♂	☿
3. Stunde	♂	☿	♃	♀	♄	☉	☾
4. Stunde	☉	☾	♂	☿	♃	♀	♄
5. Stunde	♀	♄	☉	☾	♂	☿	♃
6. Stunde	☿	♃	♀	♄	☉	☾	♂
7. Stunde u. Herr des 2. Tagviertels	☾	♂	☿	♃	♀	♄	☉
8. Stunde	♄	☉	☾	♂	☿	♃	♀

9. Stunde wie 2., 10. wie 3. usw.
Herr des 3. Tagviertels am Montag Jupiter, am Dienstag Venus usw.

WAS NICHT IM HOROSKOP STEHT

DAS HANDELNDE ICH

Nirgendwo wird von den Horoskopdeutern mehr gesündigt als im Nichtbeachten der Frage nach dem handelnden „Ich“. Die Vorstellung, als lasse sich aus dem „Geburtsgebieter“, aus dem Aszendentgrad, aus dem Monde oder gar aus verschiedenen kombinierten Symbolen dieses „Ich“ erkennen, geht völlig in die Irre. Die genaue Auslegung zielt höchstens so weit, daß sie auf äußere Merkmale des „Subjektums“ schließt, daß sie aus schlechten Aspekten des Geburtsgebieters liest, der Geborene stehe unter den oder jenen nachteiligen Einwirkungen, leide vielleicht unter körperlichen Mängeln oder werde in seinen geistigen Fähigkeiten beeinträchtigt. Nie und nimmer aber wird ein gewissenhafter Deuter behaupten, er wisse etwas vom Subjekt des Horoskops *selbst*.

Die Unmöglichkeit, den durch das Horoskop „Beherrschten“ zu erkennen, geht schon aus der Definition des horoskopischen Moments hervor: Wir sehen die „sieben Prinzipien“ in einer gewissen neuen Kombination, sehen das „Erbmaterial“ unter neuen „Akzenten“, sehen also immer die Weltkräfte, aus deren Gesamtheit heraus ein Individuum sein leibliches und sein „Schicksalsgehäuse“ gestaltet, nie aber dieses Individuum.

Genau genommen, müßten wir von den „Lebensbedingungen“ im allerweitesten Sinne sprechen, wenn wir den Inhalt eines Geburtsbildes umschreiben wollen, von den Bedingungen, unter welchen ein Neugeborener sein Leben antritt. Das sind keine andern Bedingungen als jene, die mit „dem irdischen Plan“ überhaupt verbunden sein müssen, jedesmal anders geartet als bei den andern Individuen, aber in ihrer Eigentümlichkeit bekannt. Nicht in der „persönlichen Schattierung“, nicht in den Einzelverläufen. Das Herausarbeiten von Schattierungen und Einzelverläufen ist aber gerade das, was die Horoskopie bestimmen kann.

Sie bestimmt also „Gesetze“. Denn „Bedingungen“ sind „gesetzte Grenzen und Bereiche, Strecken und Termine“.

Nicht aber bestimmt die Horoskopie den Menschen, der sich mit diesen Gesetzen herumzuschlagen haben wird. Er kann ein kleiner, schwacher, von minderwertigem Stamm herkommender Zweig der Menschheit sein, mit einem Anteil der Erbmasse, die nicht anders als ärmlich genannt werden kann. Er kann ein Riese sein, was das „Material an sich“ betrifft. Das Horoskop kann den Schwachen nicht vom Riesen unterscheiden. Wohl aber sagt es uns, unter welchen gesetzlichen „Fesseln“ beide stehen. Und bleibt die Antwort völlig schuldig, wie diese beiden und jeder andere unter solchen Konstellationen Geborene sich nun der Fesseln erwehren, mit dem „Schicksal“ ringen. Immer ist das Horoskop *eins* . . ., und zwar das Bekannte . . ., der Horoskopinhaber jedoch *das andere* . . ., und zwar das Unbekannte.

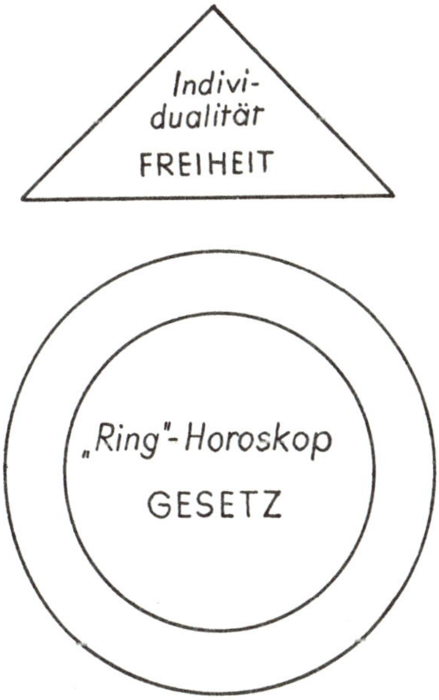

Fig. 30. Horoskop und Individualität als Doppelsymbol.

In Fig. 30 sei versucht, *jenes* Symbol dem Horoskop gegenüberzustellen, das die „Persönlichkeit“ im Gegensatz zu ihren „Bedingungen“ charakterisiert. Das Dreieck, in den geheimen Lehren Sinnbild der dreiheitlichen göttlichen Einheit, ist zugleich Sinnbild des Menschen, der als Abbild jenes Letzten gilt. In den hebräischen Darstellungen der Prinzipien sind die „Sieben“ lange nicht das Oberste. Drei „Sephiroth“ ragen über die andern hinaus, und über den Dreien waltet der „Alte der Tage“ in unergründlicher Tiefe. Die untern Prinzipien, die „Weltschöpfer“, sind nicht die *obern,* noch haben sie als wesensgleich mit dem Unergründlichen zu gelten. Die indischen „sieben Rischis“ stehen weit unten auf der Leiter der Kräfte. In der germanischen Mythologie ist Allvater unendlich höher gedacht als Wotan, der Merkur unter den „Asen“ . . .

Die „Sieben“ sind seine „Diener“. Da er selbst nicht ihnen gleichgestellt werden kann, als ihr „Urheber und Hintergrund“, steht auch der Mensch, sein Abbild, *über* den Prinzipien! Er erhält zwar von ihnen sein „Gewand“, das ist die äußere Gestalt seines Lebens, doch nicht sein „*Wesen*“. Dieses Wesen steht mit dem „Einen“ im gleichen Range, und die Aufgabe der „sieben Weltgestalter“ ist die immer erneuerte Schöpfung des „Gehäuses“, des „Gewandes“.

Wer also ein Horoskop deutet, der behalte sich in jeder Sekunde der Deutung den Menschen vor, der mit dem Horoskop seinen mehr oder weniger schweren Kampf zu führen hat. Es ist sicher, daß wir Horoskope finden, die einen unverhältnismäßig schweren Kampf anzeigen. Am schwersten wiegen die „Defektzeichen“, welche die Sinnbilder des Körperlichen oder des geistig-seelischen Wesens treffen. Gewisse Astrologen werden nun aufmucken und behaupten wollen, defekte „Mentalsymbole“ ließen ja gerade erkennen, wie der Geist beschaffen sei. Und Anzeichen für körperliche Beschädigungen gäben Anhaltspunkte für Rückschlüsse auf „Eigenschaften des Wesens“.

Ihnen haben wir zu entgegnen, daß „Eigenschaft“ und „Wesen“ keineswegs dasselbe sind. „Eigenschaft“ ist schon „äußerer Umstand“. Und wenn diese Eigenschaft beispielsweise Idiotie heißt, dann bedeutet dies, daß ein Geborener unter sozusagen unlösbarer Fessel sein geistiges Leben nicht entfalten kann, nicht aber, daß seine geistige Wesenheit „idiotisch“ wäre. Idiotie bedeutet ganz einfach „Unterdrückung der normalen geistigen Äußerungsmöglichkeiten“ infolge schwerer horoskopischer Bedingungen.

Je leichter die Fesseln, die wir im Horoskop erkennen, desto mehr wächst die Verantwortlichkeit des Menschen, desto klarer wird die Aufgabe gestellt sein: Kampf mit den „Faktoren des Horoskops“. Und es *ist* ein Kampf, ob nun das Horoskop „gut“ oder „schlecht“ aussehe. Der Mensch mit dem guten Horoskop hat mit *jenen* Elementen zu ringen, die ihn zum Wohlleben und zur Bequemlichkeit verführen . . ., die *guten* Konstellationen sind für die Entwicklung gefährlicher als die schweren Spannungen.

DIE WELTGESCHICHTLICHEN UMSTÄNDE

Der Buschneger und der Aino können ein Horoskop besitzen, das dem eines Europäers fast in jedem Faktor gleicht. Es ist durchaus denkbar, daß in Australien ein Weißer und ein Schwarzer mit „total identischen“ Geburtsbildern zu atmen beginnen. Und doch wird der Weiße unter ganz andern Gesetzen stehen als der Schwarze. Er fährt vielleicht mit dem nächsten britischen Schiffe nach England, tritt seine „erste Reise" als Säugling an, von Verbindungen beherrscht, die das Leben seiner Eltern bestimmen ..., der kleine Australier aber wird womöglich eine entsprechende „erste Reise" ins Innere des Kontinents unternehmen. Ihn beherrschen die weltgeschichtlichen Bedingungen seiner aussterbenden Rasse, den kleinen Weißen aber die des großen Kolonialvolkes, das in der ersten Hälfte des 20. Jahrhunderts immer noch als meerbeherrschend gilt ...

Die Frage nach „Rassehoroskopen" wird damit gestellt. Eine müßige Frage! Wer wird sie beantworten können! Dem „Sterndeuter" bleibt nichts übrig, als mit der Herkunft des Geborenen überhaupt zu rechnen: Hat er einen Typ vor sich, der einer aufsteigenden Rasse, oder einer stagnierenden, oder einer absterbenden angehört, dann rechnet er diese Umstände zur „Masse der vererbten Umstände", innerhalb welcher das Horoskop seine „Linien" zieht.

Aber auch europäische Horoskope können von Jahrzehnt zu Jahrzehnt völlig andere Grundgesetze in sich schließen. Was heute nur „Anlaß" zu einer normalen Advokatenkarriere sein kann und dank gewissen politischen Verhältnissen an jeder Höherentwicklung verhindert wird, das führt in bewegtern Zeiten zu hohem Aufstieg in der Öffentlichkeit. Wir sind an anderer Stelle schon auf diese verschieden gearteten Zeiten und ihre Bedeutung für die horoskopischen Faktoren gestoßen. In diesem Zusammenhang nur folgendes:

Der Deuter ziehe die „Zeitlage" in Rechnung. Er überlege, ob in einem gewissen Abschnitt des Jahrhunderts Erfindergeist, politische Eignung, militärische Begabung, künstlerische Eigenschaften, Finanzgenie oder was es auch sei, hoch im Kurs stehen und demgemäß Aussichten bieten. Er wird nur *annähernd* abschätzen können, *was* den „Jahrhundertvorrang" erobern mag. Vielleicht muß er „marsischen Horoskopen" unter den 1920 Geborenen größere Chancen geben als den venusgezeichneten, künstlerischen. Und zwar, wenn er überlegt, daß vielleicht nach 1940 sehr bewegte politische Zeiten geradezu wie „Karriereleitern für Marsier" aussehen. In andern Epochen wird er vielleicht den Merkuriern größere Aussichten prophezeien. Immer aber werden die „guten Horoskope" eine der Zeit gemäße relative Vorzugsstellung gegenüber den „schlechten" besitzen. Und „ganz gute" sind vielleicht mit jenen geschickten Vögeln zu vergleichen, die durch alle Zäune schlüpfen ..., mag die Welt noch so trostlos, die Zeit noch so verworren aussehen ...

RELATIVITÄT DER VERWIRKLICHUNG

Niemand kann eine „Todeskonstellation" aus dem Horoskop mit Sicherheit lesen. Schwere saturnische oder marsische Bedrohungen des Horizonts oder der Todesachse oder auch nur der Krankheitsachse lassen eine „Krise“ erkennen, und man wird nach Beobachtung sämtlicher Haupt- und Nebenumstände sagen können, ob die Krise schwerwiegend sei oder ob man sie „auf die leichtere Schulter“ nehmen dürfe. Vorsicht ist indessen sogar bei solchen Entscheiden geboten: Die Konstellation sieht vielleicht „leicht“ aus, wird aber zur Todeskonstellation . . .

Oder vermißt sich ein Astrologe, mit hundert Prozent Wahrscheinlichkeit einen bestimmten Einzelerfolg zu garantieren? Wenn zwei Bewerber um ein und denselben Posten ringen und beide in die „engere Wahl“ kommen, dann stehen bestimmt in *beiden* Geburtsbildern gute Symbole, und erst das Abwägen der beiden gegeneinander wird die Entscheidung erleichtern, wer von den zwei Anwärtern Sieger werden *müsse*. Hat aber der Unterlegene Chancen im Horoskop, die deutlich und unbestritten sind, dann gelingt ihm mit hoher Wahrscheinlichkeit ein Sprung an anderer Stelle! Vorausgesetzt, daß er nicht in einer typischen Niedergangsepoche gestartet! Also vorausgesetzt, daß „die Zeit überhaupt noch Chancen“ bietet.

Wie wird sich also z. B. ein Horoskopdeuter zur Frage stellen, ob Heiraten möglich sei . . . Er kann melden: Sie verheiraten sich todsicher, denn die und die Zeichen sprechen dafür! Und doch können „ehefeindliche Zeiten“ kommen, die den Wert der Symbole herabmindern.

Eine Unterscheidungsmöglichkeit den horoskopischen Symbolen gegenüber hat die herkömmliche Deutung immer gekannt: Das Hervortreten der einzelnen Prinzipien je nach Altersstufen.

Mondwirkungen werden in der Kindheit am stärksten,
Saturnwirkungen im Alter als höher wirksam bewertet.
Venus- und Marswirkungen stehen sinngemäß zwischen 20—40,
Sonnenwirkungen zwischen 30—50,
Jupiterwirkungen von 40 Jahren an im Vordergrund.

Ob die merkurischen sich zwischen „Mond“ und „Venus“ einschieben, ist ungewiß. Sie gehen aber zweifellos im Alter zurück, und jovische „Einsicht von der Unzulänglichkeit menschlichen Verstehens“ oder saturnische Verzichttendenzen siegen.

Aber dieser Vorrang der einzelnen Prinzipien in den einzelnen Altersstufen bleibt durchaus innerhalb der Grenzen des Einzelhoroskops und sagt wieder nichts über den *Grad* der „Bewahrheitung“ zwischen den „zugewiesenen Jahrzehnten“. Klarerweise wird man eine „wirkende Venus“ im Leben eines Achtzigers niemals so bewerten wie für Zwanzigjährige. Und einem Jubelgreis wird der „aktive Mars“ vollkommen andere Dinge bringen als dem Rekruten. Wogegen ein „Saturn“ an Bedeutung gewaltig zunimmt. Aber alles bleibt ein „Abschätzen“, ein „Erfühlen“ unter Berücksichtigung des Unbekannten.

ANHANG

TABELLEN UND FORMELN

I

Zeitgrößen, Bogengrößen und „prophetischer Schlüssel" nach Ptolemäus

Zeit:		Bogengröße:		„prophetische Zeit":
1 sec	=	15″	=	1 ½ Tage
2 „	=	30″	=	3 „
3 „	=	45″	=	4 ½ „
4 sec	=	1′	=	6 Tage
8 „	=	2′	=	12 „
10 „	=	2 ½′	=	15 „
20 „	=	5′	=	30 „
1 min	=	15′	=	3 Monate
2 „	=	30′	=	6 „
3 „	=	45′	=	9 „
1 h	=	15°	=	15 Jahre
2 h	=	30°	=	30 „
3 h	=	45°	=	45 „

II

Notiz für den Naibodschlüssel

73 Tage ptolemäisch	=	74 Tage naibodisch	
146 „ „	=	148 „ „	
219 „ „	=	222 „ „	
292 „ „	=	296 „ „	
365 „ „	=	370 „ „	= 365 + 5 Tage

2 Jahre ptolemäisch	=	2 Jahre	+	10 Tage naibodisch
6 „ „	=	6 „	+	1 Monat „
18 „ „	=	18 „	+	3 Monate „
36 „ „	=	36 „	+	6 „ „
54 „ „	=	54 „	+	9 „ „
72 „ „	=	72 „	+	1 Jahr „

III. *Mittlerer Sonnenstand in den Zeichen*

21. III.	21. IV.	22. V.	22. VI.	24. VII.	24. VIII.	24. IX.	24. X.	23. XI.	23. XII.	21. I.	20. II.
♈	♉	♊	♋	♌	♍	♎	♏	♐	♑	♒	♓
0.00	0.31	0.32	0.13	0.46	0.33	0.41	0.20	0.29	0.59	0.33	0.59
0.59	1.30	1.30	1.10	1.44	1.31	1.40	1.20	1.30	2.00	1.34	1.59
1.59	2.28	2.28	2.08	2.42	2.29	2.39	2.20	2.31	3.00	2.35	3.00
2.58	3.26	3.25	3.05	3.39	3.27	3.38	3.20	3.32	4.01	3.36	4.00
3.58	4.25	4.23	4.02	4.36	4.24	4.37	4.20	4.33	5.03	4.37	5.01
4.57	5.23	5.20	4.59	5.33	5.22	5.36	5.20	5.33	6.05	5.38	6.01
5.57	6.22	6.18	5.57	6.30	6.20	6.35	6.20	6.34	7.06	6.39	7.01
6.56	7.20	7.16	6.54	7.28	7.18	7.34	7.20	7.35	8.07	7.40	8.01
7.55	8.18	8.13	7.51	8.25	8.17	8.33	8.20	8.36	9.08	8.41	9.02
8.55	9.17	9.11	8.48	9.23	9.15	9.32	9.20	9.37	10.09	9.42	10.02
9.54	10.15	10.08	9.45	10.20	10.13	10.31	10.20	10.37	11.10	10.43	11.02
10.53	11.13	11.06	10.43	11.18	11.11	11.30	11.20	11.38	12.11	11.44	12.02
11.52	12.11	12.03	11.40	12.15	12.09	12.29	12.20	12.39	13.13	12.45	13.02
12.51	13.09	13.00	12.37	13.13	13.07	13.28	13.21	13.40	14.14	13.46	14.02
13.51	14.07	13.58	13.34	14.10	14.05	14.28	14.21	14.41	15.15	14.47	15.03
14.50	15.05	14.55	14.31	15.08	15.04	15.27	15.21	15.42	16.16	15.48	16.03
15.49	16.04	15.53	15.29	16.05	16.02	16.26	16.21	16.43	17.17	16.49	17.03
16.48	17.02	16.50	16.26	17.03	17.00	17.25	17.21	17.44	18.18	17.50	18.03
17.47	18.00	17.47	17.23	18.00	17.59	18.25	18.22	18.45	19.20	18.50	19.02
18.46	18.57	18.45	18.20	18.58	18.57	19.25	19.22	19.46	20.21	19.51	20.02
19.44	19.55	19.42	19.17	19.55	19.55	20.24	20.22	20.47	21.22	20.52	21.02
20.43	20.53	20.39	20.14	20.53	20.54	21.23	21.23	21.48	22.23	21.53	22.02
21.42	21.51	21.37	21.12	21.51	21.52	22.23	22.23	22.49	23.24	22.54	23.02
22.41	22.49	22.34	22.09	22.48	22.51	23.22	23.24	23.50	24.25	23.54	24.02
23.40	23.47	23.31	23.06	23.46	23.49	24.22	24.24	24.51	25.26	24.55	25.01
24.38	24.45	24.29	24.03	24.44	24.48	25.22	25.25	25.52	26.28	25.55	26.01
25.37	25.43	25.26	25.01	25.42	25.47	26.21	26.26	26.53	27.29	26.56	27.01
26.36	26.40	26.23	25.58	26.39	26.45	27.21	27.26	27.55	28.30	27.56	28.00
27.34	27.38	27.20	26.55	27.37	27.44	28.21	28.27	28.56	29.31	28.57	29.00
28.33	28.36	28.18	27.53	28.36	28.43	29.21	29.28	29.57		29.58	
29.32	29.33	29.15	28.50	29.34	29.42						
			29.47								

Abkürzungen (s. Fig. 31—33)

K	=	Kulmination	AD	=	Aszensional-Differenz
oK	=	obere Kulmination	M	=	Meridian
uK	=	untere Kulmination	MD	=	Meridiandistanz
E	=	Ekliptikwinkel 23° 27′	H	=	Horizont
L	=	Ekliptische Länge	PL	=	Positionslinie
AeL*	=	äquatoriale Länge	NP	=	Nordpol
B	=	Ekliptische Breite	Z	=	Zenith
+D	=	nördl. Deklination	OPt	=	Ostpunkt
—D	=	südl. Deklination	WPt	=	Westpunkt
GB	=	Geographische Breite	SPt	=	Südpunkt
AeBg	=	Äquatorbogen	NPt	=	Nordpunkt
PH	=	Polhöhe	V	=	Vertikale
AeH	=	Äquatorhöhe			

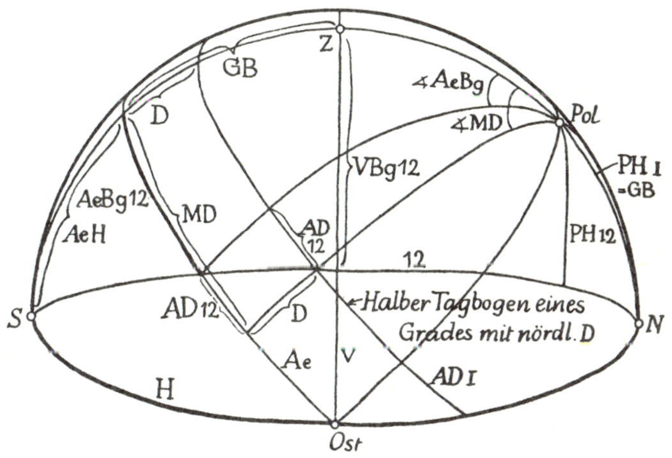

Fig. 31. Verhältnisse von MD und AD beim 12. Haus für den Fall nördlicher Deklination.

ZUR ABLEITUNG DER FORMELN (Fig. 32)

Alle Formeln unter A bis E beruhen auf den Verhältnissen im rechtwinkligen Dreieck, dessen Seiten a, b und c mit dem zweiten Basiswinkel (∢) in irgendwelcher Beziehung stehen:

* AeL und K in Graden ausgedrückt, lauten identisch. AeL I. Quadrant beginnt mit 0° auf der Kreuzung von Ae und E bei 0° ♈.

1. $\mathrm{cotg}\, a \cos \sphericalangle = \mathrm{cotg}\, b$
2. $\mathrm{tang}\, b \cos \sphericalangle = \mathrm{tang}\, a$
3. $\sin a\ \mathrm{tang} \sphericalangle = \mathrm{tang}\, c$
4. $\sin b \sin \sphericalangle = \sin c$

Verhältnis in Quadrant I und III

Im II. und IV. Quadranten, wo wir eigentlich von 90 Grad auf 0 Grad rückwärts schreiten, müssen wir die „Ko-Funktionen" anwenden, also immer tangens statt cotangens und cosinus statt sinus. Nur die Funktionen des Winkels (∢) bleiben immer die gleichen.

1. $\mathrm{tang}\, a \cos \sphericalangle = \mathrm{tang}\, b$
2. $\mathrm{cotg}\, b \cos \sphericalangle = \mathrm{cotg}\, a$
3. $\cos a\ \mathrm{tang} \sphericalangle = \mathrm{tang}\, c$
4. $\cos b \sin \sphericalangle = \cos c$

Verhältnisse in Quadrant II und IV

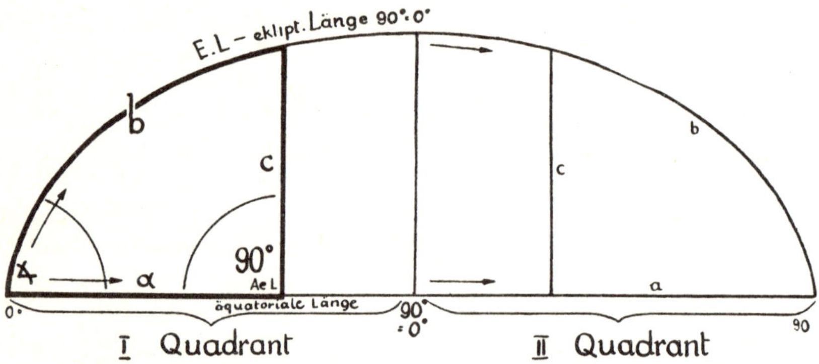

Fig. 32. Ein Dreieck a-b-c ist aus dem I. Quadranten der Ekliptik und des Äquators herausgehoben worden. a ist ein Stück des Äquators, b ein Stück der Ekliptik, c der senkrechte Abstand zwischen den äußern Enden beider Linien. Bei 90° erreichen wir das größtmögliche Dreieck zwischen beiden Linien. Wir sehen, daß in Quadrant II die Gradzahlen auf der Scheitelhöhe des Dreiecks mit 0° beginnen. 1° müßte eigentlich 89° heißen. Darum die Veränderung der Formeln.

Die Formeln könnten als Multiplikationen resp. Divisionen dargestellt werden. Zum bessern Verständnis der Leser, welche ja die „Logarithmen der goniometrischen Funktionen" aufschlagen sollen (in jeder Logarithmentafel zu finden), stellen wir sie als Additionen und Subtraktionen dar. Also statt

$$\mathrm{cotg}\, a \cos \sphericalangle = \mathrm{cotg}\, b$$

schreiben wir

$$\begin{array}{r} \log \operatorname{cotg} a \\ + \log \cos \sphericalangle \\ \hline = \log \operatorname{cotg} b \end{array}$$

Alle, auch die komplizierten Formeln, gehen auf diese vier einfachen Verhältnisse zurück. Wo mehr als zwei Werte zu addieren oder zu subtrahieren sind, liegt bereits eine Zusammenziehung zweier oder mehrerer einfacher Dreiecke und dementsprechend Formeln vor.

Der Leser, der mehr als nur diese Andeutungen verlangt, sei auf irgendein elementares Lehrbüchlein der sphärischen Trigonometrie verwiesen. Mathematikern wollen wir natürlich nichts bieten.

A. BESTIMMUNG DER DEKLINATION

I. Aus L und E.

a) I. und III. Quadrant

Formel:

$$\begin{array}{r} \log \sin L \\ + \log \sin E \\ \hline = \log \sin D \end{array}$$

Beispiel: D von 11° 37′ ♏ = 41° 37′ III. Qu.

$$\begin{array}{rl} \log \sin 41^\circ\, 37' & = 9.82\,226 \\ + \log \sin E & = 9.59\,983 \\ \hline = \log \sin D & = 9.42\,209 \\ -D & = 15^\circ\, 19' \end{array}$$

b) II. und IV. Quadrant

Formel:

$$\begin{array}{r} \log \cos L \\ + \log \sin E \\ \hline = \log \sin D \end{array}$$

Beispiel: D von 11° 37′ ♌ = 41° 37′ II. Qu.

$$\begin{array}{rl} \log \cos 41^\circ\, 37' & = 9.87\,367 \\ + \log \sin E & = 9.59\,983 \\ \hline = \log \sin D & = 9.47\,350 \\ +D & = 17^\circ\, 18'\, 30'' \end{array}$$

Umkehrung der Formeln:

I. und III. Quadrant

$$\begin{array}{r} \log \sin D \\ - \log \sin E \\ \hline = \log \sin L \end{array}$$

II. und IV. Quadrant

$$\begin{array}{r} \log \sin D \\ - \log \sin E \\ \hline = \log \cos L \end{array}$$

II. Aus AeL und E.

a) I. und III. Quadrant
Formel: log sin AeL
+ log tang E
= log tang D

Beispiel: D eines Grades mit 20° AeL

log sin 20°	= 9.53 405
+ log tang E	= 9.63 726
= log tang D	= 9.17 131
± D	= 8° 26′

b) II. und IV. Quadrant
Formel: log cos AeL
+ log tang E
= log tang D

Beispiel: D eines Grades mit 20° AeL

log cos 20°	= 9.97 299
+ log tang E	= 9.63 726
= log tang D	= 9.61 025
± D	= 22° 11′

Umkehrung der Formel:

Aus log tang D — log tang E = log sin AeL I. und III. Qu.
= log cos AeL II. und IV. Qu.

Die umgekehrten Formeln Ia und Ib dienen zur Bestimmung eines Gestirns mit einer bekannten Deklination. So würde eine Deklination von 15° 19′ bedeuten, daß eine Parallele besteht mit 11° 37′ ♏ resp. ♉ oder den entsprechenden Graden im II. und IV. Qu., nämlich 18° 23′ ♌ resp. ♒.

B. FORMEL ZUR BESTIMMUNG DES X. HAUSES

I. und III. Quadrant	II. und IV. Quadrant
Formel: log tang AeL	log cotg AeL
— log cos E	— log cos E
= log tang L	= log cotg L

Beispiel für II. Quadrant

Bekannt sei Geburtsstunde 8 h 20 min = AeL II. Qu. 35° 00′ 00″

	log cotg 35°	= 0.15 477
	— log cos E	= 9.96 256
	= log cotg L	= 0.19 221
	L	= 32° 43′ II. Qu. = 2° 43′ ♌

C. FORMELN ZUR BESTIMMUNG VON KULMINATIONEN UND ANDERN ÜBERGÄNGEN EINES GESTIRNS ODER EINES EKLIPTISCHEN GRADES

I. Kulmination der Sonne oder eines ekliptischen Grades (Umkehrung der Formeln für B)

I. und III. Quadrant

Formel:
log tang L
+ log cos E
= log tang. K

Beispiel: K von 2° 43 ♉ = 32° 43′ im I. Qu.

	log tang 32° 43′	= 9.80 781
	+ log cos E	= 9.96 256
	= log tang K	= 9.77 037
	K	= 30° 31′ I. Qu.
		= 2 h 02 min 04 sec

II. und IV. Quadrant

Formel:
log cotg L
+ log cos E
= log cotg K

Beispiel: K von 2° 43′ ♌ = 32° 43′ im II. Qu.

	log cotg 32° 43′	= 0.19 219
	+ log cos E	= 9.96 256
	= log cotg K	= 0.15 475
	K	= 35° im II. Qu.
		= 8 h 20 min 00 sec

Zu merken: Wenn obere K (oK) 8 h 20 m, dann ist
untere K (uK) 20 h 20 min (12 h +).

II. Kulmination eines Gestirns mit ekliptischer Breite (Br.)

I. und III. Quadrant

Formel:

$$\begin{array}{r} \log\cos L \\ +\log\cos Br \\ -\log\cos D \\ \hline =\log\cos oK \end{array}$$

Beispiel:

L	12° 18 ♉	= 42° 18′ I. Qu.	+ log cos	=	9.86 902
Br	0′ 19′	=	+ log cos	=	9.99 999
D	15° 43′		— log cos	=	1 655
oK			= log cos	=	9.88 556
oK	= 39° 48′ I. Quadr.		= 2 h 39 m 12 sec		

Bemerkung: Wir rechnen

$$\begin{array}{lrr} & & 10.00\,000 \\ -\log\cos 15°\,43' & - & 9.98\,345 \\ \hline = & + & 0.01\,655 \end{array}$$

II. und IV. Quadrant

Formel:

$$\begin{array}{r} \log\sin L \\ +\log\cos Br \\ -\log\cos D \\ \hline =\log\sin oK \end{array}$$

Beispiel:

L = 11° 37′ ♌	= 41° 37′ II. Qu.	log sin	=	9.82 226
Br = 1° 08′		+ log cos	=	9.99 992
D = 18° 23′		— log cos	=	2 275
oK =		= log sin	=	9.84 493
		oK im II. Qu.	=	44° 24′
			=	8 h 57 min 36 sec

III. Berechnung der Äquatorbögen aus der Vertikalen für die Nebenhäuser nach System Campanus (AeBg).

Formel für das 11. Haus (3, 5, 9) Beispiel für 47° n. Br.

log tang 30° = 9.76 144
+ log cos GB (47°) = 9.83 378

= log tang AeBg 11 = 9.59 522   AeBg 11 = 21° 30′

Formel für das 12. Haus (2, 6, 8) Beispiel 47° n. Br.

log ctg 30° (tang 60°) = 0.23 856
+ log cos 47° = 9.83 378

= log tang AeBg 12 = 0.07 234   AeBg 12 = 49° 45′

Formel für das I. Haus (VII)

AeBg = 90°

Zu merken: Durch Einsetzung der Werte für irgendwelchen Breitengrad (log cos 40°, 50° usw.) erhält man die entsprechenden AeBg für die campanischen Häuser der entsprechenden geographischen Breite (AeBg für Haus I und VII immer = 90°).

IV. Polhöhen der Häuser (senkrechte Abstände der Positionslinien vom Pol) und der Äquatorhöhen (PH und AeH).

I. Haus.

Polhöhe = geographische Breite. Für Haus I betragen bei 47 GB = 43 AeH

log tang PH = 0.03 034
log tang AeH = 9.96 966

Formel 11. Haus (3, 5, 9) *Beispiel für GB 47°*

log sin AeBg 21° 30′ = 9.56 408
+ log tang 47° = 0.03 034

= log tang PH 11 usw. = 9.59 442 = cotg AeH 11

Formel 12. Haus (2, 6, 8) *Beispiel für GB 47°*

log sin AeBg 12 (49° 45′) = 9.88 266
+ log tang 47° = 0.03 034

log tang PH 12 (2, 6, 8) = 9.91 300 = cotg AeH 12
log tang AeH 11 = 0.40 558
log tang AeH 12 = 0.08 700

Zu merken: Für das praktische Rechnen brauchen wir nur die Logarithmen der PH resp. AeH. Die Polhöhen selbst können wir wie die Äquatorhöhen ignorieren.

V. Verlängerung oder Verkürzung eines Bogens bei nördlicher oder südlicher Deklination über oder unter dem Horizont (Aszensional-Differenz, AD)

Formel:	log tang PH
	+ log tang D
	= log sin AD

Beispiel für das 12. Haus bei 47° n. Br.

Gesucht: AD für 11° 37′ ♌ (D	=	17° 18′ 30″; s. A Ib)
log tang PH 12	=	9.91 300
+ log tang D von 11° 37′ ♌	=	9.49 363
= log sin AD 14° 47′	=	9.40 663
11° 47′ ♌ haben AD	=	14° 47′ (Verlängerung)

Beispiel für 2. Haus bei 47° n. Br.

Gesucht AD für 11° 37′ ♌

AD ist gleich wie beim 12. Haus, bedeutet aber Verkürzung.

Zu merken: Wir haben *Bogenverlängerung,*

a) wenn es sich um „Sommergrade", also Grade mit nördlicher Deklination *über* dem Horizont;
b) um „Wintergrade" *unter* dem Horizont handelt.

Wir haben *Bogenverkürzung,*

a) wenn es sich um Wintergrade *über,*
b) um Sommergrade *unter* dem Horizont handelt.

VI. Berechnung des wirklichen Bogens aus AeBg und AD

Formel: AeBg ± AD = Bg

Beispiel für das 12. Haus (s. V.)

AeBg 12	=	49° 45′
+ AD 11° 37′ ♌	=	14° 47′
Bg 11° 37′ ♌	=	64° 32′ = 4 h 18 min 08 sec

Beispiel für das 2. Haus

AeBg 2	= 49° 45′	
— AD 11° 37′ ♌	= 14° 47′	
Bg 11° 37′ ♌	= 34° 58′	= 2 h 19 min 52 sec

Zu merken: 11° 37′ ♌ = nördliche Deklination, also „Sommergrad".
12. Haus liegt über dem Horizont, also Verlängerung.
2. Haus liegt unter dem Horizont, also Verkürzung.
Bei 11° 37′ ♒, dem entgegengesetzten Wintergrad, würden sich die Bögen von Haus 12 und 2 vertauschen.

VII. Übergänge über die verschiedenen Achsen

Formel:

oK — Bg =	Übergang	über	11,	12,	I
oK + Bg =	„	„	9,	8,	VII
uK — Bg =	„	„	5,	6,	(VII)
uK + Bg =	„	„	3,	2,	(I)

Beispiel 12. Haus für 11° 37′ ♌

oK für 11° 37′ ♌	= 8 h 56 min 20 sec
— Bg 12	= 4 h 18 min 08 sec
= Übergang auf 12. Achse	= 4 h 38 min 12 sec

Beispiel 2. Haus für 11° 37′ ♌

uK = 8 h 16 min 20 sec + 12 h	= 20 h 56 min 20 sec
+ Bg 2	= 2 h 19 min 52 sec
Übergang über Achse 2	= 23 h 16 min 12 sec

VIII. Bestimmung der Meridiandistanz eines Gestirns oder Grades (Stundenwinkel, MD)

Formel:

> MD = Differenz von AeL X. Haus und AeL (K) des Gestirns. (Der kleinere Wert wird abgezogen.)

1. Beispiel:

Geburtszeit sei	8 h 19 min	oder II. Qu.	34° 45′ AeL	
= K Gestirn	6 h 07 min	oder II. Qu.	1° 45′ AeL	
Unterschied	2 h 12 min	oder MD	33° 00′	

Da das Gestirn den Meridian schon vor dem Grade des X. Hauses passierte, haben wir „obere westliche MD" oder Stellung zwischen dem X. und VII. Hause.

2. Beispiel:

K	Gestirn sei	21 h 30 min	oder	IV. Qu.	52° 30′
AeL	X. Haus sei	7 h 09 min	oder	II. Qu.	17° 15′

Da wir hier offenbar ein Gestirn vor uns haben, das bereits unter dem Horizont steht (2 Quadranten Unterschied), so ist die Differenz aus dem IV. Hause zu gewinnen. Wir rechnen:

uK Gestirn =	21 h 30 min	oder	IV. Qu.	52° 30′
AeL IV. Haus	19 h 09 „	„	IV. Qu.	17° 15′
Unterschied	2 h 21 min	oder	MD	35° 15′

Da das Gestirn erst später den untern Meridian überschreiten wird, steht es zwischen dem westlichen Horizont und dem IV. Hause, und wir haben „untere westliche MD".

Am besten veranschaulicht man sich den Fall jeweilen mit einer Zeichnung. Praktisch sieht man übrigens die Stellung eines Gestirns in den Häuserpositionen:

Stellung in den Häusern	X—12 =	obere	östliche	MD
„ „ „ „	VII— 9 =	„	westliche	MD
„ „ „ „	IV— 6 =	untere	„	MD
„ „ „ „	3— 1 =	„	östliche	MD

IX. Bestimmung von AeBg aus MD und D eines Gestirns oder Grades

(S. Fig. 33a)

Formel:

a)
$$\begin{array}{l} \quad \log\cos \text{MD} \\ +\log\operatorname{cotg} \text{D} \\ \hline =\log\operatorname{cotg}\alpha \end{array}$$

b)
$$\text{GB} \pm \alpha = \beta$$

c)
$$\begin{array}{l} \quad \log\operatorname{tg} \text{MD} \\ +\log\cos\alpha \\ -\log\cos\beta \\ +\log\sin \text{AeH} \\ \hline =\log\operatorname{tg} \text{Ae Bg} \end{array}$$

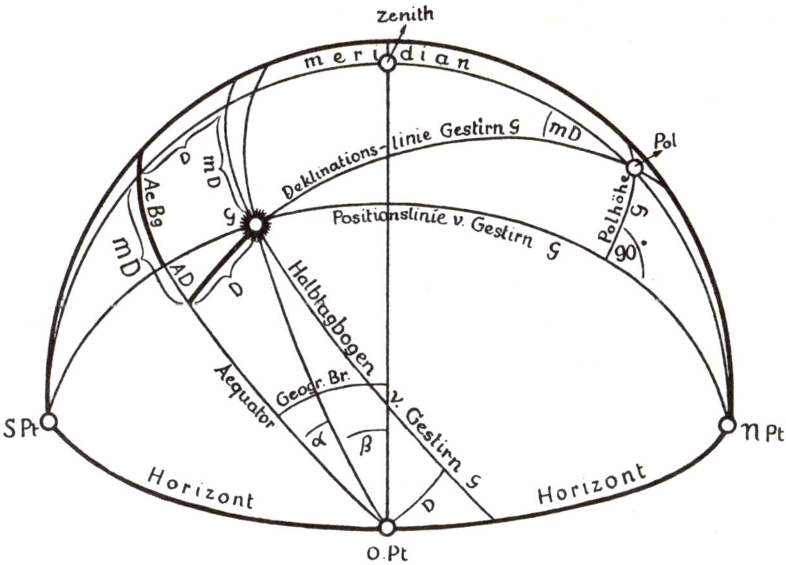

Fig. 33a. Positionslinie, Äquatorbogen und Polhöhe eines Gestirns mit nördlicher Deklination und Stellung über dem Ost-Horizont.

Beispiel: GB sei 47°
MD von 11° 37′ ♌ sei 45° 38′
D von 11° 37′ ♌ = 17° 18′ 30″

a) $\log\cos 45^\circ\,38' = 9.84\,463$
$+\log\operatorname{cotg} 17^\circ\,18\tfrac{1}{2}' = 0.50\,637$

$= \log\operatorname{cotg} \sphericalangle\alpha = 0.35\,100 \quad \alpha = 24^\circ\,01'$

b) $47^\circ - 24^\circ\,01' = 22^\circ\,59'\ (\sphericalangle\beta)$

c) $\log\operatorname{tg}\ 45^\circ\,38' = 0.009\,60$
$+\log\cos\ 24^\circ\,01' = 9.96\,067$
$-\log\cos\ 22^\circ\,59' = 3\,592$
$\log\sin\ 43^\circ = 9.83\,378$

$= \log\operatorname{tg}\ \text{AeBg} = 9.83\,997$
11° 37′ hat AeBg = 34° 40′ bei 45° 38′ MD

Zu merken: Man rechnet am besten immer mit Verhältnissen *über* dem Horizont, d. h. man versetzt z. B. einen im *untern* westlichen Erdraumquadranten stehenden Planeten in den obern östlichen usw. Damit ist auch die Vertauschung der Deklinationen gegeben.

Über dem Horizont verhalten sich α und β sehr einfach.

1. Wenn α größer als GB und nördl. des Äquators, dann α—GB$=\beta$
2. Wenn α kleiner als GB und nördl. des Äquators, dann GB—$\alpha=\beta$
3. Wenn α südlich des Äquators (bei südlicher D), dann GB$+\alpha=\beta$

Man zeichnet sich eine Position am besten auf, analog Fig. 33a.

X. Bestimmung der Polhöhe zu irgend einem AeBg, resp. einer Positionslinie

Formel (analog IV):

log sin AeBg
+ log tang GB

= log tang PH = ctg AeH

Beispiel: Gegeben sei der AeBg 34° 40′. GB 47° (s. IX)

log sin AeBg 34° 40′	=	9.75 496
+ log tang GB 47°	=	0.03 034
= log tang PH AeBg	=	9.78 530

Notiz: Wir benötigen nur den log tang der PH.

XI. Probe auf die Richtigkeit eines AeBg

Formel: AeBg ± AD = MD (AD siehe V).

Beispiel: AeBg 34° 40′; D von 11° 37′ ☊ (bekannt)

log tang PH des AeBg	34° 30′	= 9.78 530
+ log tang D von 11° 37′ ☊	(17° 18 ½′)	= 9.49 363
= log sin AD 10° 58′		= 9.27 893

AeBg	=	34° 40′
AD	=	10° 58′ (Bogenverlängerung, +)
MD	=	45° 38′, also der Ausgangswert in IX

XII. Wann erreicht ein Gestirn eine Achse oder die Positionslinie eines andern Gestirns?

Formel:

a) log tang PH zum AeBg des Gestirns
+ log tang D Gestirn
= log sin AD des in Frage kommenden Gestirns oder Grades

b) AeBg des Hauses oder des Gestirns
± AD
= Bogen

c) oK des Gestirns (oder uK)
± Bg
= Übergang in Graden oder Zeit

Beispiel: 10° ♍, D 11° 29′ Übergang über Positionslinie des in IX und X berechneten Grades

a) log tang PH der Pos.-Linie von 11° 37′ ♌ = 9.78 530
+ log tang D von 10° ♍ (11° 29′) = 9.30 782
= log sin AD = 9.09 312

b) + AD = 7° 07′
AeBg = 34° 40′
Bg – 41° 47′

c) oK von 10° ♍ = 71° 32′ II. Qu.
± Bg 10° ♍ = 41° 47′
113° 19 = 23° 19′ III. Qu., wenn Positionslinie westlich,
29° 45′ II. Qu. wenn Pos. östlich.

Regeln für diese Übergänge:

Achsen	9, 8, VII	und obere	westliche	Positionslinien:	oK + Bg
„	11, 12, I	„ „	östliche	„	oK — Bg
„	2, 3, (I)	„ untere	„	„	uK + Bg
„	5, 6, (VII)	„ „	westliche	„	uK — Bg

Auswertung der Formeln C I — XII

Man stellt die Übergänge nach Graden und Quadranten oder nach Zeit fest. Ebenso die gegebene Geburtszeit.

Der Unterschied zwischen Geburtszeit und Übergangszeit wird nach dem Ptolemäusschlüssel oder nach Naibod „prophetische Zeit" des Vierminutenmaßes.

1. Beispiel:

Eine Geburt fand statt um 7 h 22 min oder II. Qu. 20° 30′	=	110° 30′ I. Qu.
Ein Übergang fand statt um 5 h 40 min oder I. Qu.		85° 00′
Unterschied oder „prophetische Zeit"		25° 30′

d. i. nach Ptolemäus 25 Jahre 1 ½ Monate; nach Naibod s. Tabelle.

Es handelt sich um eine „Wirkung vor der Geburtsstunde" oder eine „converse Direktion".

2. Beispiel:

Ein Übergang fand statt um	10 h 04 min	oder	II. Qu.	61° 00′
Die Geburt fand statt um	7 h 22 „	„	II. Qu.	20° 30′
Unterschied od. „proph. Zeit"	2 h 42 min		=	40° 30′

„Wirkung nach der Geburt" oder eine „direkte Direktion", fällig nach 40 Jahren 1 ½ Monaten.

D. FORMELN ZUR BERECHNUNG DER HÄUSER NACH CAMPANUS

I. Vorrechnung:

a) Die Bestimmung der AeBg und PH resp. AeH von Haus 11 (3), 12 (2) und I nach den Formeln C III und IV.

b) Die AeL der Häuser aus dem K = Wert des X. Hauses und den AeBg der einzelnen Häuser.

AeL 11 = KX + AeBg 11
AeL 12 = KX + AeBg 12
AeL I = KX + 90°
AeL 2 = KX + 180° — AeBg 12 (2)
AeL 3 = KX + 180° — AeBg 11 (3
KX = Geburtszeit in Gradwerten = AeL X

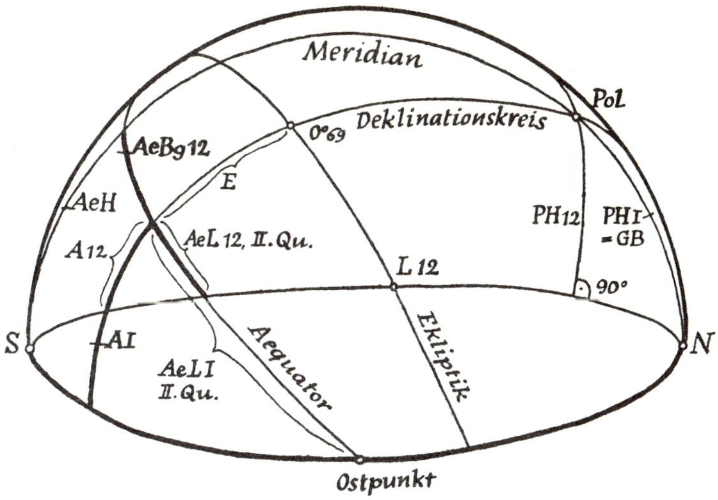

Fig. 33b. Die Winkel A für das 1. und 12. Haus, wenn 0° ♋ vor dem 12. Hause, im 11. oder X. steht, also die AeL der Häuser 12 und I in Quadrant II liegen. Winkel B ist die Summe von A und E = 23° 27′.
An Stelle der Polhöhe (GB. für I. Haus) könnte als Basis der Berechnung von ⊳ A die Aequatorhöhe (AeH) angesehen werden. Die beiden Höhen ergänzen sich stets zu 90°.

II. Die Formeln für die Häuser 11, 12, 1 (3, 2)

1. Fall: AeL des Hauses fällt in den I. oder III. Zeit-Quadranten.

a) $\cos \text{AeL} \ \text{tang}\, \text{AeH} = \text{tang}\, A$ b) $A + E = B$ (III. Quadrant)
$A - E = B$ (I. „)

c) $$\frac{\text{cotg}\, \text{AeL} \sin B}{\sin A} = \text{cotg ekl. Länge}$$

2. Fall: AeL des Hauses fällt in den II. oder IV. Quadranten.

a) $\sin \text{AeL} \ \text{tang}\, \text{AeH} = \text{tang}\, A$ b) $A + E = B$ (II. Quadrant)
$A - E = B$ (IV. „)

c) $$\frac{\text{tang}\, \text{AeL} \sin B}{\sin A} = \text{tang ekl. Länge}$$

S. Fig. 31 u. 33.

Notiz: Die beiden Formeln sind auf Haus 5—9 übertragbar. Ib und IIb kehren sich dabei um: A — E = B in Quadrant II und III usw.

AeL X sei 7° 27′ II. Qu.

11. Haus AeL im II. Qu. 7° 27′ + AeBg. 11 = 28° 27′ (Fall 2).

log sin AeL 28° 57′ II. Qu.	=	9.68 489
+ log tang AeH 11	=	0.40 558
log tang A 50° 55′	=	0.09 047

A	=	50° 55′
+ E	=	23° 27′
B	=	74° 22′

log tang AeL	=	9.74 286
— log sin A	=	11 001
+ log sin B	=	9.98 363
log tang L	=	9.83 650

L = 34° 28′ II. Qu.
= 4° 28′ ♌

I. Haus AeL im III. Qu. (Fall 1).

log cos AeL 7° 27′ im III. Qu.	=	9.99 632
+ log tang AeH I	=	9.96 966
= log tang A	=	9.96 598

A	=	42° 45′
+ E	=	23° 27′
B	=	66° 12′

log cotg AeL	=	0.88 351
— log sin A	=	16 826
+ log sin B	=	9.96 140
= log cotg L	=	11.01 317

L = 5° 32′ III. Qu.
= 5° 32′ ♎

3. Haus AeL im III. Qu. (Fall 1).

log cos AeL 75° 27′ III. Qu.	=	9.40 006
+ log tang AeH 11	=	0.40 558
= log tang A	=	9.80 564

A	=	32° 35′
+ E	=	23° 27′
B	=	56° 02′

log cotg AeL	=	9.41 422
— log sin A	=	0.26 879
+ log sin B	=	9.91 874
log cotg L	=	9.60 175

L = 68° 13′ III. Qu.
= 8° 13′ ♐

12. Haus AeL im II. Qu. (Fall 2).

log sin AeL 57° 12′ II. Qu.	= 9.92 457		
+ log tang AeH 12	= 0.08 700		
log tang A	= 0.01 157	A	= 45° 46′
		+ E	= 23° 27′
log tang AeL 57° 22′	= 10.19 081	B	= 69° 13′
— log sin A	= 14 478		
+ log sin B	= 9.97 078		
log tang L 63° 43′	= 0.30 637		
		L	= 63° 43′ II. Qu.
			= 3° 43′ ♍

2. Haus AeL im III. Qu. (Fall 1).

log cos AeL 47° 42′ im III. Qu.	= 9.82 802		
+ log tang AeH 12	= 0.08 700		
log tang A	= 9.91 502	A	= 39° 26′
		+ E	= 23° 27′
log cotg AeL	= 9.95 901	B	= 62° 53′
— log sin A	= 0.19 710		
+ log sin B	= 9.94 943		
log cotg L	= 0.10 554	L	= 38° 06′ III. Qu.
			= 8° 06′ ♏

E. WELCHER EKLIPTIKGRAD ÜBERSCHREITET vor oder nach der Geburt (RA X) zu einer bestimmten Zeit (± T) DIE POSITIONSLINIE (PL) EINES PLANETEN MIT BEKANNTEM AeBg?

I. Direktions-AeL X

II. Direktions-AeL X ± radix AeBg Pl. = AeL Pl.

III. log sin AeL Pl. (cos in Qu. I und III)
+ log tang AeH
— log sin AeBg
= log tang A

IV. A + E = B (A — E = B in Qu. I und IV)

V. log tang Pl. (cotg in Qu. I und III)
— log sin A
+ log sin B
= log tang L (cotg in Qu. I und III)

Um keinen Fehler zu begehen, hüte man sich, Positionen in den Häusern IV bis 9 zu berechnen. Fällt ein Geburts-Planet in eines dieser Häuser, so zähle man immer 180 Grad oder 2 Quadranten hinzu und berechne die Gegenpositionen in den Häusern X bis 3.

Also etwa AeL eines Planeten, der bei Geb. im 5. Hause stand und einen Wert von annahmsweise 75° im I. eklipt. Quadranten hätte, verlege man auf 75° im eklipt. Qu. III, der nun im 11. Hause steht. Ein über diese Gegenstelle gehender Grad zeigt uns an, welcher Grad zur selben Zeit im 5. Hause über die wirkliche Position des Planeten geht. Beispielsweise: Auf der Gegenstelle des Planeten in Haus 11 Übergang von 10° ♒ = Übergang von 10° ♌ über die Positionslinie des Planeten selbst im 5. Hause.

Es handelt sich um die Formel der Hausberechnung, angewendet auf irgendwelche Positionslinie.

Die Formeln für die Häuser bleiben sich, *abgesehen von den „Vorrechnungen"*, *auch für die Systeme von Placidus und Regiomontanus, gleich:*

AeL (Obliqua Aszensio) bei Placidus und Regiomontanus:

11. Haus RA X + 30°
12. Haus RA X + 60°

Polhöhe bei Regiomontanus:

11. Haus: log sin 30° + log tang GB = log tang PH 11 (3)
12. Haus: log sin 60° + log tang GB = log tang PH 12 (2)

Polhöhe bei Placidus:

Rechne die AD von 0° ♋ aus, je nach Geburtsbreite, z. B. 47°
Nimm für das 11. Haus ⅓ und für das 12. ⅔ dieser AD.

Formel 11: log sin ⅓ AD
+ log cotg E
= log tang PH 11 (3)

Formel 12: log tang ⅔ AD
+ log cotg E
= log tang PH 12 (2)

Die Ergebnisse lauten anders, und zwar zweimal. In den „Vierminutenmaßen" außerhalb der „Häusergrenzen" oder Achsen, also auf „Positionslinien" von Gestirnen, sind die Resultate bei Campanus und Regiomontanus gleich. Die Ergebnisse nach Placidus lese man in den Werken von Kühr und Sindbad-Weiß nach.

F. FORMELN FÜR DAS SONNENWIEDERKEHRHOROSKOP

a) Genaue Bestimmung des Geburtssonnenortes

Dienlich sind die „Proportionallogarithmen", die im Band Ia der Astrologischen Kollektion von Brandler-Pracht (Regulus-Verlag, Görlitz) stehen. Die „Diurnal-Logarithmen" genügen aber auch.

b) Bestimmung der Graddifferenz einer Sonnenwiederkehr zur „Ur-Sonne"

Sonne bei Geburt um Gr.-Mittag	= 16° 39′ 29″ ♈
Sonne Gr..-Mittags 6. April Jahr n	= 16° 10′ 40″ ♈
Minus-Differenz der 2. Stellung	= 0° 28′ 49″

c) Formel für die Errechnung der „solaren Wiederkehrszeit"

Prop.-Log. für 24 h
— Prop.-Log. Tagesbewegung
\+ Prop.-Log.fürStellungsdifferenz
= Prop.-Log. für Zeit vor oder nach Greenwich-Mittag

Prop.-Log. 24 h	= 87506
— Prop.-Log. 59′	= 9.51558
+ Pr.-Lg. 28′ 49″	= 79563
= Pr.-Log. 11 h 43 m	= 1.18627

Wir nehmen an, eine Geburt sei um Sternzeit 0 h 57 min erfolgt und rechnen demnach:

Geburtszeit	= 0 h 57 min Sternzeit
+ Zeit zur Einholung der Ur-☉	= 11 h 43 „
	= 12 h 40 min

... also die Sternzeit, auf welche das „Sonnenwiederkehr-Horoskop im Jahre n für irgendwelchen Ort errichtet werden muß.

Diese (vereinfachte) Schlußrechnung ist nur anwendbar, weil sich die Tagesbewegung der Ur-Sonne praktisch nicht von der Sonnenbewegung jedes spätern Geburtstages wiederholt.

Sie kann in folgender Umkehrung zur genauen Berechnung der Ur-Sonnenposition dienen:

— Prop.-Log. für 24 h
+ Log. der Tagesbewegung
+ Log. für eine Zeitspanne
= Prop.-Log. für Bewegung

Man merke sich:

Prop.-Log.	24 h =	87 506
(—)	=	9.12 494

G. SONNE-MOND-WIEDERKEHR
(Synodisches Lunar-Horoskop)

a) Stelle den auf Bogenminuten genauen Winkel zwischen Geburtssonne und Geburtsmond fest.

b) Zähle in den Ephemeriden so viele „synodische Monate" (29 ½ Tage) vom Geburtstag nach vorwärts, als Jahre vorhanden sind. Also Geburtstag + 295 Tage für das 10. Jahr usw.

c) Stelle an einem Tage, der sich hier herum findet, die ungefähre Gleichheit des Winkels zwischen Sonne und Mond wie bei der Geburt fest.

Beispiel:	Sonne-Mond-Distanz bei Geburt sei	95° 20′
	Sonne-Mond-Distanz am betr. Tage sei	90° 30′
	Minus-Differenz	4° 50′

d) Stelle die Greenwich-Mittagszeit fest, bei welcher diese Differenz besteht, annahmsweise 10 h 41 min. Rechne diese Zeit in Ortszeit um, also etwa für Basel ca. 30 min plus, so daß wir die Zeit von 11 h 11 min bekämen.

e) Bestimme die Tagesbewegung der Sonne und des Mondes. Wir nehmen an, die Sonne habe 59′ 10″, der Mond 13° 15′ 05″.

Darauf *zweite Rechnung:*

1. T.-B. Mond	=	13° 15′ 05″	
— T.-B. Sonne	=	0° 59′ 10″	
T.-B.-Differenz	=	12° 15′ 55″	rund 12° 16′

f) *Dritte Rechnung:*

Diurnal-Log. 4° 50′	=	6960
— D.-Log. T.-B.-Differenz 12° 16′	=	2921
= log. für Zeit-Differenz	=	4039
Zeit-Differenz	=	9 h 28 min

g) *Vierte Rechnung:*

Ortssternzeit für den entspr. Gr.-Mittag	= 11 h 11 min
+ Zeit für die Einholung der Minus-Differenz	= 9 h 28 min
= Sternzeit des „Sonne-Mond-Wiederkehr-H.“	= 20 h 39 min

H. DAS SIDERISCHE LUNARHOROSKOP (MOND-WIEDERKEHR)

a) Stelle die bogenminutengenaue Position des Geburtsmondes fest.

b) Suche in irgendwelchem Monat (z. B. im Mai 1946) die ungefähr gleiche Mondposition und mache die *erste Rechnung:*

Mond des betr. Tages sei bei Gr.-Mittag auf	10° 20′ ♌
Geburtsmond sei gestanden auf	5° 40′ ♌
Plus-Differenz	4° 40′

c) Stelle die Gr.-Mittags-Sternzeit fest und rechne sie in Ortssternzeit um. Annahmsweise: Mittags in Greenwich = 3 h 20 min

Geburtsort liege 3 westlich Gr. Also minus	= 12 min
Ortszeit für das Bestehen dieser Differenz	= 3 h 08 min

d) Stelle die Tagesbewegung des Mondes fest. Sie sei annahmsweise 14° 56′. *Rechnung:*

	Diurnal-Log.	für	4° 40′	= 7112	
(—)	„	„ „	14° 56′	= 2061	
	„	„ für Zeit		= 5051	Zeit = 7 h 30 min

e) *Schlußrechnung:*

Die Orts-Sternzeit bei Bestehen der Differenz	= 3 h 08 min
Plusdifferenz an Graden, also minus	= 7 h 30 min
Zeit für die Aufstellung des Lunar-H.	= 19 h 38 min

ÜBER DEN AUTOR

Alfred Fankhausers umfassende Menschenkenntnis und Lebenserfahrung kommt in seinem großen literarischen Nachlaß zum Ausdruck, den wir in der folgenden Zeittafel chronologisch auflisten. Sie enthält auch die wichtigsten Daten seines an Wechselfällen reichen, von viel konzentrierter Arbeit geprägten, schöpferischen Lebens.

ZEITTAFEL

1866 Geburt seiner Mutter Maria Grunder 15. 10. 1866.

1867 Geburt seines Vaters Friedrich Fankhauser 21. 11. 1867

1890 Am 4. 1. um 20 Uhr (amtliche Zeit) kommt Alfred Fankhauser in Gysenstein (Konolfingen BE) zur Welt.

1892 Am 14. 5. heiraten seine Eltern. Am 17. 6. wird Alfred legitimiert.

1893 Geburt seines Bruders Friedrich am 27. 1.

1895 Geburt seines Bruders Ernst am 29. 6.

1898 Geburt seines Bruders Hans-Rudolf am 25. 1. (Alfred geht inzwischen in die Primarschule).

1899 Sein Bruder Hans-Rudolf stirbt am 27. 7., erst 18 Monate alt. (Der noch nicht neunjährige Alfred und seine zwei Brüder müssen sich früh mit dem Tod auseinandersetzen.)

1900 Geburt seiner Schwester Ida am 26. 7.

1902 Geburt seiner Schwester Lina am 23. 8.

1906 Nachdem Alfred an verschiedenen Orten im Emmental die Primar- und einen Teil der Sekundarschule besucht hat, tritt er am 27. 4. ins evangelische Lehrerseminar Muristalden bei Bern ein. Johann Howald, sein Deutschlehrer, entdeckt Alfreds sprachliche Ausdrucksbegabung. Unter seiner Förderung werden die ersten Gedichte in Zeitschriften veröffentlicht. Am 19. 12. kommt seine Schwester Martha zur Welt.

1910 Noch nicht ganz 20 Jahre alt, erweist A. F. sich als guter und beliebter Volksschullehrer in Rothenbaum bei Heimiswil und in Schwendi bei Riffenmatt. Vieles, was er erlebt, fließt in seine erste längere Erzählung „Rosenbaum — aus Peter Buchers Tagebuch" ein.

1914 H. Bracher sorgt dafür, daß diese Erzählung in der „Berner Woche" einer breiten Leserschaft zukommt.

1915 A. F. tritt in die Lehramtschule der Universität Bern ein. Seinem hilfsbereiten Wesen gemäß findet er Kontakt zu sozialistischen Kreisen und erlernt, was Politik ist und sein könnte. Der russische Emigrant Karl Radek beschäftigt ihn besonders stark.

1916 In der Reihe „Brachzeit-Bücher", Benziger Verlag Zürich, erscheint Fankhausers Erzählung vom Schweizer Grenzwachdienst „Das Urlaubsgesuch". Simon Gfeller veranlaßt ihn, sich mit dem Berner Mundarttheater zu befassen. Seinen Lebensunterhalt bestreitet er mit journalistischer Arbeit.

1917 Im Frühling wird sein Dialektstück „Der Chrützwäg" im Berner Heimatschutz-Theater uraufgeführt. Er reist nach Graz, Wien und Prag. Am 12. 9. heiratet er seine Studienkollegin, die spätere Lehrerin Margarita Gertrud Marbach (geb. 26. 12. 1889). Die Ehe bleibt kinderlos. Nachdem er das Sekundarlehrerdiplom erworben hat, studiert er Geschichte und Psychologie an der Universität Bern.

1919 Der Delphin Verlag gibt in München „Peter, der Tod und seine Liebe, erzählt nach seinen Tagebüchern" heraus.

1920 A. F. promoviert mit der Dissertation „Johann Georg Albrecht Höpfner — ein bernischer Journalist". Anschließend lebt er in Bern als unabhängiger Theaterrezensent und Kommentator der sozialdemokratischen Zeitung „Berner Tagwacht" und anderer Blätter.

1921 erscheint sein Roman „Der Gotteskranke" im Delphin Verlag München; unter dem Titel „Dämon des Herzens" auch im Verlag A. Amonesta Wien.

1922 erscheinen die Satire „Tobias Moor" im Mimosa Verlag Bern, das Buch „Madonna — drei Legenden" im Seldwyla Verlag Bern. Nachdem seine Essays „Von den Werten des Lebens", Mimosa Verlag Bern, geschrieben sind, reist er nach Paris und in die Normandie. Am 23. 12. Scheidung von Margarita G. Fankhauser-Marbach.

1923 Im Grethlein Verlag Zürich und Leipzig erscheint sein Roman „Vorfrühling".

1924 Ein Gedichtband „Tag und Nacht" kommt im Mimosa Verlag Bern heraus. A. F. reist nach Sizilien; bei einem Aufenthalt im Tessin lernt er den Maler Johann Robert Schürch kennen. Als Schüler von Ferdinand Hodler hat Schürch auch dessen Astrologie übernommen und verblüfft Fankhauser mit seinen Aussagen. Von da an läßt A. F. nichts unversucht, um hinter die Geheimnisse der Horoskopie zu kommen.

1925 Im Grethlein Verlag Zürich und Leipzig erscheint sein Roman „Die Brüder der Flamme" (Neuauflage 1983 im Ex Libris Verlag Zürich). Der Mimosa Verlag Bern bringt sein Schauspiel „Der König dieser Welt" heraus. Am 14. 4. heiratet A. F. in Bellinzona die am 22. 7. 1895 in Biasca geborene Luigia Anna Boller.

1926 Im Eckart Verlag Berlin erscheint die Fortsetzung des Romans „Die Brüder der Flamme" mit dem Titel „Engel und Dämonen"; in der Vaterländischen Verlags- und Kunstanstalt Berlin „Iwan Petrowitsch — Erzählung aus den Tagen russischer Not"; im Gute Schriften Verlag Basel seine Novelle „Die Hand der Mutter". Geburt seines ersten Kindes Anna Elisabeth am 18. 11.

1927 Der Verlag Pestalozzi-Fellenberghaus Bern druckt Fankhausers „Astrologie als kosmische Psychologie". Im Vorwort zu diesem Buch, das heute nur antiquarisch erhältlich ist, erzählt A. F., wie er zur Astrologie gekommen ist.

1929 Der Roman „Die Brüder der Flamme“ ist inzwischen zur Trilogie geworden. Den dritten Band mit dem Titel „Der Herr der inneren Ringe“ gibt der Eckart Verlag heraus. A. F.'s Bruder Friedrich stirbt am 9., seine Mutter am 19. März. Seine Frau bringt am 17. 1. einen Sohn zur Welt, aber es ist nicht sein Kind. Am 15. 7. wird die Scheidung ausgesprochen.

1930 In Bern wird Fankhausers Festspiel „Völkerfreiheit“ von 900 Mitwirkenden uraufgeführt. Am. 29 8. geht A. F. mit Frieda Lina Imer, geb. 16. 7. 1900, seine dritte Ehe ein. Am 17. 8. 1927 hatte sie ihm in Minusio seinen Sohn Martin Leo geboren, am 6. 2. 1930 in Bern seine Tochter Eva Renée. Diese Ehe dauert 11 Jahre, gefolgt von 8 Jahren intensiver beruflicher Zusammenarbeit und lebenslanger Freundschaft.

1932 erscheinen im Schweizer Jugendschriften Verlag seine Erzählung „Eine Mutter sucht ihren Sohn“ und im Orell Füssli Verlag Zürich das Buch, das ihn als Astrologen weitherum bekannt macht: „Das wahre Gesicht der Astrologie“ (4. Neuauflage 1980).

1934 In der Neuen Schweizer Bibliothek wird sein Roman „Sonderling“ abgedruckt. Der Orell Füssli Verlag Zürich bringt sein Handbuch „Magie“ heraus.

1935 Die Parteizentrale der SPS verlegt sein Mundartstück „Der neue Michael Kohlhaas“.

1939 Nach 15 Jahren Forschung und Erfahrung erscheint sein Buch „Horoskopie“ im Orell Füssli Verlag Zürich. Mit seiner Frau Lina Fankhauser-Imer übersetzt er den englischen Roman „Das Haus im Sumpfwald“ von L. H. Myer (Büchergilde Gutenberg Zürich).

1940 bringt die Büchergilde Gutenberg seinen Roman „Messias“ und „Grauholz und Neuenegg — dramatische Szene“ heraus.

1941 Im Auftrag der Büchergilde übersetzt er, wiederum mit Lina Fankhauser-Imer zusammen, den Roman von James Landsdale Hodson „Jonathan North“. Scheidung von Lina Fankhauser-Imer am 28. 11. 1941.

1942 folgt die Übersetzung des Romans von Alice T. Hobart „In der Heimat“.

1943 Alfred Fankhausers Vater, Friedrich Fankhauser, stirbt am 15.5. A. F. heiratet am 15. 1. Dora Martha Bähler, geb. 26. 10. 1913, nachdem sie am 12. 6. 1941 seine Tochter Ruth geboren hatte.

1944 In der Büchergilde Gutenberg Zürich kommt sein Roman „Wahlenwart“ heraus; im Schweizer Druck- und Verlagshaus Zürich erscheint sein Roman „Von Frühling zu Frühling“. Zusammen mit Lina Fankhauser-Imer übersetzt er das Buch von Ch. B. Nordhoff und James N. Hall „Strafkolonie Sydney“.

1945 Mit Lina Fankhauser-Imer zusammen übersetzt er die Romane „An der großen Kreuzung“ von Alexander Saxton und „Taita Rumi“ von Ciro Alegria.

1946 entsteht sein berndeutsches Schauspiel „E Schatte fallt, es Liecht geit uf“.

1947 Die Büchergilde Gutenberg Zürich bringt seinen Roman „Denn sie werden das Erdreich besitzen“ heraus. Ehescheidung von Dora Martha Fankhauser-Bähler am 10. Januar.

1948 bringt der Francke Verlag Bern seinen Gedichtband „Lied und Gleichnis“ heraus.

1949 entsteht das berndeutsche Schauspiel „Vo wyt här“; für die Büchergilde Gutenberg Zürich übersetzt er Charles Dickens' Roman „Oliver Twist“.

Nach über 40 Jahren literarischer Tätigkeit wendet sich A. F. intensiver als früher der Malerei zu. Bis zu seinem Tode entstehen über 200 Natur- und Landschaftsstudien.

1952 erscheinen der Roman „Die Allmend“ und das Mundartschauspiel „Gsuecht wird: e Maa — ein heiteres Spiel mit ernstem Grund“ in der Büchergilde Gutenberg Zürich.

1953 Eine Neubearbeitung „Der Chrützwäg“ (1917) erscheint im Volksverlag Elgg.

1954 Das berndeutsche Lustspiel „Wär isch der Sünder“ entsteht, auch das Mundartschauspiel „Gottesgab“, das 2 Jahre später ins Rätoromanische „Dun da Dieu“ übersetzt wird.

1956 Mit dem Mundartschauspiel „Salomo von Blindebach“ beendet A. F. die lange Reihe seiner Werke und widmet sich ganz der Malerei, der Astrologie und den vielen Menschen, die bei ihm Rat suchen.

1969 Seine erste Frau Margarita Gertrud Marbach stirbt am 17. 6.

1970 Am 7. 7. heiratet er Helene Martha Rolli, geb. 17. 10. 1937.

1973 Das Berner Heimatschutz-Theater bereitet für den Frühling eine Wiederaufführung von Alfred Fankhausers „Chrützwäg“ vor; er kann nicht mehr dabei sein. Der Dichter, Maler und Astrologe stirbt am 22. 2. in Köniz bei Bern um 16 Uhr MEZ.

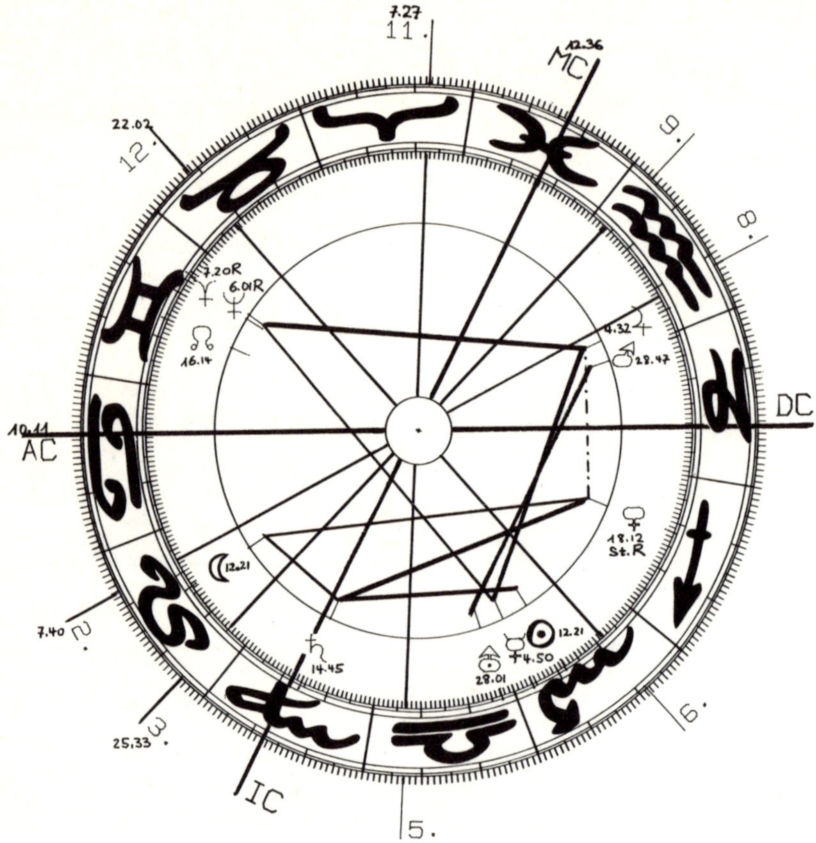

Horoskop Dr. Alfred Fankhauser
geb. 4. 11. 1890 20 Uhr (amtl. Zeit)
Konolfingen BE

Campanus System

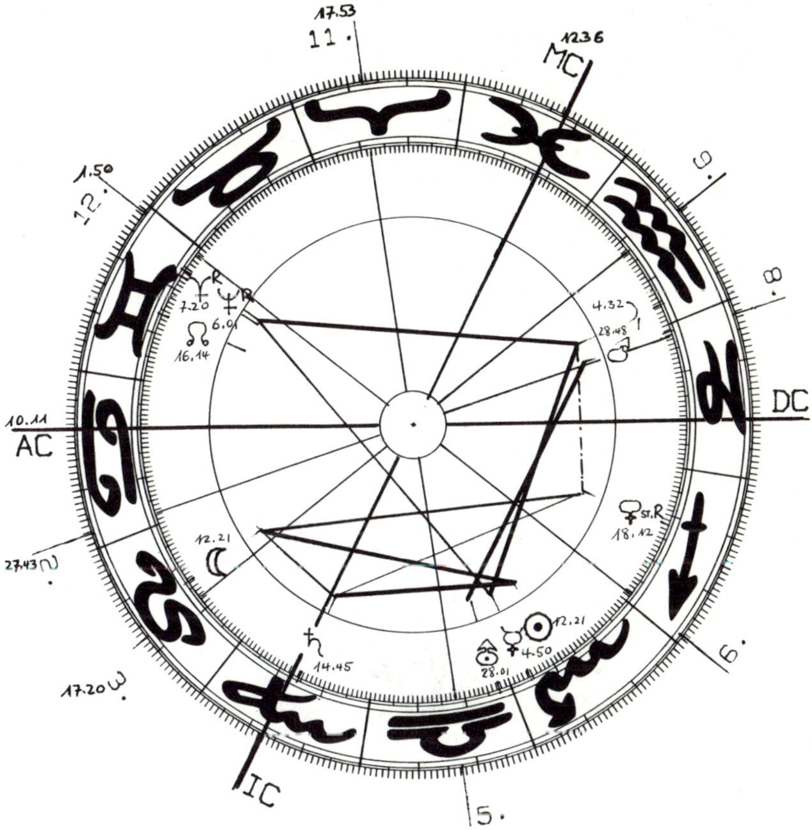

Horoskop Dr. Alfred Fankhauser
geb. 4. 11. 1890 20 Uhr (amtl. Zeit)
Konolfingen BE